4r
4
W2

Mahnkopf · *Mythos Cage*

Claus-Steffen Mahnkopf (Hg.)

Myth_{os} Cage

wolke

Erstausgabe
Wolke Verlag Hofheim 1999
© bei den Autoren 1999
Satz: michon mediengestaltung, hofheim
Gesetzt in Simoncini Garamond
Druck: Fuldaer Verlagsanstalt
Titelgestaltung: Friedwalt Donner, Alonissos
ISBN 3-923997-87-6

Inhalt

Vorbemerkung   7

Ian Pepper
John Cage und der Jargon des Nichts   9

Frank Cox
Über John Cage   35

Berthold Tuercke
Einfallswinkel wider Zufallswinkel.
Über Tauschwege und Täuschungsweisen
in der Alchimie von John Cage   59

Johannes Bauer
Cage und die Tradition   75

Claus-Steffen Mahnkopf
Cages kompositorische Hinterlassenschaft   127

Günter Seubold
Verdinglichter Zufall, Verräumlichte Zeit, Weiße Stille.
John Cage oder Wie man dem Gefängnis westlicher Musik
durch östliche Anleihen entgegehen will
und dabei doch nur den endgültigen Sieg
der abendländischen Bild- und Präsenz-Ästhetik
über die sich zu befreien suchende Musik erringt   161

Richard Toop
John Cage gegen seine Aneigner verteidigt   179

Till A. Körber
Gedanken über das Hören anläßlich von Cageerlebnissen   193

Larson Powell
Zufall und Subjekt.
Erwägungen zu Cage   *203*

Barbara Zuber
The outcome is not foreseen – Le hasard sera notre dieu.
Über John Cage und Antonin Artaud   *223*

Die Autoren   *265*

Personenregister   *267*

Register der zitierten Musikwerke Cages   *271*

Vorbemerkung

»Cage, und sicherlich viele seiner Schüler,
begnügen sich mit der abstrakten Negation.«[1]
(Theodor W. Adorno)

In einem Punkte hat den Komponisten John Cage im 20. Jahrhundert ein ähnliches Schicksal ereilt wie seit dem vorangegangenen Richard Wagner: Man kann offensichtlich über ihn verhandeln – und dies geschieht zum überwiegenden Teil –, ohne auf seine Musik zu referieren. Im Falle Cages ist das insofern um so tragischer, als seine Musik – als Systembestandteil der ›Neuen Musik‹ – dem Fluch aller zeitgenössischer Kunstmusik, ihrer gesellschaftlichen, ja kulturellen Isolation, unterliegt, auch wenn immer wieder ihr bald naiv, bald fanatisch unterschoben wird, dem Bannkreis systembedingter Kunstautonomie entronnen zu sein. Während aber die Rezeptionsgeschichte des Bayreuther Meisters[2] stets aufs Neue durch die Wirkung der allerorten verbreiteten Werke selbst kritisiert werden kann – und immer auch wieder kritisiert wird –, hat sich bei Cage eine Verselbständigung des ideologischen Überbaus festgesetzt, die inzwischen groteske Formen angenommen hat. So ist es möglich gewesen, daß sein Name vielleicht der frequenteste unter den Komponisten des 20. Jahrhunderts ist, ohne daß seine Musik eine größere Verbreitung erfahren hätte, wie es für Schönberg, Berg, Webern, Strawinsky, Bartók und viele andere unterdessen der Fall ist. Auffällig ist auch, daß innerhalb der propagandistischen Produktionsmaschine eine kümmerliche Verengung auf einige ganz wenige Ideologeme – seit Jahren festgefahren – stattgefunden hat: »Cage macht eben das ganz Andere, auch wenn Ihr's nicht glaubt«.

Im Frühjahr 1997 hat sich der Herausgeber an einige Autoren im In- und Ausland mit der Bitte gewandt, auf ihre Weise auf den ›Mythos‹ Cage zu reagieren. Der vorliegende Band versammelt die Ergebnisse. Deren Diversifität ist willkommen und zeigt einen unaufgeregten, nüchternen Zugang zu einem ›Phänomen‹, das eher blind-emotionale Gefolgschaft und projektive Gedankenflucht auszulösen vermochte als eine sachbezogene Analyse oder eine unorthodoxe Aneignung mit Kreativität. Die Beiträge sind – im Kantischen Sinne – kritisch: Sie prüfen, indem sie davon ausgehen, daß Cage mitnichten Zielpunkt musikgeschichtlicher Evolution, gar deren Umschlag ins Ganz-Andere, auch nicht der

Generalschlüssel der dringenden gegenwärtigen musikästhetischen Probleme ist, sein kann. Die Autoren – einer jüngeren, weniger voreingenommenen Generation zugehörig – verwenden unterschiedliches methodisches Instrumentarium: Rezeptionsanalyse, Geistesgeschichte, Ideologiekritik, Kompositionstheorie, Theaterwissenschaft, Philosophie, Psychoanalyse, Genealogie, Begriffsklärung, Metakritik dienen der Kontextualisierung und damit der An-, der Einbindung Cages in ein Umfeld, ohne das kein noch so exzentrischer Künstler verstanden werden kann. Die Pluralität solcher Perspektiven ist erwünscht. Sie mögen klären, wieweit Adornos These von 1961 nicht doch etwas voreilig war.

Der Band gehört seiner Intention und seinem konzeptionellen Ansatz nach in den Umkreis von *Musik & Ästhetik*.

Claus-Steffen Mahnkopf
Rom, März 1999

---

1 Theodor W. Adorno, *Vers une musique informelle*, in: *Musikalische Schriften I-III* (= Gesammelte Schriften, Bd. 16), Frankfurt a. M. 1978, S. 534.

2 Vgl. für ein ähnliches Projekt, das einer sich verselbständigenden Rezeption durch Analysen und Reflexionen der ›Sache selbst‹ entgegenwirken möchte: Claus-Steffen Mahnkopf (Hg.), *Richard Wagner, Konstrukteur der Moderne*, Stuttgart 1999 (= *Musik & Ästhetik*, Sonderband).

John Cage und der Jargon des Nichts[1]
Ian Pepper

I.

Sieben Jahre nach seinem Tod wird die Erinnerung an John Cage von einem widersprüchlichen Netz aus Gerüchten, Erfundenem und Legenden umrankt, was sicherlich nicht zuletzt von seinen eigenen Bemühungen oder denen seiner Schüler herrührt, einen Mythos zu schaffen. Zwei Schlüsselepisoden in dieser Hagiographie sind Cages Studien bei Schönberg in Los Angeles 1934-1936 sowie sein Besuch der Vorlesungen von Daisetz Taitaro Suzuki über den Zen-Buddhismus in New York in den Jahren 1951 und 1952. In bezug auf diese beiden Erfahrungen betonte Cage gerne, daß er es immer geschätzt habe, beim ›Chef der Firma‹ in die Lehre zu gehen, wenn es darum ging, eine neue Kunstfertigkeit oder Technik zu erlernen.

Zum einen war Cages Beziehung zu Schönberg nicht sehr eng, und Cage lernte wenig von ihm, wenn man einmal von seiner häufig eingestandenen Unfähigkeit absieht, grundlegende Gesetze der Harmonielehre anwenden zu können (Schönberg äußerte sich in Cages Gegenwart nie zu moderner oder atonaler Musik – dies blieb fortgeschrittenen Schülern vorbehalten). Cage blieb die musikalische Tradition Mitteleuropas fremd; um diese Tatsache zu untermauern, muß man nur den berühmten Text *Defense of Satie* aus dem Jahr 1947 lesen, in welchem er Webern bizarrerweise in Verbindung mit Satie als den Vorboten einer neuen, von fernöstlichen Einflüssen inspirierten Musik von Dauer ansieht, während Beethovens »beklagenswerter« Einfluß zusammenfassend als »todbringend für die Kunst der Musik« angeprangert wird, da er die Kunst »schiffbrüchig auf einer Insel der Dekadenz« zurückgelassen habe.[2]

Auch wenn es nicht möglich ist, im Rahmen dieses Artikels Cages Werdegang mit Blick auf Schönberg zu untersuchen, so muß doch festgestellt werden, daß es anhand der Fakten schlicht grotesk ist, Cage als einen Erben der Tradition der Zweiten Wiener Schule zu bezeichnen. Wie in letzter Zeit immer wieder gezeigt wurde, ist der historische Kontext, aus dem Cage hervorging, vielmehr die kalifornische Schule exzentrischer und orientalisierender Komponisten wie Colin McPhee, Pauline Oliveros, Harry Partch, Terry Riley, Henry Cowell oder James Tenney, wobei Conlon Nancarrow eine marginale, aber bedeutende Rolle spielte – Musiker, für die die ›Öffnung nach Osten‹, hin zu rhythmischer

Komplexität, offenen Formen, Repetitionen und statischen Strukturen, improvisatorischer Freiheit, neuen Möglichkeiten der Klangerzeugung usw. eine heftige Ablehnung der europäischen Tradition thematisch-motivischer Arbeit mit geschlossenen Formen bedeutete, einer Tradition, die auf der präzisen Notation »absoluter« Musik basierte. Diese europäische Tradition wurde von amerikanischen Komponisten serieller Musik weitergeführt und weiterentwickelt und von Schönberg in Los Angeles vertreten.[3] Cages Teilnahme an der breiteren Strömung orientalisierender und gegenmodernistischer Musik bereitete ihm den Weg von der stilistischen Aneignung asiatischer Musik zur inhaltlichen Aneignung fernöstlicher Philosophie im musikalischen Zusammenhang.

Zum anderen sind Cages Studien bei Suzuki in noch viel größerem Maße von Mythen umgeben: So besuchte er Suzukis Vorlesungen erst einige Jahre später, als dies in üblichen Quellen angegeben wird. Viel wichtiger ist jedoch die Tatsche, daß Suzukis Lehren nicht einfach als eine Vermittlung der ›zeitlosen Weisheit des Ostens‹ an die westliche Welt angesehen werden dürfen, da sie einem höchst spezifischen historischen Kontext entspringen. Verallgemeinernd gesprochen, entspricht dieser Kontext Japans Versuchen zur selektiven Modernisierung in der Meji-Ära, in der technische und wissenschaftliche Neuerungen möglich waren, politische und kulturelle Veränderungen jedoch zugunsten der Erhaltung eines streng zentralisierten und imperialistischen Systems unterdrückt wurden, nicht ohne sich aber aus Gründen des internationalen Ansehens eine hauchdünne Fassade demokratischer Normalität zu geben, eine Fassade, die beim ersten Aufbrechen des Militarismus zerbröckelte.[4] Bei genauerer Betrachtung gehören in diesen Kontext auch Suzukis Beziehungen zur reaktionären und anti-modernistischen, vom Zen inspirierten philosophischen Kyoto-Schule, von welcher eine Reihe von Schlüsselfiguren in der Zeit des Nationalsozialismus bei Heidegger studiert hatten. Es darf auch nicht übersehen werden, daß Cages Aneignung japanischer Ästhetik in einer Tradition steht, in welcher die künstlerische Avantgarde von ›Japan‹ besessen war, wohlweislich jedoch nicht von einer tatsächlich existierenden Kultur, sondern vielmehr von Japan als einem ästhetischen Konstrukt, einer kollektiven Personifizierung des Ästhetizismus als solchem.[5]

Die genauere Untersuchung dieser beiden Episoden im Zusammenhang, deren erste in die Zeit der frühen Prägung des Komponisten Cage fällt und deren zweite den Zeitpunkt seines Durchbruchs zu seiner radikalen Ästhetik des Zufalls und des »Indeterminacy« bestimmt, dürfte wohl einen unbekannten Cage zum Vorschein bringen. Eine solche Untersuchung könnte in zweifacher Hinsicht das in Deutschland generell verbreitete Bild von Cage umstoßen. Auf der einen Seite würde Cage seine Anerkennung einzig als Musiker mit besten europäischen Empfehlungen (und alles, was mit deutsch-jüdischer Kultur im Exil zusammenhängt, genießt in Deutschland eine spezielle Aura) verlieren und vielmehr als ein Repräsentant der orientalisierenden, gegenmodernistischen kalifornischen Schule der 1930er Jahre erscheinen. Auf der anderen Seite stünde Cages Rezeption des Zen als von den Ideen einer japanischen Gruppierung der Intelligenz beeinflußt da, die zutiefst konservativ, heideggerisch, ja sogar faschistisch und sowohl mit dem Deutschland der Weimarer Republik als auch mit dem des Nationalsozialismus durch ein verflochtenes Netz von Beziehungen verbunden war.

Immer wieder taucht in der Hagiographie um Cage auf, daß er über drei Jahre Suzukis Vorlesungen über den Zen-Buddhismus an der Columbia University, New York, in den späten 1940er Jahren besucht habe – oft werden hierbei die Jahre 1947 und 1948 genannt.[6] In seiner kürzlich erschienen Cage-Biographie schränkt David Revill dies ein und schreibt lediglich, daß Cage »oft erwähnt, daß er in den späten 40er Jahren hinging« und daß »seine Anwesenheit bis 1952 bestätigt worden ist«.[7] Das Fehlen schriftlicher Beweise für Cages Behauptungen ist nicht sonderlich überraschend, aus dem einfachen Grund, daß Suzuki erst ab dem Frühjahr 1951 an der Columbia University Vorlesungen hielt[8], nicht etwa über das Zen, sondern über das relativ unbekannte Thema des Kegon- (Hua Yen-) Buddhismus, einer esoterischen und philosophischen Strömung, die im 7. Jahrhundert in China in Erscheinung trat und sich auf eine Philosophie der Identität und der Wahrnehmung der Verbundenheit aller Phänomene stützt.[9] Obwohl Cage diese Vorlesungen nicht erwähnt und sich nur auf die späteren Vorlesungen über den Zen-Buddhismus bezieht, ist es dennoch wahrscheinlich, daß er auch diese Vorlesungsreihe im Frühjahr 1951 besuchte, und es ist nahezu sicher, daß er Suzuki im Frühjahr 1952 hörte, in jedem Fall also einige Jahre später, als allgemein angegeben wird.[10] Revill merkt auch an, daß Cage seine Anwesenheit in der *Juilliard Lecture* im Herbst 1952 zum ersten Mal erwähnt und sich dabei auf Suzukis Vorlesung *Vom letzten Winter* bezieht.[11] Auch wenn Revill annimmt, daß damit das Jahr 1951 gemeint ist, so entstammt doch die von Cage zitierte Passage über *Berge und Männer* vom Zenmeister Dogen des 12. Jahrhunderts, was diese Vorlesung im Frühjahr 1952 ansiedeln würde. Es ist denkbar, daß Cage Suzuki während einer Vorlesungsreihe kennenlernte, die Suzuki nach seiner Übersiedlung nach New York im Herbst 1950 zum Thema *Oriental Culture and Thought* gab, dies wird aber von Cage in seinen Aufzeichnungen nicht erwähnt (es gibt Photographien, die aus den frühen 1960er Jahren stammen und die Cage bei einem Besuch bei Suzuki zu Hause in

Japan zeigen; da es jedoch keinen schriftlichen Beweis einer persönlichen Beziehung zwischen den beiden gibt, könnten diese Aufnahmen das Resultat einer »photo opportunity« sein, die der Unterstützung der von Revill wiederholten Behauptung, Cage habe in Suzuki seinen Lehrmeister gefunden, dienen sollten[12]). Cage hatte jedoch nie den Wunsch, sich unter einem Lehrmeister den Zen-Übungen, einem sehr strikten Lernprozeß, zu unterziehen; vielmehr gehörte er lediglich zur Zuhörerschaft bei einer Anzahl von Suzukis öffentlichen Vorlesungen und hatte keinen weiteren Kontakt mit ihm. Es ist auch möglich, daß Cage 1949 Suzukis *Introduction to Zen Buddhism* las, das damals in einer Neuauflage mit einem Vorwort von C.G. Jung, einem Freund Suzukis, erschienen war.[13]

Cages Aneignung des Zen durch Suzuki war in vielerlei Hinsicht typisch für seine Generation, war doch dem Zen in den frühen 1950er Jahren, zeitlich nach der Psychoanalyse und vor dem Aufkommen psychodelischer Drogen, ein Platz als Allheilmittel des Augenblicks eingeräumt worden. Auch die von ihm geübte Verbindung des Zen mit radikaler Kritik an Traditionen, wobei er jedoch den autoritären politischen Zusammenhang, in dem der Zen in Japan stand, völlig außer Acht ließ, ist typisch für seine Generation in Kalifornien. Folgende Aussage des kalifornischen Dichters Gary Snyder veranschaulicht diese Naivität: Nachdem er angemerkt hatte, daß das Zen für ihn Teil eines Gesamtpakets war, das außerdem Kropotkin, Thoreau, Ghandi und ökologisches Bewußtsein enthielt, mußte er feststellen, daß er sich völlig außerstande sah, seine Gedanken mit Schülern des Zen, die er in Japan traf, auszutauschen, und daß er durch diese Erfahrung »nach und nach verstand, daß und warum viele Japaner das Zen mit Autorität, Feudalismus und Militarismus gleichsetzten«.[14] Snyder geht auf diesen Punkt nicht weiter ein. Eine der kritischen Fragen zum Verständnis von Cages Rezeption jedoch ist: Wie konnte das Zen, der von vielen japanischen Intellektuellen, zum Teil aufgrund der Rolle der Kyoto-Schule im Krieg, als feudal und repressiv angesehen wurde, eine zentrale Position in der sich entwickelnden ›counterculture‹ der 1950er Jahre im Westen einnehmen?

Cages Verständnis des Zen war auch in seiner Selektivität typisch amerikanisch: Auf die Frage, ob er Zen-Meditation praktiziere, antwortete Cage regelmäßig, er habe es nie versucht. Für ihn war das Zen mehr als Quelle für kompositorische oder aufführungstechnische Praktiken, für theoretische Positionen und programmatische Darstellungen, kurz: als Quelle für Ideen, wichtig. Dies steht teilweise im Widerspruch zu Suzukis Anliegen, der sich im Westen eher für die Ausübung als für den Diskurs über das Zen einsetzte. Für ihn war das Zen aufgrund seines radikalen antitheoretischen Charakters die einzige authentische japanische Strömung des Buddhismus, im Gegensatz zu allen anderen buddhistischen Sekten, die zu ›indisch‹, d.h. zu ›abstrakt‹, ›spekulativ‹, ›logisch‹ und ›kontemplativ‹ seien. Das Kernstück dieses ›radikalen Empirismus‹ stellt die Ausübung der Meditation im Sitzen (*Zazen*) dar.[15] Cages Gleichgültigkeit gegenüber den praktischen Aspekten des Zen könnte einen zu der Annahme veranlassen, daß ihn die spekulative, vom Zen inspirierte Philosophie einiger Kollegen von Suzuki mehr interessiert haben dürfte, obwohl in Cages veröffentlichten Texten moderne japanische Philosophie nicht erwähnt wird.[16]

II.

Cages erste Phase der Aneignung asiatischer Philosophie begann in den späten 1940er Jahren, als er bei Gita Sarabahi indische Ästhetik studierte. Noch war er nicht frei davon, asiatische Musik stilistisch zu imitieren, und das Ergebnis war sein Versuch, in den *Sonatas and Interludes for Prepared Piano* (1947-48) Emotionen durch verschiedene kompositorische Formeln darzustellen oder auszudrücken. Von Coomaraswamy übernahm Cage die Feststellung, daß es Aufgabe der Musik sei »to sober and quiet the mind thus rendering it susceptible to divine influences.« Auch in späteren Jahren blieb dies eine von Cages Lieblingsaussagen, auch wenn es scheint, als stünde sie im Widerspruch zu seinem erklärten Atheismus. Sarabahi weckte auch seine Interesse an den Schriften des Sri Ramakrishna, der später zu seinen Lieblingsautoren zählte.[17]

Die zweite Phase begann, als Cage sich des *I Ging (Chinesisches Buch des Wandels)* annahm und daraus die kompositorische Technik ableitete, Entscheidungen dem Zufall zu überlassen, was er hauptsächlich in *Music of Changes* (1951) umsetzte. Hier dient eine festgelegte Partitur dazu, einer dem Zufall überlassenen Auswahl die Autorität eines nicht-variierbaren Textes zu verleihen; rein zufällige musikalische Ereignisse erhalten die Aura des Unvermeidlichen, ganz wie bei der integralen seriellen Musik, die dieses Werk parodiert. Cages Rezeption chinesischer ›Weisheit‹ wurde jedoch stark vom Orientalismus der Weimarer Republik bestimmt: Die Ausgabe des *I Ging*, die Cage 1950 von Christian Wolff erhielt, war die neue englische Ausgabe einer Übersetzung, die 1920 in Shanghai von Richard Wilhelm, dem berühmten Sinologen der Weimarer Zeit, angefertigt worden war und von Christians Vater Kurt Wolff, selbst eine Schlüsselfigur des Verlagswesens in Deutschland in der Weimarer Republik, in New York herausgegeben wurde. C.G. Jung schrieb eine neue Einleitung für diese Ausgabe, die eigentliche Übersetzung stammte von Cary Barnes, Mitarbeiterin und enger Freundin von Jung.[18] Jungs Auseinandersetzung mit dem Buch dreht sich um seine Entdeckung des Prinzips der »Synchronizität«, die er in den frühen 1920er Jahren dank seiner Freundschaft zu Wilhelm machte. »Synchronizität« stellt im Grunde genommen eine Variante von Bretons »hasard objectif« (»objektiver Zufälligkeit«) dar, gleichwohl in reaktionärer Form – während es im Surrealismus um eine Sprengung der bestehenden sozialen Ordnung geht, läuft Jungs Interpretation des *I Ging* darauf hinaus, Kritik durch den Glauben an ein vorherbestimmtes Zusammentreffen einer inneren und äußeren Realität zu ersetzen. Die Ausrichtung der Konzepte ist demnach genau gegensätzlich: Während Breton eine *Revolution de Désir* entwarf, ging es Jung darum, einen Sinn im eigenen, unvermeidbaren Schicksal zu entdecken, wobei er auch mit dem Gedanken spielte, Ereignisse könnten irgendwie auch telepathisch beeinflußt werden (natürlich wurde schon in den 1920er Jahren der Surrealismus selbst wegen seiner »Jungschen« oder okkulten Tendenzen kritisiert, u. a. von Walter Benjamin). Ebenso gibt es bei Cage eine nicht aufgelöste Ambivalenz zwischen der Vorstellung einerseits, daß Musik, deren Abfolge strikt dem Zufallsprinzip unterworfen ist, auf irgendeine wunderbare Weise zu einer perfekten Ordnung führen müsse, und der Vorstellung andererseits, daß man zur Freiheit findet, wenn man sich nur streng festgelegten und zufällig ausgewählten musikalischen Ereignissen unterordnet, ohne dabei zu fordern, daß diese Ereignisse in bedeutungsvoller Beziehung zueinander stehen.

In der dritten Phase begegnet uns schließlich das Zen in Cages Entdeckung des Prinzips der »Unbestimmtheit« (»Indeterminacy«) als Grundlage für Kompositions- und Aufführungstechnik. Dieses Prinzip fand seine reinste Verwirklichung in dem berühmten Werk *4'33"* aus dem Jahr 1952, das von Cage als der Schlußstein seines Gesamtwerks angesehen wird. Es ist zugleich das perfekte Beispiel für die Art und Weise, in der Cages Ausbruch aus der ›westlichen‹ Kultur von einer spezifisch europäischen Problematik geprägt ist: Das Werk ist eine Hommage an Marcel Duchamp, indem es eine musikalische Interpretation von dessen berühmter Zufallsarbeit, den drei *Stoppages-Etalons* von 1913 darstellt.[19] Hierbei wird die Form und Länge der Standardeinheiten bestimmt, indem man drei unterschiedlich lange Bindfäden zu Boden fallen läßt, eine Technik, die Hans Arp auch bald bei der Schaffung seiner Collagen anwandte. Indem er den Zufall mit einer radikal neuen Absicht in seine Arbeit einbezog, ›komponierte‹ Cage drei ›Sätze‹ der Stille – oder jedenfalls leerer Zeit – von 30", 2'23" und 1'40" Dauer und schuf so ein Werk, das zugleich Cages programmatische Hauptziele als auch die nicht eingestandenen Widersprüche seiner Laufbahn in sich einschloß. Wir finden darin:

a) ›musikalische Struktur/Form‹ als eine Aufteilung eines vorherbestimmten Ganzen in abstrakte Einheiten nach einem Verfahren, das zugleich äußerst rational und entzaubert als auch in reinster Weise mystisch und archaisch ist;
b) ›Komposition‹ als autonomen Schreibprozeß, als graphische Technik, die keine bestimmte Beziehung zum Klang des Werks bei der Aufführung hat;
c) ›Aufführung‹ als die pädagogische Demonstration eines philosophischen Programms – der Auslöschung der Musik als Produkt menschlicher Betätigung sowie der absoluten Gleichheit und Austauschbarkeit aller Klänge; und schließlich
d) ›Musik‹ definiert als Aufmerksamkeit gegenüber der reinen Unvermitteltheit zufälliger Kombinationen unvorhergesehener Klänge.

In der *Juilliard Lecture* beklagt Cage, daß die Existenz notierter Musik von der unmittelbaren Erfahrung von Klängen ablenkt, und dabei war er doch der erste, der eine Barriere zwischen ›Musik‹ als etwas Notiertem und ›Musik‹ als Klang errichtete. Und obwohl er gegen den Verlust der Eigenheit von Klängen, wenn diese benannt und in ein abstraktes Schema eingefügt werden, rebellierte, war er der erste, der die radikale Austauschbarkeit aller Klänge und somit den höchsten Grad konzeptioneller Abstraktion vertrat.

Jede Phase von Cages Aneignung östlicher Ideen entspricht somit auch einer spezifischen europäischen Problematik: *Music of Changes* bezog sich in ähnlicher Weise auf die Entwicklung der seriellen Musik, in der sich Duchamp vor dem Ersten Weltkrieg ironisch von den abstrakten Münchner Malern distanzierte. Zugleich zeigt sie, wenn auch unbeabsichtigterweise, die Verstrickung einer an Don Quichote erinnernden Suche nach einem Urerlebnis mit einer Logik bürokratisierter Irrationalität, die Verflechtung von Positivismus und Mystizismus, die sich oft mit einer fetischistischen Begeisterung für Zahlen verbindet. So ist *4'33"* auch mehr als eine anschauliche Darstellung der Philosophie des Zen; es drückt vielmehr in einer nahezu pedantischen Klarheit die radikale Entfremdung der in der Komposition verwandten Systeme von der zur Verfügung stehenden, innerhalb dieses Ansatzes theoretisch unendlichen Vielfalt von Klängen aus. Man könnte sagen, es bekräftigt Adornos Warnungen hinsichtlich der zunehmenden »Vergleichgültigung und Lossagung vom Material« nach Webern (wobei »Material« hier im Sinne eines quasi-sprachlichen und kollektiven Mittels künstlerischen Ausdrucks verwendet wird). Es veranschaulicht auch die Aporie, in die Cage sich begab, als er die Dialektik zwischen dem Quantitativen und dem Qualitativen in der Musik aufhob: Dadurch, daß er die

Einzigartigkeit eines jeden Klangs zum Fetisch erhob, verwandelte er dessen Autonomie in eine absolute Austauschbarkeit. Aus demselben Grund war Cages ›Aesthetics of Indifference‹ dazu verurteilt, vor sich selbst die Bedingungen, die zu ihrer Entstehung führten – nämlich die Auslöschung der modernen Kultur durch das Wirken einer bürokratisierten, technisierten Rationalität –, zu verbergen, indem sie sich hinter einer Maske ›östlicher Philosophie‹ versteckte.

III.

Angesichts der für Cage großen Bedeutung des Studiums bei Suzuki ist es nützlich zu fragen: Wer war eigentlich Daisetz Taitaro Suzuki? Offensichtlich wurde er von den Cage-Anhängern eher als buddhistischer Weiser gesehen, statt als Mensch innerhalb einer spezifischen kulturell-historischen Konstellation. Hat Suzuki Cage die ›ewige Weisheit des Ostens‹ vermittelt, oder wurde seine Lehre nicht vielmehr von den politisch-ideologischen Strömungen innerhalb der japanischen Gesellschaft jener Zeit beeinflußt?

Wie Kitari Nishida (1870-1945), sein engster Freund und Kollege und Führer der sogenannten Kyoto-Schule der Zen-Philosophie, hat Suzuki (1870-1966) seine Tätigkeit als Lehrer und Autor in einem Zeitalter begonnen, das Japan aus der späten Meiji-Ära (1868-1912) in die frühen Jahre der Taisho-Ära (1921-1926) führte. In diese Zeit fiel auch der Übergang zur militärischen Diktatur. Nishida und Suzuki wurden beide in Kanazawa geboren, haben sich bereits in früher Jugend kennengelernt und dann gemeinsam an der Tokioter Universität studiert. Im Jahre 1921, kurz nach Beginn seiner Lehrtätigkeit an der Otani-Universität (seine Berufung wurde von Nishida wesentlich gefördert), begründete Suzuki gemeinsam mit seiner aus Großbritannien stammenden Frau Beatrice Lane Suzuki die englischsprachige Zeitschrift *The Eastern Buddhist*. Die Zeitschrift hatte im wesentlichen die Verbreitung des Zen im Westen zum Ziel. Obwohl außer Frage steht, daß Suzuki ein begabter und bahnbrechender Wissenschaftler war, wird die Art und Weise seiner Zen-Vermittlung oft als eklektisch und populärwissenschaftlich betrachtet. Die Frage, ob Suzuki als Mitglied der Kyoto-Schule betrachtet werden darf, ist umstritten, denn er war wohl vielmehr Historiker, Philologe und Religionswissenschaftler als Philosoph. Diese Frage ist jedoch auch politisch geprägt: Obwohl Suzuki während der Kriegsjahre in Japan blieb – um sich seine Professorenstelle in Kyoto zu erhalten, ähnlich wie dies viele andere Mitglieder der Schule taten – hat er offensichtlich nicht, dies im Gegensatz zu Nishida und vielen seiner Schülern, mit dem militaristischen Staat kollaboriert. Somit kam Suzuki nicht in die Rolle, den Zen-Buddhismus – wie oft in seiner langen Geschichte – in den Dienst der reaktionärsten Elemente der japanischen Gesellschaft zu stellen. Offen bleibt, bis zu welchem Grad der Inhalt von Suzukis Lehrtätigkeit im Westen von seinem Verhältnis zu Nishida geprägt wurde. Was folgt, ist nur ein provisorischer Versuch, eine Auseinandersetzung mit dieser Frage zu führen.

Kitaro Nishida war der Begründer der Kyoto-Schule und gleichzeitig Japans wichtigster Philosoph des zwanzigsten Jahrhunderts. Sein Ziel war es, die Unzulänglichkeiten westlicher Philosophie anhand authentisch-japanischen Gedankenguts aufzuzeigen; gleichzeitig war er so vertraut mit der Sprache der westlichen Philosophie und Phänomenologie, daß er seine Kritik auf deren eigene Terminologie gründen konnte. Obwohl er zu Beginn an einer Synthese von japanischer und abendländischer Philosophie interessiert war, gelangte er in zunehmendem Maße zu der Erkenntnis, daß – wie Suzuki sagte – »seine Aufgabe darin bestand, Zen dem Westen verständlich zu machen.«[20] Dies entspricht der üblichen Meinung über Suzuki selbst, und es ist sicher nicht übertrieben zu sagen, daß beider Entwürfe direkt komplementär waren: Sowohl Nishida als auch Suzuki – ersterer ein Philosoph, zweiter ein Religionshistoriker, der erste fest in Kyoto verwurzelt, der zweite durch die Welt gereist – glaubten (gemeinsam mit ihrem Vorbild Kakuzo Okakura), daß der europäische Gedankenkreis sich endlich ostwärts wenden müsse, um seine geistige Krise lösen zu können.

Drei der Schlüssel-Themen in Nishidas Philosophie sind: a) die Idee der »reinen Erfahrung«[21], b) die eigene »Selbstidentität im absoluten Widerspruch«[22], und c) die Logik des »absoluten Nichts«; letzeres wurde ein Schwerpunkt seiner späteren Philosophie (mit der Fokussierung auf das Problem des »Ortes« oder »*basho*«).[23] Jeder Terminus ist – zumindest der Intention nach – gegen die abendländische rationalistische Philosophie gerichtet: Die »reine Erfahrung« gegen die Subjekt-Objekt-Dialektik, die Idee des »absoluten Widerspruchs« gegen die dynamische, von Widersprüchen bewegte Logik, die kognitive, soziale und kulturelle Veränderungen vorantreibt, und letzlich das »absolute Nichts« als Gegenprinzip zur »bestimmten Negation«; letzeres erscheint oberflächlich, da es lediglich zu nihilistischer Kritik anstatt zu einem profunden und entschlossenen Schritt zur Einheit führt. Letztendlich ist auch die Heideggersche Fragestellung bezüglich »basho« gegen den philosophischen Vorrang eines autonomen Subjektes in der europäischen Zivilisation gerichtet. Zum Teil wurden diese Ideen als Reaktion auf den Kegon-Buddhismus – dessen Hauptprinzip die Wechselbeziehung aller Phänomene ist – und die Heideggersche Philosophie, insbesondere den Begriff des »In-der-Welt-Seins« entwickelt. Wie

Suzuki im Aufsatz *How to Read Suzuki* bestätigt, war sein Dialog mit Nishida über Kegon sehr prägend für seine eigene Entwicklung.

Keiji Nishitani hat gezeigt, daß Nishidas »unvermittelte Erfahrung« – wie in seinem 1911 erschienenen Hauptwerk *Über das Gute* erläutert – ganz nah bei dem von Suzuki entwickelten Begriff der »reinen Erfahrung« ansiedelt ist.[24]

Eines der anfänglichen Probleme, das Europäer mit den Werken der Schule haben, ist die ungewöhliche Verwendung des Begriffs »Dialektik«, der bei einigen japanischen Philosophen nichts mit der Hegelschen oder marxistischen Bedeutung zu tun hat, da es hier weder um die Vermittlung oder Auflösung von Widersprüchen geht, noch um die Möglichkeit des rationalen Verständnisses geschichtlicher Prozesse oder eine Evolution der Vernunft. Hier realisiert sich die Idee nicht in einem geschichtlichen Rahmen, vielmehr ist die Realität immer und unmittelbar in ihrer idealen Form präsent und Widersprüche werden schlicht als falsche Wahrnehmungen aufgefaßt.[25] Es war Kakuzo Okakura, der diese Auffassung des Begriffs »Dialektik« in erklärtem Widerspruch zu Hegels Philosophie der Geschichte als Teil seines Projekts entwickelte, eine gegen-europäische und pan-asiatische Identität zu formen.[26]

All dies findet auch in Cages Ästhetik Nachklänge. Zunächst einmal wird die Eigentlichkeit und Intensität einer Erfahrung mit dem von Nishida und Suzuki entwickelten Modell der Erfahrung, das eine gewisse Verwandtschaft mit dem Husserlschen Begriff der »Epoché« oder »phänomenologischen Reduktion« hat, an dem Grad gemessen, bis zu welchem eine punktuelle Wahrnehmung systematisch von Erinnerungen und von Projektionen in die Zukunft befreit ist. Dies ließ Cage zu dem Schluß kommen, daß jeder musikalische Augenblick ein ewiges ›Jetzt‹ ohne Bezug auf den Kontext sein sollte (offensichtlich könnte man zu diesem Schluß auch aus system-immanenten Überlegungen kommen, etwa als Resultat der Widersprüche, die sich aus post-seriellen Kompositionspraktiken ergeben, wie das auch für einige bedeutende europäische Komponisten der Fall war, wenngleich hier auch von mystischer Rationalisierung begleitet).

Desweiteren ermöglichte dieser Begriff des ewigen ›Jetzt‹ zusammen mit Nishidas und Suzukis Begriff der »Selbstidentität im absoluten Widerspruch« es Cage, sich der erstmals von Adorno theoretisch spezifizierten aporetischen Logik musikalischer Rationalisierung zu entziehen. Somit wurde die verwickelte Dialektik der Integration und Fragmentierung, die in die Sackgasse der integralen seriellen Komposition führte, von Cage abrupt mit dem Zufallsprinzip beendet: Seine *Music of Changes* ist im Grunde genommen eine Parodie der mechanistischen Version der seriellen Musik, in welcher zwar alles rigide vorherbestimmt ist, die Einzelteile jedoch keine syntaktische oder funktionelle Verbindung miteinander haben. Das Problem, das bei der Deutung des Begriffs ›Gleichzeitigkeit von Gegensätzlickeiten‹ als ein Formprinzip entsteht, ist jedoch, daß es sich bei ihm, logisch betrachtet, schlicht um eine Tautologie handelt, gewinnt es doch nur in der Erfahrung einer Einheit dieser Gegensätze seine Dimension als ein religiös-philosophisches Ideal: Wenn aber die erforderliche Überzeugung fehlt, kann ein Werk wie *Music of Changes* unsere ununterbrochene Aufmerksamkeit nicht auf sich ziehen. Aber sogar diese negative Version serieller Kompositionstechnik gehört in das Universum des künstlerischen Kalküls: Durch ›Unbestimmtheit‹ ist Cage in eine post-musikalische Welt getreten, in welcher Klang sich aus sich selbst heraus produziert, nur um anschließend wieder ins Nichts zu verschwinden.

Zuletzt schließlich ist es die ›Logik des absoluten Nichts‹, die es Cage möglich machte, die Dilemmata des Modernismus in eine erklärte Doktrin zu verkehren. Auf der einen Seite werden somit die Paradoxa des modernistischen Formalismus, mit seinem Widerspruch zwischen dem Ideal der reinen Form und der wachsenden Bedrohung durch Sinnlosigkeit angesichts der zunehmenden Entleerung benutzbarer ästhetischer Strukturen, sozusagen kurzgeschlossen, indem die Idee der Formlosigkeit entwickelt wird – nicht aber als Demontage oder Verneinung der Form, sondern als ein neues Prinzip der ›Nicht-Form‹ –: als Ursprung einer neuen Kunstgattung. Auf der anderen Seite verkehrt Cage die Orientierung der historischen Avantgarde, d. h. die systematische Verneinung des Sinns, nur in eine konfliktfreie Doktrin des anarchistischen »Indeterminacy«.

Cages Absolutum und dessen Korrelat, die unvermittelte Erfahrung, mündet in ein verarmtes Konzept der Musik: Es ist unmöglich geworden, Musik als ein intentionelles oder virtuelles Objekt wahrzunehmen – vielmehr handelt es sich entweder um bloße sinnliche Erfahrung oder reine Abstraktion. Musik kann nicht mehr als die Einheit textlicher und klanglicher Aspekte konzipiert sein, darf nicht zugleich sprach-ähnlich und sinnlich sein. Die Identität abendländischer musikalischer Werke als Einheit der Partitur und der Aufführung wird abgelehnt: »what can composition and performance have to do with one another?« Zugleich wird die kognitive, sehr verwickelte und sich historisch entwickelnde Dialektik zwischen musikalischem Klang und außer-musikalischem Geräusch abgeschafft, indem dieses an erste Stelle gesetzt wird; ebenso geschieht das mit der Quantität-Qualität-Dialektik zwischen der Wiederholung einzelner Elemente und dem Auftauchen eines neuen Elements. Schließlich wird sogar die Unterscheidung und Dialektik zwischen Metrum – als abstrakter

Unterteilung musikalischer Zeit – und Rhythmus – deren Artikulation – zurückgewiesen, indem letzerer im Verhältnis zu ersterem reduziert wird, und letztendlich beide als bloße Unterdrückung aufgehoben werden. Es ist fragwürdig, ob diese systematische Aufhebung musikalischer Vermittlung zu kritischen oder kognitiven Ergebnissen geführt hat.

Keiji Nishitani (1900-1990), der in Deutschland von 1936-1939 bei Martin Heidegger studiert hatte, war Nishidas wichtigster Schüler und auch Suzuki eng verbunden. 1943 wurde er Professor an der Universität von Kyoto, und im Jahre 1965 – Suzuki war bereits schwer erkrankt – bat dieser Nishitani, die Redaktion der Zeitschrift *The Eastern Buddhist* zu übernehmen.[27]

Während Nishitani die Tradition der Wiederannäherung an die Existenzphilosophie und die Phänomenologie, also die Suche nach einer gemeinsamen Basis asiatischer und abendländischer Philosophie fortsetzte, war er nicht – wie Nishida – an einer Synthese beider interessiert. Und obwohl seine philosophische Sprache stark von Heideggers Terminologie geprägt ist, stellt sein Werk eine – hoch individualistische – Exegese buddhistischer Ideen dar. Aus eben diesem Grund ist die Aussage, Suzuki wäre kein ›Mitglied‹ der Kyoto-Schule gewesen, da er kein ›Philosoph‹ war, nicht besonders überzeugend.

Nishitani stand lange Zeit im Zentrum der Kontroverse um die kollaborative Tätigkeit der Mitglieder der Kyoto-Schule während des Krieges. Ähnlich wie Nishida war er bemüht, seine philosophischen Aussagen mit der ›offiziellen Linie‹ in Einklang zu bringen, so zum Beispiel bei der Umdeutung Okakuras Panasiatismus in eine Rechtfertigung der japanischen Vorherrschaft innerhalb einer »Greater Asian Co-Prosperity Sphere«. Wie Nishida hat auch Nishitani Abhandlungen veröffentlicht, in denen er Japans Kriegspolitik rechtfertigte. Höhepunkt der Annäherung an die Politik der Staatsführung war seine Teilnahme an einer 1942 in Kyoto stattfindenen Konferenz zum Thema »Überwindung der Moderne« gemeinsam mit anderen Mitgliedern der Kyoto-Schule.[28]

Will man Cages Zen wirklich verstehen, ist es sehr hilfreich, Nishitanis Argumentation zu folgen, die, mit dem ›unlösbaren Paradoxon‹ ringend, wonach innerhalb einer modernen Gesellschaft die formale Gleichheit unabdingbar verknüpft ist mit der freien Entwicklung des autonomen Individuums, zu der Schlußfolgerung kommt, daß dieses ›Paradoxon‹ nicht mittels abendländischer Theorien, sondern nur durch die nicht-logischen und poetischen Formeln des Zen zu lösen sei. Dadurch schließt er jeden Versuch der Vermittlung zwischen individuellen und gesamt-gesellschaftlichen Interessen als »Ideologie« von vornherein aus.[29] Das Prinzip der formalen und gesetzlichen Gleichheit zerstört das Individuum, das es ursprünglich befreien wollte, denn: »where inter-human relationships subordinate to such universals ... no authentic encounter between humans is possible«.[30] Und ferner: »Je stärker daher die Freiheit des einzelnen zunimmt, desto mehr wird die Einheit des Gesetzes bis zur Verwesung zerstört.« Der Liberalismus zerfällt deshalb und offenbart sich – zusammen mit allen anderen Freiheitsidealen – als »notwendiges ständiges Hin- und Herschwanken zwischen Totalitarismus und Anarchie«.[31]

Nishitani hat, zusammen mit Suzuki und Nishida, die Schlußfolgerung gezogen, daß nur eine feudal-autoritäre Sozialstruktur dem Menschen die Möglichkeit bietet, als echtes Individuum zu leben. Folgt man der Zen-Lehre vom »absoluten Widerspruch der Gegensätze«, ohne den ermüdenden Um- und Irrweg über die Demokratie, die Europa und Amerika seit Jahrhunderten verwirrt hat und zum Ergebnis nutzloser Freiheit führte, zu gehen, existiert das ›absolute Individuum‹ unmittelbar neben seinem Gegenpol, der Einbindung des einzelnen in eine geschlossene gesellschaftliche Ordnung: Die ›echte Freiheit‹ ist eine ›Transzendenz‹ dieses Gegensatzes, nicht dessen Negation.

Es ist wahrscheinlich unnötig festzustellen, daß dies der täglichen Erfahrung eines jeden, der in einem demokratischen System lebt, widerspricht: Die formale Gleichheit – d.h. die Ausrottung der traditionellen Kasten-Privilegien – ist schlichtweg die Grundlage und ein essentieller Schritt zur individuellen Autonomie und muß keinesfalls Anonymität, Nivellierung, Mittelmäßigkeit, Entfremdung u.s.w. mit sich bringen. Und tatsächlich ist diese Reduzierung von »Gleichheit« zu »Uniformität«[32] keine spezielle Theorie der Philosophie der Kyoto-Schule, sondern Hauptmerkmal vieler konservativer Intellektueller, deren Gedanken von einem instinktiven Abscheu vor demokratischen Idealen und Institutionen gekennzeichnet sind und die deshalb diese nur als Ausprägungen der Massengesellschaft oder als Prozeß des Untergangs des aristokratischen Individuums wahrnehmen. Nishitanis ›radikale‹ Lösung erinnert an Heidegger: Wenn seine hochtrabende Rhetorik schließlich enträtselt ist, finden wir als Kern-Idee, daß echte ›Freiheit‹ nur aus blindem Gehorsam erwachsen könne; ergänzt mit der Empfehlung an uns – in eine demokratische ›Wüste‹ quasi Exilierte – auf unsere ›Befreiung‹ in resignativer Demut und mystischer Abgeschiedenheit in stiller Innerlichkeit zu erwarten.[33] Nishitanis philosophischer Entwurf ist nostalgisch: Er spiegelt ein fetischistisches Vertiefsein in das ›Ich‹ wieder, das im prä-faschistischen Japan den Rückzug aus der politischen Sphäre ermöglichte, als auch – paradoxerweise – zugleich ein Zeichen für den sich anbahnenden autoritären politischen Konsens war.

Obwohl der radikale Antimodernismus und die autoritäre Orientierung der Kyoto-Schule innerhalb der fortschrittlichen Intelligenz schon in der vorfaschistischen Zeit stark umstritten war und nach dem Kriege in breiter Öffentlichkeit diskutiert wurden, lassen viele mit der Schule geistesverwandte Wissenschaftler noch heute Rechtfertigungen zu, die stark an frühere Verteidigungen Martin Heideggers erinnern – zumindest jene aus der Zeit vor den verheerenden Enthüllungen Hugo Otts in den achtziger Jahren. Otts sorgfältige Darstellung Heideggers nicht etwa als widerstrebendes und ambivalentes Partei-Mitglied, sondern in seiner Rolle des aktiven Teilnehmers an der nationalsozialistischen Umstrukturierung des deutschen Universitätssystems – und dies sogar noch nach seinem Zerwürfnis mit den Instanzen des Regimes – konnte die europäische Debatte über Heidegger nicht unbeeinflußt lassen. Die Kyoto-Schule hat aber ihren ›Hugo Ott‹ noch nicht gefunden. Rechtfertigungen der Kyoto-Schule und ihrer Mitglieder werden meist nach zwei Mustern aufgebaut: Erstens sind die Werke ›reine Philosophie‹, d. h. ein sichtbarer Bezug auf soziale und politische Fragen fehlt und ist auch nicht beabsichtigt. Und zweitens ist die ideologische Ausrichtung der einzelnen Personen während des Krieges nur durch äußeren Druck zu erklären; persönlich haben sie zu den von der Regierung inszenierten Kriegsverbrechen stets eine innere Distanz bewahrt.[34]

Gleichwohl brechen solche Verteidigungen – wie zum Beispiel im Falle Heideggers – in sich zusammen, weniger aufgrund des Offenbarwerdens der zweifelhaften politischen Aktivitäten der Autoren, sondern vielmehr als Konsequenz des Lesens ihrer Texte ohne jegliche Voreingenommenheit, das heißt, ohne eine a priori vorhandene ›Immunisierung‹ gegen eine politische Auslegung der Inhalte. Und ähnlich wie im Falle Heideggers befinden wir uns in einer paradoxen Situation: Eine bestimmte Auswahl von Texten und ihr rhetorisches Feld scheinen kohärent – wenngleich auch seltsam leer und farblos –, wenn man sie als ›reine Philosophie‹ betrachtet; nach eingehenderer Untersuchung aber erweisen sich die Inhalte als verschlüsselte politische Aussagen.[35] Unsere Aufgabe ist es dabei, das Verhältnis zwischen Philosophie und Ideologie zu bestimmen, und das unabhängig davon, ob sich der Autor – eventuell auch nur vorübergehend – als politisches Werkzeug mißbrauchen ließ.

Will man die philosophischen Texte der Kyoto-Schule in einen breiteren historischen Kontext stellen, ist es nützlich, dies unter Verwendung von Beispielen zu tun, anhand deren – wenn auch auf relativ niedrigem Niveau – der Dualismus zwischen philosophischen und politischen Aussagen recht anschaulich aufgezeigt werden kann. Die Entwicklung zum Totalitarismus läßt sich so am Beispiel der englischsprachigen Zeitschrift *Contemporary Japan* verfolgen: Im

Jahre 1934 erschien ein Aufsatz von Yosuke Matsuoka, in welchem er forderte: *Dissolve the Political Parties* – und eine Militärdiktatur als Verkörperung ›japanischen Geistes‹ legitimiert wird. Es folgte Masaatsu Yasuokas *The Japanese Spirit*, ein Appell, den demokratischen Staat abzuschaffen. In den gesellschaftlichen Mittelpunkt rückte er die japanische Teezeremonie und deren sogenanntes ›logisches Korrelat‹: die Verehrung von Autorität, Gehorsamkeit und Selbstopfer. Auch unter Berücksichtigung möglicher Simplifizierungen und Entstellungen durch die Übersetzung fällt einem sofort auf, daß beide Aufsätze identische Argumentationen und Logik benutzen, wenn auch auf unterschiedlichem sprachlichem Niveau; letztendlich hat man Schwierigkeiten, die Schlußfolgerung, bei Masuoka und Yasuoka handele es sich um bloße Facetten einer einzigen Persönlichkeit, zu vermeiden.[36] Solche Texte sind kaum mit der ungeheuer raffinierten Argumentation eines Philosophen vom Range Nishidas vergleichbar, aber sie lassen deutliche Bezüge erkennen. Natürlich ist, wie Pierre Bourdieu gezeigt hat, die philosophische Tendenz, aktuelle politische Aussagen mittels kunstvoller prophetischer Chiffre zu verhüllen, kein Sondermerkmal japanischer Kultur. Die Notwendigkeit sorgfältiger Interpretation von Texten, mit dem Ziel, ihre rhetorischen und ideologischen Wirkungsfelder abzugrenzen, gilt für die Philosophie im allgemeinen.

Der Eindruck identischer Urheberschaft obengenannter Aufsätze wird durch die Tatsache verstärkt, daß beide im Lob des Todeskultes, der in Japan seit Jahrhunderten mit der Zen-inspirierten Bushido-Ethik des Krieger-Adels verbunden ist, gipfeln. In beiden Texten wird ein Gedicht zitiert, das die Ästhetisierung des Todes und die Idealisierung feudaler Sozialverhältnisse zum Gegenstand hat; über das Bündnis zwischen Herrn und Vasall heißt es: »unvorstellbar, daß einer den anderen mißbrauchen oder ihm etwas übel nehmen könnte.«[37] Diese Verklärung von Autorität und blindem Gehorsam in ein Zeichen geistiger Erfüllung führt zu Fehlinterpretationen der Wirklichkeit. So konnte Saneatsu Mushakoji, Sprecher der ästhetisch-literarischen Gesellschaft *Shirabaka-ha* (»Weiße Birken«) 1911 äußern: »Japan ist ein Land ohne Autorität«.[38]

Im Jahre 1949, während Cage den Zufall als Schlüssel für seinen Durchbruch als Komponist entdeckte, Suzuki seinen Umzug nach New York plante und Nishitani – aufgrund seiner Aktivitäten während des Krieges von den US-amerikanischen Besatzungsbehörden an jeglichen Lehraktivitäten gehindert – in Kyoto an der Entwicklung einer japanischen Alternative zum europäischen Nihilismus arbeitete, erschien in Japan Yukio Mishimas quasi autobiographischer Roman *Kamen no Kokuhaku*.[39] Dieses Buch – von Kritik und Öffentlichkeit begeistert aufgenommen – ist in vieler Hinsicht exemplarisch, da hier eine

Definition des ›Ich‹ kristallisiert wurde als Verschmelzung fast kindlicher Unterwerfung bei gleichzeitiger zynischer Loslösung vom ›Familien-Staat‹ des kaiserlichen Japans einerseits und dem Rückzug ins innere Reich der Fantasie, wo der ästhetizistische Entwurf, sein Leben als flüchtiges Kunstwerk zu gestalten, in völliger Einsamkeit durchgeführt werden darf, auf der anderen Seite. Diese zwei Tendenzen werden in einem hochästhetisierten Kult des Todes vereint – einem Kult, der stark geprägt ist von mystischen und sadistischen Elementen. Es ist interessant, daß Mishima in diesem Roman nicht etwa seine düsteren homosexuellen Phantasien, aber seine Verwicklung in rechtsradikale und militaristische Strömungen an der Tokioter Universität während des Krieges, die das Selbstopfer im Dienst des Kaiserkults predigten und in ihrem sprachlichen Ausdruck an Ernst Jünger erinnerten, verschwieg.[40] Das läßt vermuten, daß Mishima – ähnlich wie auch Nishitani – ein Intellektueller war, der den Zusammenbruch des japanischen Reiches nicht wirklich akzeptieren konnte. Daß Mishima alle diese Ungereimtheiten durch das geschmacklose politische Theater des *Seppuku* zu überbrücken suchte, läßt sich vielleicht am besten damit erklären, daß er sich zu stark von einem gewissen ›todessüchtigen Zweig‹ der japanischen Literatur inspirieren ließ.[41]

So empfindet man viele »novels of the self«[42] als ziemlich narzißtisch-konfessionelle und introspektive Literatur, die die Leerheit des abstrakten Ideals der reinen Innerlichkeit schildert. Der Suizid wird hier – freilich ambivalent – zum Sinnbild des sich vervollkommnenden ›Ich‹ (wie aus der traditionellen japanischen Kultur überliefert), ist jedoch gleichzeitig Symbol eines vergeblichen Protests gegen die erstickende Engstirnigkeit allgewaltiger Autorität.[43] Diese gleichzeitige Über- und Unterbewertung des ›Ich‹ ist auch für das Zen prägend, wo die Negation des ›Ich‹ und gleichzeitig seine Überlegenheit unmittelbar nebeneinander existieren.

Sicher müssen Kritiker, die diese Fetischisierung der Pflicht, des Todes und des Nichts als eine reaktionäre ›Überwindung der Moderne‹ erkennen, sich nunmehr davon unterrichten lassen, daß sie in den religiösen und philosophischen Feinheiten des heutigen Denkens des Zen nur unzulänglich bewandert sind und das Nichts nicht nur eine bestimmte ›Negation‹ im oberflächlichen europäischen Sinne, sondern ein ›absolutes Nichts‹, den bodenlosen Grund der Schöpfung, bedeutet und somit affirmativ, nicht kritisch ist. Solche Einsicht in die Wirklichkeit erlaubt es, das Korsett der Moderne abzuwerfen und eine ›authentische‹ Erfahrung wiederzugewinnen, die weit entfernt ist von der kritischen, kosmopolitischen, demokratischen Kultur der Dekadenz, deren verwirrendem Lärm wir sozusagen den Rücken kehren müssen.

Man könnte darauf aber antworten, daß diese globale, verallgemeinernde Ablehnung abendländischen kritischen Denkens sich wesentlich von einer kritischen Auseinandersetzung unterscheidet. Und daß diese abstrakte Negation der ›europäischen Tradition‹ den Weg zu einer Wiederherstellung quasi-feudaler Sozialverhältnisse weist, vermag unseren Verdacht kaum zu entkräften, daß das geistige Wiedererwachen einer reaktionären Politik untergeordnet wurde.

IV.

Das ›Ich‹ als seltsame Verschmelzung endloser narzistischer Innerlichkeit mit einem blinden Gehorsam gegenüber externen Autoritäten, in solch extremer Weise, daß die bloße Möglichkeit des Mißbrauchs von Macht theoretisch ausgeschlossen scheint – beide Seiten werden durch den Kult vom Tod zu einer ästhetischen Einheit verbunden: Es ist nicht schwierig, sich die Akzeptanz einer solchen Definition des ›Ich‹ durch die krankhaft schicksalsgläubigen japanischen Intellektuellen vorzustellen, deren begrenzte Autonomie zunächst im Japan des Fin-de-siecle bedroht war und später von jenen, die sich nach einer mythologisch-feudalen Vergangenheit sehnten, die sie vom Nihilismus der Demokratie in der Gegenwart befreite. Noch einmal, es ist nicht so sehr die Frage, ›Kollaborateure‹ mit dem aus Japans »vorgetäuschter Modernisierung«[44] resultierenden Militärregime zu identifizieren, sondern vielmehr herauszuarbeiten, auf welche Art und Weise ideologische Strukturen die Literatur und philosophische Programme bestimmter Gruppen geprägt haben. Die Kyoto-Schule, zum Beispiel, die sich mit der Theorie des »basho« auseinandersetzte, war etwa unfähig, über ›Grund‹ oder ›Ort‹, d. h. über die ideologischen Bedingungen, aus denen sich ihre eigenen Gedankenstrukturen entwickelt hatten, zu reflektieren. Aber es ist nicht offensichtlich, warum sich Cage – als das Produkt einer völlig anderen politisch-sozialen Ordnung – so eng mit dem Quietismus, der Innerlichkeit und der Ästhetisierung des Alltagslebens – die in Japan als Schutz der Intellektuellen vor der erniedrigenden Wahrheit der eigenen Impotenz dienten – identifizierte. Und warum reflektierte Cage nie über den historischen Kontext von Suzukis Lehre sowie den seiner eigenen Zen-Rezeption?

Auf jeden Fall war Cage – von einer bestimmten Interpretation zeitgenössischer Zen-Theorie geleitet – fähig, den letzten Schritt zum völligen Sinnverlust der Musik zu vollziehen: Er forderte die Abschaffung der Musik als solcher zugunsten des bloßen Wahrnehmens von Klang-Phänomenen. Wie bereits erwähnt, hat die Technik der Kontemplation als Ersatz für künstlerisches Schaffen eine komplizierte Genealogie in der europäischen Kunst: vom desinteressierten Blick des Flaneurs über den Automatismus von Duchamps »Ready-Made« hin zum mechanischen Starren von Warhols Filmkamera. Diese Einstellung – als Markenzeichen des Auseinanderfallens der Intelligenz in isolierte Monaden rein ästhetischer Erfahrung ein Ausdruck ihrer politischen Unfähigkeit – unvermeidlich vermischt mit der Aufnahme asiatischer Ideen wird paradoxerweiser von Cage als Mittel beansprucht, um eine verlorene Sinngemeinschaft zu restaurieren. Zu diesen widersprüchlichen Gedanken dürfte Cage durch seine Erfahrungen mit dem Zen – mit dessen unlogischen, aber eleganten Sprüngen zwischen unvereinbaren Gegensätzen – veranlaßt worden sein.

Vor 30 Jahren fragte ein deutscher Kritiker in bezug auf Cage: »Gibt es kritische Musik?«[45] Cages Projekt jedoch ist nicht als Kritik aufzufassen, sondern als explizite Bestätigung des Existierenden, eine Bestätigung, die gleichzeitig pragmatisch und mystisch, naiv und zynisch ist. Um seine Arbeit kritisch zu ›aktivieren‹, muß man Cages grundlegenden Anspruch wörtlich nehmen, nämlich seinen Vorschlag, ›Musik‹ (als die gleichgültige Anhörung zufälliger Klangphänomene definiert) von ›Musik‹ (als Klangsprache, definiert als die geformte, hierarchisch geordnete Einheit klanglicher Bestandteile) zu befreien. In diesem Zusammenhang fragte Hans Neuhoff, ob Cages Interventionen sich auf ein bestimmtes musikalisches Paradigma – z.B. mitteleuropäische Musik in den letzten zwei Jahrhunderten – oder auf Musik als solche bezogen.[46] Wie Neuhoff über Cage bemerkte, ist ›Musik‹ im anthropologischen Sinne einfach die Produktion sinnvoller Klang-Komplexe; die Einführung von ›Zufälligkeit‹ und ›nicht-musikalischen‹ Klängen ist nur in unserer modernen Kultur vorstellbar, d.h. in einer Kultur, die sich über die Infragestellung ihrer eigenen Grenzen und ihrer eigenen Möglichkeiten durch eine radikale Kritik an der Tradition definieren kann. Deshalb scheint es, auch wenn Cages Entwurf einer Liquidierung der musikalischen Ordnung anthropologisch betrachtet sinnlos ist, dennoch kohärent, wenn wir – Cages eigener Absicht zuwider – ihn in den richtigen geschichtlichen Kontext stellen: Cage hat einerseits eine musikalische Version des ›vollkommenen Nihilismus‹ ausgesprochen[47], andererseits jedoch Baudrillards Alptraumvision der totalen Mobilität und Austauschbarkeit der Bedeutung von Zeichen reflektiert. Weil Cage so unbedenklich an der *Entleerung* musikalischen Sinns teilgenommen hat, gleichzeitig aber den Anspruch erhob, eine archaische *Fülle* musikalischen Sinns wiederzugewinnen, illustrieren seine Werke die Gefahr simpler und apokalyptischer Verkündigungen: Den ›Postmodernen‹ gleich, deren musikalisches Symbol er ist, springt er vom Felsen, nur um zu entdecken, daß ihm Flügel gewachsen sind. Notwendigerweise folgt daraus eine naive

Restauration der ›reinen‹ oder ›unvermittelten‹ Erfahrung. Dafür aber mußte Cage einen Preis bezahlen. Er ist verurteilt, hilflos zwischen kitschiger Philosophie (auf der Ebene programmatischer Aussagen) und der Negation/Erlösung der Musik in Form von endlosen, sich wiederholenden Gesten, die sich einer bürokratischen Rationalität *unterwerfen*, aber sich gleichzeitig eben dieser Rationalität *zu erwehren* suchen, zu pendeln. ›Hilflos‹ erscheint es, weil Cage sich mit seinem fadenscheinigen orientalischen Alibi zufrieden gab. Er war sich des obengenannten Paradoxons unbewußt und deshalb unfähig, es zu verarbeiten – weder im theoretischen noch im musikalischen Zusammenhang.

Cages Widerruf der musikalischen Moderne erhebt den Anspruch, irgendeine ursprüngliche Erfahrung von Klang wiederherstellen zu können – einen Klang noch vor seiner Artikulierung als musikalische Sprache. Cages Liquidierung des autonomen musikalischen Werkes ist deshalb beides: geistige *Befreiung* von unserem Eingebundensein in das Netz der Sprache (und deshalb notwendigerweise von Autorität als solcher), gleichzeitig aber auch *Unterwerfung* unter das rein Faktische ohne Möglichkeit zur Kritik. Diese Verneinung musikalischer Modernität wird als Sprung – oder gar ›Verworfenheit‹ – innerhalb der archaischen Präsenz eines originären, vor-kulturellen Klangs, gleichzeitig jedoch auch als Schritt hin zur Formierung höheren musikalischen Bewußtseins dargestellt, wie Cage es in seinem frühen Aufsatz *The Future of Music* formulierte.[48] Es gibt zutreffende Elemente in diesen zwei Denkansätzen; insgesamt jedoch erweisen sich beide als trügerisch.

Erstens wollte Cage der Aporie europäischer Musik durch eine sehr vereinfachte Definition der abendländischen Musik als »Gefangenschaft sinnvoller Klänge in einer unterdrückenden Ordnung« entkommen: Aber diese Definition ist selbst tief durchdrungen von sprachlicher Verdinglichung und verkürzender Abstraktheit (denen zu entgehen sie ja vorgibt). Aus diesem Grund nimmt sein verlorenes Paradies des archaischen Klangs groteske Züge einer mechanischen Manipulierung des Zufalls an. Zweitens ist Cages Postulat autonomer *Klänge* eine Evolution jenseits von musikalischen *Werken*: Es führt den Widerspruch zwischen Teil und Ganzem bis an die Grenze und löst deshalb insgesamt auch die Dialektik zwischen Werk und Bruchstück auf – auch die zwischen Partitur und Aufführung, Komposition und Rezeption, Sprache und Ausdruck. (Um diesen Schritt in seiner historischen Neuheit völlig zu erfassen, wäre es nötig, seine Ableitung aus der ästhetizistischen Tradition detailliert zu überprüfen – einer Tradition, die ›Japan‹ als Symbol ästhetischer Verklärung der Wirklichkeit sozusagen erfunden hat.) Trotz der Komplexität von Cages Entwurf bleibt dieser grundsätzlich mystisch im strikten Sinn. Und Mystizismus – eine methodische,

auf einen Durchbruch zur ›unvermittelten Wirklichkeit‹ abzielende Diziplin –
läßt sich auf keinen Fall mit einer kritischen Haltung zur Tradition (einschließlich der Tradition der Avantgarde) vereinbaren. Denn diese kritische Haltung
würde genau den Abstand, der ein Reflektieren erst ermöglicht, verlangen und
den Mystizismus dann unweigerlich verbannen. Vielleicht basiert Cages ›Überwindung der Moderne‹ aus diesem Grund nicht auf einer Negation von Tradition sondern statt dessen auf einer bewußten Amnesie und muß sich auf einen
vom Zen hergeleiteten ›Jargon des Nichts‹ stützen.

Cage hat ausdrücklich die Negativität der historischen Avantgarden, ihre
Bitterkeit, ihren ätzenden Sarkasmus, in reine Bejahung umgekehrt. Die Künstler der ›klassischen‹ Avantgarden sind bereit gewesen, das autonome Kunstwerk
zu opfern, oft auf der Basis gröbster und reduziertester Formulierungen, um die
von der (sich rasant entwickelnden) Kulturindustrie produzierte ›Ersatzkunst‹
zu denunzieren – eine wahrscheinlich tragische Haltung. Cage hat ihre Tendenz
zur Vereinfachung fortgeführt, nicht aber ihre bewußte Distanzierung. Sein sen-
timentales »all's right with the world« ist zu nah an dem eleganten aber tautolo-
gischen Schema des »to each his own« – letzteres ein zentraler Lehrsatz des
Buddhismus.

Ohne einer polemischen Übertreibung nachzugeben, wie man sie z. B. bei
Boulez in Beziehung auf Schönberg findet, ist es seit langem überfällig festzustel-
len, daß Cages »Aesthetics of Indifference«, d. h. sein paradoxer Entwurf einer
utilitaristisch-ästhetizistischen Wiederherstellung der Musik als (primitivem)
Klang – 50 Jahre nach seiner ersten und endgültigen Formulierung – seine
Aktualität überlebt hat, um – zusammen mit der kulturellen Avantgarde als sol-
cher – Gegenstand historischer Reflexion zu werden. Die Geschichte von Cages
Verwandlung der paradoxen Logik des Zen der Kyoto-Schule in eine affirmative
Fassung des Dadaismus muß dabei eine zentrale Rolle spielen.

V.

Im März 1945 hielt Leo Löwenthal eine Vorlesung an der Columbia
Universität mit dem Titel *The Aftermath of Totalitarian Terror*. Er vertrat dort
die Meinung, daß die systematische Zerstörung der Identität, die von Insassen
der deutschen Konzentrationslager erlitten wurde, von allgemeiner Bedeutung
für das Verständnis von Strukturen der Massengesellschaft sei. Diese Vorlesung
wurde im Rahmen eines Kolloquiums über *The Aftermath of National Socialism*
gehalten, das vom Frankfurter Institut für Sozialforschung – seinerzeit im Exil
an der Columbia Universität – organisiert wurde.[49]

Löwenthal machte hier einen ersten Versuch, die Konzentrationslager als wichtigen Teil eines Gesamtsystems der Entmenschlichung zu verstehen. Er führt die Hauptmerkmale dieser Zerstörung des ›Ich‹ auf: Sie beginnt mit einer aus der Zufälligkeit des Ereignisses resultierenden Verwirrung, aus der die scheinbare Zusammenhangslosigkeit von Ursache und Wirkung folgt, was schließlich oft in einer Identifikation des Insassen mit seinem Unterdrücker gipfelt.[50] Später veröffentlichte Löwenthal eine Fassung dieser Vorlesung innerhalb des Werkes *Falsche Propheten*, das eine Studie über reaktionäre, kleinbürgerliche antisemitische Agitatoren in den USA enthält. Das zeigt, daß Löwenthal gewisse Parallelen zwischen der Geschichte des Nationalsozialismus und politischen Verwerfungen innerhalb der Demokratie sah.[51]

Ich möchte diesen Aufsatz mit einem gedanklichen Experiment schließen: Was wäre passiert, hätte Cage diese Vorlesung im Jahre 1945 gehört, also bevor er sich auf das ›asiatische Denken‹ einließ? Hätte ihn diese Erfahrung nicht davor bewahrt, solch erschreckenden Unsinn zu veröffentlichen, wie zum Beispiel: »There is just the right amount [of pain in the world]«?[52]

Hätte es nicht von vornherein die Unangemessenheit bloßlegen können, unmittelbar nach Auschwitz den Versuch zu wagen, aus Stückwerk und Resten verschiedener populärwissenschaftlicher Übersetzungen asiatischer Philosophie (ohne dabei die Quellen einer fundierten Kritik zu unterziehen, den historischen Kontext herzustellen oder die wohlklingenden Worte einer ›zeitlosen Weisheit‹ mit der Gegenwart zu verbinden) eine Weltanschauung zu konstruieren?

Es folgt eine ›Collage‹ aus zwei Texten. Dabei soll es dem Leser überlassen bleiben zu entscheiden, ob diese Auswahl zufällig erfolgte oder einer argumentativen Intention seitens des Autors folgte. Der erste Text ist von Löwenthal. Im oben zitierten Artikel läßt er den Konzentrationslager-Überlebenden Wiernik zu Wort kommen. Im Abschnitt »Verwandlung in ›Rohmaterial‹« beschreibt dieser, wie die Lagerinsassen als bloßes statistisches Material behandelt wurden. Wierniks Geschichte ist ein besonders anschauliches und grausames Beispiel für bürokratischen Wahnsinn:

»Da die Gefangenen nach Nummern und nicht nach Namen sortiert wurden, waren Irrtümer, die Entsetzliches zur Folge hatten, leicht möglich. Wenn der ›Blockschreiber‹ versehentlich eine Nummer mit der Eintragung ›tot‹ versehen hatte, die in Wirklichkeit sich auf einen noch Lebenden bezog – ein Irrtum, der in einer solchen Situation extremer Sterblichkeitsziffern leicht unterlaufen konnte –, wurde dieser Fehler dadurch korrigiert, daß man den Nummernträger umbrachte.«

Der zweite Textbeitrag ist eine Anekdote über Sri Ramakrishna, die Cage im Jahre 1958 während der Vorlesung *Indeterminacy* benutzte (einer Vorlesung, die lediglich aus einer Reihe von isolierten Erzählungen bestand):

»Im allgemeinen wird Selbstmord als Sünde betrachtet. So waren alle Ramakrishna-Schüler höchst interessiert, was der Meister über den Selbstmord eines Fünfjährigen sagen würde. Ramakrishna sagte, daß das Kind nicht gesündigt, sondern einfach einen Irrtum korrigiert hatte – es war irrtümlich geboren.«[53]

Anmerkungen

1 Dieser Aufsatz ist Teil einer Forschungsarbeit über die Entwicklung der ästhetischen Doktrinen von Cage in der Zeit von den frühen 1930er Jahren bis in die frühen 1950er Jahre mit dem vorläufigen Titel »*Therefore its Usefulness Cannot be Questioned*«. *John Cage's Utilitarian Aestheticism*. Der Autor dankt der Studienstiftung des Abgeordnetenhauses von Berlin und der Stiftung Luftbrückendank, Berlin, für die Gewährung zweier Stipendien, während deren er diese Studie anfertigte; er dankt auch Jörg Fritzinger und Friedemann Hoecker für Hilfe bei der Erstellung der deutschen Fassung.

2 Richard Kostelanetz (Hg.), *John Cage. An Anthology*, New York 1970, S. 81-85.

3 Typische Beispiele dieser Genealogie finden sich in Dieter Schnebels *Disziplinierte Anarchie. Cages seltsame Konsequenzen aus der Lehre bei Schönberg*, in: *Herausforderung Schönberg*, hg. v. Ulrich Dibelius, München 1974, S. 151-160. Eine wissenschaftliche Diskussion findet sich in: Michael Hicks, *John Cage's Studies With Schönberg*, in: American Music, Summer 1990.

4 Suzuki gehörte zu der Generation von Gelehrten, die eine Wiederbelebung traditioneller japanischer Kultur befürworteten und den Buddhismus verteidigten, als Shinto die offizielle Staatsreligion wurde.

5 Vgl. Kojin Karatani, *Japan as Museum*, im Katalog *Screan Against the Sky. Japanese Art after 1945*, Guggenheim Museum, New York, 1993, hier: S. 33-38.

6 Ein typisches Beispiel für Cages falsche Angaben, was den Zeitraum seiner Studien bei Suzuki angeht, findet sich auf S. 94 in: Daniel Charles, *For the Birds*, Boston/London 1981, wo er angibt, er habe »Suzukis Vorlesung über drei Jahre, bis ins Jahr 1951, besucht«.

7 David Revill, *The Roaring Silence*, London 1992, S. 108.

8 Suzuki las bis ins Jahr 1957, in welchem er mit 87 Jahren in den Ruhestand trat, an der Columbia University. James Pritchett hat vielleicht als Erster den weitverbreiteten Irrtum korrigiert, was Cages Studien bei Suzuki angeht, indem er anmerkte, daß Suzuki erst ab 1951 an der Columbia University Vorlesungen hielt. Aber auch Pritchett irrt sich, wenn er angibt, Suzuki habe 1951 über das Zen gelesen; siehe auch seine Anmerkung zu *The Boulez-Cage Correspondence*, hg. v. Jean-Jacques Nattiez, Cambridge (England) 1993, S. 50.

9 Kegon (avatamsaka) war eine der sechs großen buddhistischen Sekten der Nara-Periode in Japan. Ihm gehörten vor allem kultivierte und aristokratische Schichten der Bevölkerung an. Seinen Höhepunkt hatte er in der Heian- und Kamakura-Ära überschritten, als eine enorme Verbreitung der populären und leichter zugänglichen Sekten des Tendai und des Zen einsetzte, wobei letzterer vor allem in der Klasse der Krieger große Unterstützung fand.

10 Masao Abe (Hg.), *A Zen Life. D.T. Suzuki Remembered*, New York/Tokyo 1986, S. 219-224.

11 John Cage, *A Year From Monday*, Wesleyan Connecticut 1969, S. 95-111. Noch abwegiger ist die Zeitangabe in Kostelanetz, *John Cage* (Anm. 2), in welcher in der Einleitung zu den Jahren 1945-1947 zu lesen ist: »Beginning of studies of eastern Philosophies with Gita Sarabhai and Daisetz T. Suzuki at Columbia University«. Diese Chronologie wurde auch der erweiterten Ausgabe von 1991 hinzugefügt.

12 Revill, *The Roaring Silence* (Anm. 7), S. 109.

13 D. T. Suzuki, *Introduction to Zen Buddhism*, London 1948 und New York 1949.

14 Gary Snyder, *On the Road With D. T. Suzuki*, in: Abe (Hg.), *A Zen Life* (Anm. 10), S. 207-209.

15 Suzuki, *Introduction to Zen Buddhism* (Anm. 13), S. 35-37. Allerdings ist die Bedeutung, die Suzuki Zazen beimaß, umstritten.

16 Suzuki wurde in die *Rinzai*-Schule des Zen hineingeboren und darin ausgebildet. Diese Schule zieht die Meditation über ein *Koan* der reinen Meditation des *Soto*-Zen vor. Dies könnte zumindest zum Teil Cages größeres Interesse an Wortspielen und Rätseln als an Meditation erklären. (Studien eines Textes spielen auch im *Soto*-Zen eine große Rolle.) Cage erzählt in einer Anekdote, wie er nach einer Vorlesung von Suzuki plötzlich und schlagartig das Zen verstanden habe (siehe John Cage, *Silence*, Middletown, Conn. 1961, S. 262); diese Art selbsterklärter ›Erleuchtung‹ hätte Suzuki, der sich selbst jahrelange Disziplin in Klöstern auferlegte, lächerlich vorkommen mögen. Cage teilte auch eine für den Soto typische Auffassung, in welcher keine Unterscheidung zwischen religiösen Ritualen und der Verrichtung alltäglicher Geschäfte getroffen wird. Dieser Grundsatz war entscheidend für Cages Definition von »musical practice«, welche fordert, allen Klangphänomenen vorurteilslos gegenüberzutreten und nicht die falsche Unterscheidung in »music« und »non-music« zu machen. Disziplin bezieht sich daher eher auf das systematische Ausschalten eigener Vorlieben als auf die Aneignung technischer Fertigkeiten.

17 Charles, *For the Birds* (Anm. 6), S. 224.

18 Richard Wilhelm, *The I Ching or Book of Changes*, New York 1949.

19 Hierbei darf die offensichtliche Genealogie von *4'33"* mit Rauschenbergs *Fotograms* von 1949 nicht übersehen werden.

20 D. T. Suzuki, *How to Read Nishida*, in: *A Study of the Good*, übersetzt von V. H. Viglielmo, Printing Bureau, Japanese Government 1959, S. III-VI.

21 Kitaro Nishida, *Über das Gute (Zen no kenkyu)*, Frankfurt a. M. 1989.

22 Vgl. Kitaro Nishida, *The Unity of Opposites*, in: *Intelligibility and the Philosophy of Nothingness*, übersetzt v. Robert Schinzinger, Tokyo 1958, S. 163-242.

23 Rolf Elberfeld, *»Lieu«. Nishida, Nishitani, Derrida*, in: La Revue Philosophique de Louvain, Tome 92, Numéro 4, Novembre 1994, S. 474-494.

24 Keiji Nishitani, *Remembering Dr. Daisetz T. Suzuki*, in: *A Zen Life. D.T. Suzuki Remembered*, New York und Tokyo 1986, S. 148-159.

25 Vgl. Gino K. Piosevana, *Miki Kiyoshi. Representative Thinker of an Anguished Generation*, in: *Studies in Japanese Culture*, hg. v. Jospeh Roggendorf, Sophia Universität Tokio 1963, S. 143-62. Kiyoshi war marxistischer Philosoph und linker Aktivist, der in Europa studiert hatte und der die seltsame Bereitschaft vieler Intellektueller, in eine enge Beziehung zur Militärdiktatur zu treten, d.h. eine plötzliche und drastische politische Umkehr – wie z.B. Kiyoshi selbst – zu erfahren, folgendermaßen erklärte: »Japanese minds are dialectical in their thinking, and two mutually contradictory things can be fused into one synthesis« (S. 156).

26 Vgl. Okakuras *Die Ideale des Ostens*, Leipzig 1922, welches mit dem berühmten Satz »Ganz Asien ist Eins« beginnt, der an den 256. Aphorismus aus Nietzsches *Jenseits von Gut und Böse* erinnert. Vgl. auch Karatani, *Japan as Museum* (Anm. 5). Ebenfalls zum Kreis der Kyoto-Schule gehört Shuzo Kuki (1888-1941), der mit Okakura eng befreundet war und dessen Ansichten teilte. Kuki studierte bei Heidegger in Marburg und machte 1928 Sartre mit Heideggers Werken bekannt. Über Kuki siehe Stephen Light, *Shuzo Kuki and Jean-Paul Sartre*, Carbondale and Edwardsville Illinois 1987. Für Heideggers Erinnerungen an Kuki vgl. sein *Aus einem Gespräch von der Sprache. Zwischen einem Japaner und einem Fragenden*, in: ders., *Unterwegs zur Sprache*, Frankfurt a. M. 1985, S. 79-146.

27 Vgl.: *The Eastern Buddhist*, Bd. XXV/1 (Frühjahr 1992), Gedenkausgabe für Keiji Nishitani.

28 Für einen Überblick über die kollaborative Tätigkeit der Kyoto-Schule während des Krieges vgl. P. Lavelle, *Nishida Kitaro, l'Ecole de Kyoto et l'ultra-nationalisme*, in: La Revue philosophique de Louvain, Tome 92, Numéro 4, Novembre 1994, S. 430-458.

29 Keiji Nishitani, *Vom Wesen der Begegnung*, in: *Die Philosophie der Kyoto Schule. Texte und Einführung*, hg. v. R. Ohashi, Freiburg 1990, S. 258-274. R. Ohashi hat die Meinung geäußert, daß dieser Text »die Quintessenz von Nishitanis Denken« enthält (vgl. S. 257). Englische Fassung vgl. *On the I-Thou Relationship in Zen Buddhism*, in: *The Buddha Eye*, hg. v. Frederick Franck, New York 1982, S. 47-60. Für andere Abhandlungen Nishitanis Kritik über den »humanistischen Nihilismus« vgl. auch *The Self-Overcoming of Nihilism*, New York 1990, S. 183-192, und *Religion and Nothingness*, Berkeley 1982, S. 285. Nishitanis Schriften aus den Kriegsjahren sind noch nicht übersetzt, während die auf englisch und deutsch zugänglichen Texte in ihrer politischen Aussage stark abgemildert sind.

30 K. Nishitani, *The I-Thou Relation in Zen Buddhism*, a.a.O., S. 50, und in: Ohashi, *Die Philosophie der Kyoto-Schule*, a.a.O., S. 263.

31 Ohashi, *Die Philosophie der Kyoto-Schule*, a.a.O.

32 Auf Englisch ist hierbei die Rede notwendigerweise von »equality« im Gegensatz zu »sameness« – anders als in der deutsche Sprache, wo man »Gleichheit« für beide Bergiffe benutzen kann – und deshalb ist die Leere dieser Art von Argumentation auf Englisch besonders auffällig.

33 Das Ausmaß der Beziehungen zwischen Heidegger und der Kyoto-Schule ist erst in jüngster Zeit teilweise erforscht worden. Vgl. hierzu Reinhard May, *Ex oriente lux. Heideggers Werk unter ostasiatischem Einfluß*, Stuttgart 1989; insbesondere in der englischen Fassung,

die unter dem Titel *Heidegger's Hidden Sources* erschienen ist (London und New York 1996), ergänzt von Graham Parkes' bahnbrechendem Aufsatz *Rising Sun over Black Forest. Heidegger's Japanese Connections* (vgl. S. 79-118). Der Autor dieses Aufsatzes ist nicht der erste, der versucht, Cage und Heidegger unter Bezug auf die Kyoto-Schule in Verbindung zu bringen; siehe Daniel Charles, *Das Durcheinander von Proteus. Cage, Heidegger, Bloch*, in: *Musketaquid. John Cage, Charles Ives und der Transzendentalismus*, Berlin 1994. Aber Charles' einzige spezifische Erwähnung einer zutreffenden Arbeit ist Nishitanis *Was ist Religion?* (Frankfurt a. M. 1986), welche er interpretiert hat, um so Nishitanis Meinung mit seinem eigenen, sehr simplen Konzept der Post-Moderne als gleichzeitiger Präsenz unterschiedlichster kultureller Gegenstände in Übereinstimmung zu bringen; dies im Kontext seiner Diskussion über Cages *Europeras*. Charles hat darin weder Nishitanis Verhältnis zu Heidegger noch Suzuki erwähnt. Francesco dal Cos Aufsatz *Mies* schlägt eine ›quasi-Heideggersche‹ Interpretation Mies van der Rohes vor mittels philosophischer Texte des Freiburger Theologen Romano Guardini: Dieses Verständnis von Mies, den Cage verehrte, bezieht sich auf Mies' künstlerische Ethik von Stille und einsamer Erwartung, eine Haltung, für die, nach dal Co, »inspiration is not so much tension given to the production of meaning ... the fullfilment of the human productive faculties, nor the ›naturalistic prison‹ of the intellect, but the conclusive act of the mind's laborious preparation for a decisive encounter [with the divine].« Vgl. *Figures of Architecture and Thought*, New York 1990, S. 264. Cage schließt eine Erzählung über Mies' Ablehnung künstlerischer Tätigkeit als »self-expression« in seiner 1958 gehaltenen Vorlesung *Indeterminacy* ein; vgl. *Silence* (Anm. 16), S. 269.

34 Eine sehr gut unterrichtete Apologie ist Ryôsuke Ohashis Einleitung zu seiner *Die Philosophie der Kyoto Schule* (Anm. 29). Es ist hier symptomatisch, daß Heideggers äußerst in Mißkredit geratener Versuch zur Selbstverteidigung von Ohashi für bare Münze genommen wird.

35 Hierbei beziehe ich mich auf Pierre Bourdieus brillante Analyse der Philosophie von Heidegger, die in Deutschland unter dem Titel *Die politische Ontologie Martin Heideggers* erschienen ist (Frankfurt a. M. 1976).

36 Vgl.: Contemporary Japan, März 1934, S. 634-641 und S. 661-667.

37 Überraschenderweise war der berühmte Dichter Takuboku Ishikawa (1886-1912), den Yasuoka hier zitiert, ein linker Journalist, dadurch bekannt, daß er polemisch erklärte: »Japan ist hoffnungslos!« Takuboku setzte sich angesichts des aufkeimenden autoritären Regimes stark für die Unabhängigkeit der Kultur ein. Vgl. auch Harootunians Einleitung zu *Japan in Crisis*, hg. v. Silberman und Harootunian, Princeton, New Jersey 1974.

38 Vgl. Tatsuo Arima, *The Failure of Freedom*, Cambridge Mass. 1969, S. 103.

39 Englische Fassung vgl. Yukio Mishima, *Confessions of a Mask (Kamen no Kokuhaku)*, New York 1958; französiche Fassung: *Confession d'un Masque*, übersetzt v. Renée Villotean, Paris 1979.

40 Vgl. Ralph Scott Stokes, *The Life and Death of Yukio Mishima*, New York 1974/1995, S. 62-95.

41 Hier ließe sich Soseki Natsumes *Kokoro* (ins Deutsche übersetzt als *Das Herz*) zitieren, in dem die Erzählung vom Niedergang des Anti-Helden überschattet wird vom öffentlichen

Selbstmord (*seppuku*) des Generals Nogi, der seine Loyalität zum kürzlich zuvor verstorbenen Kaiser Meiji demonstrieren will.

42 Harootunian, *Introduction*, in: *Japan in Crisis* (Anm. 37).

43 Selbst der Protest gegen die herrschende Ordnung nahm die Form des öffentlichen Selbstmords an. Eine repräsentative Darstellung findet sich in: H. D. Harootunian, *Between Politics and Culture. Authority and the Ambiguities of Intellectual Choice in Imperial Japan*, in: *Japan in Crisis* (Anm. 37).

44 Vgl. Hans Mommsen, *Nationalsozialismus als eine vorgetäuschte Modernisierung*, in: *Der Historische Ort des Nationalsozialismus*, Frankfurt a. M. 1990, S. 31-46.

45 Ulrich Dibelius in: Melos, Oktober 1968, S. 377-382.

46 *How Musical is Cage? Kulturanthropologische Reflexionen über den Zufall in der Musik*, in: Neue Zeitschrift für Musik, Bd. 154/4, Sommer 1993, S. 44-47.

47 Vgl. Gianni Vattimo, *Das Ende der Moderne*, Stuttgart 1990.

48 Vgl. Cage, *Silence* (Anm. 16), S. 3-7.

49 Unveröffentlicht. Eine spätere Fassung dieses Textes ist im Jahr 1947 in der New Yorker Zeitschrift *Commentary* veröffentlicht worden, mit dem Titel *Terror's Atomization of Man*. Für eine deutsche Übersetzung vgl. *Individuum und Terror*, in: Merkur, 1982/1. Für die englische Fassung vgl. *Terror's Dehumanizing Effects*, in: *False Prophets. Studies on Authoritarianism*, New Brunswick 1987, S. 179-192.

50 Löwenthal hat seine Forschung auf Bruno Bettelheims beinahe in Mißkredit geratene Analyse *Individual and Mass Behavior in Extreme Situations* aus dem Jahr 1943 gestützt. Vgl. Bettelheims *Surviving and Other Essays*, New York 1979, S. 48-83.

51 Diese Auffassung widerspricht den von Hannah Arendt in ihren 1949 erschienenen *The Origins of Totalitarianism* geäußerten Ansichten, die für die Herausbildung einer Ideologie des Kalten Krieges wichtig waren.

52 Vgl. Cage, *Silence* (Anm. 16), S. 93. Dieser Satz klingt vielleicht mehr nach Dada als nach Buddhismus, wo alle Phänomene als Leiden definiert sind (das Sanskrit-Wort *Samsara* bedeutet »Geburt-Tod-Zyklus«); der Zweck der Religion ist – nach der buddhistischen Lehre – die Heilung von Leiden.

53 Cage, *Silence* (Anm. 16), S. 272. Hier aber ist der Selbstmord kein gewählter Schlußpunkt eines erfüllten Lebens wie in der japanischen Philosophie, sondern vielmehr eine Instanz der ›karmischen Buchhaltung‹.

Über John Cage
Frank Cox

Das immer gleiche, alte Lied ist abgesungen – der einst Verlachte ist erlöst und in einen Heiligen verwandelt, der ehemals verworfene Stein zum Eckstein geworden, der Bettler der Herrscher des Himmels. In der letzten Phase unserer spät- oder postmodernistischen, retrospektiven Kultur herrscht die Gestalt des John Cage als wohlwollender, geheimnisvoller und ewig lächelnder und lachender Gott, dessen Orakel seine Anhänger nach ihren Bedürfnissen interpretieren – für Europäer der Prophet und das Symbol der Freiheit von ihrer Geschichte, somit der Freiheit schlechthin; für Japaner der Repräsentant einer Großmacht, über die die Anerkennung geheiligter Weisheit in der modernen Welt gelingt; für Amerikaner, deren Land nur wenige kulturelle Heroen hat, der uneuropäische Prophet und Vorläufer einer neuen, durch und durch amerikanischen Avantgarde.[1]

Eine heilige Ikone, ein Marmorgott im Pantheon – wie hätten Cages Schriften und seine Musik das je vermuten lassen? Der Prophet des Ephemeren ist zum Siegel geworden, dessen Prägung jenen vergänglichen, sterblichen Klängen und Ereignissen, die der Mensch Cage so sehr schätzte, Dauer verleiht. Und soviel dürfte klar sein – Cage war ganz Mensch, nicht allein das Symbol, das viele sich erschufen und noch immer erschaffen. Er hat als reale und außergewöhnliche Person auf Erden gelebt, er gehört sicherlich zu den unersetzlichen Persönlichkeiten unserer Zeit, und als menschliches Wesen hatte er Tugenden wie Fehler. Erstere übertrafen letztere bei weitem: Großzügig und selbstlos unterstützte er Generationen un-gewöhnlicher (*non-generic*) Künstler, er war entschlossen, voller Energie, inspiriert und inspirierend – zugleich war er belehrend, willkürlich und inkonsequent, und wie die meisten starken kreativen Persönlichkeiten unbeirrbar und ablehnend gegenüber Kritik an seinem Anliegen.

Wie läßt sich eine solch komplexe Persönlichkeit beurteilen? Cage geißelte den Egoismus der europäisch ausgerichteten Komponisten-Heroen und verehrte das Unpersönliche, konnte dabei aber endlos über sich selbst sprechen – über seine Gedanken, über die Bücher, die er gerade las und seine Erfahrungen: Er machte aus seinem Leben einen Mythos. Obschon er eine äußerst charmante, zutiefst menschliche Persönlichkeit war, ein Vorbild an Toleranz und Großzügigkeit gegenüber seinen Mitmenschen, hielt er doch an seinem entschiedenen Abstand zur Idee der ›Humanität‹ fest.

Derselbe Mensch, der die Revolution deutlich vor Augen hatte, betrachtete politische Aktionen, die das Leben menschlicher machen sollten, als wenig nutzbringend. Der Mann, der sich dafür aussprach, der Welt und den Dingen ihren Lauf zu lassen, war unerschöpflich produktiv und drückte sogar denjenigen Klängen seinen Namen auf, die er zuvor als unbesitzbar bezeichnet hatte. Der Prophet der Stille und der Natur stellte sich eine Gesellschaft unendlichen Konsums vor und schuf ein so riesiges Œuvre, daß man damit die ganze Natur überdecken könnte.

Er brachte ein Leben damit zu, nicht nur seine Kunst, sondern auch sich selbst zu erfinden. Gab es nur den einen Cage? Es gab mindestens zwei – zweifellos durchlief er in seinem Leben einen entscheidenden Wandel, der den Großteil seines Tuns bis zuletzt bestimmte: den Übertritt zu seiner Interpretation des Zen-Buddhismus. Die Erleuchtung durch einen orientalischen Weisen wird gern als typisch amerikanisches Phänomen gesehen. In der Einleitung zu Herman Melvilles *The Confidence-Man* vertritt Toby Tanner die Meinung, das Modell des *self-made man*, der in einer »zuversichtlichen Kultur« »in, von und im Grunde an der Zukunft vorbei lebt«, sei »in besonderem Maße amerikanisch, da es in doppelsinniger Weise das Konzept unabhängig erreichten Erfolges und das radikaler Selbstbemutterung« in sich vereine. Tanner weist auf die Tendenz hin, »das Selbst durch geschicktes Imitieren neu zu entwerfen. Man wird ein Spezialist in Sachen sekundäre, reproduzierbare Identität.«[2]

Cages Konversion hatte dieselbe Abruptheit und Intensität, wie sie dem amerikanischen Phänomen des Wiedergeboren-Werdens eignet, in dem Konvertiten wieder und wieder die Vergangenheit auszulöschen suchen, um ein neues, unbeschriebenes Blatt aufzuschlagen. Vor seiner Konversion und ›Wiedergeburt‹ war Cage in der amerikanischen Musikwelt nicht besonders hoch angesehen; die Aneignung einer damals noch besonders mysteriösen und unbestritten heiligen Religion enthob ihn der Notwendigkeit, auf Kritik an ihm, seiner Musik, oder seinen ästhetischen Standpunkten einzugehen; der Tenor vieler seiner Stellungnahmen, wie sehr das ›Non-Ego‹ seiner Religion oder sein persönlicher Charme das auch verschleiern mochten, wurde belehrend und fast autoritär. Man kann sich dabei des Eindrucks nicht erwehren, daß dabei ein hochkomplexes Selbstverteidigungssystem eine Rolle spielen mochte, das zum einen seinem Leben und Schaffen klare Richtung gab und ihn zum anderen vor der (für Amerikaner besonders bitteren) Herabsetzung bewahrte, der sich jeder un-gewöhnliche Komponist ausgesetzt sieht. Religion und Biographie mögen für den ästhetischen Wert des Schaffens eines Konvertiten gleichermaßen unerheblich sein, bei Cage sind sie besonders intensiv ineinander verwoben – Cages

Antwort auf nahezu jede Frage gründete wesentlich in seinem religiösen/ästhetischen Credo.

So sehr man den Dogmatismus der Cageschen ›Erleuchtung‹ auch anzweifeln mag, so sehr sich viele seiner früheren Kollegen bemühten, seine neue *persona* als Pose abzutun – es ehrt Cage, daß er bis an das Ende seines Lebens mit solcher Integrität und Konsequenz an ihr festhielt. Person und *persona* waren kaum zu trennen: Er war allem Anschein nach (und nicht nur gegenüber seinen Jüngern) absolut überzeugt und überzeugend.

Er wuchs in diese *persona* hinein und wuchs zugleich an ihr. Die Kernsätze seines Glaubens brachten ihn dazu (meiner Meinung nach jedoch nicht in aller Konsequenz), eine sich stetig ausweitende Spirale fundamentaler Fragen an die Gesellschaft und das Leben zu stellen. In seiner Radikalität, in seiner Kompromißlosigkeit und seiner Bandbreite stellt sein Denken ein permanent wirksames ›Gewissen‹ für eine musikalische Welt dar, die auf fatale Weise in die Komplexität der modernen Gesellschaft verstrickt ist (gleich, ob diese Welt nun nach Reflektiertheit strebt oder sich in Bewußtlosigkeit sicher wiegt).

So charmant und außergewöhnlich er war – es muß indessen gefragt werden, inwiefern sein musikalisches Schaffen und sein Denken (über sein reines ›Anderssein‹ hinaus und als logisch entwickeltes Denken) noch immer lebendig und unentbehrlich (*vital*) ist. In der winzigen Nische der Kunstform Musik, die der zeitgenössischen Musik zugewiesen ist, bedeutet es geradezu ein Vergehen, Komponisten erst nach ihrem Tode ernst zu nehmen, schlimmer noch ist es, im Sinne einer anvisierten (und immer überfälligen) Rehabilitation die Verstorbenen als zu Lebzeiten Vernachlässigte in den Himmel zu rühmen und darüber die noch Lebenden zu benachteiligen. Die Götter weilen nicht mehr unter uns; sie haben sich zurückgezogen, und nur durch Anbetung kann es uns gelingen, ihre Geister wieder zu uns herabzurufen: Das ist das ganze Spiel der Kulturindustrie, das ihr auch weiterhin überlassen bleiben soll. Wir werden Cages gewaltige Originalität immer anerkennen müssen; dies jedoch ist nurmehr Sache der Historiker. Die großen Gestalten der Neuen Musik müssen entweder Gestalten der gesamten Musikgeschichte werden oder auf immer in ihre Gräber zurückkehren, denn wenn ihre Zeit auf Erden vorbei ist, wenn ihre Botschaften nicht mehr neu sind, sind sie auch nicht mehr Teil der Neuen Musik.

Die Gestalt des John Cage dient nun denselben Mächten, die er einst so scharf kritisierte – den Vergöttlichern, den Managern der Restrospektive, den kulturellen Mandarinen; auch sein Geist – wie so viele vor ihm – kommt nun vom Pantheon herab und drängt neue Stimmen und Strömungen zur Seite.[3] Wenn Cage, der große Frager, nicht zu Marmor versteinern soll, muß die Vergöttlichung durch seine Jünger rückgängig gemacht und aufgehoben werden. Es muß ein Ende haben mit den schier endlosen ›Interpretationen‹ der theoretischen Avantgarde – jener Gruppe also, die stets bereit ist, ein noch unbeschriebenes Blatt ausfindig zu machen (und Cages Gedankenwelt läßt sicherlich vieles in dieser Richtung zu), um es als Leerfläche für ein neues Gedankengebäude zu verwenden – wohl wissend, daß vom strahlenden Namen des betreffenden Avantgarde-Künstlers auch ein wenig Licht auf den Avantgarde-Kritiker fällt. So muß man den Gott töten, um die Wahrheit seiner Botschaft ans Licht zu bringen. Dies wiederum bedeutet, daß Cage – der Mensch, der Musiker, der Denker, und vor allem seine Stellung in der künstlerischen Welt –, soll er wirklich ernstgenommen werden, von neuem befragt und kritisch hinterfragt werden muß. Das Fassadenhafte, das Modische und schnell altmodisch Gewordene, die Fehlschläge müssen endlich als solche wahrgenommen und ausgesondert werden, damit die Wahrheit zutage tritt, die, soll sie bestehen können, zu unserer und zu zukünftigen Zeiten sprechen muß.

*

Die Vorstellung eines Pantheon, posthumen Ruhms ist so europäisch wie der Gedanke, daß künstlerisch hochstehende Werke und Theorien von bleibendem Wert sind und daß Veränderungen im künstlerischen Denken Einfluß haben auf die Art und Weise, wie ›wir‹ die Welt wahrnehmen; in diesem Zusammenhang wird angenommen, daß Vorgänge, die Veränderungen in einer bestimmten Kunstform hervorrufen, auf lange Sicht auch auf die Gesellschaft als Ganzes einwirken, zumindest jedoch auf das jeweilige nationalkulturelle Netzwerk.[4]

Aus diesem Grund sind innovative Aktionen europäischer Komponisten nicht einfach reine Aktionen, sondern die quasi-mythologischen Taten junger Kulturheroen, die in zukünftigen Geschichtsbüchern die ihnen angemessene Anerkennung finden werden. Zugleich sind diese Aktionen Attacken in der Schlacht um Prestige, zu der es gehört, die Aufmerksamkeit von Kulturmanagern auf sich zu ziehen.

Gleichgültig, wo in Amerika eine solche Prestige-Struktur existiert – nahezu immer dient sie den Zwecken traditioneller Musik. Das bedeutet, daß man ›entdeckt‹ wird, wenn man dem traditionellen Repertoire bestehender Kulturinstitutionen hinzugefügt werden kann, wenn Karten sich gut verkaufen und man zur ›heißen Sache‹ erklärt wird; in einer solchen Welt existieren radikale Figuren einfach nicht, diese müssen sich individuelle Mentoren suchen oder Jobs an der Universität oder untergehen. Einer der größten Vorzüge Cages als

Künstler bestand darin, angesichts fast vollkommener Gleichgültigkeit oder Feindseligkeit ein ganzes ästhetisches Universum hervorzubringen, ohne darauf hoffen zu können, einst als Künstler kanonisiert zu werden. Cage nahm diese Gleichgültigkeit sehr wohl wahr, ließ sich von ihr aber nicht beirren. Seine Selbst-Erzeugung (*self-creation*) war um so bewundernswerter, insofern sie die europäischen Kämpfe um Prestige weder nachmachte noch an ihnen teilnahm, und er selbst nicht das abgedroschene Klischee des rauhen amerikanischen Künstler-Propheten darstellte, der um so lauter grölt, je weniger Interesse seine Kulturgemeinschaft daran zeigt, ihn zu hören. Cage war stiller, er vertraute und beharrte auf dem Wert dessen, was er zu sagen hatte. Obwohl seine ›Experimente‹ dem Wesen nach ästhetisch waren, unterschieden sie sich stark von denen der Europäer, die vornehmlich im Dienste der Weiterentwicklung einer bestehenden Kunstform standen; Cage erklärte oft, das Hervorbringen traditioneller Kunst sei ihm gleichgültig. Die amerikanischen Traditionalisten riefen »das ist keine Kunst«, und Cage stimmte ruhig bei, beharrte aber darauf, daß es Kreiertes, künstlerisch Hervorgebrachtes sei.

Im Treibhaus der Neuerungen nach dem Krieg rang der Kreis um Cage mit den Europäern um Vorherrschaft, mit dem einzigen Unterschied, daß die Innovationen der Cageianer nicht innerhalb ihres nationalkulturellen Netzwerkes anerkannt waren. In bestimmter Hinsicht gewährte gerade diese Situation den Amerikanern größere Freiheit; auf der anderen Seite wiederum machte sie den um so tieferen Abstieg in Naivität und Egozentrik erst möglich. Drei dieser Neuerungen hatten weitreichende Konsequenzen für die Unterminierung des Primats modernistischer Modelle des in sich konsistenten, geschlossenen Kunstwerks (*unified artwork*).

1) Cage ging im Zerschlagen des Begriffs von der Sublimierung der ›wirklichen Welt‹ in der überhöhten, quasi-religiösen ästhetischen Erfahrung des Kunstwerks viel weiter als die Europäer, indem er das alltägliche Leben in Kunstwerke und ästhetisches Geschehen in den Alltag übertrug.

2) Cage verstieß gegen ein entscheidendes Verbot in der Ästhetik des geschlossenen Kunstwerks, indem er bewies, daß jedermann mit dem Anspruch, ein Kunstwerk zu schaffen, etwas auf einem Stück Papier niederschreiben und es benennen könnte, das eine Aufführung von bestimmter Länge bzw. Form und mit beliebig vielen Spielern in einer bestimmten Kombination zu veranlassen vermag.

3) Cages Einführung zufällig ablaufender Prozesse zerschlug das fundamentale ›germanische‹ ästhetische Ideal in sich konsistenter Entwicklung (nach dem Hegelschen Modell der autonomen Erzeugung des Selbstbewußtseins).

Diese letzte Neuerung gilt als einer der wesentlichen ästhetischen Durchbrüche unseres Jahrhunderts.

In allen drei Punkten wurde weniger der hohe ästhetische Wert der ›Experimente‹ als vielmehr das Tun des Schaffenden und – potentiell – das der Zuhörerschaft ins Licht gerückt. Cage zufolge waren traditionell ausgerichtete Kunstwerke und die dazugehörige Ästhetik (womit für Cage vermutlich die Ästhetik vom späten 19. Jahrhundert bis in seine Zeit gemeint war – ich möchte sie ›hochmodernistisch‹ nennen) repressiv, insofern sie das andächtige, stille Zuhören des Publikums verlangten, wohingegen das neuartige ästhetische Geschehen so etwas wie einen neutralen Ort darstellte, an dem man als Zuhörer zu kreativer Freiheit finden sollte.

Das Kunstwerk sollte demnach nicht im Zentrum der Aufmerksamkeit stehen, sondern Gelegenheit zu einer unendlichen Zahl ästhetischer Reaktionen bieten. In gewisser Hinsicht entsprach Cages Ästhetik den meisten vorromantischen Ästhetik-Theorien, die Kunstwerke und deren Aufführungen als reine Repräsentationen von Religion und/oder Gesellschaft betrachteten; er unterschied sich jedoch von ihnen in seiner Nähe zu den Strömungen unseres Jahrhunderts – Dada und Surrealismus –, mit ihren anarchischen, ungewöhnlichen und entauratisierten Zielsetzungen: Seine größte Sorge galt nicht der Einzigartigkeit des Kunstwerks, sondern dessen Bedeutung für seine eigenen religiös/ästhetischen und anarchischen Zielsetzungen.

Vor der visionären Energie eines solchen Ansatzes muß jede Verteidigung des traditionellen Kunstwerks und der hochmodernistischen Ästhetik zwangsläufig reaktionär erscheinen. Dem jedoch müssen wir allererst nachgehen – war denn Cages Darstellung gerechtfertigt? Und auch wenn man ihm zugesteht, daß an seiner Einschätzung des kulturellen Systems als eines Systems, das imponderabel diese zu Göttern erhebt, jene aber erniedrigt, etwas Wahres ist, seine Reduktion des traditionellen Kunstwerks per se auf den Status einer repressiven Ikone, so wertvoll solches Tun in seiner Provokanz auch sein mag, ist zugleich willkürlich und unsinnig. Cage kritisierte diese prestigebeladene Museumskultur, die Bindung einzelner Werke an eine bestimmte, konkret faßliche Form schließt jedoch nicht aus, daß sie auf eine virtuelle Welt verweisen. Nur bestimmte Typen von Hörgewohnheiten und andächtiger Analysearbeit entsprechen Cages Beschreibung. Die größten Werke der Musikgeschichte werden aufmerksamen Hörern auch weiterhin viel bedeuten, gerade weil diese Hörer sie im Laufe ihres Lebens verschieden, jedoch nicht willkürlich interpretieren. In ihrer strengen Dialektik und in der Einzigartigkeit ihrer visionären Kraft, in ihrem Rückgriff auf rhetorische Mittel, die wahrnehmbar Struktur und Form schaffen, und in der Verbindung von innerer Vielfalt und Einheit der Mittel verfügen diese Werke über das Potential, mannigfaltige, doch nicht unendlich viele Reaktionen hervorzurufen. Dies betrifft nicht nur ältere, sondern auch neuere Werke, sofern diese ähnlichen Zielsetzungen verpflichtet sind.

Die Ästhetik der Hauptphase der Moderne unterschied zwischen angeborenen Fähigkeiten und den Möglichkeiten des idealen Hörers: Alle Menschen verfügen über die grundsätzliche Fähigkeit zu ästhetischer Wahrnehmung, nicht alle jedoch sind willens oder fähig, die für das Verständnis komplexerer Werke notwendigen Fertigkeiten zu erwerben. Um Zugang zur Aussage eines Kunstwerks zu erhalten, war zielgerichtete, intensive Anstrengung erforderlich; eine solche Aussage wurde dabei nicht beliebig beigegeben, sondern im und durch das Kunstwerk selbst erst geformt. Dieser Prozeß verlangte Übung, ästhetische Erziehung, Bildung, Sympathie und Aufmerksamkeit; das Kunstwerk gab all dies durch die reiche Erfahrung, die es ermöglichte, zurück. So wurde es notwendig, daß ein Werk, gleichgültig, welch innovativen Wert es hatte, sich solcher Aufmerksamkeit allererst würdig zeigte, und daß ihm auch in Hinblick auf die ›Tradition‹ Wert beigemessen werden konnte.[5]

Bei der theoretischen Vielfalt möglicher Reaktionen auf Cages Werke handelt es sich dahingegen nur abstrakt gesprochen um eine Fülle: Es ist dies eine rein theoretische Möglichkeit, die nicht in echten Reaktionen gründet. Sie ist zugleich trivial und widersprüchlich: Angesichts der Unendlichkeit der Möglichkeiten ist jede einzelne Reaktion – außer für den einzelnen Hörer – im Grunde bedeutungslos, jede Reaktion steht mit der Besonderheit des jeweiligen Kunstwerks in gleich loser Verbindung. Cages Ästhetik verlangte die reine Anwesenheit der Zuhörer, stellte an diese jedoch keine Forderungen. So gewährte er zwar seinen Zuhörern eine über das Gewöhnliche hinausgehende kreative Freiheit, das Stück selbst jedoch bot so wenig an, daß jede getroffene Entscheidung belanglos war. Man hatte die Freiheit zu erfahren, was immer man wollte; und so konnte alles und jedes in das Werk hineininterpretiert werden. Die trivialsten Eindrücke hatten dasselbe Gewicht wie die subtilsten, und in der Theorie waren alle Eindrücke gleichermaßen wertvoll.[6]

Cage war enttäuscht von den Reaktionen seines Publikums (vielleicht ein Grund für seine spätere Hinwendung zum Schreiben, durch das sich sein Anliegen direkter vermitteln ließ) und begann, einige Reaktionen anderen vorzuziehen. Zu diesen jedoch konnte man noch immer nicht *durch* das Kunstwerk gelangen, vielmehr waren sie ihm wieder zugefügt: Nunmehr galt es, vor dem eigenen Reagieren Cages Anweisung zu befolgen.

Dies aber führt uns direkt in das Reich des Glaubens. Ich kann und darf die Tiefe der Reaktionen derer, die Cages Musik lieben, nicht in Frage stellen, für mich jedoch sind die meisten seiner Werke restriktiver als traditionelle Werke, indem sie den rechten Glauben voraussetzen und insofern von ihnen so gut wie keine Hilfestellung zu ihrem Verstehen ausgeht. Ich höre sie, überspitzt gesagt, als Ikonen einer Religion, an die ich nicht glaube. Die ästhetischen Ergebnisse seiner Experimente liegen so sehr außerhalb jeder rationalen Diskussion, daß jede Entscheidung, die der Komponist oder der Zuhörer trifft, letztlich zu einem Akt reiner Selbstvergewisserung wird. Ein ganzes Theoriegebäude wurde errichtet, um jedwede Kritik an seinen Werken als uneigentlich zu erweisen; meist wurden Fragen abgetan oder Antworten vermieden; selten aber haben die Bewunderer seiner Kunst auf angemessene Weise nach dem künstlerischen Wert seiner Werke gefragt.

Zweitens wurde Cages Bemühen um und wiederholtes Hinweisen auf – und dies betraf sowohl seine eigene Arbeit als auch die seines ›Kreises‹ – seine Vorrangstellung und besondere Bedeutung für die künstlerischen Durchbrüche der Avantgarde zum einen durch seinen Versuch untergraben, diese Werke zum Teil außerhalb der (implizit war gemeint: der europäischen) Kunst anzusiedeln, zum anderen durch die niedrige ästhetische Qualität vieler dieser Werke. Auch unter der vorläufigen Voraussetzung, daß Cage bis zu einem gewissen Grad innerhalb der Kunst tätig war: Der reine Umstand, daß etwas bislang Unaufgeführtes in einer bestimmten Kunstform zur Aufführung kommt, bedeutet noch nicht, daß diese Kunstform dadurch Änderung erfährt oder daß ein solches Tun künstlerisch bedeutsam wäre. Sogar die Zahl der Anhänger oder die Kühnheit der Rhetorik beweisen noch nicht die künstlerische Bedeutung dieses Tuns. Jedem künstlerischen Medium wohnt ein immanenter Widerstand inne; je älter und konservativer das Medium, desto größer der Widerstand; eigenwillige Aktionen können die notwendige ›kritische Masse‹ aufbringen, um die Tradition auf andere Wege zu leiten – oder sie können es nicht.

Drittens ist es ebenso parasitär wie autoritär, sich auf das Prestige der Tradition hoch entwickelter Kunst (*high-Art*) zu berufen, um damit jedwedem künstlerischen Tun Wert und Bedeutung beizumessen, sich dabei aber zugleich ihren Bedingungen und ihrer Historizität zu entziehen. Ich sage, etwas ist Kunst, also ist es Kunst – auf diese Weise ist Kunst alles und nichts, das ganze Leben oder Teile daraus, was immer auch ich dazu bestimme. Sobald man jedoch künstlerischen Wert geltend macht, indem man etwas zum Kunstwerk erklärt, setzt man sich zu einem gewissen Grad künstlerischem/ästhetischem Urteil und Kritik aus (genügt ein Stück seinen Intentionen, gelingt ihm die Balance von Geschlossenheit und innerer Vielfalt, ist es im Hinblick auf Material und Entwicklung gut proportioniert, sind Material, Form und Struktur lebendig, zeigen sie Originalität, und ähnliche Fragen; der Komponist mag zwar Antworten, seinen Intuitionen folgend, suchen, diese lassen sich jedoch ebensowenig beweisen, wie sie den Anforderungen nachweisbar genügen); man setzt es also den Fragen aus, denen sich auch alle anderen Werke der betreffenden Kunstform stellen müssen. Gerade bei einem radikalen Werk muß diese Befragung sich an seiner besonderen Anlage und/oder der Tradition, der es verpflichtet ist, ausrichten; an einem bestimmten Punkt jedoch muß Klarheit darüber bestehen, worin sich diese Besonderheit manifestiert und welchem Gebiet oder zu welcher Tradition dieses Werk zumindest vorläufig zugeordnet werden kann, wenn es für irgendeine Person außer seinen Urheber künstlerischen Wert haben soll.[7]

Viertens: Es bräuchte ganze Abhandlungen zu erklären, woran Cage dachte, wenn er behauptete, außerhalb oder jenseits von Kunst zu stehen. Ich habe mich daher dazu entschieden, Cages Werk als Teil eines erweiterten Kunst-Konzeptes zu betrachten. Cage kritisierte die Europäer dafür, nichts weiter als Kunst zu machen, implizierte damit, daß das, was er tat, umfassender sei, und wies der Kunst bei der Ästhetisierung der Welt nur eine kleine Teilhabe zu.[8] So visionär seine Zielsetzungen waren – Cages Beteuerungen zum Trotz ist der Bereich der Kunst nie wirklich vom ›Leben‹ getrennt gewesen; diese Zuweisungen waren entweder falsch oder irreführend. Indem er rigide Oppositionen zwischen beiden erstehen ließ, konnte er heroisch alle Unterschiede zwischen ihnen aufheben und zerstören, auch wenn dadurch beide auf ihren kleinsten gemeinsamen Nenner, auf das reine Präsent-Sein im selben Raum, reduziert wurden.

Sein eigenes Tun war uneindeutig: Wäre er dem europäischen Flügel treu geblieben, wäre seine Haltung zumindest konsequent gewesen (wenn auch vielleicht weniger interessant), aber als Cage durch einen wichtigen Verleger gefördert, als seine Werke innerhalb des Neue Musik-Umkreises als Kunst deklariert und verbreitet wurden, hatte sich der unvereinbare Gegensatz zwischen dem flüchtigen Wesen seiner Werke und ihrem Anstrich als große Kunst dramatisch zugespitzt. Und zu dieser Zeit hatten sein Alter, sein geheiligter Status und sein persönlicher Charme ihn und sein Werk gegen direkte Kritik weitgehend immunisiert.[9]

Cages Desinteresse am Hervorbringen von Kunst war am lebensfähigsten, solange er die Struktur von Kunst vermied. Ich glaube, daß die meisten seiner Werke phatisch angelegt sind. Sie sind für informelle Kontexte geschaffen, in denen der direkte Kontakt zwischen Komponisten/Ausführenden nicht durch ein Proszenium unterbunden wird (d.h. für einen kleinen Raum, vielleicht sogar ein Wohnzimmer, wobei der größte Teil des Publikums aus Freunden und Anhängern des Komponisten besteht); oder, sollte es doch eine Art Bühne geben, diese Distanz durch die Einbeziehung einer körperhafteren Kunstform wie z.B. Tanz oder Theater verringert wird (in Verbindung mit Cages Werk beziehe ich mich dabei vor allem auf Merce Cunnighams beeindruckenden Tanz, wo dramatische Elemente bzw. körperliche Präsenz die Kluft zwischen Ausführenden und Zuhörern/Zuschauern zu überbrücken vermögen; Cage selbst sprach oft vom theatralischen Wesen seines Schaffens).[10] In dem Moment, in dem dieser phatische Kontext verlorengeht, in dem Moment also, wo dieselbe Musik über ein Proszenium hinweg in einem traditionellen Konzertsaal zur Aufführung gebracht wird, mit physisch nahezu reglosen Musikern, die vor in unbequemen Sesseln aufgereihten Zuhörern spielen, die weder husten noch sich umständlich erheben dürfen, um die Toilette aufzusuchen, die nicht an die quasi-religiöse Botschaft hinter der Musik glauben – in einem solchen Moment kann eine solche Musik in höchstem Maße belehrend/religiös (und damit allein wahrhaft Glaubende ansprechend) oder sogar autoritär werden: Sie sagt sich selbst auf, sagt jedoch nichts *aus*, sie gibt keine Hilfestellung zu Verständnis oder strukturierender Wahrnehmung (*articulation*), sie bietet keine der künstlich konstruierten virtuellen Kommunikationshilfen, mit denen andere Werke, auch extrem radikale, die Aufmerksamkeit der Zuhörer trotz der physischen Beschwerlichkeit ihrer Situation an sich binden können.

Ich möchte keinesfalls anzweifeln, daß einige der Werke John Cages über informelle Kontexte hinaus gültig sind – viele seiner frühen Werke haben den Sprung in das traditionelle Konzertrepertoire geschafft, und seine herausragenden, bis ins Letzte durchgeführten Werke (zu denen für mich jene gehören, die unmittelbar auf die ›Konversion‹ folgten, wie etwa *Williams Mix*, *Winter Music* und *Music of Changes*; vielleicht auch *HPSCHD* und die Etüden und einige seiner späteren Werke wie etwa die Nummernstücke) sind von bleibendem Wert; viele dieser Werke sind das Ergebnis hochkonzentrierter Arbeit, und auch wenn meine eigenen ästhetischen Überzeugungen nicht mit ihnen übereingehen, so respektiere ich doch ihre klare und ausdrucksvolle Kraft. Gäbe es nur die zehn oder zwanzig Werke des späten Cage, würde er zweifelsohne als *Komponist* von großer Bedeutung angesehen. Die vielen schwächeren, eben typischen ›Cage-Werke‹ jedoch beeinträchtigen das Gesamtschaffen. Eine solche Behauptung widerspricht dem Anspruch der Cageschen Ästhetik nach Geschlossenheit, aber indem er sich selbst in das Beziehungsgeflecht hoch entwickelter Kunst hineinstellte, kann das, was von ihm bleibt, nicht ihren Forderungen gegenüber immun sein. Sein enormes Schaffen sei, so sagt man, nur Erscheinung einer supra-humanen (= ›natürlichen‹?) unendlichen Fülle.

Auch seine Schriften liegen in schier unverdaulicher Menge vor. Einige Abschnitte sind aussagekräftig, andere eher wohlformulierte Banalitäten, meist handelt es sich um gut geschriebene und klug angeordnete, leicht veränderte Repetitionen des immer selben Clusters von Gedanken, Anekdoten und Zitaten (von denen viele in ihrer Struktur Werbeslogans ähneln), die im Grunde bereits zu der Zeit, als *Silence* (1961) entstand, vorlagen. Man könnte es entweder so sehen, daß Cage einen unveränderlichen Inhalt ganz einfach immer wieder vorführt (wie es mit den *topoi* der traditionellen Rhetorik geschieht; anders als dort geht Cage jedoch nicht von einem rationalen/performativen Gerüst aus, das bestimmte Zwecke verfolgt) – in diesem Fall bleibt der Inhalt traditionellerweise ungeändert und unbeeinflußt von der besonderen strukturellen Disposition; oder man könnte Struktur und Inhalt als Bestandteile einer an modernistische Dichtung gemahnenden, jedoch spannungslosen Fusion sehen. Das umfangreiche Schrifttum der letzten dreißig Jahre seines Lebens ist überzeugend in der aufrichtigen Haltung, die aus ihm spricht, auch in seiner Konsistenz. Gleichwohl fehlt dieser – als wesentlichem Merkmal modernistischer Kunst – die Durchführung. Ebensowenig wird in diesen Schriften die Transformation seines Denkens in neue Konstellationen, wie es sich zwangsläufig aus dem konsequenten Befolgen der aufgestellten Forderungen ergeben müßte, sichtbar. Es sind nicht nur die ständigen Wiederholungen, sondern deren Mechanik, die so ermüdend wirkt: Weder vermochten sie wirklich neue *Gedanken* zu entwickeln noch gelang es ihnen, ein hohes dichterisches Niveau zu erreichen.

Sein Theoriegebäude läßt sich nicht anfechten (unmöglich, mit einem Weisen zu diskutieren), weil es nicht deutlich konturiert und wenig ausdifferenziert war und sich den Erfordernissen der jeweiligen Situation nicht anpaßte. Ich möchte es als genuin ästhetisches/religiöses Denken bezeichnen (politisch gesprochen anarchistisch und freiheitsorientiert) und behaupten, daß ihm eine Reihe von Schablonen zugrundelag, die auf jedes in Erscheinung tretende Material angewandt wurden. Die Schablonen änderten sich zwar, blieben aber doch Schablonen, ebenso wie seine kompositorischen Strategien Schablonen waren, die in immer wieder abgewandelter Form seine abstrakte Vorstellung von ›Klang‹ zu umkreisen suchten.[11]

Die Aufsätze in *Silence* stellen Cages Auffassung von Musik am deutlichsten dar und fungieren als eine Art Manifest. Die meisten seiner späteren Schriften greifen – mit einigen signifikanten Nuancierungen – auf diese Aufsätze zurück. Cages Auffassung vom Komponieren ist zutiefst dualistisch angelegt: Dem Geist wird die Struktur zugeordnet, dem Herzen die Form als die Gestaltung des Ganzen (Methode wird bisweilen ebenfalls letzterem zugeordnet). Die

Methode (die Entscheidungen über das Vorgehen im Kleinen) kann entweder kontrolliert oder zufällig sein und wurde später vollends Zufallsprozessen überlassen. Obwohl diese frühen Strukturen ausgearbeitet und komplex erscheinen, sind sie es doch nur im Sinne eines statischen Entwurfs, da sie gegenüber dem Material, das sie füllt, völlig indifferent bleiben. Cages ›Struktur‹ ist eine einzige, bis zur Parodie pedantische Misinterpretation des Schönbergschen Struktur-Konzepts: Obwohl sie einst durch den Geist hervorgebracht wurde, kann der Geist sie nicht mehr verändern; dieses künstliche nach außen Verlagern, dieses völlig belanglos bleibende Muster ist so unwesentlich, daß es später ohne jeglichen Verlust verschwinden kann. Form und Methode sind gleichermaßen prozessual/mediativ angelegt; selten spricht Cage von Form, dem – wie er in seiner Beschreibung der *Sonatas and Interludes* andeutet – vielleicht traditionellsten ›kompositorischen‹ Aspekt, insofern Form Abschnitte miteinander verbindet und der gesamten Komposition Struktur gibt. Möglicherweise lag diese Kategorie trotz gegenteiliger Beteuerungen bis zuletzt jeder seiner Kompositionen zugrunde; vielleicht sprach er deswegen darüber am allerwenigsten. Was in dieser Liste bislang fehlt, ist die ›allererste Entscheidung‹: sein erstes Entscheiden über Instrumententypen oder Anzahl und Art erlaubter Optionen und so weiter. Dies wiederum stellt in seinen späteren Stücken einen zentralen Aspekt dar, über den er sich im großen und ganzen ausschwieg. Dieser letzte Punkt hängt eng mit seiner Auffassung von ›Material‹ als ›Klang‹ zusammen (ist jedoch nicht damit identisch).

Diese Kategorie ›Klang‹ steht sicherlich im Zentrum des Spätwerks, noch vor allen anderen wird ihr großer Wert beigemessen. Doch abgesehen von seinen seltenen Stellungnahmen zum ›Klang‹, etwa den mystischen Bemerkungen in *Experimental Music: Doctrine*, wo erklärt wird, daß Klänge nichts Menschliches an sich haben (sollten) (demnach das rein ›Natürliche‹ darstellen), oder der quasi-wissenschaftlichen Kategorisierung in den frühen Schriften, pochte Cage immer wieder darauf, daß Klang »aus vier [oder fünf] Elementen« besteht (wobei klar sein dürfte, daß er damit nicht über Klang an sich, sondern über abstrahierbare, quasi-wissenschaftliche Aspekte des Klangs spricht; in Hegelscher Terminologie: um zu vermeiden, das zu benennen, was nicht benannt werden kann oder soll, zerlegte Cage es in seine verschiedenen Aspekte, hob diese jedoch nicht in einem neuen Konzept auf, da man sich ja jenseits aller Konzeptualität befand). Dieser Bereich stellte etwas dar, das er nicht durch Definitionen zu begrenzen wünschte. Jedweder Klang konnte verwendet werden (Cage war ein Vorläufer der elektronischen Musik), und alles und jedes konnte Klang sein; Struktur, Methode und Form (entweder dem Geist oder Herzen zugeordnet oder beidem, in jedem Fall aber ›menschlich‹) müssen dem Klang, der dem Natürlichen entspricht, unterworfen sein; sie müssen sich ruhig zurückhalten, um ihm zur Geltung zu verhelfen. Für Cage gab es den Konflikt zwischen technischen Mitteln und ›natürlichem Klang‹ nicht; in einigen Texten wandern Techniker (freilich nicht als Beherrscher, sondern als Entdecker der Natur) und Musiker Hand in Hand einer strahlenden Zukunft entgegen.

Im besonderen darf Struktur nicht mehr länger bestimmend sein, sie muß im Dienst des ›Klanges‹ Zeit entweder grob einteilen oder gänzlich verschwinden. Wenn gemessen wird, so muß dies mittels ›neutraler‹ Zeiteinheiten geschehen (»Klang und Stille werden nach ihrer Dauer gemessen«), d. h. Sekunden, inches, Zentimeter etc. Im Wissen um seinen Wunsch, Klänge sich in ihrer eigenen Zeit entfalten zu lassen[12], muß gefragt werden, wie Cage ein solches Vermessen der Struktur zulassen konnte. Warum inches, warum Sekunden, warum diese un-›natürlichsten‹ aller Maßeinheiten? Cage lag so viel daran, den ›Geist‹-Teil einer Komposition davon abzuhalten, das ›Natürliche‹ zu dominieren, er vertraute so wenig auf das vollkommen ›Menschliche‹ (zu dem, neben verschiedenen anderen Organen und Fähigkeiten, der Geist gehört) und das ›Natürliche‹, daß er als der Rechenschieber-Techniker seiner Zeit (Technik, der größte Feind der Natur, steht bei ihm in engster Verbindung mit ihr!) etwas Naiv-›Wissenschaftliches‹ alles dominieren ließ. Daß die quasi-wissenschaftliche ›Objektivität‹ von Sekunden und inches auf dem Tonband, inches auf dem Papier, Papierlänge, wie sie in Klanghöhe übertragen wurde – wobei Länge und Breite beliebig austauschbar waren – ein angemessenes Mittel sei, Zeit zu ›messen‹, war Teil einer technologischen Ideologie (der fortschreitenden Verräumlichung innerlich wahrgenommener Zeit), die Adorno scharf kritisierte. Cages ›Zeit‹ fiel den banalsten/naivsten technischen Fehlschlüssen zum Opfer, daß nämlich räumliche Disposition und Operationen an Raumeinheiten in irgendeiner Weise mit innerer Wahrnehmung gleichzusetzen sind.

Obwohl Cage eine intensive Beschäftigung mit diesem Problem zugestanden werden muß, obwohl diese Zeitblöcke in seinen späteren Werken nur Behältnisse (*containers*), jedoch keine ›Bausteine‹ darstellten (wie es bei vielen amerikanischen Serialisten der Fall ist), stand seine Abhängigkeit von technischen Mitteln (sogar vor dem Hintergrund seiner leeren ›Negation‹: behalte etwas so lange bei, wie du möchtest, beginne, wann immer du willst, und so weiter – gleichermaßen körperlos, reines Aufgeben von etwas, das ein bloßes Nichts ist) in deutlichem Widerspruch zu seinen erklärten Zielsetzungen. Es fällt schwer, sich eine Theorie vorzustellen, die moderne Technik und Cages ›Natur‹ (wobei sich seine ›Natur‹ ihrer Erscheinung und ihrem Wesen nach offensichtlich von unserer modernen, von Umweltfreundlichkeit sanft beeinflußten Natur unterscheidet) glücklich miteinander vereint. Hätte er aktiv und konsequent die Mittel der modernen Technologie bekämpft – theoretisch könnte man behaupten, daß er gerade das tat –, wäre es zumindest möglich gewesen, seine Haltung zu verteidigen. Dies jedoch hätte das klar artikulierte Eingeständnis von Intentionalität erforderlich gemacht; für Cage jedoch mußten seine Essenzen zumindest theoretisch ursprünglich und unbelassen (*primal*) bleiben: Natur, Mensch, Geist, Herz, Natur, Klang.

Auf ähnliche Weise sprach er von dem »totalen Feld der Möglichkeiten«, einer Leerfläche (einem weißen Stück Papier?) aller Möglichkeiten, wobei die Metapher bereits besagt, daß die ganze Welt auf diese Leerfläche zitiert und von ihr repräsentiert werden kann: die unendliche Vielfalt der Welt in zwei Dimensionen zusammengestaucht.

Die geeignete Methode, um den flüchtigen Klang einzufangen, war für Cage der ›Zufall‹, die Vermeidung menschlichen Einflusses, die Nachahmung ›natürlichen Geschehens‹ in der Kunst. Sein Bestreben, alternative Methoden der Entscheidungsfindung auszumachen, war bewundernswert, seine Zuordnung von Zufall zu ›Natur‹, die möglicherweise von zeittypischen populärwissenschaftlichen Thesen (von denen einige noch heute in Umlauf sind) motiviert war, jedoch völlig vermessen. Ganz im Gegenteil – Cages ›Zufall‹ war die Interpretation eines *menschlichen* Wesens und Ausdruck der Wahrnehmung vermeintlichen Zufallsgeschehens in der Natur. Natur jedoch (so weit man überhaupt sagen kann, was ›sie‹ sei oder wie ›sie‹ vorgeht), agiert nicht zufällig: Jedes Teilchen der Natur wird von seiner besonderen Struktur und Situation bestimmt, jede Situation wiederum von ihrer besonderen Anlage und ihren Komponenten, jedes Lebewesen von seiner besonderen Situation, seiner genetischen/ethologischen Geschichte und seinen Neigungen. Lokal begrenzt gibt es bisweilen Zufallsgeschehen, und zufällige Veränderungen können weitreichende Folgen nach sich ziehen, aber erstens müssen derartige Beobachtungen richtig eingeordnet werden, und zweitens können dabei inkompatible Bereiche nicht willkürlich zusammengefügt werden: Heliumatome werden nicht zufälligerweise zu Häusern, und Fische können nicht auf einmal laufen (solche Bilder mögen in der Welt des Dada und des Surrealismus auftauchen, fallen jedoch nicht unter wissenschaftlicher Belegbarkeit). Nicht alle Optionen der ›Totalität der Möglichkeiten‹, die man auf der Leerfläche eines weißen Papiers exponieren kann, sind den eigentlichen Entitäten in gleicher Weise möglich. Von daher ist die Zuordnung totaler Intentionslosigkeit zur Natur zweifelhaft – wenn eine Fliege, indem sie versucht, einer Fliegenklatsche zu entgehen, zufälligerweise in einen Ventilator fliegt, bedeutet dies nicht unbedingt, daß jede der beiden Möglichkeiten von gleich geringer Bedeutung für sie gewesen wäre. Das falsche Moment im Denken des 19. Jahrhunderts, das das menschliche ›Sehnen‹ auf die Gesamtheit der Natur projiziert, kann nicht dafür herhalten, das ganz offensichtliche ›Sehnen‹ oder die ›Ausrichtung‹ (leider fehlt ein nicht menschlich determinierter Terminus) der Pflanzen auf das Sonnenlicht zu negieren. Sogar die gefürchtete ›Intentionalität‹ kommt äußerst selten an ihr Ziel: Sie wird permanent durch das unendlich komplexe Geflecht konkurrierender Intentionen und zufällig auftauchender Probleme behindert.

Die ›radikale‹ Kritik, Cage sei im Befolgen des Zufallsprinzips nicht weit genug gegangen (immerhin notierte er auch weiterhin Höhen und Dauern für ausgewählte Instrumente), bleibt daher zutiefst oberflächlich, denn, indem er (wie lose gefaßt das auch immer sein mochte) Situationen definierte, schuf er einen Kontext, der das Zufällige seiner Entscheidungen vorläufig aufhob.[13] Sogar das Wählen selbst geschieht innerhalb bestimmter Grenzen, und ist doch deshalb nicht weniger ein Wählen, und sogar die Entscheidung, keine Entscheidung zu treffen, ist eine Entscheidung. In jedem seiner Werke traf Cage Entscheidungen über eine mögliche Klangwelt, über einen bestimmten Aktionsradius, und so weiter, und überließ spätere Entscheidungen dem Zufall. Schon darin zeigt sich eine bestimmte Haltung der Welt gegenüber: der Mann, der sich an einem bestimmten Punkt dagegen entschied, Entscheidungen zu treffen.

Nach seiner Konversion nutzte Cage in steigendem Maße menschlich entwickelte Technologien, um ›Klang‹ zu erzeugen; in den meisten seiner späteren Werke stehen nicht Klänge, sondern Notationskonventionen und musikalisch-organisatorische Mittel zur Klangerzeugung im Vordergrund. Fast möchte man sagen, daß er sich mit Klängen nicht die Hände schmutzig machte (dieweil er nichts ›Menschliches‹ einbringen wollte) und sie nur über Chiffren hervorrief. Es scheint, als ob Cages grundlegender Mangel an Vertrauen in die Kraft dieser geheiligten Klänge und in das eigene Vermögen, als Komponist sich seines ›westlichen‹ Einflusses auf sie zu entledigen, ihn als Künstler davon abhielt, ihnen wirklich zu begegnen. Seine organisatorischen Mittel und Methoden (sogar die allumfassende Kategorie ›Zufall‹) sind der Inbegriff westlich-rationaler Organisation, egal wie nicht-intentional die vielen kleineren Entscheidungen angelegt sein mögen. Seine Kategorisierung von Klängen ist in höchstem Maße abstrakt und bleibt dem frühen total-seriellen Atomismus verhaftet. Zugleich ist sie unzulänglich, insofern sie keine Handhabe zu einer Vermittlung zwischen den Kategorien und jeweils bestimmt-besonderen Klängen gibt: Die Kategorisierung nimmt den Klängen jegliche Individualität. Seine Vorgehensweise ließe sich auch angesichts aller Nicht-Intentionalität relativ präzise als ›instrumental‹ charakterisieren, als absolut rational und technisch: Auf diese Weise ist die ›nicht-menschliche‹ Rhetorik im Grunde fehl am Platze, es sei denn, man sähe Natur als etwas wesentlich Rationales/Technisches an. Schlimmstenfalls wäre er demnach ein Paradigma spätkapitalistischer, geistloser Überproduktion, die die Erde mit nutzlosen Produkten überschwemmt. Bestenfalls wäre Cage so etwas wie ein moderner Alchimist, der obsolete, quasi-wissenschaftliche Methoden verwendet, um zu einer Art Transsubstantiation zu gelangen.

Es geht hier nicht einfach um die nackte Opposition zwischen Mensch und Natur, sondern um eine unvollständige Wahrnehmung und Wiedergabe ihrer Dialektik, um den Rückzug in das quasi-Wissenschaftliche und Nicht-Menschliche, aus dem Cages mangelndes Vertrauen in das menschliche Vermögen (das seine eingeschlossen) spricht, das, was man eigentlich hegen und pflegen möchte, nicht länger mehr zu dominieren. Was aber ist dies anders als eine Form der Dominanz, eine Reihe von Bestimmungen, ein Katechismus verschiedener Verbote, die alle verhindern sollen, daß eine sentimental gedachte ›Unschuld‹, die zu zart ist, selbst das Wort zu erheben, dominiert wird? Man braucht nicht unbedingt dekonstruktionistisch zu denken, um das meta-physische Wesen der Cageschen Überlegungen zu erkennen, die ›supplementale‹ Natur seines Vorgehens.

Meine harsche Kritik könnte Anlaß zu der Vermutung geben, ich wolle sein gesamtes Werk abqualifizieren – das möchte ich nicht. Cage war und ist noch immer von unschätzbarem Wert für die Neue Musik, weil er sie ihren grundlegenden Aporien aussetzte. Ich habe große Hochachtung vor seiner Unnachgiebigkeit; vor seinem starrköpfigen, wenig vernünftigen Wesen und den scharfen Paradoxa seines Denkens; vor seine Sorge um das Un-gewöhnliche und das nicht Sagbare; vor seiner intensiven Hinwendung auf das, was zwar jenseits allen Sprechens liegt, aber konzentrierter Wahrnehmung zugänglich bleibt; und vor allem vor seiner Energie und seinem Geist, der ganz dem wahren Schaffen verschrieben war, dem Hervorbringen des bislang Nicht-Existenten. Meine Kritik an seinem Schaffen und Denken (die allererst persönlich gefärbt ist) läßt sich in drei Kategorien zusammenfassen:

1) Ästhetisch: Seine Gleichgültigkeit gegenüber den Imperativen einer bestimmten Kunstform (als Begleiterscheinung seiner religiös/ästhetischen Ausrichtung), die einen gewissen Fatalismus hinsichtlich der Ergebnisse seiner ›Experimente‹ nach sich zog. So mutig die Entscheidung war, aus einer bestimmten Überzeugung heraus Zufallsergebnisse zu akzeptieren und mit ihnen zu leben – sie war selbst apodiktisch und entsprach den wechselnden und sich

oft widersprechenden Anforderungen des eigentlichen Materials nicht: Kunstwerke scheren sich nicht im geringsten um die existentiellen Dilemmata derer, die sie schufen. Cage wies seinen Werke einen Ort jenseits jeder Kritik zu, hätte ihnen gegenüber aber kritischer sein müssen: Seine eigenen (Non-)Intentionen waren ihm wichtiger als die ästhetischer Ergebnisse, die aus ihnen erwuchsen. Dies wiederum hätte eine echtes Anliegen sein können, ein echtes Sich-Sorgen um neue Werke, die Teil des ›Wesens‹ einer Kunstform und möglicherweise unserer Gesellschaft werden – sofern man Kunst als notwendig für sie erachtet.

2) Philosophisch/gesellschaftstheoretisch: Im Zusammenhang mit dem bereits Angesprochenen begreife ich die Verbindung von essentialistischem Denken mit modernen technischen Mitteln, wie sie bei Cage zu finden ist, als Hinweis auf eine gescheiterte Dialektik. Sobald diese aus technisch/prozessualen Operationen und Kategorisierungen geborene Dialektik ihr Haupt erhob, suchte Cage Zuflucht zu seinen ›Essenzen‹. So bewundernswert diese Essenzen auch waren (und ich sympathisiere mit vielen von ihnen), so unanfechtbar und nahezu religiös erscheinen sie; mehr noch, all dies stellte eine selbst-erschaffene Religion dar, auf die andere Glaubensanhänger wenig einwirken konnten. Das Auseinanderbrechen in inkompatible Ebenen (die rational/wissenschaftliche Vorgehensweise und die primitivistischen Essenzen) ist zugleich eine der fundamentalen Aporien der meisten Strömungen der ästhetischen Moderne, die oft zu faschistischen Tendenzen führten. Cages Anarchismus jedoch, seine Sorge um Freiheit des Denkens und des Ausdrucks sowie die außergewöhnliche Beschaffenheit seiner Werke schwächen die potentiell gefährlichsten Anteile seines Denkens stark ab.

3) Auf den Bereich der Neuen Musik bezogen: Meine schärfste Kritik gilt weniger Cage selbst als vielmehr seinem Einfluß gerade in Amerika. Der heilige Cage ist benutzt worden, um eine ganze Reihe halbfertiger ›Experimente‹ zu rechtfertigen, die die beschränkten Ressourcen der Neuen Musik zu ersticken drohen. Die Immunität gegenüber Kritik; das prozessuale Hervorbringen einer unendlichen Reihe langer, körperloser und uninteressanter Werke; die Einbeziehung alltäglichen Lebens in das ›virtuelle‹ Reich der Neuen Musik setzen die gesamte Kunstform der Gefahr der Trivialisierung aus. Dieser äußerst sensible Bereich konzentrierter und hochindividueller Expressivität muß zumindest potentiell bedeutungs-voll bleiben, will er in einer Welt bestehen, die informationsgesättigt und zu schnellebig ist, um sich um Kunst zu sorgen.[14]

Ich möchte am Schluß in einer polemischen Voraussage der Relevanz der primären Kategorien seines Denkens für die zukünftigen Möglichkeiten dieser Kunstform nachgehen. Zunächst muß festgestellt werden, daß seine Verräumlichung von Zeit ein typisches Phänomen seiner Epoche war. Obwohl Tausende von Komponisten noch immer Rechner verwenden, um räumliche Mikro-Einheiten ›chronologischer Zeit‹ zu erfassen, ist diese leere Neutralität und peinlich genaue Konkretion doch nichts als die Illusion einer Kontrolle, eine leere Hülse. Zeit innerhalb von Kunstwerken kann räumlicher Unterteilung nicht entsprechen; das Messen chronologischer Zeit ist für den Zuhörer eine besondere Realisation innerer Zeitwahrnehmung, die Uhr selbst jedoch (Sekunden, inches) ist in keiner Weise mit empfundener Zeit gleichzusetzen – obwohl beide miteinander in Verbindung stehen, müssen sie doch qualitativ voneinander unterschieden werden. Keine sollte zum Fetisch erhoben werden; vielmehr muß die Dialektik zwischen beiden radikalisiert werden.

Zweitens muß auch der Zufall eine Rolle spielen dürfen. Stanley Cavell drückt das sehr treffend aus: »In der Kunst ist die Enscheidung, die man trifft, stets die eigene ... das eigene Auswählen bedeutet zugleich die anspruchsvollste aller Verpflichtungen: daß *jedes* eingegangene Risiko als wertvoll und notwendig dargestellt werden muß. ... Das Hervorbringen von Kunst als menschliches Verhalten sieht sich denselben Bedingungen verpflichtet wie jedes andere Verhalten auch. Es meidet Moralität; nicht jedoch, indem es bestimmten Bedingungen zu entgehen sucht, sondern in seiner Freiheit, sich die Bedingungen auszuwählen, denen es sich zu unterziehen wünscht. Auf diese Weise spielt Kunst mit einem der menschlichen Schicksale: mit dem Schicksal nämlich, für all das, was man tut und ist, zur Verantwortung gezogen werden zu können, ob es geplant und gewollt war oder nicht. Freilich muß man für die Freiheit in der Entscheidung zu solchen Verpflichtungen und Verantwortungen aufkommen, indem man sich ihren Ansprüchen stellt – und dieses Sich-Stellen erfordert eine größere Gewissenhaftigkeit, als reine Moralität sie verlangen würde.«[15] Die pseudo-dadaistische und pseudo-wissenschaftliche Einbeziehung aller Möglichkeiten auf dem Papier, die Annahme, man könne sich eine jede bzw. sie alle völlig nach Belieben zu eigen machen, ist in der Kunst gefährlich naiv. Solche Methoden und Vorgehensweisen können die Palette erweitern, jede getroffene Entscheidung jedoch muß schließlich dem lebendigen Kunstwerk zu eigen oder aber zurückgewiesen werden: Jede Entscheidung ist von Belang, und sogar die eigene Existenz muß von diesen Entscheidungen abhängen.

Drittens ist ›Klang‹ keine ewige Wahrheit, sondern ein Moment (und ein während der letzten fünfundzwanzig Jahre Neuer Musik ein besonders beeindruckend realisiertes Moment) in der komplexen Dialektik der modernen Gesellschaft. In Cages Ästhetik intendiert Klang viel, sagt aber wenig (›füllt auf‹ [*thickening the plot*]); er läßt das *Nicht*-›Menschliche‹ in all seiner Unbelassenheit (nicht) sprechen. Gleichwohl wird diese Unbelassenheit dadurch erreicht, daß einer vermeintlich existenten westlichen Musikgeschichte dieses *Nicht* abgerungen wird. Das Paradox (Kennzeichen jedes orginalen Gedankens) im Fall Cages liegt auf der Hand. ›Klang‹, in ›Struktur‹ gefangen, ist zugleich ein grandioses ›Nicht‹ und ein ewig gegenwärtiges (jedoch meta-physisches) ›Sein‹: entweder 1) nebulöse Negation oder 2) eine Ansammlung technisch definierter und manipulierbarer Eigenschaften oder letztlich beliebig triviale bzw. komplexe, statisch bereits vorhandene Wesenheiten. Er kann diese Kategorien nicht für alle Zeiten mühsam miteinander in Einklang bringen, sondern muß sich an einem bestimmten Punkt seinem Nicht-Sein oder seinem Sein stellen; oder, besser noch, muß durch Transformation in neuen und lebensfähigeren Konzepten aufgehen.

›Klang‹ als gültiges *radikales* Konzept und die damit verbundene unendliche Fülle, so muß festgestellt werden, ist an sein Ende gekommen. In bestimmter Hinsicht ist er bereits realisiert und darum erschöpft – wir werden von den Klängen unserer Umgebung überschwemmt, es gibt ganze Akademien von ›Klang‹ (es existiert sogar ein aristokratisch-exquisites Versailles aus ›Klängen‹), Computer können mittlerweile digital Klänge fixieren und konservieren, sogar ›U‹-Musiker recyclen bereits existente Klänge. Von einem radikalen Standpunkt aus gesehen, faßt dieses Konzept alles, was gegenwärtig *ist* und was bekämpft werden muß – es ist das perfekte Konzept für ein System, das davon abhängig ist, Klänge in das Hirn eines jeden Konsumenten zu hämmern, um ihn dazu zu bringen, noch mehr zu kaufen, um ihn als glückliches Rädchen in der sozialen Maschinerie zu bestätigen; ein System schließlich, dem es bei weitem nicht gelingen kann, sich dieser Verdinglichung zu widersetzen, da es sich über das Vokabular der Verdinglichung definiert: über wissenschaftlich/rationale Qualitäten oder ästhetisch angenehme Dinge.

Was sich noch immer jedem Versuch widersetzt, eingefangen und digitalisiert zu werden, sind die klangproduzierenden *Handlungen* (actions), die, genau genommen, Labyrinthe rationalisierter Handlungen sind (und nicht etwa bloßes muskuläres Geschehen, wie bei der Mehrzahl aller Improvisationen). Solche Komplexe können nicht kategorisiert werden, weil sie aus multiplen, nicht-zufälligen Schichten innerhalb eines Entwicklungsprozesses bestehen, aus dem uneinheitliche und unvorhersagbare Ergebnisse hervorgehen, ebensowenig können sie in einer permanenten Form konserviert werden (weil keine Vergegenwärtigung die Musik ist; die Partitur löst zwar dieses Geschehen aus, ist aber keinesfalls identisch mit einer ihrer möglichen Realisationen). Dies ist gegenwärtig ein in der Tat radikal aufgeladenes Gebiet: Entgegen den ureigenen Zielsetzungen unserer modernen Gesellschaft werden ihre Methoden genutzt, um multiple Schichten solch intern erzeugter ›Handlungen‹ zu rationalisieren, um Komplexe hervorzubringen, die im Grunde nicht existieren.

(Aus dem Amerikanischen von Christiane Tewinkel)

Literatur

John Cage, *Silence*, Middletown, Connecticut: Wesleyan University Press, 1961

Fleming, Richard und Duckworth, William, *John Cage at Seventy-Five*, Lewisburg, PA: Bucknell University Press, 1989

Gena, Peter und Brent, Jonathan, *A John Cage Reader*, New York: C.F. Peters Corporation, 1982

Dunn, Robert, *John Cage*, New York: Henmar Press Inc., 1962

Melville, Herman, *The Confidence-Man*, Oxford: Oxford University Press, 1991

Perloff, Marjorie and Junkerman, Charles, *John Cage: Composed in America*, Chicago: The University of Chicage Press, 1994

Philipson, Morris und Gudel, Paul J., *Aesthetics Today*, New York: New American Library, 1980

Pritchett, James, *The Music of John Cage*, Cambridge: Cambridge University Press, 1993

Revill, David, *The Roaring Silence*, London: Bloomsbury Press, 1992

Anmerkungen

1 Es ist Ironie des Schicksals, daß seine späte Bestätigung durch die ›kritische Masse‹ der amerikanischen kulturellen und akademischen Welt weitgehend auf die Anerkennung von seiten der ›großen‹ europäischen Tradition – Deutschland – zurückging, deren Aufmerksamkeit und deren Interpretationsansätze zugleich genutzt und lächerlich gemacht werden.

2 Zit. in Gary Lindberg, *The Confidence Man in American Literature*, Oxford: Oxford University Press, 1982.

3 Obwohl Cages keineswegs für die Prestige-Strukturen von Neue Musik-Festivals zur Verantwortung gezogen werden kann, war er doch, vor allem in seinen späteren Jahren, daran in gewisser Weise mitbeteiligt. Sollte seine Musik auch heute noch auf derartigen Festivals aufgeführt werden? Zweifellos, sofern es sich um lebendige (*vital*) *Neue* Musik handelt. Gerade dieser Punkt aber bleibt heikel. Man könnte argumentieren, seine Stücke seien ›Klassiker der Neuen Musik‹, diese gegenwärtig populäre Formulierung – obwohl sie

PR-Zwecken durchaus dienlich sein mag – besagt jedoch, daß ›Neue Musik‹ entweder überaltert ist oder der Promoter nicht nachgedacht hat. Der Großteil von Cages Musik ist längst nicht mehr ›neu‹ und sollte demnach in das Repertoire älterer Musik aufgenommen werden.

4 Dieser Diskurs ist natürlich in Amerika synthetisch übernommen worden, und zwar besonders an isolierten Orten, die die Bemühungen der europäischen Kulturindustrie häufig mehr als überbieten, fast immer aber handelt es sich dabei um einen Nebenzweig des Kulturellen und nicht um eine zentrale Strömung. Theorien und Werke werden für Amerika erst wichtig, wenn sie sich verkaufen lassen, und so ist eben ein toter Künstler, der sich nicht gut verkaufen läßt, nur ein Klotz am Bein.

5 Dies ist eine selektive Zusammenfassung einiger ›klassischer‹ spätmodernistischer Anschauungen, wie man sie etwa bei Schönberg oder T.S. Eliot findet. In der neueren Literaturtheorie wurde die Auffassung, daß Kunstwerke aus sich heraus verstanden werden können, entkräftet und gesellschaftlichen Faktoren und Leserinterpretation größere Bedeutung beigemessen; das gesamte Konzept des Kanons oder der geschlossenen Tradition steht gegenwärtig unter Beschuß. Jenseits der andächtig-verehrungsvollen Haltung gegenüber ›ewigen Werken‹ glaube ich, daß viele Aspekte traditioneller interpretatorischer Ansätze, sofern wirklich qualifiziert, noch immer substantielle *ästhetische* Einblicke ermöglichen können; ich glaube ferner, daß erst wenn man sich dazu entscheidet, Kunstwerke anstelle von anderen ›Texten‹ zu studieren und, im besonderen, bestimmte Kunstwerke vor anderen, die Frage nach ästhetischem Wert kritisch zu werden beginnt.

6 Obwohl Cage sich resolut gegen kommerzielle und gewöhnliche (*generic*) Musik wandte, läßt sich nur unschwer die Ähnlichkeit zwischen Cages Utopie und der heutigen Konsumgesellschaft übersehen: die freie Entscheidung zu eigenem Respons auf ein nicht-auratisches Kunstwerk, die Herabsetzung des Kunstwerks auf die Rolle des Emotionsauslösers und der direkte Zugang zu jeder gewünschten ästhetischen Reaktion durch die reine Kaufkraft (das alles die spätmodernistische Kritik zu opponieren suchte, wenn auch von geradezu kulturaristokratischem Standpunkt).

7 Cage war so frei, sich selbst zugleich innerhalb und außerhalb jeglicher Tradition zu verorten, obwohl er sich, um Vorbild und Rechtfertigung bemüht, auf viele Traditionen berief. Offensichtlich diente diese Haltung dem Angriff und der Verteidigung zugleich: Er verließ sich auf ihre Autorität, ohne sich verantwortungsvoll ihren Diktaten zu stellen; man konnte entweder seine Bandbreite rühmen oder seinen Dilettantismus geißeln. Weil die große Komplexität dieses Punktes zu erläutern den Rahmen des vorliegenden Aufsatzes sprengen würde, gebe ich zu, den verschiedenen östlichen Theologien/künstlerischen Traditionen, auf die sich Cage bezog, nicht angemessenen Platz einzuräumen und die feinen Unterschiede zwischen der europäischen hohen Kunst und weiter gefaßten Konzepten von Kunst ein wenig unklar erscheinen zu lassen. Außerdem kann ich nur oberflächlich meine Auffassung umreißen, daß es in jeder Tradition eine gleichbleibend strenge Dialektik zwischen dem allgemein ›Ästhetischen‹, zu dem auch ästhetische Akte im täglichen Leben gehören, und der hochentwickelten Kunst gibt, die angesichts der Geschichte der Kunstform dazu tendiert, sich auf ihre höchsten Errungenschaften zu konzentrieren und dadurch den Kreis immer enger zu ziehen. Sie erschöpft sich unweigerlich, wenn sie nicht von neuem durch das ›Ästhetische‹ genährt wird, erstere jedoch zerfällt in der Einzigartigkeit

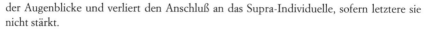

der Augenblicke und verliert den Anschluß an das Supra-Individuelle, sofern letztere sie nicht stärkt.

8 Vgl. Dunn, *John Cage*, S. 46.

9 Cages große Gleichgültigkeit gegenüber den Auswirkungen seiner Schaffenskraft, sein optimistisches Befürworten einer Konsumgesellschaft, seine spätere, geradezu logarithmisch ansteigende Produktion dank der Unterstützung durch Computer (recht harmlos, wäre Cage nicht mittlerweile zu einer wichtigen kulturellen Figur geworden) sind nur schwer mit seiner Sorge um den Schutz der Umwelt und seiner Opposition gegen Egoismus und Personenkult übereinzubringen. Das System kultureller Begünstigung ist einfach völlig überlastet – wie viele Cages kann die ›Neue Musik‹ vertragen? – Wirkliches Banausentum drückt sich auch darin aus, einen Idealisten für den Unterschied zwischen seinen Idealen und seinem eigentlichen Verhalten zu geißeln. Solche Unterschiede, ebenso wie solches Urteilen, sind unvermeidbar. Ich möchte keinesfalls Cages Ideale entwerten, ich möchte jedoch zeigen, inwiefern sie sich in seinem ästhetischen Schaffen nicht realisierten.

10 Cunninghams Tänze führen die Bedeutung des ›Zufalls‹ eindrücklicher vor Augen als Cages Kompositionen: Für den Zuhörer gehen die (nicht getroffenen) Entscheidungen des Komponisten oder Ausführenden häufig in der einen ›künstlerischen‹ Erfahrung verloren; wohingegen beim Tanz, einer noch eher körperlich-direkten und vergänglicheren Kunstform, der keine autoritative ›Partitur‹ zugrundeliegt, jede (nicht) getroffene Entscheidung der Ausführenden den Zuschauern direkt mitteilbar sein kann und für beide Gruppen von Wichtigkeit ist. Vgl. Michael Fried, *Art and Objecthood* (in: Philipson/Gudel, *Aesthetics Today*) für scharfe Kritik, wenn auch von einem konservativ-spätmodernistischen Standpunkt an der Hinwendung der neueren Kunst zum Theater.

11 Die Urteile in diesen zwei Abschnitten sind besonders hart; einige von Cages besonders experimentellen und abstrakten Texten haben als poetische Experimente großen Wert und werden seine Kompositionen möglicherweise überleben (vgl. dazu auch Sabatini, *Silent Performances. On Reading John Cage*, in: Fleming/Duckworth, *John Cage at Seventy-Five*). Cages Interesse war breit gestreut, und seine Beschäftigung mit Texten von Thoreau und Joyce war von einigem Einfluß auf seine Arbeitsweise und seine Standpunkte. Trotzdem würde es die Geduld eines Jüngers verlangen, die schiere Masse seiner poetischen Experimente zu verstehen und zu erläutern; schwer bleibt es auch, sein politisches Denken als *Denken* ernst zu nehmen. – Ein kurzes Eingehen auf sein politisches Denken wird dies demonstrieren. In der Einleitung zu *Anarchy* (in: Fleming, *John Cage at Seventy-Five*, S. 121), beschreibt Cage, der erläutern will, daß Politiker alle nutzlos sind (»They could be sent ... to outer space and left there without matters getting worse for humanity.« [»Man könnte sie in den Weltraum schicken und dort lassen, ohne daß es der Menschheit damit schlechter gehen würde.«]), einen Besuch auf Hawaii, wo er Schießscharten auf Bergen sah, die einst für Kämpfe zwischen benachbarten Stämmen verwendet wurden. »Now a tunnel exists and both sides share the same utilities. The idea of fighting one another is out of the question.« (»Heute gibt es einen Tunnel, und beide Seiten machen von denselben Einrichtungen Gebrauch. Sich gegenseitig zu bekämpfen steht überhaupt nicht mehr zur Diskussion.«) Dieser kurze Abschnitt wirft mindestens vier Probleme auf:

1) Cage eliminiert jeglichen Rang- und Wesensunterschied zwischen sozialen Systemen kleiner Stammesgruppen und einer größeren und formalisierteren ›Regierung‹, zu der Institutionen gehören, die über Millionen Menschen gebieten.

2) Es gibt keine Kriege mehr, aber ich möchte (da mir genauere Information fehlt) vermuten, daß es auch keine Stämme mehr gibt, da sie möglicherweise in einer Massengesellschaft aufgegangen sind.
3) Wer hat den Tunnel gebaut? Ein einzelner Mensch, eine wohltätige Organisation? Irgendeine ›böse‹ Regierung muß ihn gebaut haben.
4) Sind alle Tunnel, die durch Berge führen, deswegen schon ›gut‹?

Wie Cage mit seinem Beispiel selbst demonstrierte, können Regierungen, genau wie die Technik, ebenso Großartiges vollbringen wie Böses anrichten. Cage weigerte sich, die Komplexität der Situation zu sehen; seine Gedanken über derartige Themen waren unzusammenhängend und blieben einem gewissen Essentialismus verhaftet (›böse‹ = Regierung, Gesellschaft etc. versus ›gut‹ = Individualität, Kreativität etc.), obwohl seine Ideale und sein Stil bewundernswert blieben.

12 Vgl. etwa als deutlichste verbale Darstellung seine Beschreibung von *Music of Changes* in *Silence*, S. 20 passim, wo Methode als das zufällige Geschehen innerhalb der Struktur erscheint; als künstlerisch eindrücklichste Darstellung seine späten Nummernstücke.

13 Einer der noch immer gültigen Aspekte der Cageschen Entwicklung von Zufallsgeschehen ist, daß diese es Komponisten erlauben, die Aufmerksamkeit weg von Details hin zu signifikanteren Ebenen und den ihnen zugrundeliegenden Organisationsprinzipien zu lenken. Cage sprach oft davon, »die richtige Frage zu stellen«: Wenn man entscheidet, einige Optionen Zufallsprozessen zuzuordnen, muß man auch entscheiden, welche Optionen denn dafür in Frage kommen, und wie sich ein solcher Aktionsbereich definiert.

14 Amerikaner haben nie dazu ermuntert werden müssen, das alltägliche Leben und das besondere Reich der Kunst zusammenzudenken oder Fragen nach ästhetischem Wert abzutun. Hoch entwickelte Kunst ist vor allem importierte Kunst und wird weitgehend von den oberen Gesellschaftsschichten unterhalten; und, da sie nun nicht der eigenen Kultur entstammt, muß eine andachtsvolle Haltung ihr gegenüber erst künstlich hervorgerufen werden. Sowohl die vermeintliche Vermessenheit einer solchen Haltung als auch das vermeintliche Elitedenken jeder hochentwickelten Kunst lösen beständig Furcht und Spott aus. Das ›Leben‹ ist wichtiger als die Kunst. Cages Credo vermied die Frage nach dem künstlerischen Wert seiner Musik oder der anderer Komponisten, die er beeinflußt hatte, und er widersetzte sich sogar dem Stellen dieser Frage (vgl. Perloff, *John Cage*, S. 1).

15 Stanley Cavell, *Music Discomposed* (in: Philipson, *Aesthetics Today*).

Einfallswinkel wider Zufallswinkel
Über Tauschwege und Täuschungsweisen in der Alchimie von John Cage
Berthold Tuercke

> Ein Freund nicht scheint er
> der Musik zu sein.
>
> (Kleist, *Amphytrion*)

Die New York, März 1978.
Besuch bei John Cage in der Bank Street.
Er arbeitet gerade an einem Auftrag, ein Stück für Violoncello und Klavier zu schreiben, und wisse noch nicht, wie er beide zusammenbringen solle; es liege ihm nicht, dabei an ein konventionelles Duo zu denken, auch bereite es ihm Kopfschmerzen, überhaupt ein Klavier dabei zu haben, da er sich noch im Unklaren sei, wie er die Frage des Pianistischen lösen könne.
Als ich mich nach einem halben Jahr bei Peters nach diesem Stück erkundige, fragt man zurück, ob ich die *Etudes Boreales* für Violoncello oder für Klavier haben möchte.
Beide natürlich.
Dabei interessiert mich zunächst die Frage des Pianistischen:
Etudes Boreales for a Percussionist using a Piano – so der vollständige Titel.
Die Finger- und Fußfertigkeit, ja, die Wendigkeit eines universellen Schlagzeugers projiziert auf den Konzertflügel als integraler Klangerzeuger: Saiten, Rahmen, Gehäuse, Tasten, Pedale.
Und für Violoncello? Etwa ein Pianist, dessen Fingerfertigkeit aufs Cello transloziert wird?
Nicht nötig. Das Streicherspiel birgt noch reichlich ungehobene Schätze gegen seine eigene Konvention, gegen die nur anstreichen kann, wer sie intus hat. In den *Etudes Boreales for Violoncello* wird das Instrument nicht auf neue Weise traktiert, sondern es erscheinen die üblichen Spielweisen ungeschmeidig auf kleinstem Raum in schroffem Wechsel: Wechsel der Lagen, Tonerzeugung, Strichart, Dynamik.
Und was ist aus dem Duo geworden?

Typischerweise zwei verschiedene Solo-Stücke nach der gleichen Methode, und daraus ein drittes: Beide können zugleich gespielt werden, üblicherweise in der gleichen, zuvor verabredeten Gesamtdauer.
Methode?
Zufallsmethode.
Aber was geht ihr voraus?
Ist dies dem Resultat abzulauschen?
Diesem doppelt verzwickten Resultat: zwei minutiös notierte Solostücke und keine Partitur für ihre mögliche Gleichzeitigkeit. Polyphonie als Hörerlebnis.
Unbestimmte Polyphonie?
Oder:
Anarchie?
Oder:
Chaos?

Berlin, Herbst 1983.
Das Kronos Quartett probt Cages eben vollendete *Thirty Pieces for String Quartet.*
Proben?
Wozu eine Ensembleprobe für ein partiturloses Zugleich aus Solo-Stücken, die jeder für sich einübt; der Zusammenklang der vier Instrumente ist zufällig, ja, Cage scheint die Unvorhersehrbarkeit der Klangassemblage ausdrücklich festnageln zu wollen, indem er verlangt, daß die Musiker sich nicht als Gruppe plazieren sondern getrennt voneinander, möglicherweise weit voneinander entfernt um das Publikum herum, oder gar in zufälliger Anordnung. Die Kronos-Integranten entscheiden sich bei diesem Konzert, wo die quadratische Bühne in der Mitte des Publikums liegt, mit dem Rücken zueinander, in den Ecken ihrer Spielfläche Platz zu nehmen.
Wozu also noch proben, zumal der Komponist befiehlt: »Each player rehearses alone«.
Es sei ungeheuer schwierig, den eigenen Part durchzuhalten, wenn die anderen dagegen spielen; das könne man nur auf der Ensembleprobe lernen, erläutert die Cellistin Joan Jeanrenaud.
Man kann sich beim Spielen schließlich nicht die Ohren zuhalten! – Und der Zweite Geiger, John Sherba, zieht verzweifelt die Schultern zu den Ohren.
Soll man ja auch nicht, ergänzt Hank Dutt, der Bratscher.
Beim Durchhalten Hören lernen?
Ja – alle wie aus einem Munde.

Was Cage den Musikern durchzuhalten aufgibt, ist, jede der dreißig zweizeiligen Miniaturen in sogenannten *time brackets* von maximal 75 Sekunden zu absolvieren, um die jeweils nächste frühestens im Minutentakt anzuschließen. Und das genau ist die doppelte Schwierigkeit: die internen Zeitrelationen einer Miniatur, ihre Rhythmik, auf ihre ungefähre Gesamtdauer zu akkomodieren, die ihrerseits ein Maximum nicht überschreiten soll.

Potenziert wird diese Anstrengung durch den Wechsel zwischen metrisch notierten Stücken einfacher mechanischer Rhythmik (in Viertelwerten pulsierend) und proportional notierten komplexer Rhythmik (jenseits eines Pulses).

Und dies stete Akkomodieren von Mikrozeitverhältnisse auf eine abstrakte Makrovergängnis, variabel bis zu einer Obergrenze, soll jeder Musiker durchhalten, während er die anderen drei hört.

Das setzt ein absolutes Zeitgefühl Bartókscher Provenienz voraus, wo der Musiker aus der Zeitdosierung seines Beginnens die Dauer des Zeitbogens antizipierend steuert, der sich bis zum Ende eines *time bracket* spannen soll.

Und durchhalten soll er zugleich nicht, sagt der Primarius David Harrington; die Elastizität seiner Zeitmargen soll er so genau kennen, daß er eine Vielzahl von Dosierungen der Vergängnis parat hat, um mit seiner Tempoentscheidung spontan auf das zu reagieren, was er von den anderen hört.

Mehr noch ist also jenes absolute Zeitgefühl vorausgesetzt, das dem Musiker die Freiheit gibt, seine Ohren zum Gesamtklingen aufgehen zu lassen, um mit der einen Gehirnhälfte einzulassen, was die andere ausblenden soll. Dann mag auch zwischen beiden ein winziges Wechselspiel von *tempo rubato* und *donato* aufkommen, das eine Durchlässigkeit im Zusammenklang bewirkt, die fast schon wieder das ist, was Cage nicht will und doch will: Kammermusik. Mit dem Rücken zueinander spielen, damit das Sich-Sehen nicht vom Hören ablenkt.

Dies zu verstehen, scheute das Kronos Quartett weder Kosten noch Zeit für ausgiebige Proben mit Cage.

Und gerade etliche Ensembleproben sind es erst, durch die der Musiker eine Sicherheit in seinem Zeitgefühl gewinnt. Abgesehen davon, daß nur im Zusammenspiel penible Intonation, zumal die Deutlichkeit von Vierteltonabstufungen, und Austarieren der dynamischen Niveaus korrigiert werden können.

»Each player rehearses alone?« Damit meint Cage die Rücken der vier Parts zueinander, ihre Independenz, die sich für den einzelnen Musiker doch erst in gemeinsamen Proben firmiert; sonst läuft Gefahr, zum Chaos zu mißraten, was von Cage als »anarchic society of sounds« gedacht ist. Cages Musik, seit er, mit dem Zufall des I Ching komponierend, den Weg der *indeterminacy* eingeschlagen hat, ist stets auf der Kippe von der Anarchie ins Chaos.

Letzterem hat Cage selbst tüchtig Vorschub geleistet durch das *anything goes* in vielen der Spielanweisungen, die er seinen Stücken voranstellt. Was er ins Belieben der Interpreten stellt, mißverstehen die meisten Musiker, allen voran viele Cageianer selbst, als Freifahrtschein zur Selbstverwirklichung, statt minutiös den Notentext zu erarbeiten – mit entsprechend beliebigem Ergebnis, beliebiger noch als die Partituren selbst. Bei vielen Konzertprogrammen mit neuer Musik ist Cage der Notnagel, wenn man sich nicht genug Zeit zum Proben läßt. Nicht zuletzt gründet sich der in Europa waltende Freiheitsrausch mancher Cage-Ideologen auf dem Mißverständnis, das die mediokren Quod libets der Cage-Aufführungen veräußern.

»We got to rehearse the Cage«, zwischen den Proben zu meinem Streichquartett mahnt im Frühjahr 1986 der II. Kronos-Geiger, John Sherba, (nach immerhin drei Jahren des Quartettlebens mit den *Thirty Pieces*) bereits fürs übernächste Konzert mit Cage. Eine Mahnung, das Umschalten zu proben von Wiener Schule zu ihrer Verweigerung. Auch das will gelernt sein:

die Anarchie proben.

»Anarchic society of sounds«: Die Versammlung gewissenhaft zu interpretierender individueller Notentexte als klingende Partitur dessen, was keine Partitur, keine vertikale Organisationsform sein soll.

Gewissenloses Zugleich?

Ein Zugleich, dem nicht das Zeitgewissen schlägt.

Polyphones Gebilde ohne das Lot arithmetisch gemessener Zeit. (Jenes Lot, das die musikalische Freiheit fällt.)

Schönbergs alter Traum, den er einst Busoni offenbart hatte, wird wahr: »völlige Freiheit von allen Formen«.

Schönberg, ein Anarchist?

Ein halber, gewiß.

Und halb wahr wird auch nur sein Traum bei Cage.

Denn Schönberg träumte seinen Traum ausgehend vom Triebleben der Klänge: die Entfesselung dessen, wo sie, kraft ihrer Sedimente von Tradiertem, hinwollen – dem der Komponist sein Ohr leiht, um reagierend Erwartungen zu schüren, statt ihnen einfältig aufzusitzen – dies würde einst jeglichem Zeittakt entraten.

Frei vom Joch taxierter Vergängnis.

Cages dafür bevorzugte Notationsform ist die proportionaler Abstände zwischen den Tönen.

Diese relativen räumlichen Distanzen in entsprechend zeitliche zu verwandeln, brauchts ein absolutes Maß, das die Gleichung x-Raum = x-Zeit erlaubt.

Cages dafür bevorzugte Instanz ist die Stoppuhr. Der Spieler solle, ausgehend

von einer von ihm für das ganze Stück gewählten Gesamtzeit, die Sekundenmargen im Notentext in Relation zu seiner Gesamtlänge entsprechend taxieren. Wo Cage eine bestimmte Ereignisdichte im Kopf hat, setzt er die Striche für den Sekundentakt gleich selbst.
So tickt das Gros der Cageschen Musik stets unterm selben Tempo 60 des Sekundenzeigers.
Das kann den Spieler dazu verleiten, die sich im Sekundenraster proportional abbildenden Tonkonstellationen des Notentextes auf jene arithmetische Rhythmik zu begradigen, von der die relative Zeitnotation gerade emanzipiert sein sollte.
Als Alternative ersann Cage jene an der fortlaufenden Zeitachse gereihten *time brackets*, die dem Spieler die Minima und Maxima eines Zeitraumes geben, in welchem er ein dafür vorgesehenes Ereignis frei plaziert. Doch auch hier tickt erbarmungslos das Tempo 60, jene kleine interplanetare Konstante unserer Zeitrechnung. Brachialgewalt der zweiten Natur. Ähnlich der rohen Feuergewalt, mit der die Menschen einen von ihnen erdachten, hochtechnischen Raketenkopf aus der Erdanziehungskraft entreißen, als seien sie ihre eigenen allerersten Vorfahren.
Gäbe es denn in der Musik kein klügeres Maß als diesen Sekundenzeiger, um die Schwerelosigkeit von Klanggebilden doch im Fortlauf der Zeit zu fixieren? Ein Fixieren, das dem Schweben der Gestalten Raum läßt?
Tatsächlich hat es Cage einmal versucht, so ein herrschaftsloses Fixieren, in seinem guten, alten Klavierkonzert von 1957/58.
Dort ist bekanntlich auch ein Dirigent vorgesehen.
Einer, der weder Takt schlägt noch Einsätze gibt. Denn es gibt keine Partitur.
Einer, der mit seinen Armen das Kreisen eines Sekundenzeigers simuliert.
Aber eben ohne dessen Tick von 60 Impulsen bis zur vollgekreisten Minute, sondern vollkommen gleitend.
Damit nicht genug. Mal wird er schneller, mal langsamer; mal bleibt er stehen: die chronometrische Zeit wird gestaucht, gedehnt, gestoppt, Zeichen für die Orchester-Musiker ihren Part zu akzelerieren, zu ritardieren, mit einer Fermate zu versehen. Davon ausgenommen: der Solo-Pianist, dessen Part auch völlig anders beschaffen ist, ein völlig heterogenes Konglomerat von Resultaten verschiedenster Zufallsverfahren für unterschiedlichste Materialvorgaben, während die Parts der Orchesterinstrumente, ihrerseits solistisch besetzt, in sich und untereinander homogene Gestalten bilden, alle auf dem gleichen Zufallsverfahren beruhend, das auf ein begrenztes Material von Einzelereignissen angewandt ist.
Die vielgestaltige Homogenität der Orchestersolisten, dieses charakteristische

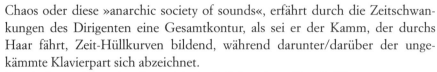

Chaos oder diese »anarchic society of sounds«, erfährt durch die Zeitschwankungen des Dirigenten eine Gesamtkontur, als sei er der Kamm, der durchs Haar fährt, Zeit-Hüllkurven bildend, während darunter/darüber der ungekämmte Klavierpart sich abzeichnet.
Die Orchesterfrisur aber liegt nicht im Belieben ihres Zeit-Coiffeurs.
Er selbst hat, anhand einer Zeittabelle gebildet, eine Sequenz genau fixierter Zeitrelationen und daneben eine Stopuhr.
Sein Part – Cages erster Versuch und glückliches Unikum in *time brackets* – verzeichnet als »effective time« eine Sequenz mal diachroner Zeigerbewegung in Zeitlupe oder Zeitraffer, mal synchronen Verstreichens, stets im Verhältnis zu unterschiedlich langen Zeitmargen chronometrischer Vergängnis, genannt »clock time«; zuweilen hält der Zeiger der künstlichen Zeit an und verweilt für einen bestimmte Zeitraum realer Länge, ausgelassene Zeit, bezeichnet mit »omit«.
Damit die Orchestersolisten ihre Parts auf die Zeitvolumina des Dirigenten einrichten können, müssen sie, ausgehend von einer zuvor festgelegten Gesamtlänge, zunächst ein Sekundenraster auf ihre proportionale Zeitnotation anlegen.
Damit wären die Voraussetzungen für eine ungewöhnliche Probenarbeit geschaffen:
Der Orchestersolist lernt seinen Part fließend im Sekundentakt zu spielen, bis er ihn fast auswendig beherrscht; denn einem uhrzeigenden Dirigenten zu folgen, heißt ständig auf ihn statt in die Noten zu schauen.
Dann übt er, mit seinem Part dem Dirigenten zu folgen, der zunächst noch nicht seine abweichenden Zeitvolumina anzeigt, sondern nurmehr die reale chronometrische Vergängnis. Und hier geschieht nun ein erstes Schweben der fixierten Zeit: durch die gleitende Kreisbewegung, mit der der Dirigent das Ticken des Sekundenzeigers in eine Zeitpantomime ohne Zifferblatt überträgt, verwischt sich für den Orchestersolisten das von ihm in seinen Notentext eingetragene Sekundenraster und damit die darauf fußende, relativ exakte Rhythmik seiner Tonkonstellationen. Es entsteht relative Unexaktheit.
Erst dann probt der Orchestersolist den Schwankungen des Zeitpantomimen zu folgen; doch nur, wenn dieser aus der Cageschen Tabelle einen stets fixe Sequenz herausnimmt, wird der Musiker lernen, auf die verschiedenen Zeitebenen jene relative Unexaktheit zu transponieren, wodurch diese sich dennoch unweigerlich weiter verwischen wird.
Und nun erst wäre ein Orchestertutti – noch ohne Pianisten – sinnvoll, nach dem gleichen Prozedere wie die Einzelproben, zunächst im Einklang mit der Realzeit, dann im zeitschwankenden, zeitsistierenden Ablauf.

Wenn schließlich der Solist hinzukommt, bestenfalls mit einem ausgearbeiteten Arrangement aus dem heterogenen Fundus seiner Partitur, bedeutet es für die Orchestersolisten eine geraume Probenphase, ihr schwankendes Zeitschiff gegen die völlig independenten Gebilde des Klaviers anzusteuern. Gelingt dies, wäre zugleich das ideale Hörbild dieses Klavierkonzerts erreicht: die Durchdringung eines von verschiedenen Instrumenten gebildeten homogenen Apparates wechselnder zeitlicher Dichte mit einem vom stets gleichen Instrument gebildeten heterogenen Unbestimmten, wobei die Auslassungszeiten des Dirigenten, das Stehenbleiben seines Zeigers, Haltepunkte in der Bewegung des Orchesterschiffs hervorbringen, die meist in statisch gezogene Töne münden, zuweilen auch – wenn der Zufall so will – in Löcher von Generalpausen fallen: Momente, wo der Solist – wenn der Zufall ihm nicht ebenfalls gerade ein Halten beschert – quasi kadenzierend hervortritt.

Der Idealfall dieses Klavierkonzerts, wie kann es ihn überhaupt geben, wenn doch Cage, als er ihn zu Papier brachte, kein Ohr für das hatte, was so einen Fall zum Ideal bewegt?
Der Zeithierarchie zu entsagen, leiht er seine Ohren nicht.
Gehörlos sitzt er da und schreibt und schreibt Zeichen für zu hörendes Klingen.
Absurdes Geschäft.
Wie ein Architekt, der mit verbundenen Augen Häuser baut.
Aber halt – da wäre ja noch sein Geist. Wenn in ihm ein Gebäude stehen kann, mag er ruhig an den Augen blind sein. Schließlich verdanken wir Beethovens Taubheit seine avanciertesten Werke. Und doch, wie unbeschreiblich muß er darunter gelitten haben.
Beethovens Leid ist Cages Freud.
Er genießt die Strafe, nicht zu hören, was er schreibt.
Allerdings ist, was er schreibt, auch nicht aus dem Geist gelesen, sondern von Würfeln und anderen Zufällen diktiert. Wenn er von ihnen protokolliert, ist jener schlicht abgeschaltet, das Gehirn in der Garderobe abgegeben, hätte Eisler gesagt.
Und das ganz absichtlich: Jede Kopfgeburt ist bekanntlich mit dem besetzt, was wir selber sind: Geburten unserer Zeit und Vergangenheit. Von dort her sind wir im Unterbewußtsein voll von Clichées und Vorlieben, Dominanzen, die – wenn wir nicht, wie aus Prinzip der Allesverwerter Rihm, höllisch aufpassen – unser Bewußtsein fremdbestimmen. Doch eben aufpassen können wir, außer Rihm, spätestens seit Descartes. Darüber gibt es von Bloch und Adorno große Abhandlungen, und wie dies heute musikalisch gehen kann, hört man zum Beispiel am

Berthold Tuercke

Gras wachsen in der oszillierenden Wachheit der Musik von Helmut Lachenmann. Selbst solchen Möglichkeiten feinsinnigen Reagierens unseres Denkens auf all das, von dem es unbedacht bedrängt wird, mißtraut Cage zutiefst: es könnten sich doch Formen von Herrschaft ins Klanggeschehen einschleichen, das gerade frei von jeglicher Dominanz erscheinen soll. Also weg mit dem Denken, her mit dem Zufall, der stets recht hat, denn was er produziert, ist wie es ist. So wie die Zufälle unseres Alltagsgeschehens, insbesondere die akustischen, sind wie sie sind. Thoreaus Protokolle des Naturschönen überträgt Cage folgerichtig auf die Wahrnehmung des Widernaturschönen: Die Geräusche des Waldes sind so zufällig wie die der Stadt. Für Cage hörenswert allemal. Und mehr Wert möchte er von seiner Kunst nicht beanspruchenden. Sie solle nicht besser sein als der Alltag, so sagt er 1972 in einem Interview in Bremen, anläßlich seiner stundenlangen Aufführung von *MUREAU* simultan mit David Tudors elektronischem Geschrachel *Rainforest*; im Falle, daß sie schlechter sei als der Alltag – so der typisch Cagesche Witz –, könne man ja hinausgehen.
»Why then go at all?« kommentiert dazu die Stimme des New Yorker Komponisten Jack Brimberg, der in der Schönberg-Schule musikalische Wachheit gelernt hat.
Auch wenn sich Cage ihr beim Anstoßen der Zufallsverfahren verweigert, hat er doch von ihr ein gutes Stück mitgenommen: denn nur von ihr bezieht er ja den Anstoß, sie links liegen zu lassen, um vom Orakel mit Löffeln zu essen.
Das eben ist die Ambivalenz bei Cage, aus der gerade dann Hörenswertes entsteht, wenn es eindeutig besser ist als unser gar nicht so schöner, grauer Alltag.
Dieser Grauwert waltet auch in den *30 Pieces for String Quartet*: Da sind die zufallstypischen, statistischen Mengen von unzusammenhängenden Einzelimpulsen und Impulsgruppen, kontrastreich dynamisiert und artikuliert in der Massierung ihre Kontraste verlierend, mal dichter, mal weniger dicht, mal sich verdichtend, mal sich ausdünnend – ein Band der Beliebigkeit, »anarchic society of sounds«, das sich aus den proportional notierten Passagen zusammensetzt.
Doch gleichzeitig zeichnet sich in diesem Grau ein roter Faden ab: jene metrisch gemessenen Passagen einfacher, pulsierend pendelnder Rhythmik, deren repetitive Flageolets stets mikrotonal von der Chromatik der grauen Umgebung abweichen; dabei sind diese Passagen weder in ihrer Folge noch in ihrer Gleichzeitigkeit zwischen den Instrumenten auf einen gleichen und konstanten Puls synchronsiert; das Tempo des Pulses variiert zwischen diesen Passagen, je nach der individuellen Bemessung des *time bracket*, in der sie sich vollziehen. So entsteht ein faszinierendes Gebilde aus Durchdringungen und Brechungen dieses roten Fadens mit sich selbst und seiner unbestimmten Umgebung, durch ihn

gewinnt sie an Bestimmtheit, Gesichte tauchen auf und verflüchtigen sich. Und selbst wenn dieser stets leise rote Faden einmal nicht da ist, ist er noch da wie die gedachte Linie in der Zeichnung. Im Cageschen Sinne könnte man sagen, es klinge eben wie das unkende Autogehupe, das einen in Manhatten, etwa im 15. Stock, durchs offene Fenster umspinnt, während aus dem Fenster gegenüber irgendein mechanisches Pulsieren dann und wann sich herausschält. Aber es klingt besser, ungleich differenzierter, konzentrierter, da es, bei aller Beliebigkeit, scheint, als habe jemand hier die Spreu vom Weizen getrennt. Cages Ideal vom herrschaftsfreien musikalischen Raum, da klingt es an, gerade weil ganz unscheinbar und beinahe zart ein Moment von Beherrschung waltet.

Dies gelingt, wenn der Zufall nicht zu sehr in das Terrain überschwappt, das nur unverwässert seinen Operationen die Richtung weisen kann.

Ein Terrain, das nach gehabtem Zufall nochmals die Interpreten besetzen, indem sie gewissenhaft konkretisieren sollten, was den Zufallsoperationen an Zeichensetzungen aufgegeben ward.

Sie spielen Zeichen, die den Rand einer Idee markieren.

Zeichen einer Idee, wie es klingen soll.

Es gibt sie also doch: die Klangvorstellung beim Cage des Zufalls.

Gehör und Geist arbeiten, ja, sie sprühen vor Ideen. Und dort zugleich endet ihr Funktionsradius: Mal erdenken sie die Vision einer Musik, ihre allgemeine Klanglichkeit, mal die Art einer Transformation, ein außermusikalisches Material zum Tönen zu bringen, mal erdenken sie das Modell oder die Koordinaten einer Organisationsform, Reglement operativer Vorgänge für den Interpreten, zu Möglichkeiten konkreten Klingens zu gelangen.

Nach gehabtem Einfall setzt Cages Freud an Beethovens Leid ein. Der Einfall wird zur weiteren Behandlung vom denkenden Gehör an die tumben Würfel deligiert.

Der Geist, der immerhin einen musikalischen Gedanken fassen und zu ihm den Zufall seiner Klangwerdung lenken kann – ist er plötzlich zu dumm, dieses Moment der Selbstreflektion auch durchs musikalische Material zu führen, ohne in Clichées und Herrschaftsformen des Klingens zu verfallen?

Nein, er verkauft sich nur für dumm; aus Angst vor seiner eigenen Gewitztheit verbarrikadiert er sich in der Irrenanstalt des Zufalls, um sie vor sich selbst als kluges Orakel auszugeben. Solch doppelte Selbsttäuschung hat einen gehörigen Zug ins Masochistische. Cage sublimiert es zu harmloser Bescheidenheit: Er möchte keine Antworten geben, sondern nur die richtigen Fragen stellen. Damit meint er die Prämissen, die er ganz ohne Fragezeichen den nun einsetzenden Zufallsoperationen aufgibt, zum Einfall das Material zu finden, d. h. die Quan-

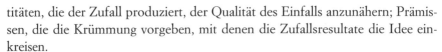

titäten, die der Zufall produziert, der Qualität des Einfalls anzunähern; Prämissen, die die Krümmung vorgeben, mit denen die Zufallsresultate die Idee einkreisen.
Dazu sind viele Resultate nötig.
Jedes musikalische Detail ein Würfelwurf, auf endlosen Listen protokolliert, schließlich in Notation zu übertragen.
Das ist Arbeit.
Viel Arbeit, fremdbestimmtes Tun, ja, stupide, geistlose Beschäftigung, an der Leute irre werden könnten.
»Arbeit«, so heißt eine Erkenntnis meines Bruders, des Philosophen Christoph Türcke, »ist der beständige Versuch, den Fluch abzuschütteln, der sie ist.«
Auch bei Cage herrscht Verblendung darüber, daß Arbeit frei mache.
Frei von der Sünde des Einfalls.
Die Weigerung, ihm weitere Antworten geben zu wollen, ist Selbstbestrafung des Geistes, angustiae spiriti.
Ich denke, also bin ich schuld.
Recht hat, was nicht denkt. Der göttliche Zufall, die Sisyphusarbeit, ihn ständig neu herzustellen, sühnt den teuflischen Einfall.
Damit nicht genug, der schwarze Peter geht weiter bis zum Interpreten, der sich an Cages Verschriftung seines gesühnten Sündenfalls nochmals abarbeiten muß, um das Nicht-Sinnfällige in den Kopf zu kriegen, damit am Ende doch die Idee mehrfach gereinigt durchscheint.
Puritanismus feiert fröhliche Urständ.
Auch Cage nur ein Kind seiner Zeit, die in den United States of America noch am Ende des 20. Jahrhunderts tief in den moralisch-ethischen, angsterfüllten Abgründen der Besiedlung dieses Kontinents durch den weißen Mann wurzelt – so wie hierzulande nicht nur Stockhausen eine Zeit mitschleppt, die es vermocht hat, systematisch europäische Zeitgeschichte auszuradieren.
Und hier gibt es eine seltsame Berührung: der Riß, den der Terror des Naziregimes Europa angetan hat, um die Geschichte neu zu schreiben, ging nachhaltig durch die Köpfe; er verstellte die integrale Wahrnehmung dessen, was vor dem Riß lag. Nur so läßt sich erklären, warum die Darmstädter Schule unfähig war, an ihren Vorbildern des Zusammenhangs von Konstruktion und Ausdruck gewahr zu werden. Geblendet von der tabula rasa, die jener Riß, das Grauen verbergend, aufgeschlagen hatte, griff man euphorisch nach dem konstruktiven Gerät, als gäbe es nur noch den Plan in der Kunst – und wie leicht waren daraus neue Welten aufzutischen. Auf dem Inkasso des materialen Webern, gleichsam als spekulativer Unterpfand für die Messiaenschen Materialetüden, fußt die

hohe Schule des seriellen Denkens. Individualisierung des Geschehens in Dependenz aller musikalischen Erscheinungen von einem Urgestein. Auch hier werden die Ohren vor jenem Triebleben der Klänge verschlossen. Deduktiv bestimmt führen sie, abgeschnitten von der Tendenzialität des Moments, ein ahistorisches Dasein. Es tilgt zugleich die sinnliche Seite ihrer Dependenz und läßt sie ebenso independent, beliebig erscheinen, wie die aus Zufallsverfahren aufgetischten Klänge, darin deren Dependenz aus den Würfeln ebenso verschluckt ist. Boulez' *Troisième Sonate* und Cages *Music of Changes*, ist eines etwa bestimmter als das andere? Je verfeinerter die Verfahren, desto ähnlicher die Erscheinungen. Die mikrozeitliche Verklausuliertheit etwa in Babbitts *Aria da capo* (1974) ist ebenso für Ameisengehirne wie schon zwei Jahrzehnte zuvor Cages x-minütige plus sekundenbruchteilige Stücke für Klavier, Streicher, Perkussion. Mikrobisch wuchert es wie in einem Termitenbau. Faszinierend dieser oszillierende Gestaltenreichtum von Unschärferelationen, dies ständig sich Andeutende, das sogleich sich wieder verliert. Doch versammelt sie sich zum Termitenbau oder verbleibt sie bloß summarisch hypergeschäftig? Unschärfe ohne wovon zerfällt ins Amorphe; erst wenn durchscheint, was an der Summe ihrer Teile scharf wäre, geronne sie zur Verzeichnung, zu Form und Ausdruck in einem, zu jenem A, das einst Alkmene wie ein Jot erschien. Qualitätssprung in einer musique informelle, wie sie Adorno ersann. Vielleicht die Musik des nach Brasilien exilierten Hans Joachim Koellreutter, seine Idee einer „relativen Unexaktheit", wie er sie an der Eröffnung von Beethovens Appassionata dem überdehnt punktierten Rhythmus abgelauscht hat, der nicht genau auszumachen ist: getragen von subkutanem, gedrängtem triolischem Pulsieren, darüber die Überpunktierung die Haut zieht; nicht genau auszumachen, weil doch als punktierter Rhythmus erkennbar.
In die Dinge hineinhören, wie Max Ernst in sie hineinsah, um aus dem Vorfindlichen, dem Zufälligen, dem Ephemeren die Gesichte hervorzusehen, die ihm Seele einhauchten.
Kunst als Aisthesis kraft der in die Dinge projizierten Vorstellung, ohne die jene ja nichts sehen würde.
Dem sich zu verweigern kraft der magnetischen Positivität der Zahl, sei es der erwürfelten, sei es der ausgeklügelten: Beide Obsessionen musikalischer Gestaltbildung, die an Dependenz wie die an Independenz sich klammernden, entstammen den gegenüberliegenden Flügeln des gleichen Narrenhauses, wo Täuschung auf Tausch basiert: jene den Geist vorgaukelt, der in diesem durch fremde Determinanten ersetzt ist.

Warum aber treten sie nicht hervor, die Narren, und bekennen sich zur Erotik ihres Einfalls?
Warum verstecken sie ihn hinter ihren Verfahren?

Meine wichtigste Frage an Cage, bei meinem Besuch im März 1978:
Zu jedem Ihrer Stücke gibt es eine Idee.
Hat so nicht jedes Stück seinen Charakter, wie zum Beispiel die Akkordstelle von *Winter Music* eben charakteristisch sind für dieses Stück; ist musikalischer Charakter nicht auch ein Movens Ihres Denkens?
Cage verneint. Im Gegenteil, er habe das Gefühl, ständig an dem gleichen Stück weiterzuschreiben.
Hat er mich mißverstanden?
Nein, er schaut weg und schweigt.
Bei mir das unmißverständliche Gefühl, einen wunden Punkt berührt zu haben. Diesen habe ich von der Begegnung mit Cage mitgenommen.
Der Punkt ist das heilsamste in Cages Welt: dort, wohin seine Einfälle zielen.
Der Einfall des Klavierkonzerts.
Jenes Unding scheinbarer Beliebigkeit von Solo und Solo-Konzert, von dem einst eine Versammlung von Adorno, Metzger, Schnebel, Pauli gesprächsweise einhellig die Sage verbreitet hatte, es sei das Antikonzert schlechthin, die Aufhebung der Hierarchie von Solo und Orchester. Nun hat Cage selbst diesem Stück eine Überdosis von *anything goes* angetan, indem er es freistellt, alle Parts dieses partiturlosen Konglomerats in jeder x-beliebigen Kombination, auch als Solo-Stücke zu spielen. Bestes Beispiel dafür, wie er einen Einfall, der durch die formalen Vorkehrungen für die auf ihn gemünzten Zufallsverfahren tatsächlich Gestalt gewinnt, durch das völlige Quod libet der Realisierungsweisen verwässert, ja selbst ohne jenen Zeitvolumina zeigenden Chronos, Gott der Eigenzeit dieses Konzerts, könne man das Stück aufführen. Und bestes Beispiel dafür, wie ein Verdikt des Ältestenrates der Musikästhetik nicht auf der Vergegenwärtigung des Notenzusammenhangs basiert, sondern auf den gewaltsamen Spielanweisungen des Autors gegen seine eigene Idee.
Doch nur komplett, als Klavier solo zum Tutti der vom Zeitpantomimen geführten Orchestersolisten bleibt der Einfall des Klavierkonzerts bei sich selbst: das independente Solo in der Durchdringung mit dem dependenten Orchesterapparat.
Den Einfall stört allerdings, daß eines mit dem anderen nichts zu tun hat, wie so vieles bei Cage.
Bestünde eine Verflechtung des Materials zwischen beidem – und selbst mit dem

Zufall ließe sich das regeln –, könnten das Independente und Dependente einander aufheben.
Dann wäre Cage ein Stück näher bei sich selbst angekommen.
Dort etwa, wo Koellreutters *Achronon* für Klavier und Orchester liegt, allen Ernstes dem brasilianischen Fußball abgeschaut, wenn man den Focus vom Toresquantum auf die Choreographie seiner Antezedenzien verschiebt und nur wahrnimmt, wie diese elf gegen elf in langen Phasen des Ballwechsels eine bewegte Schwebe zwischen Regel und Spiel aus jedem Moment neu erfinden.
Wagnis formender Tendenz, das Cage erst in wenigen späten Stücken eingeht:
»Dynamics are not given. If durations are medium or long, let the dynamics be on the soft and very soft side, particularly in the case of the woodwinds, brass, and sustained percussion sounds; if durations are short or very short the dynamics may be loud. ... Let the piece become a ›melody‹ which moves from Percussion 2 to Bass Clarinet to Bass Flute to Contrabass to Violoncello to Percussion 1 to Bass Trombone, (a melody) which is heard in an anarchic society of sounds.«
Damit ist alles gesagt, was den zweiundfünfzig Minuten des tiefen Bezirkes von *SEVEN2* (1990) den Ausschlag gibt, sein Zufälliges in ein Charakterstück übergehen zu lassen.
So fern davon ist nicht einmal Cages Hauptwerk der Unbestimmtheit, sein Zyklus der *Variations*, unendlich fortdenkbarer Bausatzes auszuwerfender Transparente mit Punkten (für Ereignisse) und Linien (für die Bestimmung ihrer Parameter).
Wer sich einmal der Mühe unterzogen hat, etwa die *Variations I* (1958), das konzeptuelle ›Thema‹ dieses n-fachen Zyklus, auszuarbeiten – und es ist sehr mühsam, weshalb kaum jemand sich der Mühe begibt – wird, wenn er für die Qualitäten der Punkte aus ihrer lotrechten Distanz zu den Linien das Maß ihrer Tonhöhe, Tondauer, Lautstärke und Klangfarbe genommen hat, schließlich zu der noch übrigen fünften Line die Lote von den Punkten ziehen, um zu messen, wann der Zeitpunkt ihres Ereignisses sei.
Zeitpunkt aber in welchem Zeitraum?
Er ist »agreed upon«, frei vom Punkt- und Linienwurf, liegt im reinen Ermessen des Vermessers.
Und da geschieht es: die vermeintliche Freiheit seiner Entscheidung beherrscht die relative Ereignisdichte, die prägend auf das Ganze wirkt, ihm einen Charakter aufdrückt.
So trägt jede Realisierung dieser Punkt-zu-Linien-Verhältnisse – ex catedra interpretatoris – immerhin einen anderen Charakter.

Und doch gibt es in dieser changierenden Bestimmtheit noch einen weiteren Funken der Konstanz, die wie ein Sub-Charakter in allen *Variantions I* waltet. Er entzündet sich an jener fünften Linie, die das Maß für die Zeitpunkte der Ereignisse fällt: Stets sind einige Punkte sehr dicht an dieser Linie, andere sehr weit von ihr; so erscheinen unweigerlich einige Ereignisse in recht gedehnter zeitlicher Distanz. Zwischen ihnen liegt, zumal wenn sie nur kurz anklingen – was hie und da ebenso vorkommen muß, da sich einige von ihnen stets ziemlich dicht an der Geraden für die Bestimmung ihrer Dauer finden – – – Stille.
Jedes klingende Resultat der *Variations I*, so dicht es auch bemessen sei, ist stets durchlöchert von relativ großen Phasen der Stille. Bei simultanen Realisationen des Stücks wird sie zur Stille einer bestimmten instrumentalen Farbe.
Kein Meisterwerk der Unbestimmtheit.
In der Hingabe an ihr statistisches Dasein hat sich die Stille als Zeichen ihres Scheiterns an der Ganzheit eingehandelt.

Hundstreue Zufallsbefolgung, die es vermag, den herrschaftsfreien Raum auszuloten?
Hatte Cage ihn denn, wie seine Apologeten vermeinten, oder suchte er ihn bloß? Ist der Zufall mehr als die Angel, mit der Cage friedlich nach Antworten im Vordergrund jenes Wunsches fischt, in den Tümpeln seiner anarchischen Klanggesellschaften, mehr oder weniger deutliche Stationen in einem ungewissen work-in-progress.
Welten zwischen ihnen, den Klang um Klang fleißig erwürfelten, und jenem sprachgewordenen Würfeltraum, der ein ungreifbares Ganzes, frei vom Zugriff vernichtender Benennung, durch einen einzigen coup des dés eines Gedankenreflexes aus der Luft greifen vermöchte
Cages Plural wirft das Handtuch vor dem Hirngespinst. Wie ein Medizinmann verjagt er's, versunken ins Wurfquantum, ihm mediale Kraft zu entlocken.
Hinge aber ein Leben an den Tönen, über die Cage den Zufall das Urteil fällen läßt, wär's ein Russisch Roulette. Mit Cage ist man noch immer auf der gleichen Galerie, die von Kafkas Demaskierung der inszenierten Wirklichkeit nichts hören und sehen will. Hinter dem einträchtigen So-ist-es des Ton-Orakels verbirgt sich die Peitsche des Sklavenhalters, die jenen Bestrafungszusammenhang zur wechselseitigen Rechtfertigung von Idee und der Arbeit ihrer Umsetzung mit tyrannischer Willkür in Bewegung hält. Cages Umarmung der Welt, aus der er jede Krume zum Klingen bringen kann, geschieht mit weißen Händen.
Vielleicht auch daher Cages Aversion gegen den Jazz, die er mit Adorno teilt. Gewiß, reichlich viel der Jazzmusik erschöpft sich, erstickt ihr inspiriertes Auf-

begehren unterm horror vacui in der Zwangsjacke des beat und des ewig durchgepeitschten Formschemas. Doch selbst die Herrschaft des beat ist keine metronomische, sondern eine elastische; was man seinen swing und seinen drive nennt, sein Schwingen und Treiben, ist die Schwebe zwischen Sich-treiben-lassen und Richtung-nehmen, als wolle er zugleich bleiben und fort, fort von sich. Weder darauf wollten Cage und Adorno sich einlassen noch auf jene wegweisende Tendenzen im Jazz, die den Impetus des Aufbegehrens auf den Punkt der Emanzipation vom Puls, von der schematischen Form bringen; etwa in den extremen Zeitexperimenten von Charles Mingus oder, ganz unspektakulär und um so eindrücklicher, bei Errol Garner, wo off beat zum beyond beat wird, zumal wenn er ganz allein seine aberwitzigen Themenkarikaturen vorm glättenden Comboeinsatz spielte. Vielleicht aber neidete Cage dem Jazz viel mehr den Luxus, den er sich freundlich versagte: ein Kontinuum hörenden Reagierens.

Und dennoch, trotz der bösen, widerstreitenden Sedimente in Cages Schaffen sticht nichts davon in seinen verzufallten Musikeinfällen hervor. Im Gegenteil, es treibt Blüten der Sublimierung, gerade wegen der Zufallsverfahren – als seien sie die Zerstäuber eines Eau de Toilette, Suspension eben des musikalischen Materials, das Cage scheut wie der Teufel das Weihwasser. Der Widerspruch zwischen Idee und ihrer stochastischen Atomisierung wirkt auf beide wechselseitig befruchtend. Der Geist, entlastet von den Fragen (!), wie es klingen soll, spuckt eine Idee nach der anderen aus, für die im Handumdrehen ein Zufallsverfahren bereit steht, dessen Ergebnis stets stimmt.
Faszinierend diese scheinbare Kongruenz aus der Alchimie der Orakelküche.
Faszinierend ihre Ingredienzienfreiheit, dieser Ideenreichtum, für den es nichts gibt, das nicht ins Klingen transferiert werden könnte; von den Holzfehlern im Papier über Sternatlanten und Steinumrissen bis zu vertikal gelesenem *Finnegans Wake*, wo immer sich in lotrechter Wortfolge eine Buchstabenkonstellation mit Namenszug seines Autors bildet, Achse jener Cageschen *mesostics*, die die Herrschaft des Sinnfälligen aus der Sprache filtern.
Und nichts dieser leisen Gewalt tut irgendeiner Fliege etwas zuleide.
Es trägt die Maske des freiheitlich Guten, dahinter es streng puritanisch schillert.
Das ist Cages Schwäche.
Und erst die macht ihn mir sympathisch.
Auch er war nur ein Mensch.
Uneins, was er musikalisch wollte und nicht wollte. Mit jedem neuen Stück den Konflikt ungelöst, in vor-descartescher Manier, auf den Händen des Zufalls

lächelnd weitergetragen. Der Schnittpunkt zweier Parallelen liegt im Unendlichen. Dort gelänge dann vielleicht auch jener herrschaftsfreie musikalische Raum, den Cage mit Sisyphusarbeit suchte. Idee versus Independenz, immer wieder.
Interpreten seiner Musik, Philosophen und Musiker, sollten dessen inne sein. Dann würden sie die Klangstelle von *Winter Music* nicht mit 1-20 Pianisten in beliebiger Dauer, mit beliebigen Parametern für die Konturierung der einzelnen Akkorde verstehen, sondern mit dem Bewußtsein, daß es genügend Pianisten sein sollten, die in einer genügend langen Gesamtzeit eine variantenreiche Gestaltung der Akkorde in kammermusikalischem Reagieren aufeinander hervorbringen – *giusto*, das Attribut, das einst den Interpreten auf die Spur zum richtigen Tempo setzen sollte, es gilt im Zufallsœuvre Cages für alle Parameter ...
... um ein Wesentliches auch dieses Stücks einzufangen, durchklingen zu lassen: den Gedanken *Winter Music*.

Cage und die Tradition
Johannes Bauer

Suicide

a b c d e f
g h i j k l
m n o p q r
s t u v w
x y z

(Aragon)

8. 12. 52 · 28. 3. 97

Die Rationalisierung der Zeit nach dem Takt der Räderuhren, die der Entwertung des Chorals zum Material der Mensuralnotation und der Profanierung der musica coelestis parallel läuft; die Rationalisierung des Blicks in den Taxierungsmustern eines Bürgertums, das auf den Märkten des Handelskapitals das Tauschprinzip zu respektieren hat, indes die Malerei den sakralen Bedeutungsmaßstab im Realismus der Zentralperspektive aufhebt; schließlich die Rationalisierung des Worts im Druck mit beweglichen Lettern, dem der göttliche Logos zur Silben- und Buchstabenkombinatorik zerfällt, bis Shakespeare die Sprache selbst in die Fallen ihrer Hohlräume und Leerstellen laufen läßt: All dies sind frühe Stadien einer Verweltlichung, in deren spätem Kontext Cages »heidnische«[1] Musik steht.

Seitdem sich der theologische Ordo im Namen des Diesseits aufzuweichen begann, mußte das Schwinden der Vorsehung ausgeglichen werden: unter Verwandlung der causa sui des summum bonum zur Einheit von Person und Gattung samt deren Zeit- und Gedächtnisstrategien. Wie die musikalische Festigung linearer Zeit, von Perotin bis Josquin, und die Eroberung des Klangraums auf dem Weg zum homogenen Satz mit der Genese der neuzeitlichen Affektsprache korrespondieren, so richtet sich der Wechsel von Gleichheit und Verschiedenheit bereits in der frühen Imitationstechnik zunehmend am pro- und retentionalen Erfahrungstypus der Subjektidentität aus. Bis diese im Vertrauen darauf, daß Gott kein Betrüger sei, sich im Fortschrittspathos der Aufklärung ihr Vernunftprivileg und durch Beethovens *Fünfte Symphonie* und Hegels *Philosophie der Geschichte* die ästhetisch-politische Weihe der Gattung verleiht.

Theologisch-philosophische Rechtfertigung findet die bürgerliche Effizienzökonomie im Glauben an finale Zeittypologien. Zudem werden Telos und Ethos vom Subjektmonopol her nahezu synonym. Nur Selbstgewißheit und eine bis in die einzelne Biographie hinein wirksame Kraft der Entwicklung ist dem sittlichen Appell zugänglich. Und nur aufgrund der Kontinuität des »*Ich denke*«, das »alle meine Gedanken (muß) begleiten *können*«[2], kann sich Kants kategorischer Imperativ behaupten. So liefert die »durchgängige Identität des Selbstbewußtseins«[3] die Garantie für den Rechtsanspruch des Sittengesetzes. Bis die Fortschrittsfigur, die seit Turgot das genus humanum unter Vertrag nahm, und die transhistorische Vernunft, in der alle Einzelsubjekte sich bespiegeln konnten, nach dem Einlösungsdefizit der Revolution von 1789 sich desillusionieren. Haben Perfektibilität und Teleologie bisher eine unberechenbare Geschichte auf das Prokrustesbett heilsgeschichtlicher Zeit gespannt, so zerreißt dieses Kontinuum im Aufbrechen des Triebgrunds von Geschichte und Intelligibilität: als Sprengung der Trias von Freiheit, Vernunft und Sittlichkeit durch ein übermächtiges Fatum und als Trübung des hellen Ich durch ein übermächtiges Es.

Mit dem Ende der »absoluten, wahren und mathematischen Zeit«, die für Newton noch »gleichförmig und ohne Beziehung auf irgendeinen äußeren Gegenstand« strömt[4], entbindet sich Dauer zur unvorhersehbaren Epiphanie unter Verflüssigung des Subjektfixums. Nun entlarvt sich das Fiktive der als naturhaft unterschobenen Subjektzeit auch ästhetisch. Was bei Sterne gegen die narrative Kausalität verstößt, was in den Ohnmachtsattacken der Kleistschen dramatis personae in deren Binnenzeit einschlägt, was im Grand mal zahlreicher Dostojewski-Helden den Druck der Realität bezeugt und punktuell aussetzt, unterliegt dem Kairos von Digression und Plötzlichkeit. Musikalisch zeigt sich die Unterminierung der finalen Gewichtung in der Periode zwischen 1780 und 1830 zunächst am deutlichsten in der kompositionslogischen Subversion durch Pausen und Zäsuren. Angefangen von flüchtigen Rupturen (Mozart, Finale des Es-Dur-Hornkonzerts KV 417 und des G-Dur-Klavierkonzerts KV 453) über Partien des Stillstands (Haydn, Eröffnungssätze der Symphonien Nr. 80 und 87) bis hin zur Implosion in eine leere Zeit (Beethoven, 2. Satz der *Neunten Symphonie*). Schließlich wird mit Wagners Entmächtigung der teleologischen Doktrin eine Umwertung der Zeit in Gang gesetzt, die über die »Stream-of-consciousness«-Szenerien und Synchronschichtungen Ives', über Saties Aushöhlung der linearen Bahnung, über die Fliehkräfte der Atonalität und den Verräumlichungsindex der Zwölfton- und der seriellen Technik die psychologische consecutio temporum an ihr Ende bringt und zu Cages Enthierarchisierung des ästhetischen Gedächtnisses führt. Einer Enthierarchisierung, die in engem Zusammenhang mit

Cages Zeit- und Zufallstheorie und deren Bindung an die Tradition der Moderne steht und ausführlicher erörtert werden soll.

Gegen die Vorstellung von Zeit als Zeitigung und Meisterung, gegen den Kreislauf der Herrschaft und der Beherrschung von Zeit will Cage diese so belassen, wie sie ist. Bleiben für ihn Struktur und Methode an die Unterwerfung von Zeit gebunden, dann muß mit der Befreiung von jeglicher Chronometrie die Ordnung der Form zum Verschwinden gebracht werden. Demonstriert doch Beethoven, was Struktur, Zeit und Moral miteinander zu tun haben. Seine Sonatenhauptsätze halten das Gedächtnis dazu an, ihrem Antagonismus, der sich von Moment zu Moment weitervererbt und deren jeder den vorangegangenen abzugelten sucht, unablässig Tribut zu zollen, um die Mnemonik über zahlreiche Restitutionsgarantien zugleich in Richtung Autonomie zu stabilisieren. Noch daß sich Zeit in der tonalen Musik nicht zur Stille als entmetrisierter Dauer emanzipieren konnte, lastet Cage vorrangig Beethoven an. Dessen Bestimmung der »Teile einer Komposition durch die Harmonik« sei ein ›tödlicher Irrtum‹ gewesen. Wenn, so Cages vielzitierte Äußerung, »ein Ton durch seine Höhe, seine Lautstärke, seine Farbe und seine Dauer charakterisiert wird«, und wenn »Stille, welche das Gegenteil und deshalb der notwendige Partner des Tons ist, nur durch ihre Dauer charakterisiert wird, dann kommt man zu dem Schluß, daß die Dauer, das heißt die Zeitlänge, die fundamentalste der vier Charakteristiken des musikalischen Materials ist. Stille kann nicht als Tonhöhe oder Harmonik gehört werden; sie wird als Zeitlänge gehört«.[5]

Daß Stille sensu stricto in der abendländischen Musik nicht präsent war, ist kaum übertrieben und resultiert aus der Tradition einer musikalischen Zeit, die die der Arbeit reflektiert und den Raum unterwirft. Dieser Tilgung des Raums im geschlossenen Musikwerk und seiner metrischen Notation, die sich zu einem System der Selbstreferenz objektiviert, entspricht das Verinnerlichungsgebot des rezipierenden Subjekts. Raum existiert in dieser Konstellation außer als Realisationsgrund des Erklingenden einzig als imaginärer Binnenraum des Hörerlebnisses. Konsequent ist deshalb die Emanzipation der räumlichen Dimension bei Cage, der gegen den Filter theologisch-metaphysischer Zeitlinearität nicht oft genug betonen konnte, »daß heute alles gleichzeitig geschieht«.[6] Unter dem Signum von »unimpededness and interpenetration«, im Bewußtsein der Simultaneität von »Ereignissen«, von denen »jedes seine eigene Zeit hat«, und die sich ungehindert als gleichberechtigte Zentren durchdringen[7], entbindet Cage Zeit und Raum zu einer Raumzeit, in der Zeit nicht mehr additiv den Raum durchqueren und zum Verschwinden bringen will.

Wie die musikalischen so kritisiert Cage die theoretischen Zeitvorstellungen als »Konstrukt« einer ›ideellen Hypnotisierung‹. Gerade weil solche Raster wie die von »kontinuierlich, diskontinuierlich, beständig, unbeständig« oder die von der Summierung von Augenblicken es »angeblich ermöglichen«, »Zeit zu denken«.[8] Cage könnte sich hier auf Wittgensteins Aufdeckung jener sprachbedingten »Verwirrungen« berufen, »die sich aus dem Ausdruck ›die Zeit fließt‹ ergeben«. Darauf auch, daß Wittgenstein, um Irrwege dieser Art »aus dem Weg zu räumen«, »Kleinholz aus der gewöhnlichen Grammatik« macht[9]: gegen die Verblendung, Abstrakta wie Substantive zu gebrauchen, die einem Ding entsprechen. Und wenn Wittgenstein Luthers Deutung der Theologie als eine Deutung der Grammatik des Wortes »Gott« daraufhin zuspitzt, daß eine »Untersuchung dieses Wortes« eben eine »grammatische« wäre[10], dann mißtraut Cage den intellektuellen Zeitdispositiven aufgrund der Einsicht in die Verkettung von Sprache und Logik mit dem »jugement de Dieu«.[11]

Suchte musikalische Zeit bisher als eine des geschlossenen und ausschließenden Kontinuums den Angstgrund zu übertönen, riegelte sie sich deshalb gegen Stille ab, dann intendiert Cage als der Komponist von *4'33"* eine Umwertung des Verhältnisses von Angst und Zeit. Gegen ein Bewußtsein, das panisch reagieren muß, wenn die Objektivationsspur zerreißt, eben weil es auf ein ständiges Sich-Gegenwärtigsein, auf ein ununterbrochenes Sich-Objektivieren vereidigt ist. Zumal seit der aristotelischen Bestimmung des chronos als Zahl der Bewegung im Hinblick auf Früheres und Späteres Zeit und Zählen in engem Bedeutungsverweis stehen.[12] Mit dem Messen der Zeit aber ist deren Ökonomisierung vorgegeben, bis hin zur Verinnerlichung der protestantischen Ethik und ihrer Zeit-ist-Geld-Maxime in einer von Aufschub und Frist dominierten Rastlosigkeit. Cages Ideal des Intentionslosen indessen will den Kampf gegen die geschnürte, gewürgte Zeit, gegen die Zeit der Melancholie und der Enge in einer Musik aufheben, die ein Zu früh oder Zu spät nicht mehr kennt. In den Experimenten von chance und change begreift sich Cage als ein maieutisches Medium, das Zeit vom aleatorischen Punkt aus sich entfalten lassen will. Fern aller Gewalt, sie aus den Angeln zu heben. War es bislang Aufgabe der Musik, Zeit von sich selbst zu erlösen, dann läßt Cage in sie ein, was vormals durch Ausgrenzung geächtet war: das sogenannte Irrationale im Zeichen des Zufalls.

Obgleich die philosophische Begriffspalette mannigfaltige Farben zur Variation aufweist: Zufall ist in der abendländischen, zumal deutschen Tradition von Notwendigkeit und seiner gesetzmäßigen Zähmung nicht zu trennen. Seine Regellosigkeit, die das Kontinuum sprengt, wurde von der Logos-Philosophie fintenreich gebannt. Als jenes Akzidentelle, das sich im Wesensgrund der Vernunft zum Unwesentlichen verflüchtigt; als das »an sich selbst *Grundlose* und sich Aufhebende«.[13] So hält das principium rationis sufficientis in Schach, was die Finalkausalität durchschlägt und ihr zu entgleiten droht. Eines der Mittel, Kontingenz einzugemeinden, lag in ihrer verdeckten oder offenen Verspannung in eine Zieldynamik. Meister darin war Hegel. Seine *Logik* bindet den Zufall nach der gleichen Methode dem Regime der Notwendigkeit ein, mit der die *Phänomenologie des Geistes* die »terreur« der Französischen Revolution dem Läuterungsprozeß des Weltgeistes zuschlägt. Wie die mittelalterliche Fortuna der Vorsehung, so arbeitet der Zufall nun der Freiheitspotenz des Weltgeschichte zu.

Allerdings revidiert schon Spinozas Reflexion des Zufalls als einer Vorstellung »allein im Hinblick auf einen Mangel unserer Erkenntnis«[14] die Verwerfung des Akzidentellen. Mag es sub specie aeternitatis auch an die göttliche Notwendigkeit gebunden bleiben. Die Aufdeckung der anthropozentrischen Täuschung führt zum Bewußtsein einer »gewissen ewigen Notwendigkeit«[15], die in der Konstruktion und Abwertung des Zufalls das Abwehrmanöver eines beschränkten Verstandes erkennt. Eines in seinen Projektionen befangenen Mediums, dem die Kausalketten und die sich kreuzenden Wirkungsreihen in ihrer gegenläufigen oder sich verstärkenden Dynamik unmöglich vollständig faßbar sind. Im Wechsel der Phänomene lediglich partiell verstehbar, ihrer Effizienz nach aber unerklärlich, geschweige denn berechenbar. Wie bei Kants Bestimmung der Notwendigkeit als einer Kategorie der Modalität zeigt sich bei Spinoza eine Rehabilitation des Zufalls, deren Kritik des »defectus nostrae cognitionis« die Logisierung des angeblich Grundlosen ins Wanken bringt. Im Angriff auf die Ordnung des Subjekts liegt die Hoffnung, daß sich mit dem Fall dieser Ordnung die Spaltung zwischen Notwendigkeit und Zufall aufhebt. In einem Status jenseits von Zufall und Notwendigkeit, der die Welt ohne falsche Sinnstiftung rechtfertigen kann, wie Spinoza und Nietzsche, oder akzeptieren will, wie Cage, ohne einer fatalistischen Akzeptanz beizupflichten.

Aufgrund der Kränkung, die die Aufwertung des Unberechenbaren dem Kult um Selbstbestimmung und freiem Willen zumutet, werden Zufall und Chaos erst mit dem Zerfall der idealistischen Weltinterpretationen auf breiterer Basis ernstgenommen. Bei Schelling, Schopenhauer und Nietzsche. Jetzt läßt sich der Harmonisierungskitt des Subjekts nicht länger verleugnen, seine Bewältigungsattitüde in einer durch praktische Instinkte zurechtgemachten Welt der Scheinbarkeit. Der Monotheismus der Form, die Entmächtigung des Vielen durch das Eine, täuscht nicht länger darüber hinweg, daß das Geformte den Schrecken des Amorphen nicht verleugnen kann. Gegen den Systemtriumph des Geistes und dessen Integrationsverlangen dringt die »unergreifliche Basis der

79

Realität« ins Bewußtsein, ihr mental »nie aufgehender Rest«.[16] Denn immer noch liegt »im Grunde das Regellose, als könnte es einmal wieder durchbrechen, und nirgends scheint es, als wären Ordnung und Form das Ursprüngliche, sondern als wäre ein anfänglich Regelloses zur Ordnung gebracht worden«.[17] Nietzsches rückhaltlose Bejahung endlich bringt die Wende in der Auseinandersetzung mit dem Hasardeur Zufall. Nietzsche, darin Ahne und Heros der Moderne zugleich, bestimmt die »Geschichte der Cultur« als eine Abnahme der »*Furcht vor dem Zufall*, vor dem Ungewissen, vor dem Plötzlichen«. Und zwar unter dem Gebot, »*berechnen* (zu) lernen, causal denken (zu) lernen, präveniren (zu) lernen, an Nothwendigkeit glauben (zu) lernen«. Bis in einem späten »Zustand von Sicherheitsgefühl« erneut die »*Lust am Zufall, am Ungewissen* und *am Plötzlichen* als Kitzel hervorspringt« und im »*Pessimismus der Stärke*«, dem Symptom »*höchster* Cultur«, unter Abkehr vom Rechtfertigungswahn eine »Welt-Unordnung ohne Gott, eine Welt des Zufalls« zum Durchbruch kommt. Mit einem »absoluten Jasagen zu der Welt, aber um der Gründe willen, auf die hin man zu ihr ehemals Nein gesagt hat«.[18] Einem »Jasagen«, das bei Nietzsche allerdings willensmetaphysisch gebunden bleibt. Gegen den »grausen Zufall« des »›Es war‹«, der »das Dasein« in unauflösbare »Schuld« verstrickt[19], verlangt der souveräne Mensch als »Erlöser des Zufalls« alles »›Es war‹ umzuschaffen in ein ›So wollte ich es!‹«.[20] Ein schaffens- und bewältigungspathetischer Aspekt, der in der Kunst der Moderne Wirkung zeigte. Und nicht nur er. Wenn sich Zeit und Zufall von der Hypothek eines unerlösten Schuldzusammenhangs entbinden sollen, indem Nietzsches Zarathustra die moralische Zeitordnung wandernd in Raum verwandelt, eine Ordnung somit, deren Zerstreuungsprisma die Welt mit dem Zufall der Zerstückelung schlägt, dann liegt die Verwandtschaft zu Cages Raumkonzeption zutage. Samt jener Verwandtschaft, die sich als Rechtfertigungspathos des »Amor fati« an gewisse akzeptanzphilosophische Facetten Cages vererbt und seinerzeit die Diskrepanz zu Boulez begründete.

Cage entdeckt den Zufall als Befreiung, ohne das willensmetaphysische Athletentum und die Verlust-, Melancholie- und Beschwörungsfiguren Nietzsches. Als ein »Element, das weder etwas mit Wiederholung noch mit Variation zu tun hat«, als ein Phänomen von »Ereignissen«, die »sich sofort oder nacheinander ohne eine Verbindung entfalten.«[21] Keinesfalls sind Zufallsoperationen »mysteriöse Quellen für ›richtige Antworten‹«. »They are a means of locating a single one among a multiplicity of answers, and, at the same time, of freeing the ego from its taste and memory, its concern for profit and power, of silencing the ego so that the rest of the world has a chance to enter into the ego's own experience«.[22] Die »chance operation« wird zu einem Medium der Disziplin gegen die

Verschlossenheit des Ego. Gegen seine »Neigungen und Abneigungen«, abgeschottet in seiner »Urteilsbildung«, seinen »Erinnerungen« und den »daraus resultierenden Gewohnheiten«, soll das Ich durchlässig, »offen, fließend mit seiner Erfahrung« gehalten werden.[23]

Der Zufall, den Cage gegen die sequentielle Logik setzt, ist einer der Serie und Multiplikation. Nach dem »Frankensteinschen Monster« der *Music of Changes* und ihrer Diskrepanz zwischen einer äußersten Inpflichtnahme des Interpreten und aleatorischer Kompromißlosigkeit erweitert Cage deren Lizenzen und Freiräume. Waren anfänglich noch ein vor den Zufallsoperationen skizziertes Tableau kompositorischer Möglichkeiten sowie verschiedene zahlenschematische Gliederungsraster im Einsatz, werden diese später unter dem Verdacht der Herrschaftsintention zurückgedrängt. Wie die vorab proportionierte Struktur zugunsten einer Bestimmung lediglich der Gesamtdauer verschwindet, so verschwindet die Aufzeichnung des Rhythmus zugunsten der »space notation« einer vom Zeichenabstand auf dem Papier angedeuteten Teildauer. Die Anstrengung, absichtsvoll jede Absicht zu vermeiden, zeigt sich in Cages Arbeitsethos der frühen und aufwendigen Zufallskonstruktionen. Beispielsweise während der Komposition von *Williams Mix*, bei der die »Benutzung des I Ging anfangs sehr viel Zeit in Anspruch (nahm)« und »äußerster Präzision« bedurfte. Erst später, als Cage »über das Problem der Schreibgeschwindigkeit nachdachte«, kam die Entdeckung, daß in Form der Unebenheiten des Papiers »alle Musik schon da war« und mittels Transparentpapier nur noch »kombiniert« und »multipliziert« werden mußte.[24]

Besonders Boulez machte im Namen der neuen Musik Front gegen solch skandalöse Entlastungsprozeduren »kompletter Faulheit«[25] und gegen eine Aleatorik des ungefilterten Zufalls. Der »reine« Zufall, bei dessen Begründung die ›Logik völlig leerläuft‹, gilt ihm seiner ›Uninteressantheit‹ und »lediglich statistischen« Bedeutung nach als »Zerstörung des ästhetischen Plans«.[26] Schon der *Alea*-Aufsatz von 1957 argumentiert bisweilen geradezu buchhalterisch: »Bestünde nicht die größte List des Komponisten darin, daß er den Zufall *absorbierte*? Warum diese Kraft nicht zähmen, Ertrag und Rechenschaft ihr abverlangen? ... Aus Schwäche, oder um es sich leicht zu machen, mit dem Zufall zu paktieren, sich ihm ausliefern, bedeutet eine Form der Preisgabe, die man nicht hinnehmen kann, ohne gleichzeitig alle Vorrechte und Rangordnungen aufzugeben, die das geschaffene Werk in sich birgt«.[27] Abgesehen davon, daß Boulez etwas leichtfertig mit der Schablone des »Reinen« argumentiert, ist seine Aversion gegen »Zufallsoperationen«, die »jeden Begriff von Vokabular zerstören«, ein gedanklicher Kurzschluß. Die von ihm befürchtete Negation der Semantik ist nur möglich, wenn deren Radius eng genug gefaßt wird. Zu Recht haben Adorno und Barthes auf die Unrealisierbarkeit eines Nullpunkts strikter Form- und Sinnlosigkeit verwiesen. Und selbst Cage spricht von der »Bedeutungslosigkeit als letzter Bedeutung«.[28]

Mag für Boulez noch die Einheit der Geschichte, der Musikgeschichte Pate stehen, inspiriert vom Wissen um die Forderung, was an der Zeit sei: Cage seinerseits bekümmert sich nicht mehr um jenen Kompromiß von Komposition und Zufall, der in den musikalischen Verlauf als einer »Funktion der physikalischen Ablaufszeit« intermittierend »›Chancen‹ eintreten lassen« will.[29] Gegen solche ästhetisch zum Einstand gebrachte Spannungs- und Versöhnungschiffren von Freiheit und Notwendigkeit und gegen Boulez' Unterscheidung zwischen dem gelenkten Zufall und dem aus Versehen, die sich an der philosophischen zwischen dem relativen und absoluten Zufall orientiert, hält Cage wie Nietzsche die Erkenntnis, daß der absolute Zufall undenkbar und die Paria- und Bedrohungskomponente des sogenannten relativen Zufalls von der Vernunfthierarchie und ihrer Entdämonisierungsordnung nicht zu trennen ist. Cage argwöhnt daher an der intentionalen Musik noch bis in den gezähmten Zufall hinein den Kompromiß. Ein Argwohn, der an Kompositionen wie dem ersten Satz aus Lutoslawskis *Zweiter Symphonie* und dessen spielwiesenhaft-aleatorischen Oasen nachvollziehbar ist. Nicht aber in Boulez' großen Werken des »gelenkten Zufalls«, in denen die Dialektik von Konstruktion und Expression als Spannung und Vermittlung von Struktur und Emotion eine neue Qualität gewinnt. Als eine Variante des Gegensatzes »zwischen sehr klaren Strukturen und solchen, bei denen die Überfülle zwangsläufig die Aufnahmefähigkeit des Hörers übersteigt«, zwischen einer »verdünnten Wahrnehmungszeit« und einer »sehr dichten«.[30]

Wie in den Natur- und Gesellschaftswissenschaften die Proportionalität von Ursache und Wirkung durch die Verschränkung von Zufall und Notwendigkeit in Formationen des determinierten Chaos relativiert und erweitert wurde; wie im Gegensatz zu den künstlichen Formen der euklidischen nun die Naturformen der fraktalen Geometrie in den Blick rückten, so interessiert Cage die Eigenzeit der Klänge. Als ein Bewußtwerden von Naturzeit inmitten ihrer Zersplitterung durch die gesellschaftliche Zeitapparatur. Und wie im Feld des chaotischen Attraktors eine Unzahl von Zuständen immer wieder passiert wird, allerdings aperiodisch, mit dem Schein des Periodischen, und niemals identisch, sondern lediglich annäherungsweise; wie sich im Einzugsbereich des »strange attractors« trotz der Unvorhersagbarkeit von Zustandsänderungen und Verlaufsstrukturen selbstähnliche Muster und Figuren ergeben und stabile Wahrscheinlichkeitsstreuungen von der Bestimmtheit des Chaos zeugen: so erweisen sich auch die Verläufe von Cages Musik als determiniert. Von der verabredeten Gesamtdauer und den time-brackets der Einzeldauern organisiert und, wiewohl unvorhersagbar, über die Dichte- und Assonanzgrade der Klangaggregate schemenhaft strukturiert. Bei Cage bleibt der Unsicherheitsfaktor und das, was als Zufall und chaotische Wahrnehmung umschrieben wird, à la longue der Statistik unterworfen. Die Wahrscheinlichkeitsverhältnisse, auf die sich Stockhausens »statistische Form« in Nähe zur modernen Naturwissenschaft beruft, bleiben auch für Cage relevant. Bei ihm allerdings – im Unterschied zu Xenakis, Stockhausen, Boulez oder Ligeti – ohne dramaturgische Bindung.

Was Stockhausen »statistische Formvorstellung« nennt, kennzeichnet einen Paradigmenwechsel. Nunmehr geht es in der durch sie charakterisierten neuen Musik um »*Grade* der Dichte von Tongruppen«, um »annähernde Bestimmungen« also.[31] Für das Zusammenhangsbewußtsein des Hörens heißt dies Orientierung am Wechsel der Stärke-, Größen- und Maßverhältnisse der Parameter von Tonhöhe, Dauer, Klangfarbe, Dynamik oder Geschwindigkeit. Formbestimmende Gradrelationen nach Skalierungen wie »durchschnittlich, vorwiegend, ziemlich, insgesamt, annähernd« gehören zum Wesen der »statistischen Form«.[32] Was Cages Komponieren vor diesem Hintergrund bedeutet, betrifft aufgrund seiner Philosophie des Unwiederholbaren und Antidramaturgischen vorrangig das Verhältnis von »Struktur und Erlebniszeit«. Ihre Definition als abhängig von der »Veränderungsdichte« konstruiert bei Stockhausen noch Entsprechungen zwischen »überraschenden«, sprich unerwarteten »Ereignissen« und »Kurzweiligkeit«, resp. zwischen »Wiederholungen« und »Langweiligkeit«. Allerdings mit der Einschränkung, daß eine »permanente Folge von Kontrasten« nicht anders als eine Reihe »ständiger Wiederholungen« aufgrund des fehlenden ›Überraschungseffekts‹ zu einer »einzigen Information nivelliert« werde.[33] Deshalb hält die mögliche Disproportionalität zwischen Veränderungs- und Erlebnisdichte den Komponisten dazu an, sich auf der »schmalen Klippe zwischen einem Zuviel an Entsprechungen und ›Wiederholungen‹ oder aber einem Zuviel an ›Kontrasten‹ – das heißt einem Zuwenig an nacherlebbarer Folgerichtigkeit« zu bewegen, »wenn er die Erlebniszeit von der Struktur aus in den Griff bekommen will, wenn er die Struktur von der Erlebniszeit her formen will«.[34] Die von dieser Balance her gegen Cage gefällten Urteile sind ebenso bekannt wie kritisch. Was dagegen nicht in den Sinn kam, ist der Gedanke, ob das, was die Dichte in den komplexen Stücken der *Etudes Australes*, so dem siebten des ersten Bands, oder den *Freeman-Etudes* ausmacht, nicht auch generell und abweichend von der üblichen Kontingenzbestimmung des Aleatorischen gerade als ein Phänomen der Überdeterminierung zu gelten hat. Insofern vom Maß der Logizität her die Beziehung zwischen den Tonkonstellationen dermaßen vieldeutig wird, daß sie nur noch als zufällig empfunden werden kann. Bedingt, wie die Rehabilitationsphilosophien des Zufalls dies formulieren würden, durch ein beschränktes Sensorium.

Schon Xenakis' Umgang mit Klangmassen im Aktionsfeld von Zufall und Notwendigkeit, mit dem Problem also, nach welchen Regeln Ordnung in Chaos umschlägt, wie chaotische Formationen gebaut, wie sie manipulierbar sind, beruht ja auf der Einsicht, daß einzig Simulationen des Zufalls möglich sind. Zum Beispiel mit Hilfe der Wahrscheinlichkeitsrechnung. Simulationen deshalb, weil das statistische Denken noch bis ins Unbewußte hineinreicht. Von dieser Überzeugung eines ohnehin unrealisierbaren absoluten Chaos aus organisiert Xenakis das Drama von Zufall und Notwendigkeit zu einem Agon, dessen Eruptionen in der Regel an Szenarien der Gewalt und des Schreckens erinnern, an ihre Auflösung und Regeneration. Die Wahrscheinlichkeitsrechnung wird zu einer Art trojanischem Pferd, das aus der mathematischen Konstruktion die Musik eines gleichermaßen exzessiven wie kontrollierten Spät-Fauvismus entläßt. Eine Musik, die über Analogien zwischen Natur, Technik und Gesellschaft den Triebgrund der Zivilisation ebenso freigelegt, um deren Archaik rational zu brechen, wie sie über die Zerfalls- und Verdichtungsprozesse von Tonpunkten, Klangstreuungen und deren Massierung zu Schwärmen und Nebulae die Vermassung des Individuums reflektiert: vor dem Horizont moderner Kriegs- und Angsterfahrung. Wenngleich des öfteren um den Preis eines Glissando-Manierismus, der die minderen Werke Xenakis' der Einfallslosigkeit des Technizismus annähert. In den starken kammermusikalischen Stücken wie *Tetras, Herma, Nomos Alpha* oder den großen Orchesterwerken dagegen erreicht die stochastische Organisation Szenen der Kontinuität und Detonation, der Deterritorialisierung und Reterritorialisierung von Ordnung und Unordnung, die jeden privaten Expressionismus hinter sich läßt. Gesteuert von einem imaginativen Konstruktivismus, den Deleuze/Guattari im Unterschied zu Cages Rhizomatik noch jener Baumstruktur subjektkalkulierter Erkenntnis zuordnen, die bei Xenakis in den Verästelungen der »arborescences« buchstäblich zu einem entscheidenden Formanten wird.

Daß Xenakis den Zufall zwar als ein ästhetisches Gesetz akzeptiert, dessen Gesetzmäßigkeit in Form eines undurchschauten Zusammenhangs existiert, den Zufall aber gleichwohl dramaturgisch bindet, macht die Differenz zu Cage aus. Während Xenakis die technische Aisthesis der Gegenwart auf die Episteme der Massengesellschaft hin durchschlägt und zugleich gegen sie wendet, dadurch aber das Sensorium in Richtung einer illusionslosen, politisch wachen Souveränität schärft – zugestanden mit einer Neigung zur kosmischen Relativierung von Geschichte nach dem Maß der antiken Tragödie –, verweigert Cages Musik jegliche noch so fragmentierte Prozessualität und sei es die der Entropie. Damit entäußert sie sich zugleich der Kategorien von Eingriff und konkreter Negation. In deren Ablehnung als zu emotions- und subjektzentriert liegt Cages Grenze, so wie umgekehrt die Intelligenz dramaturgischer Varianten die Brisanz einer durchkomponierten Musik ausmacht. Die Reflexionskraft des Orchesterstücks *Morendo* von Mathias Spahlinger und dessen an Tinguelys Schrottmontagen erinnernde Assoziation einer leer in sich kreisenden Maschinerie beweist zur Genüge, was schlüssiges Dekomponieren an ästhetischer Erkenntnis realisieren kann; was die Artikulation des Wiederholungszwangs, des Oszillierens zwischen Mechanismus und Organismus und die letzten Endes fragile Freisetzung brüchiger Einzelelemente vom Diktat des Rotierens an politisch geweiteter Metaphorik zu vermitteln vermag: ohne daß der Status quo und sein verschüttetes Freiheitspotential moralisierend bebildert werden müßten oder die Musik in dieser Metaphorik aufginge.

Cage will unter dem Einfluß des Zen das Ich als den Monopolisten kleinlicher Gefühle entmachten und ihm sämtliche Projektions- und Spiegelflächen entziehen. Die Absicht, mit dem Ego zu brechen, richtet sich gegen eine Selbstsucht, die ihre Emotionen und Wertschätzungen zur Aura der Individualität stilisiert, ohne zu sehen, wie sich die psychischen Muster zusammen mit einem Gedächtnis der Vorurteile und der Kontrollmnemonik, der Herrschafts- und Unterwerfungsmoral der allgemeinen Anpassungsleistung überantworten. Gerade weil die ichvereinzelten Selbstbehauptungssysteme aufgrund scheinbarer Einzigartigkeit sich zueinander als rivalisierende Monaden verhalten, gehen sie um so leichter in der Psychopathologie der Gesellschaft auf. Auch deshalb muß die Mauer des Ego zerstört werden, in dessen Gefühlskult Cage einen Empfindungsterror argwöhnt, der die gesellschaftlichen Probleme eher verschärft, als zu ihrer Lösung beizutragen.

Nach Maßgabe einer emotionalen Abrüstung kümmert sich Cage daher nicht mehr – wie die Musik der Energieausbrüche – um Epiphanie und Parusie oder um das jetztzentrierte Movens von Erinnerung und Erwartung, mit dem sich das Selbstbewußtsein im Kunstwerk für die zerrüttete reale Zeit schadlos hielt; und schon gar nicht um die affektive Meteorologie der Seele, sondern darum, »to make a musical composition the continuity of which is free of individual taste and memory (psychology) and also of the literature and ›traditions‹ of the art«.[35] Für Cage hängt deshalb die ›Öffnung der Persönlichkeit‹ eng mit der

›Öffnung des Werks‹ zusammen: vornehmlich um der Chance radikal »verschiedener Interpretationsmöglichkeiten« wegen.³⁶ Zumal laut Cage das geschlossene Werk die Durchhalte- und Rückvermittlungsinstanz des Ego und die Selbstgefälligkeit des Künstlers wie die seines Publikums bestätigt. Hier allerdings krankt die Argumentation an einer Pauschalisierung qua Enthistorisierung des geschlossenen Werks: sofern sich Cage unausgesprochen an der Ära der Tonalität orientiert und dies unterderhand generalisiert. Deren dramatisch-psychologische Musik erlaubt spätestens seit ihrer kulturindustriell beeinflußten Rezeption, von einer Objektivation der Eigenzeit des Subjekts und deren possessiven Erlebnis- und Verarbeitungsnormen durch die tonale Sinnorganisation und Zeitrhetorik zu sprechen. Oder davon, daß die Synthesis dieser Musik als Teil des Machtfaktors homo dialecticus dessen beutemachende Mnemotechnik stabilisiere. Daß seit den Werken der Wiener Schule dem Narzißmus der verinnerlichten Projektion und der mnemonischen Sicherheit systematisch der Boden entzogen wurde, übersieht Cage – mit nicht geringen Folgen für seine Theorie des Subjekts und der Wiederholung.

Cages Unbekümmertheit um das Überkommene, bis hin zu dessen dadaistischer Maskierung im Vorschlag einer Simultanaufführung aller Beethovensymphonien als der einzig erträglichen, unterschätzt zweifellos die Wirkung der Lysis in der abendländischen Kunst: das Bündnis von Eros und Mnemosyne. Cage, der nur die Verfallsform des Subjekts sieht, verkennt die zumindest punktuelle Abrüstung egomaner Selbstbehauptung in einer Musik mit Ereignischarakter, vormals dem des erfüllten Augenblicks. So sehr Cages Esprit von der Sorglosigkeit um die Überlieferung herrührt, so sehr negiert er die humane Seite der Wiederholung. Daß Cage Wiederholung nur unter dem Aspekt der Egozentrik und des Todestriebs begreifen konnte – wiewohl er das Vokabular der Psychoanalyse aufgrund ihrer Gedächtnisinsistenz von Erinnerung und Durcharbeiten abgelehnt hätte –, blendet die lösende und befreiende Wirkung der Anagnorisis im durchkonstruierten Werk aus. Die Bindung an das assonanz- und wiederholungsgeleitete Wechselpiel von Retention und Protention, von Erinnerung und Antizipation, und die Versenkung in das notierte, wiederholbare Werk. Zu Recht mißtraut Cage zwar einer Rede vom pluralen Subjekt, die dessen neurotischen Kern vergißt, jenen Kern, dem seine Musik die emotionale Zulieferung verweigern will. Indem Cage aber keinerlei emanzipatorische Kraft des subjektiven Faktors gelten läßt und Subjektivität zu sehr mit Innerlichkeit verwechselt, konserviert auch er ein Stück weit deren Panzer. Die Verweigerung von Identität arbeitet der Identitätslosigkeit zu. Darin bleiben Cages Aleatorik und sein universal veranschlagtes Prinzip des Zufalls partiell. Ist Cages Œuvre auch polytopisch verfaßt – keiner der neueren Komponisten bis auf Ligeti hat eine vergleichbare Vielfalt und Divergenz aufzuweisen, selbst wenn deren Ausdifferenzierung rudimentär ist –: es wird als dieses Œuvre im Formenkreis der neuen Musik selbst zum Moment.

So repräsentiert das »Subtraktionsverfahren« in Cages *Quartets I-VIII* oder den *Hymns and Variations* zum Thema Geist und Buchstabe im Zeichen der Auseinandersetzung der neuen Musik mit Überlieferung und Tradition nur eine Facette. Ruzickas *Einstrahlungen für großes Orchester*, die die 40stimmige Motette *Spem in alium* des englischen Renaissancemeisters Thomas Tallis dem Zwielicht von Nähe und Ferne aussetzen, um Geschichte modellhaft aufzuladen, stehen Cages *Quartets* und deren Reflexion von Gegenwart im Zeichen des Vergangenen in keiner Weise nach. Im Gegenteil. Während bei einer Aufführung der *Quartets I-VIII* Monotonie aufkommt, sofern die Idee der Ausradierung sich verselbständigt und die Musik zum langatmigen Exempel und Ausexerzieren einer Methode ausdünnt, entfaltet Ruzicka eine Szene der Verschattungen und Brüche, die »Aura« entbindet. Das also, was Benjamin die »einmalige Erscheinung einer Ferne« nennt, »so nah sie sein mag«.[37] Eine Stelle wie die, an der zehn Solostreicher das rhythmisch variierte Zitat des Motettenbeginns aufgreifen, wird zum Menetekel inmitten eines Umfelds, in dem sich die Idiomatik Tallis' und die Tonsprache der Moderne wechselseitig zu absorbieren suchen, um sich doch nur mit der Attraktion des Fremden aneinander zu reiben. Während Cage in den *Quartets* Vergangenheit als Vergangenes bilanziert, legt Ruzicka über den Palimpsestcharakter beider Kompositionen hinaus semantische Höfe frei. Gedächtnis wird zum Eingedenken, in das sich die Diagnostik von Gegenwart im Versuch einer Spiegelung, einer Reflexion historischer Ferne einschreibt.

Indem Cage die Auseinandersetzung mit der Tradition selten planvoll und musikalisch immanent austrägt, verweigert er sich jenem strukturellen Komponieren, dessen Orientierung an Kriterien wie Gedächtnis, Mnemosyne, Dekonstruktion, Kritik oder Entwurf eine Stärke neuer Musik ausmacht. Im Vergleich mit Cage sind daher etwa weniger Lachenmanns Destruktion ästhetischer Normen oder seine ungewohnten Spieltechniken relevant als vielmehr deren dramaturgische Vermittlung. Lachenmanns kompositorische Gedankenarbeit will zu denken geben, den Hörer nicht hörig, sondern hellhörig machen, indem sie die Musik eine vom philharmonischen Diskurs her verfemte Sprache reden läßt, Purifizierung als Verarmung aufdeckt und den Ton als eine spezielle Form des Geräuschs denotiert. Doch erst der überlegt, bewußt ins Zentrum des Cellostücks *Pression* gesetzte reine Ton kann inmitten eines Ambientes, das den

Ordinario-Klang konsequent meidet, die Semantik der Ausnahme entfalten: die seiner vergänglichen geschichtlichen Dominanz, seiner Umwertung durch Material und Geräusch sowie seiner melancholischen Aura als der seiner Verunmöglichung. Auch wenn bei Lachenmann immer wieder vorschnell der Beckettsche Punkt einer Musik der Absenz und Verweigerung ausgemacht wird, der sie zwar an den Rand ihrer Aufhebung gleiten läßt, aber mit dem Zwang, ständig weiterkomponiert zu werden: erst die Autopsie des Tons in Lachenmanns musique concrète instrumentale hat den Zusammenhang zwischen der Reflexion bzw. Nicht-Reflexion der Materialbasis des Klangs und dem damit korrespondierenden musikalischen Diskurs einsichtig gemacht. Darin vergleichbar Derridas Metaphysikkritik und ihrem Nachweis der Untrennbarkeit des Sinns von dessen medialer Matrix. Der Platonismus einer Musik des reinen Tons und der reinen Idee, ablösbar von Material, Genese und Produktion, ist endgültig passé.

Seitdem die Gewalt des Machens und des Machbaren mit ihrem Konkretionswahn, ihrem Beschleunigungsterror und ihrer Phobie vor der Verweigerung des Lassens noch in die intimsten Winkel kriecht, gewinnen die ästhetischen Auslöschungsverfahren der Fragmentierung, des Abbruchs, des Verstummens, der Abwesenheit und des Schweigens an Relevanz. Varianten dieser strukturellen Refus finden sich bei Cage in der Stille von *4'33''*, in den graphisch präsenten, obgleich unhörbaren, weil aus dem Lot fallenden Klängen seiner Konzeptnotationen wie den *Variations I*, in den Ausradierungen der *Quartets* oder der wechselseitigen Annullierung der Ereignisse in *HPSCHD* und *A House full of Music*. Extreme äußerster Dichte und Leere sind im Zeichen des Zeros und der Stille-Konzeption Cages nur scheinbare Kontraste zwischen einer Musik der Massierung, die in den Musicircus-Projekten der Unhörbarkeit zuläuft, und einer des Schweigens wie in *4'33''*. Zwar sind für Cage die »Probleme der Musik« nur lösbar, wenn »Stille als Grundlage« genommen wird[38], zugleich aber verdeutlicht ihm der Vergleich eines »leeren Blatts Papier – Mallarmés weiße Seite – mit der Stille«, daß »der kleinste Fleck, das kleinste Zeichen, das unscheinbarste Loch, der kleinste Fehler oder der kleinste Klecks die Gewißheit (geben), daß es keine Stille gibt«, »Mallarmés Schwindelgefühl« also »überflüssig« ist.[39] Abgesehen vom fragwürdigen Vergleich zwischen akustischer Idealität und visueller Realität zeigt sich hier über den Differenzgedanken der Moderne nun seinerseits – wie vorhin bei Lachenmann – Cages Nähe zu einem zentralen Gedanken Derridas; gerade was die gegenseitige Durchdringung und Nichtbehinderung der einzelnen Klänge betrifft, die sich in ihrer Vielfalt nur auf der Basis von Stille ereignen können, ohne daß diese ihrerseits als reine Essenz, als absolute Stille verfügbar wäre. Schließlich basiert auch Derridas Dekonstruktion des philosophischen arché-Prinzips im Anschluß an Saussure darauf, daß sich Zeichen und Wort, um Zeichen und Wort zu sein, nur durch Trennung und Zäsur von und zu allen anderen Zeichen und Worten konstituieren können: im Text als einem zur Unendlichkeit der differentiellen Verweisungen entgrenzten azentrischen Zeichengewebe der Trennungen und Bündnisse, während die »différance« als referentielle Lücke dem Text stets vorausliegt, ungreifbar als ontologisches Substrat und erzeugt erst vom offenen Spiel der Zeichen.

Trotzdem unterscheidet sich Cages Starkmachen des Zeros als eine Depotenzierung der falschen Potenz vom Ombra-Ton der neuen Musik: von der Geste des »Entlöschenden«, des »Morendo«- und Torsohaften, kurz: vom Prinzip der Dramaturgie. Was Lachenmann in deren Sinn noch mit expressiver Emphase demonstriert und demontiert, sucht Cage emphaselos zu erreichen. Darin entspricht seine Ablehnung der Intentionalität dem Außerkraftsetzen der ästhetischen Überlieferung und ihrer Postulate. Eine andere Facette solcher Ausstiegsversuche aus der Tradition findet sich als Tilgung von Form und Struktur in der anarchischen Harmonie der späten Zahlenstücke, etwa in *Sixty-eight* oder *101*. Cage greift hier mit der Vorstellung des »audible cloth« einen zentralen Topos der neuen Musik auf, der den Text des Komponierten als Textur, als Gewebe denkt. Meist in einer von den Komponisten selbst ins Spiel gebrachten Metaphorik. Ob in den Webmustern von Feldmans *Coptic Light*, in Ligetis feingewobenen Netzgebilden schon der frühen Orchesterwerke oder im Klanggewebe von Xenakis' *Aroura*. Auch Cages Klangfäden der Zahlenstücke von 1992 wie *Twenty-six, Twenty-eight, Twenty-nine, Fifty-eight* flechten Musik als »hörbaren Stoff«. Organisiert über flexible oder fixe »time brackets«, modelliert von den Zeitplateaus der einzelnen Spieler aus, mit dem »brushing in and out« der Töne in die und aus der Zeit, distanzieren sich solche Gespinste entschieden vom Koordinationsgitter rhythmischer Zeitskandierung. Ähnlich Christo zieht Cage akustische Stoffbahnen durch die Wüstenei der konventionellen Klanglandschaften. Aber anders als Ligeti läßt Cages Aufhebung jeglicher Synthesis von Entwicklung und Produktion den Versuch, dem Klangstoff dramaturgische Muster einzuschreiben, ins Leere laufen. Ligetis Klanggewebe *Atmosphères* und *Lontano* inszenieren demgegenüber nach Art der Turbulenzen und Strömungen komplexer Systeme noch eine Selbstorganisation des Unberechenbaren. Dessen Bedrohlichkeit resultiert in *Atmosphères* aus den polydynamischen Verschiebungen und crescendierenden Sogwirkungen solcher Mikroperipetien, deren Wirkung unabsehbar ist. Entscheidend bleibt, daß Ligetis akribisch durchorganisierte Partituren, die ausnahmslos der Intention des Komponisten obliegen, den Eindruck des Eingriffslosen und einer Autopoiesis vermitteln, die Ligeti selbst einmal anläßlich seiner Orgelkomposition *Volumina* als »leere Form« charakterisiert hat. Während sich jedoch bei Ligeti die Interferenzen eines Klangkörpers durch kaum hörbare Abweichungen in Rückkopplung zu ungeheuren Wirkungen potenzieren; während der Energiefluß eines amöbenhaften Organismus die Dramaturgie zwar hörbar werden läßt, die Konstruktion aber verschleiert und dadurch die Phantasmagorie der Klangmetamorphosen als eine des Unheimlichen, gleichwohl Faszinierenden enthüllt, mehr noch: mit der Dekonturierung zum Ungewissen und Unbekannten das atopische Bewußtsein der Moderne formuliert, zeichnet das absichtslose Fließen in Cages »number pieces« und ihren Fluktuationen zwischen Dichte und Transparenz eine Musik ohne Antlitz. Eine Musik des Schleiers, die nichts verhüllt.

Da Gesellschaft aber nach wie vor psychosoziale Dramen und über die Köpfe hinweg verlaufende ökonomische Prozesse produziert, da zudem die Zeit der Individuen immer noch kausal verfaßt ist, behält die Rhetorik der Folge wie des Zerfalls, der psychographischen Fragmentierung wie des geschichtlichen Entwurfs ihr Gewicht. Zumindest in einer Musik, die zeitgenössisch, weil an der Zeit ist, deren dramaturgisches Komponieren jedenfalls konkrete Negation ermöglicht. Am vordergründigsten in zahlreichen Kompositionen Kagels, in denen die Musik ihren eigenen Kommentar als kritischen Subtext produziert, wie im *Streichquartett* von 1965/67 zum Ritual- und Hierarchieverständnis der Quartettkultur und ihrer gesellschaftlichen Basis. Noch die Strukturierung menschlicher Atemgeräusche in der neuen Musik belegt, was Konnotationen aus der Logik des Werks heraus zu leisten vermögen. Ob expressis verbis in Schnebels *Atemzügen*, ob in der vierten Region von Stockhausens *Hymnen*, ob im Ikarus-Sujet aus Lejeunes *Parages* oder in Spahlingers Streichquartett *Apo do*. Die Semantik, die sich in solchen Kompositionen zwischen Suspirium und Suspension entfaltet, changiert zwischen Anspannung, Angst und Befreiung und wird in der Vieldeutigkeit ungedeckter Projektion zur Chiffre gegenwärtiger condition humaine. Spätestens hier stellt sich die Frage, was bei Cage aus der Angst geworden ist; was bei ihm womöglich untergeht, von anderen Komponisten aber auskomponiert wird, und was sich hinterrücks als Gehalt seiner Musik durchsetzt.

Neben seiner strukturellen Funktion wird das Glissando als Negation des diskreten Intervalls, als Unterhöhlung der Tonstufen-Ordnung zu einem in der Musik der Moderne bevorzugten Ausdrucksmittel von Erwartung, Gefahr und Angst. Oftmals eingebunden in eine Crescendo-Wirkung. Varèses Einsatz von Sirenen in *Ionisation*; das von Henry realisierte Finale von *Orphée 53, Le Voile d'Orphée*; Xenakis' *Diamorphoses* oder der Beginn seiner Orchesterkomposition *Metastaseis* sind einige frühe Beispiele dafür. Wegweisend für den Crescendo-

Effekt der Bedrohung war Weberns viertes der *Orchesterstücke opus 6*. Ein Stenogramm der Gefahr ohne funktionsharmonische Vernetzung; mit der Umkehrung der Folge von tragischem Höhepunkt, Zusammenbruchsfeld und Epilog zum Vorspiel einer Katastrophe; markiert durch das bruitistisch anschwellende Schlagwerk, das mit dem Ende in einen Sog des Entsetzens mündet. Cage, der sich dem expressiven Crescendo- und Decrescendo-Duktus gegenüber reserviert verhielt, weicht bei der Behandlung auch dieses Moments vom gängigen Idiom ab. Seine Glissando-Komposition erreicht in *Ryoanji* eine meditative Ruhe fernab jeder esoterischen Mode. So wie Cage ja generell der von konstruktiver Ratio dominierten neuen Musik unter Enthüllung der »reißenden Zeit«[40] und ihrer Chronophagie den Ausdruck von Stille und Gelassenheit zugebracht hat. Explizit im *String Quartet in Four Parts*. Und nicht selten wird wie in manch statischen Sequenzen der Anatomie des Tons bei Scelsi oder Lachenmann die Präsenz der Stille bei Cage gleichsam selbst zum geöffneten Ohr der Musik; so in der solistischen Version von *Atlas Eclipticalis*.

Schon das Glissando-Detail gibt zu erkennen, daß Cage auf Angst nicht mehr gestisch oder mit Empathie reagiert. Ihre Objektivation in prozeßhaften Formanten wie Klimax und Zusammenbruch, die in Ruzickas *Metastrofe* eine so gewichtige Rolle spielen, sucht man bei ihm vergebens. Liest und hört man jedoch Cage gegen Cage – gegen seinen von McLuhan und Buckminster Fuller gestützten Optimismus beispielsweise, an dem er in späteren Jahren selbst immer mehr zu zweifeln begann –, dann kehrt sich der Ausdruck der Musik oft genug gegen die Konzeption und das Notierte. Cages Komponieren hätte nicht den Rang, den es innerhalb der zeitgenössischen Musik einnimmt, wäre es nicht auch musica negativa. Als solcher gibt es in ihr ungeachtet der Nicht-Intention ihres Autors Stellen des Bedrohlichen, ja Katastrophischen. Obschon Cage seine Musik nicht mit pathographischen Modellen in Verbindung gebracht sehen wollte, lädt sie sich damit auf. So in manchen Realisationen der späten Zahlenstücke für große Besetzungen wie *Sixty-eight*. In Partien, deren Prototypen in Bergs und Weberns *Orchesterstücken opus 6* oder Varèses *Hyperprism, Ionisation* und *Déserts* zu finden sind. Indem freilich solche Valeurs bei Cage in eine dramaturgische Leere fallen, nehmen sie den Unterton des Inflationären wie Unabänderlichen an. Ohne die Intentionalität des Widerstands in der Faktur sind sie, bis hin zum Ausdruck des Affirmativen, eher dem Verhängnis ausgeliefert, als daß sie dieses zu fassen oder überhaupt als Angst zu artikulieren wüßten. Manche Versionen des *Solo for Piano*, der Klavierstimme des *Concert for Piano and Orchestra*, lassen an den Gedanken vom »zerbombten Bewußtsein« denken, eine Formulierung Adornos, der seine Reaktion anläßlich eben dieses *Klavierkonzerts* als eine des »Entsetzens« beschrieben hat. Darin ist Cages Musik gewiß mehr eine der Versagung und Destruktion als eine der Befreiung. Eine Musik, der gegenüber Berios *Sinfonia* etwas von elegantem Styling annimmt. Will Cages Komponieren ausdrücklich der Repräsentanzlosigkeit verpflichtet sein: sein diagnostischer Aspekt, sein Traditionskontext und der davon bestimmte Rezeptionsfokus sind ihm konstitutiv. Mithin bleiben seine Absicht, »die Töne dahin gehen zu lassen, wohin sie wollen, und sie das sein zu lassen, was sie sind«[41], sowie seine Mahnung, ein befreites Hören hätte nur die Klänge an sich zu hören, geradezu naiv. Hierin liegt eine Parallele zu jener Attitüde, mit der Cage, verführt von der Designifikanz der Musik und unbekümmert um erkenntnistheoretische Probleme, allzu leicht dem Zen-Gefühl des Ausstiegs aus dem historisch normierten Bewußtsein nachgibt. Anders als Wittgenstein, der stets die Grenzen des Sprachgefängnisses vor Augen hatte, zergehen Cage unter östlichem Einfluß die abendländischen Dualismen und das sie begleitende Differenz- und Schuldbewußtsein zu schnell und spurenlos; etwa die platonischen Dichotomien von Zeit und Ewigkeit, von Augenblick und Dauer und ihre christliche Diesseits- und Jenseits-Trübung, die Cage schlicht der Vulgärdialektik zurechnet. Das heißt einem Denken, das aufgrund der »Lügen« von »Ja und Nein«[42] unfähig ist, »Gegensätze« als »Nicht-Gegensätze« zu sehen; zu schwach und deshalb zu imperialistisch, um »Chaos und Ordnung« nicht dem Satz vom Widerspruch zu unterwerfen.[43]

*

Konnte Adam von Fulda gegen Ende des 15. Jahrhunderts Musik ihrer Flüchtigkeit wegen noch als »meditatio mortis« verstehen, wird sie vom Bewußtsein des homo faber zunehmend als Entlastung und Erhebung vereinnahmt. In ihr hat sich ›Zeit in der Zeit aufzuheben‹[44], in ihr vermittelt sich das Gefühl von Unsterblichkeit.[45] Die musikalische Zeit insbesondere erhebt als Kompensation der real zerrissenen und vergänglichen nunmehr gerade Einspruch gegen den Tod; in einer Art Erlösungsmission, die Nietzsches Diktum auf den Punkt bringt: »wir haben die Kunst, damit wir nicht an der Wahrheit zugrunde gehen«.[46] In einer sich beschleunigenden Verwertungsökonomie und ihrem Horror vor Ausfallzeiten werden Leben und Zeit selbst zum horror vacui. Der Neuzeit gilt jegliches tempus interruptum als Bedrohung, sofern es das innerweltliche Getriebe auf sein melancholisches Fundament hin öffnet. Während die vita activa wie in Tschechows späten Stücken dem Sog der Schwermut widerstehen soll, soll sich die Welt dem bürgerlichen Expansionsdrang in der Kunst zum narzißtischen Spiegel fügen. Wenngleich nach dem Rückfall des Bürgertums hinter seine Citoyen-Ideale das »omnia ubique« der Werke auf seinen ethischen Grund hin transparent wird: in Werken, in denen es »keine Stelle« gibt, »die dich nicht sieht«[47], die zum »tausendäugigen Argus« werden, »damit die innere Seele und Geistigkeit an allen Punkten gesehen werde«.[48]

Mit dem realen Übermaß an katastrophischer Erfahrung verdichtet sich die Gegenwelt des ästhetischen Kontinuums zunächst noch stärker. Je weniger Geschichte als heilsgeschichtliche Folge zu registrieren war, desto gewichtiger wurde der Organismus-Gedanke, bis auch er nicht mehr zu halten war. Daß alles wechselseitig Zweck und Mittel sei, kulminiert in der Musik um 1800 zum Spannungskalkül von Harmonik und Kontrapunkt und zur Dramaturgie einer motivisch-thematischen Arbeit, die sich final ausrichtet und in Beethovens Symphonik das Bündnis von Zeit und Ideal in Szene setzt. Der ästhetische Schein wird zur Vorschule einer geschichtsmächtigen Theodizee und zur Bestätigung der Autarkie des Geistes. Konsequent attestiert Hegel, dem die prosaische Empirie als »bloßer Schein« galt, den »Erscheinungen der Kunst der gewöhnlichen Wirklichkeit gegenüber die höhere Realität und das wahrhaftigere Dasein«.[49] Solche Läuterungsunternehmen weist Cage zurück. Er begreift die »Geschichte der Kunst« als den Versuch, »das Häßliche loszuwerden, indem sie es zu einem Teil von sich macht und es integriert«.[50]

In seiner Ablehnung des Bruchs von Kunst und Leben ironisiert Cage die Verinnerlichungsästhetiken Schopenhauerscher Provenienz. »Wenn das Verlangen gestillt ist, und der Wille zu Ruhe kommt, wird die Welt als Idee offenbar. In dieser Sicht ist die Welt schön und entrückt dem Kampf um die Existenz. Dies ist die Welt der Kunst. Allerdings, Betrachtung allein wird den Willen nicht völlig zur Ruhe bringen. Er wird wieder erwachen.«[51] Nicht weniger ist der Geniekult mit seinem Repertoire von Intuition, großem Einfall und Originalität und seinem Vom-Leben-Abgeschnittensein für Cage ein Relikt des 19. Jahrhunderts, eine Flaubertsche Attitüde des »Odi profanum vulgus«. Doch »ein Elfenbeinturm existiert nicht«. »Vor dem Leben«, vor »Krankheit und Tod«, vor »Kichern und Reden« als den Irritationen des ästhetischen Rituals »gibt es kein Entkommen.«[52]

Bedeutet »Leben ohne Tod kein Leben mehr«, sondern bloße »Selbst-erhaltung«, dann liegt im »Akzeptieren des Todes ... die Quelle allen Lebens«.[53] Indem die Prosa der Welt in einer Musik präsent ist, die ihre »Umgebung einschließt« und »nicht von Schatten (durch die Umgebung) unterbrochen« wird[54], läßt Cage ein Moment des Todes in die Musik ein: in größtmöglicher Offenheit für die Anfälligkeiten, Störungen und Zumutungen des factum brutum Empirie, gegen die Stilisierungen der Kunst und die Kunst der Stilisierung.

»Alles kann allem folgen (vorausgesetzt, Nichts wird als Grundlage genommen)«[55], »kein einziger Klang fürchtet die Stille, die ihn auslöscht«, da es »keine Stille (gibt), die nicht mit Klang geladen ist«.[56] Es ist dies eine Spur des Todesgedankens, die nichts mit dem von Hegel am Christentum kritisierten »letzten Stündlein« zu tun hat; mehr schon mit der Leichtigkeit des Todesbewußtseins bei Nietzsche, mit der von Adorno so genannten »Ergebung« Schuberts oder mit Feldmans späten Stücken, die dem Ausdruck nach etwas von Kafkas unerlösbarem Jäger Gracchus an sich haben: bewegte Stasis am Rande der Stille. Ähnlich Feldmans *Trio, For Philip Guston, String Quartet 2* oder *Coptic light* umschreibt Cage die Aporie, daß jedes Komponieren Zeit in Beschlag nimmt. Noch seine Arbeit mit dem Zufall ist Formung und Verfügung, sofern sie gegen die Intention des Intentionslosen Töne zur akustischen Präsenz oder Nichtpräsenz zwingt. Dieser mortifizierende Aspekt sensibilisiert Cages Todesfigur ebenso wie der Umstand, daß seine gegen den Schein gerichteten Realisationen in ihrem Stilisierungsrest nicht der Lebens- und Zeitrealität entgehen können. Das heißt einer Grenzgewalt, die im Begriff des »tempus«, des »temnein«, des »Ein- und Abschneidens« fortdauert.

Daß Cage den Begriff des Ästhetischen in Frage stellt, verwandelt seine Musik zum fading zwischen Kunst und Realität. Darin denkt sie als »Todfeind der realistischen Ideologie« und im Zug der Avantgarde die »neue Sachlichkeit zu Ende: nichts soll in Kunst ein anderes vortäuschen, als was es ist«.[57] Cage folgt deshalb nicht mehr den Bewältigungsphantasien des selbstverliebten Ich. Seine Abkehr vom Theater des Subjekts verlagert die »Verantwortung des Komponisten vom Machen aufs Akzeptieren«. Entscheidend ist, zu »akzeptieren, was auch kommen mag, ungeachtet der Konsequenzen« und ohne eine »vorgefaßte Idee von dem, was geschehen wird«. Das heißt »furchtlos sein«.[58]

Ungeachtet ihres zenphilosophischen Hintergrunds erinnert Cages Akzeptanzforderung an den Heroismusbegriff Nietzsches. Schon dessen Zeittheorie ohne Jenseitstranszendenz und »ohne ein Finale ins Nichts«[59] hatte einer ateleologischen, von der Ökonomie des Mangels befreiten Apotheose des Lebens durch die Umwertung des »Schon einmal« zum »Noch einmal« das Wort geredet: im Pathos der »höchsten Formel der Bejahung«. Gleich Nietzsches »Amor fati« gilt der »Bejahung des Lebens«[60] bei Cage als »heroisch«, ›die Situation, in der man sich befindet, zu akzeptieren‹.[61] »Wir alle sind Helden, wenn wir akzeptieren, was kommt«.[62] Akzeptanz meint hier in erster Linie, wie Cage ausführt, das Freisein von einer subjektverklärten Egomanie und vom Kolonisierungseifer ihrer Täuschungen und Zurichtungen. In diesem Bewußtsein will er ähnlich der Revolte Dadas den versteinerten Gesellschaftsmythos gegen die institutionellen Dämpfungen der Politik aufbrechen und die Maschen des instrumentellen Denkkorsetts lockern. Die transsubjektive Kraft des Zufalls um des Neuen willen soll die Kunst zu einer »Art Labor« profilieren, »in dem man das Leben ausprobiert«.[63]

Während das geschlossene Werk aufgrund seiner spezialisierten Kompositions-, Interpretations-, Analyse- und Höranforderungen zum Studium einer ästhetischen Sonderwelt anhält, sucht sich Cage den Zumutungen wie den Möglichkeiten der technisch industriellen Welt auf eine geradezu prosaische Weise zu öffnen. Inmitten einer globalen Technisierung und elektronischen Vernetzung, die am wenigsten vor der Besonderheit des Ichs haltmachen, und gemäß dem Kantischen Widerstandsmaß eines Erhabenen der Moderne. Sei es, daß Cage »einige Bilder amerikanischer Maler, zumal Bob Rauschenbergs, dazu verholfen haben«, »ohne Abscheu über den Times Square gehen« zu können. Sei es, daß ihm das »Komponieren von Radio-Musik« ermöglicht hat, die allgegenwärtigen »Fernseh-, Radio- und Muzak-Klänge« auszuhalten.[64]

Cage visiert hier das Problem der Ausschließung und deren Aufhebung an. Ein Problem, das er am tonalen Kosmos als einer Ordnung des Erlaubten und Unerlaubten demonstriert. Erlaubt ist der purifizierte Ton, verboten das Geräusch. Ist dieser Akkord, dieses Motiv, diese Syntax, diese Form von der Episteme des Stils und seinen Grenzen her legitimierbar? Spiele ich – abgesehen von der Furcht, den Faden zu verlieren – diese Sektion, diese Variante in der richtigen Dynamik und Phrasierung? Höre ich diese Sequenz als eine Umkehrung der vorangegangenen richtig? Alles Fragen für den Komponisten, den Interpreten, den Rezipienten aus dem Katechismus einer inquisitorischen Musik, wie Cage sie versteht. Indem nach Cage das geschlossene Werk den Akt der Komposition, der Interpretation und Rezeption in ein quasi inquisitorisches Hören verspannt, in den Zirkel von Gehorsam, Hörigkeit und Verhör, übernimmt das Ohr gleich dem Blick eine Überwachungsfunktion.[65] Was Comte und seine Nachfolger als ein Prinzip des positiven Geistes bezeichnen, das »voir pour prévoir«, das »prévoir pour prévenir«, wird zur Direktive auch des Gehörs.[66]

Cage hingegen »vermeidet die Vorstellung, etwas zu vermeiden. Alles ist möglich«. Indem seine Musik »keine Einschränkungen geltend« macht[67], scheint sie einlösen zu wollen, was Foucault als die Mechanismen der Kontrolle, der Selektion, der Organisation und der Kanalisierung des gesellschaftlichen Diskurses analysiert und als die »Prozeduren der Ausschließung« im Namen des »Verbots«, der »Entgegensetzung von Vernunft und Wahnsinn« und des »Gegensatzes zwischen dem Wahren und dem Falschen« bestimmt hat.[68] Als die Formierung des Zwangs der Wahrheit, des Willens zur Wahrheit und der Macht des Diskurses, deren man sich zu bemächtigen sucht, zur Kastrationsgewalt der Gesellschaft und ihrer reglementierenden Wirkung hauptsächlich in den Bereichen Sexualität und Politik. Wie Foucault behält Cage die Repräsentanz der »ganzen Gesellschaft« im Blick, »unter Einschluß z. B. der Verrückten (sie reden die Wahrheit)«.[69] »Man weiß, daß man nicht das Recht hat, alles zu sagen, daß man nicht bei jeder Gelegenheit von allem sprechen kann, daß schließlich nicht jeder beliebige über alles beliebige reden kann. Tabu des Gegenstandes, Ritual der Umstände, bevorzugtes oder ausschließliches Recht des sprechenden Subjekts – dies sind die drei Typen von Verboten, die sich überschneiden, verstärken oder ausgleichen und ein komplexes Raster bilden, das sich ständig ändert.«[70]

In Cages Präsenzzeit des »Alles zugleich« und ihrer Einlösung in den Projekten des Musicircus soll Pluralität deshalb nicht zur Heterogenität zersplittern, sofern von Heterogenität nur von einem Ort der Wertung und der Logisierung aus gesprochen werden kann. Cages »omnia simul«, um einen Terminus des Nicolaus Cusanus aufzugreifen, will die Gegenwart der Welt jenseits der Gewalt selbst noch der moralischen Selektionsraster begreifen: »es paßt alles zusammen und verlangt nicht, daß wir es zu verbessern versuchen oder unsere Unterlegenheit oder Überlegenheit dazu fühlen. Es gibt immer Aktivität, doch sie ist frei von Zwang; sie kommt aus der Gleichgültigkeit«.[71] Diese Gewähr des »disinterest« hat nichts mit stoischer Apathie und Rechtfertigung zu tun. Gewiß aber mit einer Aporie des modernen Bewußtseins und einer jener kritischen Praxis des Lassens, die stets das Schwergewicht der Katastrophengeschichte gegen sich hat und sich gegen den Sog eines ethisch-politischen Indifferentismus behaupten muß. Abgesehen davon, daß Cages Praxisbegriff demjenigen Adornos näher steht, als man gemeinhin vermutet, können eine Prävalenz des Indifferentismus bei Cage nur Moralnaive behaupten, die zum einen noch nichts vom Repressionspotential der Moral empfunden haben, und zum anderen nicht verstehen können, daß der entzauberte Blick auf die Welt noch lange nicht bedeutet, zum untätigen Mitläufer zu werden oder mit der zynischen Attitüde des Büchnerschen Saint-Just womöglich gar noch Auschwitz zu rechtfertigen.[72]

Cages zenbuddhistisch gefärbte Sicht einer gleichen Gültigkeit aller Dinge steht quer zur abendländischen Tradition, der eine solche Unterhöhlung des Rang- und Wertungsgefälles seit je verdächtig und nur als Gleichgültigkeit vorstellbar war. Mehr noch: als Ketzerei oder als Ausdruck von Wahnsinn und Krankheit. Gleichwohl läuft dem Trennungs- und Stufendenken untergründig eines der universalen Korrespondenz und Gleichrangigkeit parallel. Essentiell im Spektrum der Mystik. Ein Gegenstrom zur offiziellen Hierarchiedoktrin und einer der Säkularisierung; ob bei Eckhart, Cusanus, Bruno oder Schlegel. Was kümmert die Scheidung in gut und böse, hoch und niedrig, wenn sich der mystischen Schau Erde und Himmel vermählen? Wenn im Universum »der Punkt nicht vom Körper, der Mittelpunkt nicht vom Umfang, das Endliche nicht vom Unendlichen, das Größte nicht vom Kleinsten verschieden« ist? In einem »Universum«, das »ganz Centrum« oder dessen »Centrum ... überall« ist?[73] »Daß jedes Ding ... sein Zentrum hat und daß dieses Zentrum immer das wahre Zentrum des Universums ist«, war immerhin eines der Hauptthemen von Cages Zenstudium.[74]

Obzwar die Idee des Musicircus wie Ives' geplante *Universal Symphony* auf eine Art Kafkasches »Naturtheater von Oklahoma« zielt: Was Cage nicht wahrhaben will, ist die oft gegen seinen theoretischen Entwurf affirmativ ins Chaotische und Pathologische abgleitende Tendenz seiner musikalischen Szenarien, selbst wenn ihm utopische Fluchtpunkte wie in *Roaratorio* gelingen. Wobei die befreite Offenheit dieses *Irish Circus on Finnegans Wake* vielleicht gerade aus dessen kaum wahrnehmbarer Dramaturgie der subtilen Wiederholung resultiert. Weit eher verfällt Cages Musicircus der unaufhörlichen Dissoziation als einem Stereotyp der Gleichzeitigkeit. Daß in *A House full of Music* die Simultaneität beliebig ausgewählter Musiken ebenso als Sinnbild einer chaotischen Weltimmanenz aufgefaßt werden kann, ist ein Aspekt davon. In einem Stück wie dem Multimediaspektakel *HPSCHD* schließlich verdichtet sich die Überlagerung der Ereignisse zu einer Art eingeschwärztem Klanggrund. Unter der von Thoreau entlehnten Umwertungsmaxime Cages: »Musik ist andauernd, nur das Hören ist zeitweise«[75], läuft die universale Entgrenzung von Musik der Entdifferenzierung zu. Und zwar gerade durch die Aufhebung ihres ästhetischen Ausschlußcharakters. Mit der Gleichrangigkeit des Vielen, dessen Quantität die Qualität zum Verschwinden bringen soll, gerinnt der Musicircus zur akustischen Black box, einem Stimmenbabel, das sich dem Widerhall eines warenhaften Pluralismus jenseits von Gut und Böse annähert. Cages Gedanke, wie es anzustellen sei, daß nichts über nichts Gewalt habe, wird selbst zur akustischen Gewalt: zu der des Ununterscheidbaren. Zudem treibt die Massierung der einzelnen Musiken, die sich gegenseitig auslöschen, den Erkenntnischarakter gegen null. Wo man alles hört, hört man nichts. Gelegener kommt Cages zenbuddhistischer Präferenz allerdings die Umkehrung: Wo man nichts hört, hört man alles. Beeinflußt von Artauds Theorie des Theaters und ohne Rücksicht auf ästhetische Fragen gerät hier Cage am stärksten ins Fahrwasser des Konservativen. Die Offenheit für die Stimmen der Welt, selbst für das, was landläufig als Gegenmusik gilt, die Idee, das »ganze Leben (werde) zur Musik«, sofern wir nur außer acht lassen, »was sich ›Musik‹ nennt«[76], zeigt Züge jugendstilhafter Naivität mit

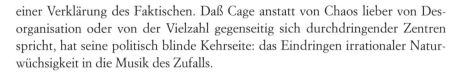

einer Verklärung des Faktischen. Daß Cage anstatt von Chaos lieber von Desorganisation oder von der Vielzahl gegenseitig sich durchdringender Zentren spricht, hat seine politisch blinde Kehrseite: das Eindringen irrationaler Naturwüchsigkeit in die Musik des Zufalls.

*

Seit der Renaissance lag das künstlerische Soll darin, Einmaligkeit gegen deren Brechung im Code des Allgemeinen zu retten und das in seiner Unverwechselbarkeit kodifizierte musikalische Werk ständig neu erscheinen zu lassen. Kraft einer Wiederholung des Unwiederholbaren. Cage hingegen gibt die Objektstatik des einmaligen und seine Einmaligkeit paradox als Nicht-Identität der Identität reproduzierenden Werks wegen dessen Verdinglichungsbereitschaft auf. Unterliege doch die semeiographische Durchformulierung jenem Kontext von Schrift, Ökonomie und Herrschaft, der die Notation zum Zeichen-Grab der Musik und zur Totenmaske der Komposition gerinnen läßt. Wenn Cage den Propheten im Hörer – vom wiederholbaren geschlossenen Werk her gesprochen – zugunsten des Akteurs enterben will, nimmt er die Tendenz der ästhetischen Produktion zu Verausgabung und Einmaligkeit ernst. Gegen die Metaphysik der Wahrheit als einer der Wiederholung entäußert seine Nicht-Wiederholbarkeit des Unbestimmten das Phänomen der Wiederholung zu dem der seriellen Differenz. Gegen die Statik von Original und Originalität setzen Cages Serien des Singularen das Nomadentum des Ungewissen. »Man kann nichts genau wiederholen, nicht einmal sich selbst. Das führt zu einer Erfahrung mit derartig vielen Variationen, daß die Dimension der Ähnlichkeit verschwindet«.[77]

Daß Cages aleatorische Streuung in ihrer Objektivation und Realisation häufig Werken des seriellen Determinismus gliche, wurde oft behauptet. Danach erreichen das »gänzlich Zufällige, das seine Sinnferne hervorkehrt und etwas wie statistische Gesetzlichkeit verheißt, und das ebenso Sinnferne einer Integration, die nichts mehr ist als ihre eigene Buchstäblichkeit, ... den Punkt ihrer Identität«.[78] Übersehen wird dabei die Differenz, daß ein »nicht-determiniertes Stück« – »mag es auch wie ein total determiniertes klingen – im wesentlichen ohne Intention gemacht (ist), so daß – anders als bei der Resultatmusik – zwei Aufführungen immer verschieden sind«.[79] Deshalb ist die Aufführung unbestimmter Werke unwiederholbar.[80] Zudem entsteht in ihnen die Logik der Beziehungen primär durch den Willen des Rezipienten und nicht aufgrund einer in der Partitur kodifizierten Konstruktion des Komponisten. Obwohl Cage in späteren Jahren Aufnahmen seiner Musik gegenüber allzu nachsichtig wurde; obwohl die Konzession an das Archiv der Musik, an die Aufzeichnung seiner auf Unwiederholbarkeit angelegten Kompositionen, Cages enttäuschender Kompromiß mit dem Kunstbetrieb im Zeitalter universaler Reproduzierbarkeit ist, gleichsam die kommerzielle Rehabilitierung des Werkcharakters: die elektroakustische Fixierung seiner indeterminierten Stücke bedeutet von Cages Zufallstheorie her eine Reduktion auf den Objektstatus; ein Stück Verdinglichung als Zugeständnis an den üblichen Lern-, Logisierungs- und Projektionseifer, über Repetitionen strukturier- und domestizierbar. Eine Eingemeindung der unwiederholbaren Differenz in die Gedächtnisakkumulation von Bekanntem und als wiederholbare Identität eine Entschärfung von Offenheit und Experiment zum memorablen Besitz eines Werks, das »sich jedesmal gleich an(hört)«[81], weil es das Wagnis des Zufalls seiner Sicherheit unterwirft.

Cages Vorstellung von Veraugabung und Unwiederholbarkeit bleibt eng an seine Kritik der Repräsentation gebunden, wesentlich an die einer Musik der ausnotierten Strukturen. Eine Kritik am Aufschub zwischen dem idealen graphischen Signifikanten und seiner Realisierung im Akt der Interpretation und Rezeption. Diese Differenz will Cage zum Verschwinden bringen. Durch immer weniger Anweisungen mit immer größerer Wirkung. Hin zu einer Musik, bei der alles zu jeder Zeit eintreten kann. Als Aufschub und Delegation macht Repräsentation eines der Charakteristika abendländischer Episteme aus. Insbesondere seit der Verschränkung von Gattungssubjekt und Fortschrittsemphase mit dem Ziel einer verwirklichten Gesellschaftsutopie. Gegen diesen Eudämonismus der Vertröstung und seinen Verrat am Hier und Jetzt fordert schon Heine, daß die Gegenwart »nicht bloß als Mittel gelte« für den ›Zweck der Zukunft‹.[82] Auch Cage begreift Linearität als selektive Verweigerung im Unterschied zu den Ressourcen simultaner Fülle. Sukzession bleibt für ihn an den Imperativ der Folge gebunden, den bereits die von Mallarmé projektierte Unbestimmtheit der Leserichtung aushöhlt und die um »abolition« und »silence« kreisende »poésie pure« zwischen Nichts und Absolutheit changieren läßt; gestreut um den Topos der »Leere«, der »Lücke« und des »Weißen«. So sehr Cages Aversion gegen Werturteile in der Aversion gegen eine Zeit des Zu-Gericht-Sitzens gründet[83], so sehr gründet seine Abneigung gegen die symbolische Repräsentation in der Abneigung gegen Verschleierungen und Verzögerungen. »Kein Ding braucht im Leben ein Symbol, da es deutlich das ist, was es ist.«[84] Symbol aber bedeutet Aufschub. Für Cage liegt darin der eigentliche Anlaß, den einzelnen Ton nicht mehr zum Mittel der Repräsentation eines ihm vorausliegenden Sinns zu funktionalisieren. Entsprechend seinem Ideal der pulverisierten Sprache, die jegliche Differenz getilgt hat und nur noch sich selbst bedeutet, ist Cage jenes ästhetische Glück

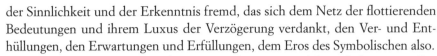

der Sinnlichkeit und der Erkenntnis fremd, das sich dem Netz der flottierenden Bedeutungen und ihrem Luxus der Verzögerung verdankt, den Ver- und Enthüllungen, den Erwartungen und Erfüllungen, dem Eros des Symbolischen also.

Cages Aversion gegen den Vereinnahmungs- und Besitzhabitus von Gedächtnis, Repräsentation und Wiederholung hat ihren gesellschaftlichen Hintergrund. Für Cage ist es nötig, mit der Erfahrung und Denken verblendender Disziplinierung und Fokussierung einer Reliquien- und Gedenkkultur tabula rasa zu machen. Erst dann scheint ein Anfang der Veränderung möglich. Devotionalien machen devot. Nie hat Cage seine politische Intention im Kampf gegen die Verkrustungen des Kulturbetriebs verleugnet. Er mißtraute der »›Ausstreuung‹ von Kultur« durch die »Maschine« als einem Rückzug ins Vergangene und einer Kulturlosigkeit von Museumsverwaltern samt den entsprechenden apolitischen und deshalb sehr wohl politischen Konsequenzen.[85] Vergleichbar Emersons und Nietzsches Mißtrauen gegen antiquarische Geschichtshörigkeit. Daß auf dem sogenannten E-Musik-Sektor via Rundfunk und Tonträger alles jederzeit verfügbar sein soll, hat neben dem Effekt des unumschränkten Zugriffs und scheinbarer Fülle zugleich eine drastische Nivellierung zur Folge. Die Beethoven-Symphonie, die um acht Uhr morgens aus dem Lautsprecher tönt, wird zur Nebenbei-Musik, zum musikalischen fast food. Und was derzeit als »Klassik-Radio« die Ohren verseucht, ist Kommerz pur: Musikdesign einer zunehmend gleichgeschalteten Weichspülerkultur. Daß es hierbei noch um Musik gehe, ist reiner Aberglaube. Während die Psychographie der museal gegenwärtigen Musik des 17. und 18. Jahrhunderts den tonalitätsverwöhnten Kunden in bürgerlicher Affektökonomie unterweist, dient der Ausverkauf des Eingängigen nur noch der Normierung.

Dem elektronischen Mumifizierungs- und Verwaltungskult noch auf dem musikalischen Sektor entspricht ein zurückgebliebenes Gedächtnis. Eines, das als konservatives Integrationsreservoir Unbekanntes abzuwehren oder rückzubinden sucht; zur Bestätigung des Status quo abgerichtet, indem es den steinzeitlichen Überhang des Überlebenskampfes in konkurrierende Behauptungsstrategien überführt, und konform einer Gesellschaft, deren Verdinglichungsmacht und Besitzvereisung zwar ständig nach neuester Technik verlangt, die ihrem ästhetischen, politischen und ökonomischen Bewußtseinsstand nach aber unerträglich vergreist bleibt. Im Mißtrauen gegen dieses Gedächtnis, dessen Sucht nach Verständlichkeit die Entlastung vom Experiment festschreibt, gründet Cages Ablehnung des mnemonischen Fixums und sein antipsychologisches Beharren auf einer »Kontinuität, die nicht mehr versucht, einen Höhepunkt zu erreichen«.[86]

Als Liturgie der Gewohnheit und der Gewöhnung erfüllt gerade der philharmonische Diskurs seine Komplizenschaft mit dem kapitalismusgegängelten formaldemokratischen System. Er verkommt weithin zum Pseudo-Ereignis, seine Mnemotechnik zum Anpassungstraining: Hören als Einübung in die Ritualisierung des Bestehenden. Laut Cage übrigens einer der Gründe, warum es nahezu unmöglich ist, »in Gegenwart eines wohlbekannten Meisterwerks lebendig zu bleiben«. »Die Erinnerung ist in Aktion und macht uns aufmerksam auf das, was als nächstes geschehen wird«.[87] Selbstverständlich handelt es sich nicht darum, berserkerhaft mit der großen europäischen Musik der Vergangenheit abzurechnen. Wohl aber darum, einer Musik des Heute gegen das Mausoleum der klassischen Tradition gerecht zu werden. Dem Publikum der Symphoniekonzerte, süchtig danach, in immer derselben Musik immer dieselben Dramen zu erleben, verkehrt sich jede goutierte Komposition zur Todesmusik wider Willen. Der Wiederholungszwang wird tödlich, die Lethe im Vergessen des Gegenwärtigen letal. Die Vermarktung des vermeintlich Bekannten steht im Bann einer Kastration, die nach dem Maß der versteinerten Ökonomie die Erfahrung des Neuen abschneidet. Vergangene Musik, die nicht mehr dem Bewußtsein der gegenwärtigen ausgesetzt wird, verkümmert zur philharmonischen Nekrophilie, die einer allseits neurotisch gezähmten Konzilianz dient. Die unheilige Allianz zwischen der aggressionsgeladenen Furcht vor dem Fremden und der panischen Angst vor dem Offenen gerät zum Kotau vor einer in Verwesung übergegangenen Tradition. So hat vornehmlich das Opernrepertoire die Aufgabe übernommen, die Feier der Affekte mit dem stranguliert gelebten Gefühlsleben zum kleinbürgerlich beschränkten, weil seit hundert Jahren eingefrorenen Zirkel der Emotionen kurzzuschließen.

Vom Anästhesieunternehmen der Kulturindustrie her ergänzen sich letztlich noch Philharmonie und Talkshow. Auch wenn deren Beicht- und Gesprächssehnsüchte, ihre Mischung aus Exhibitionismus und Voyeurismus, von der Sucht nach Nähe in Gang gehalten werden; auch wenn in der trivialisierten Bekenntnismentalität der Schmerz der Betroffenheit liegt: stets handelt es sich um das gleiche Recycling ökonomieverfilzten Autoritätsmülls. Mit dem Talkmaster als Leader und Absahner, den Interviewten als seinem Profilierungsinstrument und einer zu Applaus-Statisten funktionalisierten Masse im Kult des Geredes. Alles in allem ein Konsens- und Stillhalteabkommen in immer derselben unverbindlichen Form, frei von der Konsequenz der Veränderung und dem psychosozialen Mechanismus zwischen Dirigent, Orchester, Musik und Publikum täuschend ähnlich. »The masterpieces of Western music exemplify monarchies and dictatorships. Composer and conductor: king and prime minister.«[88]

Cages Ernstnehmen der Empirie will den Bruch zwischen Kunst und Leben im Namen einer Praxis der Veränderung zum Verschwinden bringen. So wirkt sich der amerikanische Pragmatismus Cages – sein Beharren auf dem ›Gebrauch‹ gegen ›totes Eigentum‹ und gegen ein vom Handeln entlastendes Haben sowie seine Insistenz auf einem »Netzwerk sozialer Nützlichkeiten«[89] anstelle politischer Machtgefüge – in einer Konzeption des Aktivmachens aus. Bis hinein in den Bereich der Sprache. »If a lecture is informative, then people can easily think that something is being done to them, and that they don't need to do anything about it except recieve. Whereas, if I give a lecture in such a way that it is not clear what is being given, then people have to do something about it.«[90] Für Cage, der beim Schreiben »literarischer Texte« die »gleichen Kompositionsmittel« anwendet wie in der Musik[91], konvergieren Musik und Sprache in einer Desillusionierung des Vertrauten mit praktischer Folgewirkung. Während die auf ihr Überschreitungspotential hin durchschaute und dennoch unbewegliche »Mangelwirtschaft«[92] Abfuhrleistungen erzwingt, um Apathie und Aggression zu kanalisieren, leitet sich nach Cage die »Fähigkeit, die Gesellschaft zu ändern«, von der »Möglichkeit« ab, den Geist zu ändern«.[93] Bewußtseinsveränderung ist seine Hoffnung, um die Amnesie der Gesellschaft nicht vorschnell als Symptom ihres hippokratischen Gesichts zu diagnostizieren oder anthropologisch zu verabsolutieren.

Natürlich wußte Cage um das Privileg und um die Beschränktheit der musikalischen Sphäre, ohne die Hoffnung aufzugeben, ihr Modellcharakter könne »Situationen schaffen, die den erwünschten sozialen Zuständen analog sind«, und »didaktische« Impulse in Richtung einer praktikablen Anarchie liefern.[94] Noch die mörderische Virtuosität, die Cage einer Interpretation der *Freeman-Etudes* abverlangt und in Richtung des Unspielbaren laufen läßt, steht für das Beispiel einer »practicality of the impossible«. Und der Kommentar zu den Stimmen des Orchesterstücks *101* betont: »A performance of music can be a metaphor for society.« Stets ging Cage davon aus, Musik habe etwas damit zu tun, »daß man sich ändert«.[95] Floriert in der Welt der Kulturindustrie, was sich der Wiedererkennung und dem Entertainement fügt, so hält Cage eine Musik, die sich dem »Publikumsgeschmack beugt«, für das »Gegenteil einer ... revolutionären Haltung, weil der Status quo einfach übernommen und bestätigt wird«.[96] Während die Unterhaltungsindustrie Ablenkung an das Gebot des Funktionierens bindet und die Einbildungskraft der Linearität ihrer Sprach-, Bild- und Musiksequenzen unterwirft, zielt das Zugrundegehen und Verwandeln der musikalischen Parameter bei Cage auf eine Sprengung der Linie. Auf eine Konfusion, die »zur Unordnung anstiftet«[97], um die Kausalmaschine gesellschaftlicher Dressur und deren Bestätigungsrenditen zu sabotieren. Wie Adorno wendet sich Cage gegen die Besetzung des Bewußtseins durch die Ausschluß-, Stabilisierungs- und Verwertungsimperative einer gerade auch ästhetischen Besitz- und Profitökonomie im mainstream der verkabelten Kommunikationsgesellschaft. Darin kommuniziert Cages Forderung, etwas zu erzeugen, »das ... uns an nichts erinnert«, mit derjenigen Adornos: »Dinge (zu) machen, von denen wir nicht wissen, was sie sind«.[98]

Schlegels Ironisierung der Form, Schopenhauers Reflexion zur Aufhebung des Satzes vom Grund, Kierkegaards Relation zwischen dem »Plötzlichen« und »Gesetzlosen«, Baudelaires Strukturgesetz der Ruptur, Nietzsches sardonisches Lachen: In ihrer Subversionsarbeit verdichten sich diese Motive zum Abgesang auf das Ende der teleologischen Idee. Mit ihm verschärft sich die Historisierung transhistorischer Kategorien. Namentlich bei Nietzsche und seiner Entlarvung des Hysteron-Proteron, die letzten, abstraktesten Begriffe als die ersten zu unterschieben; einer Entlarvung des Credos also, das Wahre könne nicht geworden sein. Im Haß gegen das Werden, in der Lüge der Einheit und der Dauer werden die Vorurteile der Metaphysiker als ontologische Verdinglichungen aufgespürt, um sie in die Dynamik von Genese und Genealogie zu überführen.[99] Derselbe Atem der Moderne macht noch bei Cage den Gedanken des »Fließens« stark: im »Prozeß« der Welt und einer ihm adäquaten »Musik der Wandlungen«.[100] Von hier aus ergeben sich Spuren zum zivilisationskritischen Natursujet aus Thoreaus *Walden* oder, was Cages Apotheose des Wechsels und seine Forderung anbelangt, »nicht länger an den Dingen (zu) hängen«[101], zu Nietzsche. Denn wer »nur einigermaassen zur Freiheit der Vernunft gekommen ist, kann sich auf Erden nicht anders fühlen, denn als Wanderer«. Weshalb der viator mundi »sein Herz nicht allzufest an alles Einzelne anhängen« darf. Es »muss in ihm selber etwas Wanderndes sein, das seine Freude an dem Wechsel und der Vergänglichkeit habe«.[102] Ebensowenig kann Cages Intention wider den verdinglichten Objektstatus, »alles in Fluß (zu) bringen«[103], das romantische Erbe im Impuls der Bewegung und Versöhnung des Erstarrten und Getrennten verleugnen. Ob man an Schlegels Emphase denkt, die »Freiheit des Denkens« wisse »von keinem Stillstande«[104], oder an den seit der Frühromantik virulenten Liquor der universalen Korrespondenzen. Wie bei Jean Paul der Witz gegen die kausale Zwangsjacke »ähnliche Verhältnisse *inkommensurabler* (unanmeßbarer) Größen« findet[105]; wie er bei Schlegel als Attacke gegen das Realitätsprinzip die Liquidation der Verhärtungen mobilisiert, um das Entlegenste zu verbinden und als »kombinatorischer Geist« ohne »alle Absicht und bewußtlos« etwas zu entdecken, »was mit dem Vorhergehenden gar keinen Zusammenhang hat«[106]; wie sich bei Baudelaire dank der Imagination »les rapports intimes et secrets des choses, les correspondances et les analogies« entschlüsseln[107]: so will auch Cages Simultaneität die »Koexistenz von Ungleichen«[108] zu einer »Vielzahl von Zentren und einer Vielfalt von Zentren«[109] entbinden. Nun allerdings ohne die Regie genialischer Subjektivität und ohne die Klammer sequentieller Logik. Und wenn seit Rousseau die Entfremdungsdiagnosen von Gegentheorien begleitet werden, die von Schiller bis Apollinaire den Künstler die verborgene Verwandtschaft der Dinge in einer poetischen Gegensprache ans Licht bringen lassen, dann liegt der Endpunkt solcher Kommunion in Cages *Musicircus*, dem es gestattet ist, »alle Arten von Musik zu vereinigen, die gewöhnlich getrennt sind«.[110]

*

Seitdem sich mit der metaphysischen Tradition die metaphysische Aura der Musik zu zersetzen begann – die ethische Apparatur der Tonalität und ihr Sprachcharakter, der Kanon von finaler Zeit und Subjektmächtigkeit, die Geschlossenheit des ästhetischen Organismus – wurde Komponieren zum offenen, »ziellosen Schreiben« ad infinitum.[111] »Ziel ist, kein Ziel zu haben«.[112] Für Cage bedeutet die Zersplitterung der homogenen Zeit deren Befreiung aus einer rhetorischen Repräsentanzfunktion. »Nichts ist gesagt, nichts wird mitgeteilt«.[113] Poesie heißt, »nichts zu sagen zu haben und eben dies zu sagen«.[114] Mit einer insgeheim formallogisch kanonisierten Philosophie, abonniert auf die Wahrheit der Sprache und die Sätze vom Widerspruch und vom zureichenden Grund, ist zugleich die Ära vorbei, in der ein um Beschreibung, Urteil und Botschaft kreisendes Schreiben als Literatur gelten konnte.

Seit Baudelaire geht es nicht mehr um dichterische Kommunikation, sondern um das »arriver à l'inconnu«, wie Rimbaud den Gedanken der »nouveauté« aus den *Fleurs du Mal* paraphrasiert. Unter Aufgabe alter Sicherheiten wagt die Moderne den Aufbruch ins Unbekannte. Begleitet von einer Nautik des Abenteuers bei Hume und Kant und einer der Seelenfahrt bei Goethe, Baudelaire, Nietzsche und Rimbaud. Von hier, vom heroischen Akt des Entdeckens und der Lust wie der Furcht seiner Odyssee aus führt ein Weg zu Cages »experimenteller Musik«, »bei der geforscht wird, ohne jedoch schon das Resultat zu wissen«.[115] Cage, dem Abenteuer und die Erfahrung von Neuem als Notwendigkeit schöpferischen Handelns galten[116], bindet den Begriff des Experimentellen an eine »Situation, in der nichts von vornherein ausgewählt wurde, in der es keine Verpflichtungen und Verbote gibt, in der nichts voraussagbar ist«.[117] Wenn in den *Sixteen Dances* zum ersten Mal »Charts, Diagramme« benutzt werden, die das »Inventarisieren der möglichen Variationen einer Struktur erleichtern sollen und deren systematischer Gebrauch zugleich von der Qual der Wahl befreit«[118], wird der Komponist zum »Kartographen« einer entlegenen terra incognita. Während die Schriftmetaphorik von Shakespeare bis Eichendorff die Akteure des genus humanum zu Lettern im Buch der Geschichte figuriert und dabei noch vom handschriftlichen Modell und einer Idee des Originals ausgeht, zudem – ob Gott, Weltgeist oder Fatum – von einer federführenden Instanz, drängt sich auf einem hochtechnisierten Planeten mit seinen Produktions- und Destruktionspotentialen das Bild einer gleich mobilen wie flüchtigen Anthropographie auf, deren Spur auf dem globalen Monitor schlagartig verschwinden kann. Bei der sich zumindest die Frage nach einem Zentrum der Regie verbietet. In diesem Bewußtsein ist Cages Musik komponiert: eine »Kunst ins Unbekannte hinein«, »weder heiter noch ernst«, von der Adorno vermutete, sie sei ebenso »Chiffre von Versöhnung wie von Entsetzen ... kraft der vollendeten Entzauberung der Welt«.[119] Eine Musik jedenfalls, die »zu Denken geben« will, ohne daß das Geringste voraussehbar ist«.[120]

Cages Verneinung, daß seine Musik »irgendwohin führt«, ist seine Antwort auf das neuzeitliche Ratio-Ideal der Subsumption des einzelnen unter das Ganze. Indetermination will das Ordnungsbedürfnis des nach Zusammenhang sich sehnenden Hörbewußtseins aussetzen, so wie nach Nietzsche die Literatur der Moderne das theokratische Urteil der Wahrheit aufkündigt. Nachdem die Psychologie von Erinnerung und Erwartung ihre musiksprachliche Grundlage verloren hatte und weder einprägsame Motive und Themen noch harmonische Kadenzverläufe oder rhythmische Schemata die narrative Einfühlung befriedigen konnten, bringt Cages présence permanente zu Gehör, wogegen das Subjektmonopol taub wurde. Deshalb insistiert Cage auf der »Funktion der gegenwärtigen Kunst«, uns vor »logischen Bagatellisierungen zu bewahren«.[121] Deshalb begreift er mit der erkenntniskritischen Moderne die Rubrizierungen der Logik als unzulässige Abbreviaturen und »Vereinfachungen im Hinblick auf das Ereignis«.[122] Und wie Nietzsche unter Aufwertung des Ästhetischen die Dignität von Logik und Verstand als eine des Subsumptions-, Schematisierungs- und Berechnungswahns im Dienst der Nützlichkeit aufdeckt; wie Wittgenstein den »Grund der Sprache« freilegt, um die »Luftgebäude« zu »zerstören«, die die »grammatischen Täuschungen« und die »Verhexung unsres Verstandes durch die Mittel der Sprache« produzieren[123], so verstört Cage den Glauben, Musik sei das, was bisher als Musik gegolten habe, indem er ex negativo deren rationalen Bann vor Ohren führt. Wie für Wittgenstein eine »ganze Wolke von Philosophie zu einem Tröpfchen Sprachlehre (kondensiert)«[124], so für Cage eine ganze Wolke von Musik zu einem Tröpfchen Kompositionslehre.

Diese Kompositionslehre war es, so Cage, die die Mittel bereitstellte, Zeit strategisch aufzuladen, um darin seit Beethoven ihre Bestimmung zu finden. Daß Beethovens mit Hegels Begriffsmacht vergleichbare taktische Rhetorik schon früh registriert wurde, belegen zahlreiche zeitgenössische Quellen. »Ähnlich den verschiedenen Regimentern, welche durch regelmäßiges Manövrieren die Gewinne der Schlacht verbürgen, folgen die Orchesterteile der Sinfonien von Beethoven den zum Nutzen des Ganzen gegebenen Befehlen; sie sind den bewundernswert ausgedachten Plänen untergeordnet«.[125] Mit diesem »Bewältigungspathos der Eingriffe in gefährdete und die Ordnung gefährdende kompositorische Verläufe bringt Beethoven dem plan de bataille seiner Partituren und der »Grande armée« des Orchesters Herrschaftsgesten, Überraschungsmanöver und Blitzsiege zu, die denen der politischen Bühne und dem Habitus Napoleons gleichen.«[126] Eben dieser Allianz von Zeit und Strategie wegen, mit der Beethoven den Pakt von Telos und Ethos durchzusetzen wußte, repräsentiert der Heros der bürgerlichen Musik für Cage eine Fehlentwicklung ihrer Geschichte. Und diese Kriegsrhetorik von Musik und Sprache ist es, die Cage – ungeachtet ihrer suspensiven und transsubjektiven Ekstasen bei Beethoven – zu denken gibt: die Einkesselungspraktiken des Urteils, das Phänomen Beethoven als eines Napoleons der Musik. Was liegt näher als die Konsequenz, daß in Cages *Concert for Piano and Orchestra* die Einzelstimmen nicht mehr zur synchronen Diachronie der Generalstabskarte Partitur vernetzt werden?

Musik und Sprache kommunizieren in der Epoche der Tonalität über ihr affektiv gestisches Idiom. Als symbolisch aufgeladene kann Musik aufgrund ihrer »uralten Verbindung mit der Poesie« zur Sprache des »Inneren« werden. »Dramatische Musik« und die ›Eroberung‹ eines »ungeheuren Bereichs symbolischer Mittel« durch die »Tonkunst« in »Lied, Oper und hundertfältigen Versuchen der Tonmalerei« gehören zusammen. Bis die »»absolute Musik‹« zu einer »ohne Poesie schon zum Verständnis redenden Symbolik der Formen« und »des inneren Lebens« wird und die »musikalische Form ganz mit Begriffs- und Gefühlsfäden durchsponnen ist«.[127] Noch Wittgenstein vergleicht »musikalische Themen« und »Sätze« in der Hoffnung, die »Kenntnis des Wesens der Logik« könnte zur »Kenntnis des Wesens der Musik« führen.[128] In Anlehnung und im Unterschied dazu hat Cages »Bewunderung für alle Dichter, die versuchen, die Sprache von der Syntax zu befreien«[129], jene andere Sprache im Sinn, deren Einsicht in das Fiktive und damit Freie ihres Rapports schon bei Hölderlin den Ausdruck jenseits der Synthesis des Urteils erreichen will. Damit knüpft Cage an die Kardinalthemen der künstlerischen Moderne an: an das der Problematisierung von Urteil und Sprache und an das des Zerfalls der homogenen Zeit.

Was die vom Urteil sich absetzende Passion des poetischen Ichs in der Sprachkrise und Sprachkritik Hofmannsthals einklagt, aktualisiert sich bei Cage zur Forderung einer »Entmilitarisierung der Sprache«.[130] Im Gefolge Nietzsches, »dass unsäglich mehr daran liegt, *wie die Dinge heissen*, als was sie sind«[131], und Hofmannsthals, dem sich die Worte vor die Dinge stellen[132], pulverisiert Cage die »enkratische Sprache«, der im Akt des Benennens das Benannte zum »Objekt« gerinnt – und sei es eine »Sternengruppe« unter dem Namen »›Großer Wagen‹«.[133]

Es war Nietzsches Vermächtnis an die Moderne, den Wahrheitsanspruch der Sprache zum »beweglichen Heer von Metaphern, Metonymien, Anthropomorphismen, kurz einer Summe von menschlichen Relationen«[134] desillusioniert zu haben. Daß die Urteile der Logik auf »Zeichen-Convention«[135] beruhen, Wahrheit ihnen somit nicht zugesprochen werden kann und doch als eine »Art Glaube«[136] notwendig sei, ist seitdem ein Hauptparadox. Ein anderes ist, wie nach dem Sturz der Trinität von Gott, Wahrheit und Sprache weiterzusprechen sei. Nietzsche sucht diesen circulus vitiosus zu durchbrechen, um das Erkenntnislabyrinth und seine Polarisierungsfallen von Gott und Gottlosigkeit, Wahrheit und Unwahrheit, Moral und Amoral zu sprengen. Bis sich ihm der Kontext von Sprache, Wahrheit und Moral in der Paralyse des Urteils und seiner kategorialen Ordnung zur Welt des Perspektivismus entzaubert hatte. »Moral ist bloss Zeichenrede, bloss Symptomatologie«[137], und doch eben deshalb der Gott der Grammatik. Da sich in den »Zeichen« der entgöttlichten Sprache als den »Heerden-Merkzeichen«[138] der Konvention aber Ökonomie und Moral verschränken, wird der Tod Gottes zur ontologisch syntaktischen Leerstelle. Der transzendent gebundene Signifikant der Bedeutung, des Benennens und Identifizierens verliert seine moralische Kohäsionskraft. »Gott stirbt, die Wörter fallen auf sich selbst zurück«.[139]

Dieses Bedeutungsvakuum setzt indes eine Sprache frei, die nur sich selbst spricht. Wenn wir Gott nicht loswerden, weil wir noch an die Grammatik glauben[140], dann muß die Zerschlagung der Syntax und ihrer Sinnmoral die theologischen Metastasen im Wertungskonflikt von Gut und Böse zum Verschwinden bringen. Dann muß die Zeitordnung von Schuld und Versagung mit dem Testamentcharakter der Schrift tilgbar sein. Wie für Cage der Purismus der Tonalität dem Leben den Ton entzieht[141], so entzieht der Vampirismus der Sprache den Dingen das Leben. Ein Verhängnis der »Wörter, die uns fortwährend etwas in einer Weise sagen lassen, wie die Wörter es brauchen«.[142] Aus diesem Grund fordert Cage unter Berufung auf Artaud, »ein für allemal« aufzuhören »mit den Urteilen Gottes«.[143] Seine *Empty words* machen ernst mit den

Strudeln und Abgründen, die Hofmannsthals Chandos überfielen, um sie – anders als die Melancholie des Verlusts – auf eine Freiheit der Möglichkeiten hin zu interpretieren. Cage steht damit in der Tradition jener Entmächtigung der logozentrischen Vermittlungs- und Geistpräsenz, die noch ein so marginales Symptom wie die Einschätzung der chinesischen Sprache belegt. Von deren Abwertung im Klarheitsprimat Hegels und Humboldts hin zur Bewunderung ihrer Mehr- und Vieldeutigkeiten bei Freud und der Faszination solcher Leerstellen, von der sich die Deflation des Sinns in Cages *Empty Words* inspirieren ließ. In ihnen wie in Cages *Mesostics* musikalisiert sich die bedeutungslose Sprache gegen den Kommerz des Kommunikativen. Auch Cage zielt, am offenkundigsten in *Aria* und den *Song Books*, auf eine Metasprache jenseits der babylonischen Zersplitterung: frei von der Hypothek des Bezeichnens und der Notwendigkeit der Übersetzung und verpflichtet einer Entsemantisierung der verbalen Sprache wie in zahlreichen neueren Kompositionen, mit einer Spannweite vom reflektiert Pathologischen bis zum Utopischen; ob bei Ligeti (*Aventures*), Evangelisti (*Spazio a 5*), Berio (*Sequenza III*), Kagel (*Anagrama*), Schnebel (*Maulwerke*) oder Ferneyhough (4. Quartett).

Nach der Erosion von Syntax und Signifikanz bedeutet die pulverisierte Sprache nur noch sich selbst. Diese Art Einlösung der Idee der »nouveauté« steht am Ende der Geschichte des Subjekts und der Tragödie jenes Vatermords, zu dem göttliche Nähe provoziert hatte. Nietzsche zufolge mußte Gott seiner Zeugenschaft wegen sterben, während das Ende des allwissenden Autors die Variante vom theologischen Vatermord ästhetisch ratifiziert. Gleichwohl wurden der Aufstand gegen die Macht über Gut und Böse, die Aufhebung des inneren Gerichtshofs Gewissen und die Rebellion gegen die Über-Ich-Kontrolle eines spionierenden Gottes im 19. Jahrhundert zu Zerrüttungsfiguren, weil sie an eine neue Willensmetaphysik gebunden blieben. Nietzsches protestantische Melancholie belegt diese Ambivalenz eindringlich. »Wir Philosophen und ›freien Geister‹ fühlen uns bei der Nachricht, dass der ›alte Gott todt‹ ist, wie von einer neuen Morgenröthe angestrahlt«; »endlich erscheint uns der Horizont wieder frei«, »endlich dürfen unsre Schiffe wieder auslaufen, auf jede Gefahr hin auslaufen, jedes Wagniss des Erkennenden ist wieder erlaubt, das Meer, *unser* Meer liegt wieder offen da, vielleicht gab es noch niemals ein so ›offnes Meer‹.«[144] Und dennoch »kommen Stunden, wo du erkennen wirst, dass ... es nichts Furchtbareres giebt als Unendlichkeit«. »Wehe, wenn das Land-Heimweh dich befällt, als ob dort mehr *Freiheit* gewesen wäre, – und es giebt kein ›Land‹ mehr!«[145] Und wenn Dostojewskis Stavrogin seine Abneigung gegen »Spione und Psychologen« zum Ausdruck bringt, die »in die Seele dringen«, und demgegenüber auf

Selbstbestimmung besteht, darauf, »daß es ein Gut und Böse überhaupt nicht gibt«, zugleich aber erkennt, durch eben diese Freiheit »verloren« zu sein[146], dann findet das sein Pendant in Nietzsches Aporien einer gottlosen Sprache und den Aporien ihrer Überschreitung. Faszination und Schrecken verschmelzen, wenn im Schwindel der Freiheit der Verlust zum Tragen kommt: im Horizont von Abenteuer, Entdeckung und Offenheit als den Konstanten der Moderne bis hin zu Cage.

Der Aufstand gegen die göttliche Supervision, gegen deren Präsenz in einer moralischen wie ökonomischen Lebenswidrigkeit, sowie die Last, das Erbe des toten Vaters übernehmen zu müssen, führen zu erneuter Vergiftung des Lebens. »Du hast den Vater töten wollen, um selbst der Vater zu sein: nun bist du der Vater, aber der tote Vater ... jetzt tötet dich der Vater.«[147] Erlösung liegt darin, wie die Geständnis- und Bestrafungszwänge der Helden Dostojewskis zeigen, die Schuld der Vatertötung in der Existenz der Vaterlosigkeit abzubüßen, sowie in der Gnade des toten Vaters, Strafe zu gewähren. Während Dostojewski die selbstzerstörerische Hybris des Ausnahmemenschen im ›Wahnsinn jenseits von Gut und Böse‹ vor Augen führt, hofft Nietzsche auf das schöpferische Überwindungspathos »gottloser« Souveränität. Nietzsche will die patriarchale Macht des Wahrheits- und Formkults im Lachen einer gnadenlosen Autoritätskritik bloßstellen; und endet doch wie eine Romanfigur Dostojewskis in Schwermut und Wahnsinn: Umnachtung eines Vatermörders, der als Gottesmörder die »Ordnung der Dinge« herausgefordert hat. Soweit die Situation des 19. Jahrhunderts.

Reicht aber in der ödipalen Kultur zwischen Triebbegehren und Triebverzicht der »nom du père« als »non du père« Lacan zufolge bis in die Autorität der Form hinein, dann wird Cage zum späten Repräsentanten jenes einst pathetisch vom Aufstand der Söhne initiierten Gottesmördertums. Er will außer Kraft setzen, was Nietzsches *Antichrist* ›Gott als den Widerspruch des Lebens‹ nennt und was sich ästhetisch zum Monotheismus des Formgesetzes geschärft hatte. Wenngleich Form als ritualisierte Praxis der Naturbeherrschung die Rettung des Besonderen bedeutet, wenngleich sie als »gewaltlose Synthesis des Zerstreuten«[148] aufgrund ihres mimetischen Vermögens ihr eigenes Herrschaftspotential und die gesellschaftlichen Moral- und Gewaltsedimente suspendiert und verwandelt: durch die »Synthesis des Geformten« ist sie »Setzung von Sinn, noch wo Sinn inhaltlich verworfen wird. Insofern bleibt Kunst, gleichgültig was sie will und sagt, Theologie«.[149] Diese sakrale Repräsentanz zersetzt Cages Musik. Sie will nicht mehr eine »schuldig machende Mnemotechnik mit elitärer oder theozentrischer Berufung« sein, »sondern eine gigantische Flut, eine maschinenhafte Flut, heidnisch, plebejisch, mittelpunktslos«: »Musica mundana.«[150] Cage zerstreut die Bedenken, ob »Kunst nach dem Sturz der Theologie und ohne eine jede überhaupt möglich sei«.[151] Und er zeigt, daß die Demobilisierung des musikalischen Gedächtnisses und Sprachcharakters nicht ausschließlich zu Beliebigkeit und Monotonie führen muß. Vorausgesetzt, die logozentrische Subjektmnemonik wird als historisch begriffen. Vergleichbar ihrer Relativierung im gegenwärtig vieldiskutierten Übergang vom Ästhetischen zum Aisthetischen als einer Facette der Dezentralisierung des Logos; ein Übergang, der den Wahrheitsgehalt kunsttheoretischer Urteile zunehmend auf seinen formallogischen Grund hin ausdünnt; hauptsächlich in Form einer Diskrepanz zwischen der hermeneutischen Reflexion, oft mit Abwehrcharakter, und dem ästhetischen Sensorium. Konkret heißt das: Wenn Ligeti eine Entsprechung zwischen der gesteigerten Offenheit der Form und der Unterschiedslosigkeit ihrer Realisationen herstellt, wodurch Indetermination negiert werde, weil Veränderung im Bereich des Beliebigen fiktiv sei, dann ist ein solcher Einwand immer wieder an der Hörerfahrung und deren Geschichte zu messen, soll er mehr sein als eine philosophische Spitzfindigkeit des alten Empfindungs- und Erkenntnissubjekts.

Natürlich ist die Herausforderung, »nichts ist wahr, alles ist erlaubt«, um die Dostojewskis und Nietzsches Moraldiskurse kreisen, nicht mehr die von Cage. Auch nicht der Moralismus des »Alles ist erlaubt« eines Raskolnikow oder Ivan Karamasow, der seiner gesuchten Amoral wegen wie de Sades Demontage des Gewissens und Apotheose des Verbrechens an den »ridicule fantôme« des verachteten Gottes gebunden bleibt. Cage hat weder etwas mit einem Übermenschentum à la Kyrillow zu tun: »wenn Gott nicht existiert, ist alles mein Wille«, noch mit dem Überwindungspathos Nietzsches. Und noch weniger mit Stirner, wie Schnebel dies suggeriert.[152] Will nicht der Autor des *Einzigen* den toten Gott mit einer Theodizee des solipsistischen Ich beerben: als »Einziger«, »der Ich so gut wie Gott das Nichts von allem Andern, der Ich mein Alles, der Ich der Einzige bin«?[153] Steckt in Cage auch ein gutes Stück 19. Jahrhundert: sein Gegensatz zur willensmetaphysischen Attitüde könnte nicht größer sein. War es nicht Cage, der gegen die technisch potenzierte Willensmetaphysik und ihre Leistungs-, Steigerungs- und Arbeitsmanie seine Abrüstungskonzepte der Stille, des Lassens und des Form- und Durchformungsdispenses durchgesetzt hat? Das also, was ihm Adorno als die Nähe zum Impuls einer »informellen Musik« attestiert; als den »Protest gegen die sture Komplizität von Musik mit Naturbeherrschung« und deren Arbeitsmaxime.[154]

Nicht erst seit Büchners ironischem Ausfall in *Leonce und Lena* gegen das herrschende Arbeitsethos und dem Dekret, »daß Jeder, der sich rühmt, sein Brot im Schweiße seines Angesichts zu essen, für verrückt und der menschlichen Gesellschaft gefährlich erklärt wird«, gilt das Lob der Faulheit in seinem Affront gegen den protestantischen Leistungskodex als obszön. Das trifft nicht minder für Lafargues Pamphlet *Le droit à la paresse* von 1883 zu und seine Forderung, gegen das »›Recht auf Arbeit‹«, »das nur das Recht auf Elend ist«, die »Rechte der Faulheit« einzuklagen und ein »Gesetz« zu proklamieren, »das Jedermann verbietet, mehr als drei Stunden pro Tag zu arbeiten«. Anstatt gegen die »Arbeitssucht« anzugehen, »haben die Priester, die Ökonomen und die Moralisten die Arbeit heiliggesprochen« und »das, was ihr Gott verflucht hat, wiederum zu Ehren« gebracht: die »Liebe zur Arbeit«.[155] Ihr Verhängnis entdeckt Nietzsche in der Symptomatik, daß »die *Arbeit* immer mehr alles gute Gewissen auf ihre Seite (bekommt)« und »man einem Hange zur *vita contemplativa* ... nicht ohne Selbstverachtung und schlechtes Gewissen« nachgibt, eine Umkehrung von ehedem, als »die Arbeit das schlechte Gewissen auf sich (hatte)«.[156] Am Ende kann Cage im Geiste Thoreaus und dessen Widerwillens gegen einen Zweck und Mittel verkehrenden Arbeitswahn nur noch den Kopf schütteln über den Anankasmus des immer Mehr und immer Weiter: »Wir besitzen die nötigen Maschinen, um mehr zu produzieren, als wir verbrauchen können. Wir haben diese Maschinen erfunden, damit sie unsere Arbeit reduzieren. Jetzt, wo wir sie haben, meinen wir, wir müßten einfach so weiterarbeiten wie vorher. Wir sind einfach nur dumm. Früher verbanden wir Tugend und Geld mit Arbeit. Heute brauchen wir eine vollständig neue Moral, eine, die auf Arbeitslosigkeit beruht, und auf der Wichtigkeit und der Verantwortung, diese Freiheit zu nutzen.«[157]

Wenn nun Boulez in Richtung Zufallskomposition den Vorwurf »kompletter Faulheit«[158] äußert, was die »Ausarbeitung«, die »Reflexion« und den »Einsatz der eigenen Kräfte« in der Durchorganisation des Werks betrifft, bringt er mit dieser Arbeitsmoral in musicis ein untergründiges, mit Sicherheit aber entscheidendes Ressentiment gegen Cage zur Sprache. Der rechtfertigende Einwand, man könne der Arbeitsgesellschaft nur mit gleichen Mitteln begegnen, ist dabei eher das Relikt einer Zwangslogik, unter Verkennung der Möglichkeiten des Ästhetischen. Einer Gesellschaft freilich, die den Fluch der Arbeit bibeltreuer internalisiert hat als je zuvor, muß das Paktieren mit dem Zufall, selbst auf künstlerischem Gebiet, als Umsturz sämtlicher Leistungskategorien gelten. Gegen Cages aleatorische Wucherungen steht Boulez' Verteidigung des artifex laborans und seines guten Gewissens im Namen von Konstruktion und Perfektion. Daß höchstes ästhetisches Niveau quasi spielerisch erreicht werden kann, grenzt für den redlichen Artisten an Scharlatanerie: »L'Artisanat furieux«. Als müßte sich Qualität nach alter Zunftregel immer noch an der geleisteten

Arbeit messen lassen. Eine Ansicht, über die sich schon Nietzsche mokiert hatte, noch dazu in puncto Wissenschaft. »Die Mühsal um die Wahrheit soll gerade über den Wert der Wahrheit entscheiden! Diese tolle Moral geht von dem Gedanken aus, daß die ›Wahrheiten‹ eigentlich nichts weiter seien als Turngerätschaften, an denen wir uns wacker müde zu turnen hätten, eine Moral für Athleten und Festturner des Geistes.«[159] Schon der Gedanke, daß die *Variations I* dem *Marteau sans maître* ebenbürtig sein könnten, gleicht einem Skandal.

Aufgrund der Reiz- und Verfemungsgeschichte von Faulheit und Müßiggang wird Boulez zu einem Vertreter jener weltweiten Askese, die Arbeit als moralische Rechtfertigung suggeriert. Konsequent demnach nur, daß Cages »Konzeption des Sichgehenlassens« für Boulez nicht nur in die Gefahr des »Widersinns« läuft, sondern mehr noch in die der »Gesellschaftsfeindlichkeit«. Cage fungiert als »Hofnarr« einer »geschlossenen Gesellschaft mit faschistischen Tendenzen«.[160] Womit sich der Kreis zu Nonos Vorwurf des Verantwortungslosen und Unpolitischen dem Provokateur Cage gegenüber schließt, zum Vorwurf des Narzißtischen statt des Marxistischen. Damit stehen Cage und Boulez in der Tradition jener epikureisch-asketischen Spannung, die Büchner an Danton und Robespierre seziert hatte und die in Heines und Börnes Gegnerschaft eine prominente Fortsetzung fand.

Von ihren Polen Cage und Boulez her protokolliert die neue Musik, was philosophisch als die unerledigte Spannung zwischen Kant und Hegel fortlebt. In den Extremen von zufallsgeneriertem Werk und »new complexity« erneuert sich der Widerstreit von Aisthesis und Ethos, insgeheim der von Parataxe und Hypotaxe, deren Strukturprinzipien Hegel so eindringlich wie parteiisch den Koordinaten von Natur und Geist eingeschrieben hatte. Allein, die Utopie der neuen Musik liegt nicht in einer Versöhnung der Extreme, sondern in der Pluralität ihrer Sprachen: Kein einzelnes Werk, womöglich kein einzelnes kompositorisches Idiom vermag mehr die Komplexität der Welt zu repräsentieren. Einer Pluralität fraglos ohne jene schlechte Mitte, die jüngst von der Mediokrität einer sogenannten neuen Sinnlichkeit besetzt wurde.

Adorno hat darauf verwiesen, daß das unangreifbar Gelungene des opus perfectum seinen mythisch-theologischen Schatten nicht abwerfen kann. Einen Schatten, der bis in den Wechselbezug von Integralität und Integrität hineinreicht. Die Hermetik des abgedichteten Werks hat etwas Anfälliges, sofern es, und sei es aus Widerstand, auf Ganzheit, auf die Konsistenz eines Person- und Weltbegriffs geht, der von den Zumutungen der Moderne her mehr als rissig geworden ist. Was als das Nicht-Enden-Können großer zeitgenössischer Kompositionen empfunden wird, ist eine Folge dieser Dezentrierung: eine Ausschnitt-

und Fragmenthaftigkeit, eine Unabschließbarkeit, die in Feldmans Klavierstück *Palais de Mari* sich nahezu metaphysisch auflädt. Der absolute Würfelwurf ist nicht einzulösen, die Realisation aller Kombinationen unerreichbar, die Artikulation absoluter Stille unmöglich.

Während die Autonomie des noch bis in den gelenkten Zufall hinein durchkonstruierten Werks in Autismus umzuschlagen und als selbstgenügsames Glasperlenspiel von innen her zu zerfallen droht – erinnert sei an das dekorativ Verspielte in Boulez' *...explosante-fixe...* –, franst Cage die Grenze zwischen Kunst und Realität bis zur fragwürdigen Auflösung des Ästhetischen aus. Beides Folgen einer Situation, in der nach den revolutionären Schüben der Kunst die der Gesellschaft ausblieben. Beides Entwürfe einer Musik der Wüste. Dennoch gewinnt eine Komplexität, die nicht auf den Selbstzweck kompositionstechnischer Hochrüstung ausgeht oder Struktur mit antilibidinösem Purismus verwechselt, gewichtige Argumente. Als eine virtuose Artistik, die in ihrer Verteidigung des Erkenntnischarakters und der Polysemantik des selbstreferentiellen Werks in Reflexion und Ausdruck umschlägt, vergleichbar einer von Schlegel so genannten philosophischen Instrumentalmusik.[161] Und dies, obwohl am ausziselierten Meisterwerk, seiner Schürzung aller Mittel und seinem Präsenzideal, der Zug eines refugialen Sich-Bewahrens unüberhörbar ist; und obwohl Cage in seinen gelungensten Kompositionen den Beweis geliefert hat, daß zur Kompetenz eines Werks nicht mehr ausschließlich die bewußt und mit schöpferischem Ingenium gearbeitete Dichte beiträgt; die äußerste Anspannung musikalischer Gedankenarbeit, die Schönberg von der Musik einklagt, den *Freeman Etudes* also nichts voraushat. So großartig Ferneyhoughs *La Chute d'Icare* auch komponiert ist, sie ist eine im Studiolo des artifex doctus. Vielleicht liegt der Rang der »new complexity« deshalb vorweg in einer diagnostischen Aufklärung der Musik der Gegenwart über sich selbst. So wie dies die von der Idee der »parallelen Universen« geleitete dekonstruktivistische Kommunikation von Ferneyhoughs Viertem Streichquartett mit dem Zweiten Streichquartett Arnold Schönbergs ins Werk setzt.

Cages Ernstnehmen des transästhetisch Heterogenen bringt zum Sprechen, was die immanenzfixierte Komposition abblendet. Insofern hat Cage die Effizienzfalle der Deutungs- und Moralgewalt einer ethisch aufgeladenen Musik und ihres intellektuellen Surplus in der Nachfolge Beethovens und Hegels bewußt gemacht. Ob es statt dessen sinnvoll ist, im Geiste Kants und der ihm verpflichteten postmodernen Reflexion die Sphären zu trennen, um der Kunst nicht aufzulasten, was Sache der Ethik ist, hat seinen historischen Befund erst noch abzuwarten. Ein Symptom wertfreier Ästhetik zeigt sich jedenfalls darin, daß der auf den Hund gekommene Geschmack, der nach dem Fall aller Maßstäbe keine Qualitätsunterschiede mehr wahrnehmen will, sich nahezu durchweg zynisch gibt. Vielleicht liegt deshalb das Maß, ethische Kriterien noch an das Happening zu legen, im Widerstand gegen den Verrat an den großen Werken. Wovon sollte die Qualität im Unterschied zum Dokument sonst abhängen, wenn nicht gleichfalls von einer diagnostischen Eigenschaft des Kunstwerks, die zugleich jegliches Faktum und jegliche Metaphorik transzendiert? Auch der Minimal Music ist ja ein gewisser Erkenntnischarakter nicht abzusprechen. Der einer soft music der Großstadtwüste, zugeschnitten auf die Physiognomie des zeitgemäßen Narzißmus: autistisch um sich selbst kreisend, selbstgenügsam in ihrer materialen und variativen Beschränktheit, in ihrer wohlig tonalen Parameterreduktion auf eingängige patterns neue Sicherheit versprechend, frei von Antagonismen und jeglicher mimetischen Qualität. Und doch ist dieser Erkenntnischarakter aufgrund der Simplizität von Faktur und Gehalt dem Bereich des Dokuments zuzurechnen. Von außen an eine Musik herangebracht, die sich, cool gestylt und technikverliebt, zu einer Musik ohne Eigenschaften drapiert, deren Konnotation in Phil Glass' *Facades* mitschwingt.

Sicher ist, daß mit der Auflösung der repräsentativen Episteme der Stachel der Differenz zu verschwinden droht. Die Aufzehrung des metaphysischen Erbes enthüllt ihren positivistischen Impetus, der sich bei Cage im Überhang des Konzepts manifestiert. Dieser Überhang bedingt, daß Cages Einfälle und Vorgaben zwar eine reiche Palette der Möglichkeiten suggerieren, ihren Realisationen nach sich aber oft verwechselbar gleichen. Schon gar bei kongruenter Besetzungsstärke und Instrumentenwahl. Stücke wie *Winter Music* und *One for Piano Solo* oder *Atlas Eclipticalis* und *Sixty-eight* belegen dies. Das Nicht-Wiederholbare entgeht auch bei Cage nicht der Wiederholung. Die nouveauté des Einzelwerks verflüchtigt sich, wenngleich nach Ansicht Cages zu Recht. Gerät Cages Absage an Schlüssigkeit und Logizität mitunter zu einer spannungslosen musique d'ameublement, dann liegt das am Paradox, daß seine Musik nichts sagen will, dies aber unentwegt sagt. Trotz seines Widerwillens, eine Sprache vorzutäuschen, wo es keine Sprache mehr gibt, ist seine Musik noch Sprache. Darin ist Cage Exorzist und Zeremonienmeister zugleich. Der entscheidende Grund für die Zerstreuung, mit der Cage dem Beliebigen und Gleichförmigen zuarbeitet, liegt jedoch darin, daß die Intention des happenings noch in den Mikrobereich der Musik eindringt: als eine punktuelle Reihung von events.

Daß Cages Arbeit mit dem Zufall indes höchstes ästhetisches Niveau erreichen konnte, basiert zum einen auf der Entsprachlichung der neuen Musik. Gleichwohl dieser Befund nur einen Teilaspekt trifft, sofern er sich am Urbild der tonalen Typologie mißt und übersieht, daß die Undenkbarkeit absoluter Entsemantisierung metasemantisch auf eine neue Semantik hin transparent wird. Zum anderen basiert sie auf dem Bündnis zwischen Phantasie und Metier, für das Cages Spielregeln eine wichtige Rolle spielen. Denn Cages Organisation des Zufalls über das I Ging, über Sternenkarten, Unebenheiten des Papiers oder die Überlagerung verschiedener Werkkonzepte bis hin zu Graphismen, die interpretatorische Assoziationen auslösen sollen, sowie die damit verbundenen Einwände gegen Cage: die von der Belanglosigkeit formaler Spielereien, von der Orakelmethode als Delegation, von Strukturlosigkeit und Beliebigkeit, beginnen erst unter dem Aspekt von Cages artistischer Disziplin ins rechte Licht zu rükken. Beispielsweise vor dem Hintergrund der Zeitregelungen und Auswahlverfahren im *Concert for Piano and Orchestra*, die sich gegen die Vorstellung von Anarchie als Zügellosigkeit ebenso richten wie sie wiederum gesellschaftliche Zwänge in sich aufnehmen.

Wie alle Spielregeln wirken diejenigen Cages zunächst nicht weniger willkürlich. Desgleichen seine Forderung, sie strikt einzuhalten. Regeln wie die, daß in jeder der *Etudes Australes* ein Ton ungespielt bleiben soll, daß der Instrumentenwechsel in *Atlas Eclipticalis* nicht vor Beendigung eines Klangaggregats zu erfolgen habe oder in einer Aufführung des *Klavierkonzerts* nur die jeweils geraden oder ungeraden Noten aus bestimmten geometrischen Figuren auszuwählen seien. Und doch korrespondieren solche Vorschriften, bis in die der Zeitklammern, als eine Mikrostruktur der »disziplinierten Anarchie« mit Cages Ingeniosität. Sie ist es, die die kompositorischen Fragen stellt, auf die das I Ging erst antwortet. So leiten nicht nur die durch Übertragung von Sternkonstellationen gewonnenen Tonhöhen und Dichten der *Freeman Etudes* die Akribie der Details von der Imaginationskraft des Komponisten her. Die Auseinandersetzung mit neuen Spieltechniken, die Differenzierungen von Strichart, Lautstärke, Art der Tonwiederholung, Dauer und mikrotonaler Schwankung bis hin zur Chronometrie der Uhr, die als Zeitlinie im Dreisekundentakt die einzelnen Systeme der Etüden grundiert, sind keineswegs nur zufällig gestreute Effekte eines Orakel-Automatimus. Außerdem werden Fragen des Metiers bei Cage zu solchen der Kompromißlosigkeit. Etwa was das Zugeständnis an die Spielbarkeit der *Freeman Etudes* oder was die zugunsten ihres Spannungsverhältnis untersagte Trennung der *Europeras 3 & 4* anbelangt. Und überdies markieren Cages règles du jeu den Unterschied zu Stockhausens ›intuitiver Musik‹. Während deren Esoterik schon in den Seancen *Aus den sieben Tagen* Züge einer gruppendynamischen Musik »aus dem Bauch« annimmt, verhindert bereits Cages Stoppuhr zur Kontrolle der Gesamt- wie der Einzeldauer die Mystik des interstellaren

Höhenflugs. Cages Konstellationen, unbestritten in den »Zahlenstücken«, vermitteln im Gegenteil ein radikal antimeditatives Element. Manchmal auf eine Weise, als hätte sich der Komponist den Schlußpassus aus Foucaults *Les mots et les choses* zum Motto gewählt: für eine Musik nach dem Ende der Metaphysik und der Erfindung des Menschen.

Dieser Abschied von der Metaphysik findet als Zersetzung der metaphysischen Repräsentanz von Musik seinen sichtbaren Ausdruck in Cages Weitung der Notation zu einer Schrift zweiter Ordnung, mit einem Höhepunkt in der Solostimme des *Klavierkonzerts* und ihren Drehfiguren horizontaler und vertikaler Beliebigkeit. Cage setzt bildhaft um, was Nietzsche noch als den Fall der Moderne ins Bodenlose unter Aufhebung aller Richtungskonstanten dramatisiert: »Stürzen wir nicht fortwährend? Und rückwärts, seitwärts, vorwärts, nach allen Seiten? Gibt es noch ein Oben und ein Unten?«[162] Wie das Notierte in Form konzeptueller Anweisungen seit den *Variations I* nichts mehr über die klangliche Realisation aussagt, so kann umgekehrt, vom Erklingenden aus, nicht mehr auf das Notierte rückgeschlossen werden. Gegen das Lese- und Erkenntnisversprechen der musikalischen Schrift fungieren im *Klavierkonzert* die Notationsgraphismen und -figuren des Soloparts als Logbuch eines Experiments, das um das Sinndiktat herkömmlicher Semeiographie weiß: um den ontologisierenden Index des Linearen und Räumlichen, des hohen und tiefen Tons und um die Instanzen des Früher und Später, des Ersten und Folgenden, die Nietzsche als Regulative der zeitfixierten Moral ausmacht. Wenn auch Cage in Anbetracht des unumkehrbaren Verfließens der empirischen und des unhintergehbaren Kontinuums der ästhetischen Zeit die Scheinfreiheit dieser Prozeduren fürs erste überschätzt hat.

Liegt die Verwandtschaft zwischen Cage und Nietzsche im Abriß metaphysischer Hinterwelten, dann liegt sie ebenso darin, daß beide nicht hinter die Verwicklungen des Faktischen zurückfallen wollen. Cages Entgrenzungs- und Eingemeindungskonzepten eine Aufkündigung der gesellschaftlichen Widersprüche vorzuwerfen, trägt nur zum Teil. Man muß an die kulturindustrielle Bilderflut denken, an deren Beliebigkeit und Austauschbarkeit, an das permanente Deja-vu des Channel-hopping, an das Unterhaltungsdelirium des dauernden Angetöntwerdens, um Cages Gegensatz zu jener Form von »Bordellisierung« zu begreifen, mit der Sloterdijk einmal die Korruption des Bewußtseins charakterisiert hat. Selbst Adornos Kritik an Cage gibt zu bedenken, angesichts der »jüngsten Musik« sei »schwer darüber zu urteilen«, »ob ihr Negatives das gesellschaftliche ausdrückt und dadurch transzendiert, oder es bloß, bewußtlos in seinem Bann, imitiert; am Ende ist beides gar nicht mit der Sonde zu scheiden«.[163] Daß Cages Kompositionen unter der gesellschaftlichen Gewalt und aufgrund der Zersetzung des ästhetischen Scheins mitunter zu vorkünstlerischen Praktiken regredieren, rechtfertigt noch nicht, wie Habermas beim späten Nietzsche, von einem Positivismus auch in Cages Musik zu sprechen. Von einer Musik, die sich an das hält, was der Fall ist. Bedeutet die Abdankung des Subjekts zwangsläufig die Affirmation des Faktischen? Sicherlich nicht, wenn Positivismus Verdinglichung und Konkretismus meint, und die ästhetische Verhaltensweise imstande ist, »mehr an den Dingen wahrzunehmen, als sie sind«.[164] Immerhin bringen Cages *Variations IV* zu Bewußtsein, daß jeder refugialen Parzellierung in der digitalen Dichte des Weltzusammenhangs etwas Provinzielles anhaftet, ohne daß das polysemantische Ineinander der Komposition in der Durchquerung und im Aufprall ihrer verschiedenartigen Momente und Ebenen die Faktizität mit dem Nimbus des Bestehenden verklärt. Im Wissen um die elektronische Raumzeit und deren vernetztes »Omnia ubique« entbindet sich bei Cage der ästhetische Akt zu einem Ensemble unvorhersehbarer Ereignisse, das eine mitschnitthafte Abbildung der Empirie hinter sich läßt. Niemals hat Cage eine anekdotische Musik à la Ferraris *Prèsque rien* komponiert.

Nach dem Abschied vom prometheischen Künstler- und Schöpfungsmythos kann Cage weder in die Richtung eines Desperadotums noch in die eines Intermezzos der Musikgeschichte interpretiert werden. Zu schwer wiegt seine Aufdeckung des Gedächtniskults der rationalistischen Episteme, der bis in die Logistik des geschlossenen Werks hineinreicht: in die Hierarchien der Zeit und der Klänge, ihre Prioritätsverhältnisse und Formimperative, in das Sinndiktat und die Kontrollprozeduren der Diachronie, in die Kastrationswucht der Linearität und ihren verkappten Monotheismus. Von hier aus zeigt sich, was seit Cage an neuerer Kunst und Ästhetik zurückgeblieben, veraltet ist. Jene gestische Rhetorik zum Beispiel, die so viele zeitgenössische Kompositionen mit neoexpressionistischem Mehltau überzieht und durch künstliche Subjektemphase einander angleicht. Als hätte nicht schon Husserls »eidetische Variation« die subjektverschränkte Einheitszeit auf eine multiple Gleichzeitigkeit hin entgrenzt oder die Schnittwechsel in Debussys *Jeux* und die Gestaltsimultaneität des Kubismus die Instabilität des Ich aufgedeckt. Als hätte nicht Proust die ›Fiktionalität seelischer Ganzheit‹ in der Relation der »états successifs« und der »moi successifs« anschaulich gemacht und die eigene poetische ›Deformation der Zeit‹ mit Einsteins Relativitätstheorie in Verbindung gebracht.[165] Und Nietzsche war es bereits, der den Zusammenhang zwischen der ›Preisgabe des Subjekts‹ und der fehlenden »Voraussetzung für eine ›Substanz‹ überhaupt« demonstriert hatte. Einen Zusammenhang, in dem man nur »*Grade des Seienden*« bekommt, in dem man »*das* Seiende verliert« und mit ihm die sei's auch ästhetisch modifizierte ›Fiktion Subjekt‹ als die Instanz des verkürzenden »Gleichsetzens und Zurecht*machens*«.[166] Nicht ohne Grund wirkt der Epilogcharakter mancher Stücke Rihms, etwa von *sphere* oder *Ins Offene*, wie die Erlösungssehnsucht eines verspäteten Brucknertums, in dem die Musik in ihrer Pathetik redselig wird. Eine sich wiederkäuende Musik, die nicht zu Ende kommt und darin jegliche ironische Distanz zu sich selbst vermissen läßt. Zugleich gilt es zu verstehen, wie sich Cages Musik des Vergessens zu einer des Widerstands schärfen kann, ohne dabei ihre Aporien zu übersehen. Vorrangig die, daß Cages Konzepte dem Werkcharakter qua Aufführung nicht entrinnen können. Oder die, daß sich Cages entmemorisiertes Einlassen auf das Heterogene zeitweilig wie der Dekor des Status quo ausnimmt.

Gegen eine Verklärung zur Heilsbotschaft und gegen eine Abwertung zum Clownesken ist Cage in erster Linie seinem historischen Kontext nach zu begreifen. Die einseitige Kritik am Affirmationscharakter Cages greift angesichts der revolutionären Aspekte seiner Musik und Ästhetik ebenso zu kurz wie deren guruhafte Glorifizierung. Abgesehen davon, daß Cages Arbeit mit dem Zufall vermutlich einmalig und unwiederholbar ist, steht seine Abwehr der Tradition nicht außerhalb der Tradition. Cage hat seinen Zeitindex. Schon diese Bindung bedeutet ein gutes Stück Relativierung, selbst wenn kein Komponist mit dem Wiederholungsbegriff so entschieden gebrochen hat wie er. Bereits das Durchlöchern einer populären klassischen Komposition im *Credo in US* von 1942 ist Duchamps bärtig verfremdeter *Mona Lisa* verwandt: als eine Entlarvung des Fetischcharakters klischeehaft erstarrter Meisterwerke. Und wie hier die Lust der Demontage und der Irritation so verschwistern sich später, etwa in Cages *Writings through...*, die der Dekomposition und der Transformation zur Umschrift des Tradierten im Zeichen der Tradition. Sie bringt Cages Entzauberung der Repräsentation in Wahlverwandtschaft zu Nietzsche und Mallarmé: was das Bewußtsein von Zeit und Tod, die Delinearisierung des Gedächtnisses oder den Status innerhalb der Geschichte von Kausalität und Zufall anbelangt. Von dieser Spur der Moderne her wird noch Cages zenbuddhistischer Ansatz als deren Spiegelschrift lesbar.

Bleibt vorerst also wohl nur beides: das meditative Sich-Versenken in die Struktur und das nüchterne Sich-Einlassen auf Cages entmemorisiertes Fließen; die Bindung an das geschlossene Werk, um in der Wiederholung den transsubjektiven Impuls wachzuhalten, und die Offenheit dafür, die imperialen Tendenzen des Ego zu demobilisieren. Weichen Cages Abwertung des subjektiven Faktors und seine Unbestimmtheitsintention immer wieder zur Redundanz und zur

Wiederholung des Immergleichen auf: stets ist auch das Ohr der Identitätsmnemonik in Frage zu stellen, an dem sich solche Redundanz mißt. Seiner Sinnagentur verunmöglicht Cage, was Adorno als den »hörenden Mitvollzug« verteidigt hatte. Zumal wenn die »Zeitdimension, deren Gestaltung die überkommene musikalische Aufgabe war und in der richtiges Hören sich bewegte, aus der Zeitkunst virtuell eliminiert (wird)«.¹⁶⁷ Doch wie bei Kant der »transzendentale Schein« aus dem erfahrungstranszendenten Gebrauch der Kategorien resultiert und nach seiner Aufdeckung durch die Kritik der »transzendentalen Dialektik« bestehen bleibt, als die »unvermeidliche Illusion« in der Verwechslung subjektiver Grundsätze mit den objektiven der »Dinge an sich«, so unterschiebt sich in der Auseinandersetzung mit Cage häufig die subjektexpressive Musik als objektiver Maßstab schlechthin.

Cage bedeutet sicher nicht das Ende der Musikgeschichte. Eher wurde er zu einer Art Katalysator, während die »meisten Musiker« an den »komplizierten, zerrissenen, konkurrierenden Resten der Tradition« festhielten.¹⁶⁸ Nicht zuletzt hat sein west-östlicher Brückenschlag die Beschränktheit falschen Fragens bewußt gemacht. Am eindringlichsten wohl in der Episode vom ›Mann auf der Anhöhe‹ der *Lecture on Nothing*, in der die interrogative Einkreisungstechnik mit der Zeit schal wird. Denn die »Gewohnheit, immer ›warum‹ zu fragen, ist genau wie das Fragen nach dem Meisten oder Besten.«¹⁶⁹ Zieht Goethe am Schluß eines ironisch-philosophischen Gedichts das Resümee: »Mein erst Gesetz ist, in der Welt die Frager zu vermeiden«¹⁷⁰, dann lassen die alten Zen-Meister und Cage mit ihnen die Sinn- und Antwortsucht selbst ins Leere fallen. »Wenn aber der Leib zerbricht und vergeht, da bleibt doch noch eines – die Seele. Was wird aus ihr?« – Meister Dschau-dschou antwortete: »Heute morgen erhebt sich wieder der Wind.«¹⁷¹ Wie hieß es doch bei Cage gegen das Establishment von Sinn und Dogma, gegen jede Art von »cage«? »In welchem Käfig man sich auch befindet, man sollte ihn verlassen.«¹⁷²

Anmerkungen

1   Daniel Charles, *John Cage oder Die Musik ist los*, Berlin 1979, S. 43.
2   Immanuel Kant, *Kritik der reinen Vernunft*, Hamburg 1956, S. 140.
3   A.a.O., S. 145.
4   Isaac Newton, *Mathematische Principien der Naturlehre*, übers. v. J. Wolfers, Berlin 1872, S. 25.

5   John Cage, *Plädoyer für Satie* (in: Richard Kostelanetz, *John Cage*, Köln 1973), S. 111 f.
6   Cage, *McLuhans Einfluß* (in: a.a.O.), S. 231.
7   Cage, *Für die Vögel. Gespräche mit Daniel Charles*, Berlin 1984, S. 45.
8   A.a.O., S. 96.
9   Ludwig Wittgenstein, *Vorlesungen 1930-1935*, Frankfurt a. M. 1984, S. 185 f.
10 A.a.O., S. 187.
11 Kostelanetz, *Gespräch mit John Cage* (in: vgl. Anm. 5), S. 30.
12 Aristoteles, *Physik*, 4. Buch, 11. Kapitel.
13 Georg Wilhelm Friedrich Hegel, *Logik II* (= Werke in zwanzig Bänden, hg. v. Eva Moldenhauer u. Karl Markus Michel, Bd. 6), Frankfurt a. M. 1972, S. 127.
14 Baruch de Spinoza, *Ethik*, Hamburg 1976, S. 35.
15 A.a.O., S. 296.
16 Friedrich Wilhelm Joseph Schelling, *Philosophische Untersuchungen über das Wesen der menschlichen Freiheit*, Frankfurt a. M. 1975, S. 54.
17 A.a.O.
18 Friedrich Nietzsche, *Nachgelassene Fragmente 1885-1887* (= Kritische Studienausgabe, hg. v. Giorgio Colli und Mazzino Montinari, Bd. 12), München/Berlin/New York 1980, S. 466 ff.
19 Nietzsche, *Also sprach Zarathustra* (= KSA, Bd. 4 [A.a.O.]), S. 181.
20 A.a.O., S. 179.
21 *Für die Vögel* (Anm. 7), S. 42.
22 Cage, *Empty Words. Writings '73-'78*, Middletown 1979, S. 5.
23 Cage, *In diesen Tagen* (Anm. 5), S. 239.
24 *Für die Vögel* (Anm. 7), S. 40 ff.
25 Pierre Boulez, *Wille und Zufall*, Stuttgart/Zürich 1977, S. 96.
26 A.a.O., S. 95 ff.
27 Boulez, *Werkstatt-Texte*, Frankfurt a. M./Berlin 1972, S. 104.
28 Cage, *Anarchic harmony*, hg. v. Stefan Schädler u. Walter Zimmermann, Mainz 1992, S. 109.
29 Boulez, *Werkstatt-Texte* (Anm. 27), S. 104 f.
30 Boulez, *Wille und Zufall* (Anm. 25), S. 57 f.
31 Karlheinz Stockhausen, *Texte zur elektronischen und instrumentalen Musik*, Bd. 1, Köln 1963, S. 77.
32 A.a.O.
33 A.a.O., S. 86 f.
34 A.a.O., S. 98.
35 Cage, *Silence, Lectures and Writings*, Middletown, Conn. 1961, S. 59.

36 *Für die Vögel* (Anm. 7), S. 62.
37 Walter Benjamin, *Das Kunstwerk im Zeitalter seiner technischen Reproduzierbarkeit* (Gesammelte Schriften, Bd. 1, 2), Frankfurt a. M. 1974, S. 479.
38 *Anarchic harmony* (Anm. 28), S. 147.
39 *Für die Vögel* (Anm. 7), S. 40 ff.
40 Friedrich Hölderlin, *Der Archipelagus* (Sämtliche Werke, hg. v. Friedrich Beißner), Frankfurt a. M. 1965, S. 312.
41 *Für die Vögel* (Anm. 7), S. 95.
42 *Anarchic harmony* (Anm. 28), S. 139.
43 Kostelanetz, *Gespräch mit John Cage* (in: vgl. Anm. 5), S. 31.
44 Vgl. Friedrich Schiller, *Über die ästhetische Erziehung des Menschen* (Sämtliche Werke in fünf Bänden, hg. v. Gerhard Fricke und Herbert G. Göpfert, Bd. 5), München 1980, S. 612 f.
45 Vgl. Lévi-Strauss, *Mythologica I. Das Rohe und das Gekochte*, Frankfurt a. M. 1976, S. 31.
46 Nietzsche, *Nachgelassene Fragmente 1887-1889* (KSA, Bd. 13 [Anm. 18]), S. 500.
47 Rainer Maria Rilke, *Archaischer Torso Apollos* (Sämtliche Werke, Bd. 2), Frankfurt a. M. 1975, S. 557.
48 Hegel, *Vorlesungen über die Ästhetik I* (= Werke in zwanzig Bänden, hg. v. Eva Moldenhauer u. Karl Markus Michel, Bd. 13), Frankfurt a. M. 1972, S. 203.
49 A.a.O., S. 22.
50 *John Cage im Gespräch. Zu Musik, Kunst und geistigen Fragen unserer Zeit*, hg. v. Richard Kostelanetz, Köln 1989, S. 165.
51 *Silence*, übers. v. Ernst Jandl, Frankfurt a. M. 1987, S. 41.
52 A.a.O., S. 48 f.
53 A.a.O., S. 47 f.
54 *Anarchic harmony* (Anm. 28), S. 21 u. 103.
55 A.a.O., S. 41.
56 *Silence* (Anm. 51), S. 48.
57 Theodor W. Adorno, *Einleitung in die Musiksoziologie* (Gesammelte Schriften, Bd. 14), Frankfurt a. M. 1973, S. 379.
58 *Silence* (Anm. 51), S. 39 u. 48.
59 Nietzsche, *Nachgelassene Fragmente 1885-87* (KSA, Bd. 12 [Anm. 18]), S. 213.
60 *Anarchic harmony* (Anm. 28), S. 15.
61 *Für die Vögel* (Anm. 7), S. 58.
62 *Silence* (Anm. 51), S. 47.
63 A.a.O., S. 54.
64 Cage, *Brief an Paul Henry Lang* (in: vgl. Anm. 5), S. 167.

65 Vgl. Jean-François Lyotard, *Das Inhumane*, Wien 1989, S. 279 ff.
66 Auguste Comte, *Rede über den Geist des Positivismus*, Hamburg 1979, S. 34.
67 *Für die Vögel* (Anm. 7), S. 96.
68 Michel Foucault, *Die Ordnung des Diskurses*, München 1974, S. 7 f.
69 *Anarchic harmony* (Anm. 28), S. 115 u. 131.
70 Foucault, *Die Ordnung des Diskurses* (Anm. 68), S. 7 f.
71 *Silence* (Anm. 51), S. 55.
72 Wenn Karl-Otto Apel einmal sein Unverständnis darüber geäußert hat, weshalb sich Foucault denn trotz seiner unbarmherzig illusionslosen Weltsicht noch politisch engagiere, offenbart dies ein akademisches Ethikverständnis im Zeichen des performativen Widerspruchs von schon fast kurioser Qualität.
73 Giordano Bruno, *Von der Ursache, dem Prinzip und dem Einem*, Hamburg 1982, S. 100.
74 *Für die Vögel* (Anm. 7), S. 101.
75 *Anarchic harmony* (Anm. 28), S. 131.
76 *Für die Vögel* (Anm. 7), S. 65.
77 A.a.O., S. 47.
78 Adorno, *Einleitung in die Musiksoziologie* (Anm. 57), S. 379.
79 Kostelanetz, *Gespräch mit John Cage* (in: vgl. Anm. 5), S. 32.
80 Vgl. *Silence. Lectures and Writings* (Anm. 35), S. 39.
81 *Für die Vögel* (Anm. 7), S. 88.
82 Heinrich Heine, *Verschiedenartige Geschichtsauffassung* (Sämtliche Schriften, hg. v. Klaus Briegleb, Bd. 5), Frankfurt a. M./Berlin/Wien 1981, S. 22.
83 *Für die Vögel* (Anm. 7), S. 143.
84 *Silence* (Anm. 51), S. 50.
85 *Brief an Paul Henry Lang* (Anm. 5), S. 166.
86 *Für die Vögel* (Anm. 7), S. 95.
87 *Silence* (Anm. 51), S. 50.
88 *Empty Words* (Anm. 22), S. 183.
89 *Für die Vögel* (Anm. 7), S. 63.
90 *John Cage*, hg. v. Robert Dunn, New York 1962, S. 50.
91 *Für die Vögel* (Anm. 7), S. 56.
92 Kostelanetz, *Gespräch mit John Cage* (in: vgl. Anm. 5), S. 33.
93 *Anarchic harmony* (Anm. 28), S. 79.
94 *John Cage im Gespräch* (Anm. 50), S. 200.
95 A.a.O., S. 87.
96 A.a.O., S. 175.
97 *Für die Vögel* (Anm. 7), S. 100.

98 *Silence* (Anm. 51), S. 38; Theodor W. Adorno, *Musikalische Schriften I-III* (= Gesammelte Schriften, Bd. 16), Frankfurt a. M. 1978, S. 540 u. 634.
99 Nietzsche, *Götzen-Dämmerung* (KSA, Bd. 6 [Anm. 18]), S. 75 f.; Nietzsche, *Jenseits von Gut und Böse* (KSA, Bd. 5 [Anm. 18]), S. 16.
100 *Für die Vögel* (Anm. 7), S. 89.
101 *Silence* (Anm. 51), S. 58.
102 Nietzsche, *Menschliches, Allzumenschliches* (KSA, Bd. 2 [Anm. 18]), S. 362 f.
103 *Anarchic harmony* (Anm. 28), S. 139.
104 Friedrich Schlegel, *Lessings Geist aus seinen Schriften* (Kritische Schriften, hg. v. Wolfdietrich Rasch), München 1970, S. 430.
105 Jean Paul, *Vorschule der Ästhetik* (Werke in zwölf Bänden, Bd. 9, hg. v. Norbert Miller), München/Wien 1975, S. 172.
106 Schlegel, *Philosophische Vorlesungen I (1800-1807)* (= Kritische Ausgabe, hg. v. Ernst Behler, Bd. 12), Paderborn u. a. 1964, S. 403 u. 393.
107 Charles Baudelaire, *L'art romantique*, Paris 1968, S. 185.
108 *Anarchic harmony* (Anm. 28), S. 21.
109 *Für die Vögel* (Anm. 7), S. 102.
110 A.a.O., S. 51.
111 A.a.O., S. 62.
112 *Anarchic harmony* (Anm. 28), S. 147.
113 *Silence* (Anm. 51), S. 48.
114 *Anarchic harmony* (Anm. 28), S. 95.
115 *Für die Vögel* (Anm. 7), S. 49.
116 *Anarchic harmony* (Anm. 28), S. 31.
117 *Für die Vögel* (Anm. 7), S. 84.
118 Charles, *John Cage* (Anm. 1), S. 86 f.
119 Adorno, *Noten zur Literatur* (= Gesammelte Schriften, Bd. 11), Frankfurt a. M. 1974, S. 605 f.
120 Daniel Charles, *Musketaquid. John Cage, Charles Ives und der Transzendentalismus*, Berlin 1994, S. 127.
121 *Für die Vögel* (Anm. 7), S. 90.
122 A.a.O.
123 Wittgenstein, *Philosophische Untersuchungen* (Schriften, Bd. 1), Frankfurt a. M. 1980, S. 342 ff.
124 A.a.O., S. 534.
125 Honoré de Balzac, *Gambara (Das ungekannte Meisterwerk. Erzählungen)*, Zürich 1977, S. 29.
126 Johannes Bauer, *Rhetorik der Überschreitung. Annotationen zu Beethovens Neunter Symphonie*, Pfaffenweiler 1992, S. 168.

127 Nietzsche, *Menschliches, Allzumenschliches* (Anm. 102), S. 175.
128 Wittgenstein, *Tagebücher 1914-1916* (Schriften, Bd. 1), Frankfurt a. M. 1984, S. 130.
129 *Für die Vögel* (Anm. 7), S. 134.
130 *Anarchic harmony* (Anm. 28), S. 139.
131 Nietzsche, *Die fröhliche Wissenschaft* (KSA, Bd. 3 [Anm. 18]), S. 422.
132 Hugo von Hofmannsthal, *Eine Monographie* (Gesammelte Werke. Reden und Aufsätze I, hg. v. Bernd Schoeller), Frankfurt a. M. 1979, S. 479.
133 *Für die Vögel* (Anm. 7), S. 87.
134 Nietzsche, *Ueber Wahrheit und Lüge im aussermoralischen Sinne* (KSA, Bd. 1 [Anm. 18]), S. 880.
135 Nietzsche, *Götzen-Dämmerung* (Anm. 99), S. 76.
136 Nietzsche, *Nachgelassene Fragmente 1884-1885* (KSA, Bd. 11 [Anm. 18]), S. 635.
137 Nietzsche, *Götzen-Dämmerung* (Anm. 99), S. 98.
138 Nietzsche, *Die fröhliche Wissenschaft* (Anm. 131), S. 593.
139 Jean-Paul Sartre, *Mallarmés Engagement*, Reinbek 1983, S. 14 f.
140 Nietzsche, *Götzen-Dämmerung* (Anm. 99), S. 78.
141 *Für die Vögel* (Anm. 7), S. 79.
142 *Silence* (Anm. 51), S. 38.
143 Kostelanetz, *Gespräch mit John Cage* (Anm. 5), S. 30.
144 Nietzsche, *Die fröhliche Wissenschaft* (Anm. 131), S. 574.
145 A.a.O., S. 480.
146 Fjodor M. Dostojewski, *Die Dämonen*, München 1977, S. 492 u. 506.
147 Sigmund Freud, *Dostojewski und die Vatertötung* (Studienausgabe, Bd. 10, hg. v. Alexander Mitscherlich, Angela Richards u. James Strachey), Frankfurt a. M. 1969, S. 279.
148 Theodor W. Adorno, *Ästhetische Theorie* (= Gesammelte Schriften, Bd. 7), Frankfurt a. M. 1970, S. 216.
149 A.a.O., S. 403 f.
150 Charles, *John Cage* (Anm. 1), S. 44.
151 Adorno, *Ästhetische Theorie* (Anm. 148), S. 403 f.
152 Vgl. Dieter Schnebel, *Wie ich das schaffe?*, in: *John Cage* (= Musik-Konzepte. Sonderband), München 1978, S. 53.
153 Max Stirner, *Der Einzige und sein Eigentum*, Stuttgart 1972, S. 5.
154 Adorno, *Musikalische Schriften I-III* (Anm. 98), S. 534.
155 Paul Lafargue, *Das Recht auf Faulheit*, Frankfurt a. M./Wien 1966, S. 35 ff.
156 Nietzsche, *Die fröhliche Wissenschaft* (Anm. 131), S. 557.
157 Kostelanetz, *Gespräch mit John Cage* (in: vgl. Anm. 5), S. 39 f.
158 Boulez, *Wille und Zufall* (Anm. 25), S. 96.

159 Nietzsche, *Die fröhliche Wissenschaft* (Anm. 131), S. 540.
160 Boulez, *Wille und Zufall* (Anm. 25), S. 97.
161 Vgl. Claus-Steffen Mahnkopf, *Kritik der neuen Musik. Entwurf einer Musik des 21. Jahrhunderts*, Kassel u. a. 1998, passim.
162 Nietzsche, *Die fröhliche Wissenschaft* (Anm. 132), S. 481.
163 Adorno, *Einleitung in die Musiksoziologie* (Anm. 57), S. 379.
164 Adorno, *Ästhetische Theorie* (Anm. 148), S. 488.
165 Marcel Proust, *A la recherche du temps perdu*, Bd. 1, Paris 1949, S. 247, sowie Proust, *Briefe zum Leben*, Frankfurt a. M. 1983, S. 653 f.
166 Nietzsche, *Nachgelassene Fragmente 1885-1887* (Anm. 18), S. 465.
167 Adorno, *Einleitung in die Musiksoziologie* (Anm. 58), S. 378.
168 *Silence* (Anm. 51), S. 59.
169 Kostelanetz, *Gespräch mit John Cage* (in: vgl. Anm. 5), S. 35.
170 Johann Wolfgang von Goethe, *Die Weisen und die Leute* (Sämtliche Gedichte), Stuttgart o. J., S. 549.
171 *Zen. Sprüche und Leitsätze der Zen-Meister*, Frankfurt a. M. 1995, S. 37.
172 *John Cage im Gespräch* (Anm. 50), S. 217.

Cages kompositorische Hinterlassenschaft
Claus-Steffen Mahnkopf

> Die Zeit, die Musik ›braucht‹ und die sich gibt,
> während wir sie aufführen oder erleben,
> ist die einzige *freie Zeit*,
> die uns vor dem Tode gewährt wird.
>
> (George Steiner)

John Cage ist weniger eine der großen Herausforderungen der Kunst als vielmehr eines der gewaltigsten Mißverständnisse in der Musik des 20. Jahrhunderts. Ästhetische Konzeption und musikalisches Resultat, intellektuelle Reflexion und performative Wirkung, Theorie und Praxis treten disparat auseinander wie kaum je in der Kulturgeschichte. Dabei erreicht ihn im radikal säkularisierten Zeitalter – unfreiwillig, aber geduldet – der Status retheologisierter Sakrosanz. Am Ende der ›neuen‹ Musik ersteht nichts als ein Dilettantenmythos: Cage ist längst die Bezeichnung für eine Ideologie, die sich nur deswegen hält, weil Intellektuelle, von alters her Ideologiekritiker, die Fronten wechselten. War es noch bis in die frühen 1980er Jahre hinein ›fortschrittlich‹, struktureller Musik, der Wiener Schule wie des Serialismus, zu huldigen, so schlug der Eifer ins blanke Gegenteil um: in irrationale Rationalitätskritik, die weder Kritik ist noch ihren Gegenstand kennt. Daß das Irrationale das höhere Rationale sei, war in musicis immer ein verlockendes Angebot, wo blinder Glaube das Nachdenken substituierte.

Auch wenn die Cage-Ideologie nicht müde wird, bei ihrem Buddha die Getrenntheit ästhetischer Oppositionen – wie die von Material und Verfahren, von Notation und Aufführung – zu unterstreichen, eines läßt sich gewiß nicht auftrennen: das Ineins von Urheber und dessen weitverzweigter Aneignung. Was Cage überhaupt war und ist – sein Werk, die einzelnen Stücke, das Denken, das Leben, die genuine Wirkung – ist von einer Hagiographie überwölbt wie nur noch bei Jesus Christus und Karl Marx. (Dem wäre auch bei Wagner so, gäbe es nicht die immer auch parallel laufende aufklärerische Tradition als Korrektiv der dummen.) Wer heute sich über Cage sachhaltig äußern möchte, müßte sich zu den Quellen zurückwenden, den Schutt eines Jargons freilegen, auf den sich der Sekundärdiskurs allein verengte. Dieser fungiert als Poetik für Leute, die nicht den Mut haben, sie als eine eigene zu deklarieren. Das freilich ist bei Cage selber

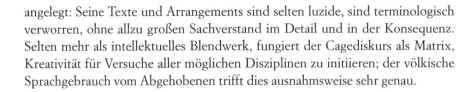

angelegt: Seine Texte und Arrangements sind selten luzide, sind terminologisch verworren, ohne allzu großen Sachverstand im Detail und in der Konsequenz. Selten mehr als intellektuelles Blendwerk, fungiert der Cagediskurs als Matrix, Kreativität für Versuche aller möglichen Disziplinen zu initiieren; der völkische Sprachgebrauch vom Abgehobenen trifft dies ausnahmsweise sehr genau.

I. Phänomenologie einer Ideologie

Ist einmal ein gewisser Abstand zu den rituellen Exzessen der Verheiligung gewonnen, die in mythischer Regelmäßigkeit aufkommen, wenn der Name Cage auch nur fällt – ein Geschehen, das vor allem bei der nachrückenden Generation von Musikern und Komponisten zunehmend den Eindruck abenteuerlich gesteigerter Lächerlichkeit hervorruft –, hat man zu einer Nüchternheit gefunden, die Husserl als epoché methodisch empfielt, dann fällt das Kartenhaus Cage, der Mythos um seinen Namen, der Geniekult um eine Sache, die nichts oder nur sehr wenig ist, der wahnhafte Zwang, gerade zu diesem Namen immer wieder zurückzukehren, als ob es im 20. Jahrhundert nicht wichtigere Probleme gegeben habe, peu à peu zusammen, langsam, aber sicher, und bis zum Ende: Übrig bleibt jenes Nichts, das Cage allerorten zugeschrieben ist, nur diesmal nicht beim Objekt, sondern bei der Rezeption. Cage ist heute kaum mehr als eine Projektionsfläche, aber nicht aufgrund von Reichtum (wie bei Beethoven und mehr noch bei Wagner), sondern vermöge einer völligen (in der Kunstgeschichte einmaligen) Leere, auf die, gemäß einer logischen Binsenwahrheit, daß Alles und Nichts zusammenfallen, ein jeder, was ihn umtreibt, applizieren mag. So wird der Mythos um den Namen Cage zur einer Ideologie, doch geradezu als einem *un*bewußten Geschehen, da die Propagandistik ohne erklärtes Ziel, wie es noch die politischen Avantgarden hatten, gleichsam leerläuft. Die Cage-Ideologie wurde somit in den 1980er Jahren für den Diskurs der Musik zu einem Religiösen, zumindest zum Religionsersatz, in jener Zeit, da, Baudrillard zufolge, sich Geschichte umzukehren begann, die utopischen Ressourcen der 68er Zeit aufgebraucht waren. Wenn schon gesellschaftspraktisch nichts zu erhoffen sei, dann solle wenigstens die Kunst ein wenig Paradies zeigen, selbst wenn Kunst doch verdammt scheint, die reale Ohnmacht gerade zu reproduzieren. Zum Glück, so wird insinuiert, gebe es Cage, bei dem selbst ein Nahestehender wie Earl Brown seine Zweifel hatte, ob er wirklich Musik liebe, und der durchaus zuzugeben bereit war, daß er »keinerlei musikalische Begabung« besaß; und man braucht nur mit dem Finger zu schnipsen, Cage zu ›machen‹, und schon ist man in der Freiheit. Die Abdikation der Intellektuellen braucht sich nicht einmal mehr zu verbrämen.

Bei der Frage, wie ein Mann, der so wenig Musikalität besaß und mit seinen Äußerungen zu Beethoven, wahrhaft einem Komponisten, unmißverständlich bewies, daß er von Musik verschwindend wenig Ahnung hatte, überhaupt Aufmerksamkeit und Gefolgschaft auf Dauer, also kontinuierlich, binden kann, böte sich ein Vergleich mit Religionsstiftern und deren Charisma an; zumindest würde Max Weber einen solchen Weg vorschlagen. Und in der Tat wird immer wieder von Beteiligten Cages menschliche Präsenz betont. Doch die Antwort dürfte tiefer zu suchen sein: Die Kraft charismatischer Persönlichkeiten, die einst ganze Völker zu binden verstanden, bestand nicht zuletzt aus einem exklusiven, stets geheim gehaltenen Wissen, mit dessen vorgeblichem Vorsprung man sich Führerschaft sicherte. Das Raffinierte und zugleich Perfide an der Cage-Ideologie ist indessen, daß die Tatsache, daß kein Geheimnis vorliegt (Cage inszeniert Leere), selbst zum Geheimnis hochstilisiert wird, was nur funktioniert, da es für die unausrottbar intentionalen Rezipienten ›hinter‹ dem Nichts doch noch etwas geben muß. Der Cageismus ist ein bauernschlaues, »zynisch abgefedertes« (Sloterdijk) Spiel um ein Nichts, er ist eine Angelegenheit von Intellektuellen, kaum der Musiker und schon gar nicht der ›Hörer‹. Daraus erklärt sich das Mißverhältnis in der Rezeption: Das Reden und Einführen, auf das nichts folgt, sind wichtiger als das zu Hörende spannend, von dem das Gerede so trefflich ablenkt.

Und dergestalt ist der Cage-Diskurs fast ausschließlich Ausdruck einer grenzenlosen intellektuellen Regression: nämlich des Nichtaushaltenkönnens und -wollens von Vermittlungsschritten, des Vergessens aller vormaligen Kritikfähigkeit, vor allem angesichts der Religionskritik und der Kritik der politischen Ökonomie. Gerade Altmarxisten beten heute zu Cage, dessen ›Anarchismus‹ ohne jeden Anspruch auf Weltveränderung war, anstatt gesellschaftliche Analyse zu betreiben. Cages Widerspruch zwischen Pragmatismus und Esoterik war antiintellektuell unvermittelt, und gerade dazu laufen scharenweise Intellektuelle über, mit einigem Masochismus sicherlich, aber auch den Beweis eines Schwindels liefernd: Sie sind Irrationalisten, zumindest Reflexionsschwache geworden, wenn sie es nicht schon immer waren. Anstelle des Eingeständnisses der Verzweiflung bekundet sich nur die eigene Unfähigkeit zur Trauer, die ein Feldman musikalisch geradezu kodifizierte.

So führt die fröhliche Lauterkeit Cages, sein differenzloser Spaß an der Welt, wie sie ist, die auf Dauer nervige Koketterie mit dem Nichts dazu, daß alle Rede über Cage heute, soweit sie von den Jüngern betrieben wird, logisch und in

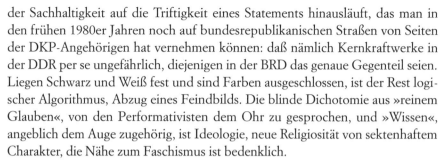

der Sachhaltigkeit auf die Triftigkeit eines Statements hinausläuft, das man in den frühen 1980er Jahren noch auf bundesrepublikanischen Straßen von Seiten der DKP-Angehörigen hat vernehmen können: daß nämlich Kernkraftwerke in der DDR per se ungefährlich, diejenigen in der BRD das genaue Gegenteil seien. Liegen Schwarz und Weiß fest und sind Farben ausgeschlossen, ist der Rest logischer Algorithmus, Abzug eines Feindbilds. Die blinde Dichotomie aus »reinem Glauben«, von den Performativisten dem Ohr zu gesprochen, und »Wissen«, angeblich dem Auge zugehörig, ist Ideologie, neue Religiosität von sektenhaftem Charakter, die Nähe zum Faschismus ist bedenklich.

Nicht unähnlich verhält es sich mit der Cageideologie. Sie ist Glaubenssache. Wohin man immer blickt, das Ergebnis ist stets das Gleiche: Alle sagen, was Cage *nicht* macht, keiner vermag zu explizieren, was er tut. Offenbar handelt es sich bei Cage um ein Nichts in Reinkultur. Das mag man ja billigen, immerhin ein Extrempunkt von Kunst, und Abwesenheit ist in vielen Fällen besser als Anwesenheit. Doch daß dies Wenige, Geringe, dieses fast gar Nichts eine derartige Flut von Aufsätzen nach sich zog und zieht, derart viel Energie bei durchaus intelligenten Leuten band und bindet, zeigt, daß an Cage etwas ist. Dieses ist freilich nicht von Musik. Cage ist der Indikator eines Problems, doch des falschen, zumindest eines falsch bezeichneten.

Auffällig ist, daß Cage vor allem in Deutschland seit den späten 1970er Jahren – also mitten in der Saison der musikalischen Postmoderne – zur Ersatzreligion wurde, und manchem der tonangebenden Musikintellektuellen ist in der Zwischenzeit alles andere – vielleicht von wahlverwandten amerikanischen Komponisten abgesehen – verhaßt und ein Greuel, nicht zuletzt ›Werke‹, die als veraltet und zurückgeblieben denunziert werden. Eine Pathologie des Neue-Musik-Systems harrt noch der Niederschrift, zumal die des deutschen. Aber es gehört nicht allzu viel methodische Kühnheit dazu, die verheerenden und bis heute nicht einmal in Ansätzen aufgearbeiteten Spätfolgen von Hitlers Kulturzerschlagung in eine solche Studie einzubeziehen. Auschwitz steckt den deutschen Intellektuellen in den Knochen – zu Recht angesichts des Einmaligen und Unfaßlichen und doch auch mit zweifelhaftem, da genau dies ihnen bewußtlos, als blinder Fleck bleibt. Die Kulturkatastrophe des 20. Jahrhunderts wird somit nur um so gründlicher verdrängt. Folge ist unter anderem, daß, anstatt im Namen ihrer Entsühnung gegenkulturell zu arbeiten, der ideologische Kampf – und das Signum Cage steht in Deutschland für nichts anderes als den Kampf um die kompositorische Zukunft – einem ähnlichen ignoranten und überdies moralisch ›kalten‹ Exklusions- und Prioritätsprinzip wie einst folgt. Der Fundamentalismus der Cagianer ist nicht sehr verschieden von den totalitären Dogmensystemen von links und rechts. Das Unheil obsiegt kraft Wiederholung. Die Hagiographen von heute erliegen insofern dem, was ihnen in die Knochen fuhr, während sie immer noch glauben, mit Cages Freiheit und seinem Gefasel von glücklich neuen Ohren ein für alle Mal ein nicht entsühnbares menschheitsgeschichtliches Unrecht vergelten zu können. Das Übergroße an der Schuld von Auschwitz wird so beantwortet mit einer übergroßen, aber eben deswegen in der Sache winzigen Projektionsfläche. Cage ist das schlechte Gewissen der deutschen Restkultur.

Der japanische Wahlspruch, den Cage sich zu eigen machte, »Jeder Tag ist ein schöner Tag«, ist nach allem, was passiert ist, nicht zuletzt für diejenigen, die in den KZs kauerten, und nach allem, was seit der Industrialisierung und Bürokratisierung an Vernichtung bekannt wurde, schlicht Hohn. Und doch ist die falsche Ineinssetzung von Leben und Kunst der Todernst der Cageianer. Solche Befreiung des Lebens wird zur Entleerung der Kunst und die entleerte Kunst zur neuen Fessel des Lebens, das keinen symbolischen Widerhall mehr findet. Die Cage-Ideologen steuert Haß, der Haß gegenüber denjenigen, die Musik vermögen, dem musikalischen Denken, dem Komponieren. Dahinter demokratisch Ehrenwertes zu goutieren, wäre naiv. Ideologen sind Eiferer, und Eiferer sind selten lauter. Dem Cage-Diskurs – genau an den Intrigen im Neue-Musik-System zu beobachten – geht es um totalitäre Okkupation, nicht selten einen Musikstalinismus, also um das Gegenteil dessen, was Cage wohl im Sinn hatte.

Als Schönberg vom jungen Cage, der sein Schüler werden wollte, erfuhr, daß er nicht zahlen könne, verlangte jener, daß er stattdessen sein gesamtes Leben der Musik widme. Das war eine der verhängnisvollsten Autoritätsbekundungen der Kunstgeschichte, da Cage, auf sehr vielen Gebieten begabt, immer wieder zu einem Gebiet zurückkehren mußte, das das seine einfach nicht war. Hätte Schönberg, dessen Schüler Cage nur für den Mythos war, dessen temporäre Partizipation am Unterricht weniger europäisch-emphatisch genommen, Cage wäre der lebenslange Fluch der griechischen Metaphysik ebenso entgangen, wie uns ein Mißverständnis ersten Ranges, daß der ›Künstler‹ Cage ein ›Musiker‹, ein ›Komponist‹ gewesen sei, erspart geblieben wäre. So aber hat sich Schönberg vergriffen und sind wir angehalten, wie bei allen Ideologien so auch bei Cage aufzuräumen, um für eine späte Zukunft freizulegen, was an ihm produktiv, Hinterlassenschaft sein mag.

II. Zeugnisse

Ein häufig anzutreffendes Argumentationsmuster, nicht allein in der Populärmeinung, sondern auch in der Wissenschaft, die so dieser billigend Vorschub leistet, besteht in der entdifferenzierenden, nämlich Cage vereinnahmenden historischen Kontextualisierung im Zusammenhang mit dem Serialismus. Aus der bloßen Tatsache einer intensiven frühen Korrespondenz und Kommunikation wird eine Nähe zwischen Boulez und Cage – einer kurzen Berührung von ansonsten inkommensurablen Größen – aufgebaut, mit der Folge, daß Cage keine Opponenten mehr kennt, sondern a priori als die bessere Lösung dasteht. (Cage war immer schon der bessere Boulez – das ist der Eindruck, der geweckt wird.)

Zu solchen Entdifferenzierungen gehört das Märchen von der angeblichen Identität der Klangresultate total determinierter und total indeterminierter Musik. Was wie eine elegante und logisch gleichsam tautologische Dialektik daherkommt, spottet jeder ästhetischen Erfahrung und jeder Reflexion auf Kompositiontechnik. Zunächst: Mag auch Cages Musik ab und an in der Tat »total« indeterminiert sein (dies ist verfahrenstechnisch ja nicht unmöglich), gilt dann aber umgekehrt, daß die einstigen Werke der Serialisten »total determiniert« auch faktisch (d.h. jenseits der theoretischen Agitation) waren? Was heißt »determiniert«? Was heißt »total«? »Total determinierte« Musik ist technisch schon deswegen nicht möglich, weil Kausalketten niemals abschließbar sind. Das Entscheidende ist jedoch, daß die Werke, die in den 1950er und 1960er Jahren in Europa entstanden, in keinem Fall wie Cage klingen. Dies gilt selbst für das sprödeste Stück, den unmittelbaren Beginn des ersten Buches der *Structures*. Und auch die ›aleatorischen‹ Stücke (3. Klaviersonate von Boulez und *Klavierstück XI* von Stockhausen) klingen nicht nach Cage. Der Musikwissenschaft stünde ein kritischeres Verhältnis zu ihren Gegenständen an.

Denn es mag zwar stimmen – was der frühe Briefwechsel zwischen Cage und Boulez belegt –, daß beide in einer bestimmten Phase (Boulez war damals blutjung!) um Mathematisierung der Anordnung des tonlichen Materials bemüht waren, der entscheidende Unterschied ist aber: Cage macht dies, um jedweden Sinn erst gar nicht entstehen zu lassen, er geht spielerisch damit um, als Methode, an ›traditionellem‹ kompositorischem Denken vorbeizukommen, während Boulez damit gerade musikalischen Sinn erzeugen und verbindlich machen möchte und eben deswegen solche Konstruktivität auf ihr musikimmanentes Potential abprüft. Beide vertreten so ›experimentelle Traditionen‹, aber auf unvergleichbaren Ebenen: Cage ›spielt‹, Boulez kundet aus. Und die weitere musikalisch-kompositorische Entwicklung zeigte klar: Cage war ein Epiphänomen, das kaum etwas mit dem, was in Kranichstein geschah, zu tun hatte. Daß Cage aber dennoch 1954 bzw. 1958 wie eine Importbombe wirkte, spricht nicht für ihn, sondern gegen die mangelnde Reife der einstigen Avantgarde.

Zeugnisse zu Cage gibt es buchstäblich wie Sand am Meer. In einem jeden spiegeln sich Facetten von Projektionen, die auf Cage, eine leere Plattform ohne Geometrie, gerichtet werden. Jeder Zeuge sagt mehr über sich als über den Gegenstand, der nur als Indifferenzpunkt irgendwo am Horizont des bloß Erahnbaren auftaucht, als eine Art minimale Schnittmenge. Die folgende Auswahl ist zwar selektiven Charakters, aber durchaus repräsentativ.

Hans Heinrich Eggebrecht

Eggebrecht ist das 20. Jahrhundert insgesamt, und seine Neue Musik erst recht, ein Ärgernis. Musikalische Verständlichkeit höre bei Schönberg auf, Musik sei die Musik – in Absetzung von »Alter« und »Neuer«. Seine Position ist glasklar – atonale Musik ist eine contradictio in adjecto –, und doch wird sie nicht besser, je länger die musikalische Evolution sich fortbewegt. Eggebrecht ist der Vertreter einer aussterbenden Musikologengeneration, die Mittelalterforschung betrieb und daher Geschichte nicht anders als Verfallsgeschichte denken konnte, und so landet er, der konservative Senior der deutschen Musikwissenschaft, im Alter nicht bei Ferneyhough, nicht bei Lachenmann, desgleichen nicht bei Rihm, interessanterweise auch nicht bei Riley, Pärt oder Schnittke, sondern bei Cage. Es gibt »keinen Komponisten ..., der mich in letzter Zeit so beschäftigt hat wie er.«[1] Angesichts von Cages radikalem Gar-Nichts ist zu fragen, was Eggebrecht denn sucht (bzw. zu finden glaubt), wenn es dort nichts zu finden gibt. Die Antwort kann nur lauten: Eggebrecht sieht in Cages Spiegel der Leere die Totalität der Fragestellungen des 20. Jahrhunderts, die er ein Leben lang floh.

Cage fasziniert Eggebrecht deswegen, weil er all das in Frage zu stellen scheint, was diesem lieb und teuer ist: Sinn und Gehalt, das musikalische Denken. Cage ist gleichsam das schlechte Gewissen dafür, ein ganzes Jahrhundert zu versäumen, und zugleich dessen totale Entlastung, da der Un-Sinn Cages nur die These wiederholt, die Eggebrecht ohnehin immer schon hatte: Wenn alles Verstehen an die Tonalität gebunden und die Atonalität un-verständlich ist, dann ist es nur logisch, im Alter bei jenem Komponisten, der das Nicht-Verstehen zum Programm erhob, anzugelangen. Eggebrecht, der atonale Musik nicht *konkret* zu bekämpfen vermag (dies setzte eine genuine Einfühlung voraus), befreundet sich, sehr zum Leidwesen der orthodoxen Cageianer, mit der abstrakten Negatorik an, die Cage so entwaffend unschlagbar macht.

Hans Zender

Zender wünscht sich und den Zeitgenossen »happy new ears«[2], gemäß einem Wahlspruch Cages. Dabei ist nicht das »happy« das Problem – wer wollte das Glück nicht, wer wollte es verwehren? –, sondern das »new«, denn es bezeichnet entlarvend den Preis, der zu zahlen ist, wenn wir die Ereignisse und die Gründe des anhaltenden Unglücks hinter uns zu lassen wünschen – ein radikales Vergessen, der Traum aller Postmodernisten, denen die Moderne schlicht zu viel wurde. Doch Unglücklichsein ist nicht nur eine Konstante allen Lebens, sondern auch jene Grundbefindlichkeit, aus der heraus je von neuem Glück überhaupt emergieren mag: als augenblickshafte Ekstase. Wirklich glückliche und ›glücklich neue‹ Ohren sind nur einer befreiten Menschheit, von der die reale sich unaufhörlich wegbewegt, vorbehalten. Unsere sind a posteriori unglückliche, zumindest aber keine glücklichen. Wer aber (einfach) vergißt (anstatt das Belastende in die Lebensgeschichte zu integrieren), den holt das Unheil um so sicherer ein. Nur wer beispielsweise Auschwitz vergäße, kann ein zweites errichten oder dessen Einrichtung verkennen. Das radikale Vergessen, das den Cageianern vorschwebt – und Zender gehört keineswegs orthodox zu ihnen –, schlug längst in eine (er)neue(rte) Form von Totalitarismus um.

Für Zender war Cage »einer der ernsthaftesten Musiker, die ich kennengelernt habe«.[3] Andererseits ist Zender, als Komponist wie als Dirigent, mit einer sehr großen Zahl von Musikern zusammengekommen, so daß man sich zu fragen beginnt: Waren sie alle so sehr weniger ernsthaft, daß sie an jenen Superlativ nicht heranreichen konnten?

Auch Zender glaubt offenbar an den göttlichen Funken, der von Cage überspringt: »Musik ist hier nichts als sie selbst.« Zender ist zu reflektiert, als daß er daran wirklich glauben könnte; der Satz ist vielmehr Ausdruck eines uralten Musikertraums: des einer gänzlich erfüllten Musik (auch des Traums von Adornos *musique informelle* im übrigen). Warum aber kann man nicht eine Sehnsucht Sehnsucht nennen, im vollen Bewußtsein, daß Idealität gerade nicht real ist? Warum daneben treffen, zudem zugunsten eines Phänomens, von dem noch nicht einmal sicher ist, ob es überhaupt Musik genannt werden kann?

Doch: »Cage habe die Grundlagen der Musik neu entdeckt« – das ist, als ob jemand, vielleicht weil ihm das Erlernen der Grammatik einer fremden Sprache zu mühselig ist, kurzerhand die Sprache neu erfindet. »Cage hat in gewissem Sinne das Wunder vollbracht, eine ›ich-freie‹ Musik zu schreiben.« Was um alles in der Welt ist an der Ichlosigkeit, auf die doch in den zahllosen totalitären Regimen des 20. Jahrhunderts die Menschen heruntergezogen wurden, so zauberhaft, daß man sie auch noch musikalisch versüßen sollte? Letztendlich geht es Zender, von Herkunft und Wirkungsweise eher ein moderner Komponist, um eine Form von Postmodernität: Was den Philosophen nie so recht gelingen mochte, der Ausstieg aus der Moderne, die Installierung einer post-histoire, das scheint das musikalische Zen ohne jegliche Anstrengung zu schaffen: »Musikalisch würde das heißen, daß sich eine wahrhaft freigewordene Komponierweise in aller Unbefangenheit auch des ganzen Reichtums an Farben, Formen und Ausdrucksformen der Vergangenheit bedienen könnte, mit dem Unterschied, daß sie der Tradition nicht verhaftet wäre«. Doch das ist höllisch naiv – Tradition ist das (bewältigte) Erbe in Gestalt der Gegenwart, nicht der philologische Zugriff auf Gesamtausgaben; Ausdrucksformen der Vergangenheit hingegen sind prinzipiell unzugänglich, weil Ausdruck an das jeweilige Leben des sich Ausdrückenden unabdingbar rückgebunden ist. Vergangenheit ist somit nur um den Preis des Oberflächlichen und des falsch Angeähnelten herbeizuzitieren.

Heinz-Klaus Metzger

Für Metzger ist Cage die Freiheit schlechthin.[4] Alle übrige Musik – heute sowieso, und vermutlich auch alle übrige – verfällt einem geschichtseschatologischen Verdikt: Erst die Musik von Cage durchbräche die mythische Kontinuität der Naturbeherrschung, ja von Beherrschung insgesamt. Cage sei der einzig wahre dialektische Umschlag dieser Form instrumenteller Rationalität an deren Höhepunkt, im Serialismus, dessen Pendant im Klingenden er angeblich zum Verwechseln gleicht. Erst Cage führe zu Ende, was Telos seit der Emanzipation der Dissonanz war: die Befreiung jedes einzelnen Klangereignisses, ja die Befreiung von Ordnung, und dies heißt vor allem: Befreiung von der Ordnung der Zeit-Sukzession. Erst die Einführung des Parameters der Okkurenz, d. h. der (in diesem Falle zufallsgesteuerten) Verteilung des Materials auf den Zeitverlauf befreie das Einzelne von der Hierarchie der Abfolge.

Der Gedanke ist so einfach wie falsch. Jede Setzung sei bereits Beherrschung des Gesetzten und somit Teil jener Naturbeherrschung, die auf alle Formen von ›Herrschaft‹ überhaupt blind übertragen wird. Jedes Komponieren, und sei es einer einzelnen Note, sei bereits Ausdruck von Macht und somit von Unfreiheit. Das mag überzeugend nur auf den wirken, dessen psychische Not ihn zur Sucht allzu einfacher Lösungen treibt. Denn Okkurenz ist genausowenig ein Parameter musikalischer Produktion wie das Sein ein Prädikat Gottes. Die zeitliche Plazierung eines Klingenden – sein formaler Ort – ist nämlich bereits Ergebnis einer Logik parametrischer Steuerung und kann nicht ihrerseits auf den gleichsam ontologischen Grund zurückgesetzt werden. Syntax ist nicht disponibel wie Tonhöhenverläufe in ›Gestalten‹.

Metzgers Grundfehler liegt auf der Hand: Im Namen von ›Herrschaftsfreiheit‹ verdammt er alle Ordnung, und eben deswegen entgehen ihm gerade jene realen Zwangssituationen, die beim Namen genannt werden müßten. Auschwitz war eine Zwangssituation, nicht die phonetische und morphologische Ordnung im Wort ›Ordnung‹. Daß die ersten drei Phoneme sich ›ord‹ und nicht ›rod‹ anordnen, hat mit Herrschaft und Zwang weiß Gott nichts zu tun, sondern bezieht sich auf die Konstitution des Konstituierten: ›ordnen‹ und ›roden‹ sind zwei unterschiedliche semantische Komplexe. Das gleiche gilt für rhythmisch-diastematische Einheiten: musikalische Gestalten. Warum ist Musik, die als Schrift notiert ist, per se Ausdruck von Gewalt, Herrschaft und Verderben? Eine solche These ist gerade für den, der philosophisch zu denken vermag, derart absurd, daß man fragen muß, worum es eigentlich geht, wenn es beim Cageianismus nicht um Musik geht. Denn, daß etwa die Musiker nun plötzlich machen dürften, was sie wollten (während alle übrige Musik sich von einer solchen nicht-»freigelassenen« dadurch unterscheide, daß sie unmittelbaren kollektiven und individuellen Zwang ausübe), als die höchste Form der Musikentwicklung anzubieten, ist nicht nur hirnrissig, sondern gerade nicht Ausdruck von Freiheit, sondern regelrecht von Unfreiheit, Ausdruck der Unterdrückung all dessen, was Musik so unbeschreiblich göttlich macht.

Verbunden ist damit ein ebenso eindimensionales wie falsches Geschichtskonzept. Musikgeschichte sei nicht zuletzt die der Materialevolution und diese die Ausweitung des als Material Möglichen; da aber Cage in *Variations I* per definitionem ›alles‹, d.h. alles in der Welt als Material zugelassen habe, könne das Material auch nicht erweitert werden und die Musikgeschichte komme an ein Ende.[5] Über All-Sätze ist schon so mancher gestolpert. Denn wer ›alles‹ zuläßt, läßt gar nichts zu; wer alles zu Musik machen möchte, dem entgeht gerade Musik und kategorial. Mag Cage damals das Material ›erweitert‹ (was heißt in diesem Zusammenhang ›erweitern‹? Wurde das Materal nicht geradezu ›entwertet‹?) haben, Musikgeschichte hört damit nicht auf, denn man kann zwar – persönlich kontingent – derlei zum Anlaß nehmen, mit dem Komponieren aufzuhören, man kann aber genauso gut weitermachen, als sei nichts (oder nur etwas äußerst Ephemeres) geschehen. Schließlich ist Cage nicht die musikalische Weltformel.

Metzger ist Adorno entlaufen, dessen écriture er in jungen Jahren rasch imitativ erlernte, um schon um das 30. Jahr herum sich ein für alle Mal zu Cage als dem ganz Anderen, ganz Neuen und endlich absolut Freien manifesthaft zu bekennen. Damit ist der Bruch mit Adornos Musikphilosophie, der Cage diametral entgegengesetzt ist, vollkommen, und doch wird Metzger seither nicht müde, eben dies als Adornos Erbe standhaft zu behaupten. Als Brücke fungiert der in der *Dialektik der Aufklärung* thematisierte Begriff der Naturbeherrschung, der von Metzger voreilig und kurzschlüssig mit allem künstlerischen Tun, das Sinn, Form und Gestalt intendiert, so radikal gleichgesetzt wird, daß nur noch die verkrampft-verzweifelt totale Negation eines solchen ›traditionellen‹ Kunsthandelns ein künstlerisches Symbol für die Überwindung von Herrschaft inmitten einer herrschaftlichen Welt sein könne. Metzger übersieht dabei, das ist der Treppenwitz, alle Dialektiken, die so offensichtlich sind, daß sie einem, der Adorno in der Jugend las, nicht entgehen sollten, zumal die Dialektik zwischen abstrakter und konkreter Negation (deren letzterer nur wahrhafte Kunst fähig ist), wobei vor allem der Komplex ›Rationalitätskritik‹ durchaus komplizierter ist, als Metzger performativ vorführt.

Bei Metzger verwundern weniger die logischen Fehler, als die tapfere Konstanz Bewunderung abverlangt, mit der er eine denk-unmögliche Position aus und als Trotz gegenüber einer falschen und *nur* noch falschen Welt dieser entgegenhält. Ein solcher performativer Selbstwiderspruch, der sich bereits in der simplen Überlegung kundtut, daß schwerlich Metzger allein der letzte Mohikaner sein könne, ist nur auszuhalten, wenn die einstmalige Philosophie unbemerkt in eine private Form von Religiösität umschlug (wobei es sich im Bewußtsein, daß ohnehin alles falsch und verloren sei, ganz gut lebt, da man zugleich mit allem, wie es ist, einverstanden sein kann, ja muß).

Wie mag man das verstehen? In der Kritischen Theorie – das ist das marxische Erbe – ging und geht es um die gesellschaftliche Konzeption einer befreiten Menschheit, deren realpraktische Verwirklichung, wenn überhaupt, dann in den 1960er Jahren in Frankreich, Mitteleuropa, an deutschen Universitäten und auf deutschen Straßen, auch in den Staaten in der Luft lag. Dies ist freilich mißlungen; ja – der evolutionstheoretisch aufgeklärte Geist von heute weiß darum, daß jener Traum unrealistisch gewesen sein dürfte. Aber anstatt das Problematische daran, das bald Aporie, bald Paradoxie genannt werden mag, auszuhalten, lief Metzger – und dies ist charakteristisch für den Typus von Intellektuellen, den er vertritt, und typisch für seine Generation – zu der einfachen Lösung über, daß die Welt ohnehin untergehe und wenigstens in der guten, alten Musik noch ein anderes Licht – Cage nämlich – brenne: Exempel dafür, wie Freiheit wäre. Doch: Musik selbst, nicht Cage, ist Freiheit.

Reinhard Oehlschlägel

Es gibt ein weit verbreitetes Gesellschaftsspiel, das eine todernste Komponente enthält: die Frage, welche Musik man als akustisch wiederholbare Reproduktion, zumeist der Schallplatte, auf eine ›einsame‹ Insel mitnehmen wolle. Diese Frage ist nicht nur deswegen die nach Leben oder Tod, weil es die Insel absoluter Einsamkeit ist, sondern vordringlich, weil eine falsche Wahl zur Folge hätte, bis zum Lebensende auf das Elexier Musik verzichten zu müssen, ohne das, wie es scheint, der größte Teil der Menschheit nicht über die Runden kommt. Die Wahl muß einigermaßen klassisch sein, da ein einziges Ausdrucksextrem schwerlich zu den vielfältigen Facetten des Lebens sich zu gesellen vermag. Daher kommt es auch nicht von ungefähr, daß Bach häufig genannt wird, vor allem die Goldbergvariationen in der Einspielung eines kanadischen Pianisten, die in der Tat ganz aus der Mitte des Seins zu entspringen scheint.

Oehlschlägel wählt Cage, und davon gleich drei Platten.[6] – Was für eine Aufopferung, was für eine Selbstkasteiung, ist doch Cage Negation von allem: der Verzicht somit auf alle Musik überhaupt! Ein Leben lang, vor allem in der Phase vor dem Tod *ohne* Musik, dafür mit Cage! Wie sehr muß man gläubig sein, um einen solchen Widerspruch in sich aushalten zu können? Es fällt auf, daß keiner der befragten Komponisten Werke der Neuen Musik mitnimmt – das allein schon sagt fast alles über das Scheitern dieser Neuen Musik –, nur drei (Kagel, Stockhausen, Hamel) sind so souverän, daß sie sich selbst mitnehmen, im sicheren Glauben, daß die Kollegen (aller Jahrhunderte) nichts zu bieten haben und in ihrem Werk jene ›klassische‹ Mitte einmalig genau getroffen wird. Zum Glück gehört Oehlschlägel zu denen, die sich aufopfern, allein um des Werbeeffekts willen: ein Neue-Musik-Redakteur, der durch eine Märtyrertat den Glauben an die Neue Musik bewahrt und dies bekundet. Cage ist die Religion der Neuen Musik.

Daniel Charles

Charles hat sich vor langer Zeit zum philosophischen Fürsprecher Cages in Mitteleuropa gemacht, ohne daß ersichtlich würde, daß er sich sonderlich für Musik interessierte. Zumindest spielt Musik in seiner Argumentation keine elementare Rolle. Cage ist auch ihm ein Lebenskonzept, ein Konzept für ein Leben nach dem Leben. Sein Aufsatz *La paume (de) la dent*[7] beginnt mit dem entscheidenden Kategorienfehler aller Cageianer, der Behauptung einer Hierarchie, die keine ist. »Es sei die Fortschreitung von einem Ton A zu einem Ton B gegeben. Ist man verstimmt und sagt, B ›folge‹ aus A – zum Beispiel harmonisch –, so subordiniert man B unter A und verliert die *Intensität* von B.« Charles geht es um

Intensität (während es Schädler um die »Extensionalität« zu tun ist). Warum aber um Gottes willen verliert eine Entität an Intensität, nur weil sie aus etwas folgt? Abgesehen von der Frage, ob es überhaupt etwas gibt, was nicht aus etwas folgt (in der bisherigen Menschheitsgeschichte war dies stets und ausschließlich Gott, also ein Religiöses), und von der, ob nicht auch die radikal atomisierten ›Ereignisse‹ bei Cage aus etwas folgen (sei's zeitlich, sei's kausal, sei's generativ, sei's als Nichtintentionales intendiert etc.) – könnte es nicht sein, ja ist es unter bestimmten kontextuellen Bedingungen nicht wahrscheinlicher, daß etwas, was durch seinen Grund mit Dignität beladen wurde, gerade an Intensität zunimmt? Eine neue, entlegene harmonische Stufe etwa ist um einiges intensiver, wenn sie ›vermittelt‹ ist, was nicht zuletzt an Wagner auf jeder Partiturseite beobachtet werden kann. Jeder, der von Musik auch nur Grundkenntnisse besitzt, weiß, daß deren alles beschenkende Intensität sich ihrer Vermittlung-in-sich verdankt.

Aber Charles beruft sich auf einen Philosophen, auf Lyotard, den philosophisch schwächsten der bekannteren französischen Differenztheoretiker, auf einen, der offenbar von Musik wenig verstand – und eben dies teilt Charles, der über musikalische Sachverhalte verhandelt, als ob man sie mit fast-tautologischen Logismen so ohne weiteres erledigen könne. Charles hat nicht nur Intensität per se im Sinn, sondern um des Vielen, der Multiplizität, der Diskontinuität willen, ohne freilich deren Dialektik (die Bedingung der Möglichkeit ihres Seins) zu bedenken; er will das Deleuze-Guattarische Rhizom. Aber das Rhizom ist musikalisch nur polyvektoriell möglich, und welche andere musikalische ›Grammatik‹ vermöchte dies besser als der Komplexismus?[8] Denn das Viele ist durchaus mehr als das bloß lieblos Verstreute und Zusammengestückelte, es bedarf der Strukturierung, die sicherstellt, daß die Differenzen zwischen dem Divergierenden standhalten. Dies erheischt konzeptuell eine musikalische Fragestellung. Intellektuelles Blendwerk ist hierfür kein Substitut.

Stefan Schädler

Auch Schädler nähert sich Cage ambitioniert, doch nicht als Demagoge.[9] Ihn treibt eine ›große Frage‹ um, die nolens volens Cage berührt. Die Zeit an sich ist das Thema seiner Cagelektüre. Schädler stellt sich der »Extensionalität«, dem Außer-sich-Sein der Klänge, vor allem in der *Music of Changes*. Wo die monadisch isolierten Einzelereignisse gleichsam nur noch Pfeiler darstellten, um das Medium der Zeit affizierbar zu machen, komme deren nacktes Wesen zum Vorschein, das in aller sonstiger Musik und mehr noch in aller sonstiger Nicht-Musik immer verstellt sei. So instrumentalisiert die Überbewertung des Nichts, die das Klingende überfordert, es für ein zeitphilosophisches Problem, das sich an Cage entzünden mag, dessen ›Musik‹ aber zum bloßen Aufhänger intelligibler Reflexion wird.

Schädlers Ambition scheitert, muß scheitern, denn mag Cage auch in der *Music of Changes* als Verfahren Material und Zeit – den parametrisch definierten Klang und dessen »Okkurenz« – differenzhaft getrennt haben, von einer »Explikation dieser Differenz« kann mitnichten die Rede sein, eher von einer Wiederholung bzw. einem Belassen einer *basalen* und daher trivialen Differenz (eine Explikation setzte vielmehr eine Bewegung zwischen dem Differenten voraus). Dieses (bloß) Basale zeigt sich nicht zuletzt daran, daß auch in Schädlers ambitiösem Text das, was man erfährt, all das ist, was Cage *nicht* tut. Daß nichts Konkretes geschieht, liegt aber weniger daran, daß Cages Genialität so weit geht, daß uns armen Denkern die Begriffe ausgehen. Ich denke vielmehr, daß die Antwort darauf eher eine einfache ist: Wenn schon die gesamte Cage-Sekundärliteratur immer nur das eine referiert: das Nicht-Getane, dann hat wohl Cage auch nichts getan. Er ist der berühmte Kaiser ohne Kleider. So stützt sich auf *nur* jene basale Differenz Schädlers Argumentation.[10]

Geredet wird emsig und stetig von Zeit, gemeint ist aber Raum, der allein ein Kontinuum bildet, während Zeit *für uns* immer ein Ausschnitt daraus ist, und in den allein Objekte selbstgenügsam plaziert sein mögen, während Zeit immer nur im Widerpart zu etwas Intentionellem spürbar wird. Schädler spricht selbst von einem »›Darstellungsraum‹ im Unterschied vom ›Ausdrucksraum‹«. Gegenüber Cages Raumkonstruktion solcherart ist, was Adorno an Strawinsky verketzerte, geradezu harmlos: die bloße »Dissoziation von Zeit«, deren »Verräumlichung«. Cage hingegen *ersetzt* Zeit durch Raum und verabschiedet sich somit von allen immanenten zeitphilosophischen Fragen. Cage ist Maler, Objekteerfinder, aber kein Musiker. Stille schlägt in Nicht-Zeit um, wie umgekehrt der Raumpunkt in Zeit gemäß Hegels Enzyklopädie. Schädler nennt dies »Leere«, begeht aber den Fehler, darauf zu insistieren, daß dies »nicht die Auflösung des Zeitbegriffs überhaupt« bedeute. Vielmehr ist die Leere »die Zeit selbst: unbestimmt, verhüllt, unbekannt«. *Die Zeit selbst*: Was keinem Denker seit Augustinus gelang – bei Cage wird es Ereignis. Der Wunsch leitet die intellektuelle Imagination. Dies zeigt sich an den Prädikaten, die Schädler *der* Zeit zuspricht: Sie stimmen nicht. Zeit ist bestimmt, sonst wäre sie nicht, sie ist das Gegenteil von »verhüllt«, sie ist entborgen – und: Zeit mag zwar un*er*kannt sein, unbekannt ist sie genauso wenig wie ›Leben‹.

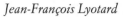

Jean-François Lyotard

Lyotard kennt sein eigenes Problem mit der Musik: »Schnell und von außen und, ich wiederhole es, ohne wirkliche Kompetenz, doch als ungenierter Amateur würde ich sagen ...«[11] Das hindert ihn aber nicht daran, sich weit vorzuwagen in die Musik, nicht zu einzelnen speziellen Fragen, sondern zur richtungsentscheidenden zwischen Moderne und Postmoderne. Lyotard, weiß Gott kein argumentativ-rekonstruktiver Philosoph, assoziert, läßt Wörter und ihre lautlichen Anklänge oszillieren und erhofft sich davon theoretische Sinnstiftung. Das scheint in musicis auch der einzige offene Weg, wenn man von der Sache so wenig versteht, wie es bei Lyotard der Fall ist. (»In der abendländischen Tradition wird der Rhythmus durch den Kontrapunkt geregelt«[12] – ein Statement, das sich wie die Quintessenz eines lebenslangen Studiums der Musik liest, das der Autor nie betrieben hat, ein Statement, das aber einfach falsch und un-sinnig, d.h. auch nicht als Form höheren Blödsinnes zu retten ist.) Den Text[13] durchzieht vielmehr ein Suggerieren: Durch geschicktes Durcheinanderwürfeln zentraler Reizbegriffe (Musik, Tonkunst, Klang, »Techno-Wissenschaft«, Gehorsam [als mit Hören systematisch verbunden] etc.) wird eine Dichotomie aufgebaut, auf deren einer Seite Rationalität, Komponieren, »Wissenschaft«, Kontrolle, Rasterung, Manipulation des Gehörs (Gewährsmann: Boulez), auf der anderen Freiheit, Entfesselung, Passivität des Gehörs, der Klang selber etc. stehen. Und hier übernimmt er – ohne musikalische Prüfung, für die er sich ja vorab als inkompetent erklärte, was ihn nicht daran hinderte fortzufahren – die Kultfigur Cage, anhand ihrer Selbstäußerungen mehr denn anhand der ›Musik‹, was eine immanente Kenntnis voraussetzte.

Lyotards ›philosophische‹ Ästhetik geht aufs Gegenstück zum Darstellbaren, auf das radikale Nicht-so. »Der Ästhetik ›nach dem Erhabenen‹ geht es um das ›Un-‹ des Undarstellbaren, Unhörbaren, Unsichtbaren, Unbestimmten, kurz: Es geht Lyotrad weniger um Ästhetisches denn um An-Ästhetisches.«[14] Dies heißt für unseren Kontext: Lyotard geht es nicht um einen sachbezogenen Beitrag zur Musik oder Musikphilosophie, sondern um eine (an-)ästhetische Programmatik, für die er illustrierende Exponenten benötigt. Dabei an Cage zu denken, liegt nahe. Falsch ist aber, diesen gegen Boulez und damit gegen alle »Tonkunst« auszuspielen. Lyotard übersieht die metabasis eis allos genos. Er übersieht, daß Cage deswegen in seine Konzeption paßt, weil das, was er macht, nicht Musik, sondern Nicht-Musik, also etwas ist, was kategorial aus jenem Bezugsrahmen herausfällt, gegen den zu polemisieren er sich windmühlentapfer anstrengt. Lyotard tappt in die Falle wie die anderen: aus Unsicherheit bei der Fürsprache für Cage sogleich das Verdikt über alle Musik mitauszusprechen.

Cage aber ist das Nichts – und dabei nur scheinbar dem Undarstellbaren näher als die Musik, welche immer schon ein Intentionales mit sich trägt: Da Cage sich diesseits der Unterscheidung von Dargestelltem und Undargestelltem bewegt, kann er auch nicht das Undarstellbare berühren. Seine Aufwertung durch Lyotard ist nichts als der auch in der verzweifelten Geste wenig überzeugende Versuch, ein ästhetisches, ein spekulatives Programm durchzuführen, das, so ist zu vermuten, nur innerhalb der Musik zu Ergebnissen führen könnte – denn, worüber anderes als über das Undarstellbare sprachen und sprechen denn die Komponisten, wenn sie die alle Semantik transzendierende Wirkung von Musik immer wieder aufs Neue und *stets hilflos* paraphrasieren? Aber so ist Lyotard eben Lyotard, ein bedeutender Mann, und die Cage-Ideologie durch ihn philosophisiert – die Musikwissenschaft übernimmt im übrigen gegenwärtig derlei fleißig und geflissentlich, hemmungslos und ungeprüft.

All diese Zeugen zeigen einige, aber sehr typische Facetten des Gesamtkomplexes Cageismus. Eggebrecht verirrt sich, Zender entpuppt sich als sehnsüchtiger Musiker, Oehlschlägel als Fanatiker, Metzger läuft zur Religion über, Schädler arbeitet sich um einer ganz anderen Sache willen ab, Charles ist ein Adept ohne musikalische Ambition und Lyotard ein Philosoph und eben wegen seiner Universalkompetenz jeder Disziplinlogik abhold – und mancher Musikwissenschaftler möchte sich die Option offen halten, auf die Seite des Siegers geschlagen zu werden. Der Cage-›Diskurs‹ lebt konstitutiv von Unklarheit.

III. Zur Kritik der performativen Künste

Der Grundfehler der Cage-Rezeption ist, Cage unter Musik zu firmieren. Er war fraglos vielseitig, sein Eklektizismus aus Experimentierfreude, Mystik, Pragmatismus und Optimismus machte vor nichts, also auch vor dem Klingenden nicht halt. Cage ist Aktionskünstler mit breitem Radius. Deswegen mußte er sich mit dem traditionellen Komponieren, das er nur sehr eingeschränkt beherrschte, berühren. Komponierte er einst ›Beziehungen‹, wie etwa in *Daughters of the Lonesome Isle*, dann sind sie dürftig, verzichtete er auf diese ›indeterministisch‹, breitet sich unsägliche Langeweile (ohnehin ein virulentes Markenzeichen der Neuen Musik) aus: Die Leere ist jene Leblosigkeit, die aus der Lebensverneinung resultiert, die unabdingbar am fatalen Prinzip der Ich-Negation klebt. Solche Verleugnung alles Ichlichen, Menschlichen wird, zumindest hauchdünn, ersetzt durch die einmalige Gnade der augenblickshaften performance, auf die virtuell alle ›Musik‹ Cages sich reduziert und die strengen Sinnes jeder CD, mit der nun Cage-›Interpreten‹ massenhaft reüssieren, spottet. Cages künstlerische Attraktivität liegt nicht zuletzt darin, daß er einer der großen Wegbereiter der performativen Künste ist[15], und *als solcher* sollte er in den Musikbüchern dahinschwinden.

Die Klangkunst, längst ein fester Bestandteil der Museumskultur (weniger des Konzertwesens), hält vieles auf sich, wenn sie sich regelmäßig auf Cage beruft. Immerhin steckt in einem solchen terminologischen Abgrenzungsversuch ein Körnchen Wahrheit: Klangkunst ist ›Kunst‹ mit dem Materialbereich des Klingenden, sofern dieses gerade *nicht* zu Musik verbunden wird. Das Klingende wird zum Objekt, zu dem in der Kunst virtuell alles, was die Welt zu bieten hat, werden kann. Musik hingegen besteht aus Beziehungen zwischen Klingendem – keineswegs ein Traditionalismus, sondern das entscheidende Definiens, das man subvertieren, aber keineswegs ersetzen kann. Klangkunst ist daher eindeutig auf nicht-›historische‹ Klänge angewiesen, weil jeder gestimmte Ton eines Instruments, jede Rhythmik, die mehr ist als pure Impulschaotik, nicht nur sofort an ›traditionelle‹ Musik gemahnte, sondern diese geradezu auslöste. Dies schränkt den Objektbereich der Klangkunst erheblich ein und führt dazu, daß die Künstler, die zwischen Komponist und Klangkünstler unentschieden pendeln, sofern sie sich der Instrumente bedienen, vormusikalische und zugleich postakustische Implikationen eingehen, deren Folgen sie nicht einzulösen vermögen. Das Resultat riecht nicht selten nach faulem Kompromiß. Geht es schließlich um Töne – und die Cageianer preisen ja unter anderem deren Freiheit an –, dann stellt sich vollends die Frage, ob es überhaupt Töne außerhalb des Historischen gäbe; ob nicht vielmehr jeder Ton eine Fixierung innerhalb eines Tonsystems ist, das in jedem hörenden Ohr miterklingt und Harmonik evoziert, wo doch deren angeblich rationale Gewalttätigkeit übersprungen werden soll; ob nicht überhaupt alles außeralltäglich Gehörte immer schon die Sehnsucht an frühe Musik in der Kindheit weckt, die als große später nachlebt, die weniger mit dem Etikett ›Rationalisierung‹, als mit dem des Erwachsenwerdens belegt werden sollte. Ob nicht-historisches Spiel mit Klang überhaupt kunstfähig ist, wird erst eine Distanz zum wirren 20. Jahrhundert bieten, in dem nicht allzu selten das bloße Gemachthaben bereits und einzig ein Kunstkriterium ist.

Doch Cage verhält sich interessanterweise quer auch und gerade zur Performativität; so mochte er persönlich die (musikalische) Improvisation nicht, die ihm zu spontaneistisch gewesen sein dürfte und nur dem Musizierbedürfnis der Musiker hedonistisch folgte. Ja, so ist zu fragen, kann ein Künstler, der das

Subjekt ausschalten möchte, überhaupt ein Performativist sein? Eher ist Cage, dessen Ablehnung traditioneller Musik Affekt ist und auf Unkenntnis beruht, ein Aussteiger aus der Kunst insgesamt. Nicht geht es ihm primär darum, Kunst und Leben zu ›versöhnen‹, also Kunst in Leben aufzulösen bzw. Leben der Kunst anzugleichen, sondern den Unterschied zwischen Kunst und Leben wegzubehaupten.[16] Das aber ist fatal, ergäbe schäbige Kunst und ein ›noch‹ entleerteres Leben. Cage mag – das bezeugt sein zweideutiges Grinsen auf vielen der Photos[17] – in seiner amerikanischen Unbekümmertheit seinen Spaß gehabt haben; und eben dies war *sein* Leben – was er als ›Kunst‹ hinterließ, war sein ganz persönliches Sich-Verwirklichen (übrigens ein sehr Ichliches und Intentionales). Daraus aber, analog zu Beuys, ein Generalrezept abzuleiten, wäre schwindelerregend: *Jeder ein Künstler*, welche Horrorvision der Menschheit. Erst einer befreiten fiele ganz zu, worum willen wir der Kunst heute bedürfen und einige sie ausüben; jenes wäre die Abschaffung der Kunst, nicht ihre quantitative Extension. Der Cage-Diskurs wird, will er über sich hinaus, die Theorien der kapitalistischen Gesellschaft studieren müssen.

Allen Spielarten der Performativität – Cage pur, Klangkunst, Improvisation, happening, Installation, performance – geht es um zeitphilosophisch Dignitäres: um Ereignis und Präsenz (jenseits aller Vorordnung innerhalb eines Zeitkontinuums), also Präsens. Das sind keineswegs postmoderne Fragestellungen, so sehr deren Protagonisten sie auch usurpieren mögen, sondern in aller Radikalität von einem der Urväter der Moderne bereits ausgesprochen, in einer der *Fleurs du mal*.

> *À une passante*
>
> La rue assourdissante autour de moi hurlait.
> Longue, mince, en grand deuil, douleur majestueuse,
> Une femme passa, d'une main fastueuse
> Soulevant, balançant le feston et l'ourlet ;
>
> Agile et noble, avec sa jambe de statue.
> Moi, je buvais, crispé comme un extravagant,
> Dans son œil, ciel livide où germe l'ouragan,
> La douceur qui fascine et le plaisir qui tue.
>
> Un éclair... puis la nuit ! – Fugitive beauté
> Dont le regard m'a fait soudainement renaître,
> Ne te verrai-je plus que dans l'éternité ?

Ailleurs, bien loin d'ici ! trop tard ! *jamais* peut-être !
Car j'ignore où tu fuis, tu ne sais où je vais,
Ô toi que j'eusse aimée, ô toi qui le savais !

Die Konzentration, mit der Baudelaire die Struktur des Augenblicks erfaßt, ist beispiellos: das Auftauchen eines Außergewöhnlichen inmitten einer neutralen Masse; die Schönheit, zumindest Einzigartigkeit der Erscheinung; das spontane Affiziertsein als Ausdruck völliger Überraschung, des Herausgerissenseins aus allem lebensweltlichen Bezug; das Blitzhafte, dem sofort radikale Abwesenheit folgt; das Flüchtige, das dennoch »wiedergeboren« macht; das »bien loin d'ici« und das »trop tard« bereits in dem Moment, als das Bewußtsein inne wird, was Dauer haben möge; das Nichtwissen, wohin das Momenthafte sich verflüchtigt hat. Entscheidend ist das Moment des Erotischen, es ist eine Frau, der das lyrische Ich begegnet, eine noble, die aber zugleich die Trauer mitbringt – nicht irgendetwas, Schatten des Nichts, erscheint, sondern das Allerrealste, eine Person unmittelbaren Begehrtseins.

Allein, Baudelaire benennt auch den Preis: Nicht nur ist die Erscheinung zweifelhaft und unheilschwanger (»le plaisir qui tue«), sondern der Augenblick ist zugleich ein Entzug von Dauer, ihm ist die Trauer übers Verschwinden einbeschrieben: »Ne te verrai-je plus que dans l'éternité?« Die Konsequenz ist deprimierend: »Ô toi que j'eusse aimée, ô toi qui le savais!« Der subjonctif plus-que-parfait inszeniert die vageste und zugleich bestimmteste Andeutung, was es geheißen hätte, des Verhießenen habhaft werden zu können.

Die Apostel des reinen Augenblicks verschmähen solche dialektischen Subtilitäten; sie möchten das Ereignis, das Noch-nie-Dagewesene und Niemals-Wiederkehrende, das absolut Exklusive freihaus, über einen Kunstgriff gleichsam garantiert, gekauft wie die Eintrittskarte in eine performance. Doch das Ereignishafte am Ereignis haftet an dessen Erotik. Wenn nichts (das »Nichts«?) statthat, was genügend affiziert, erotisch ist, dann fällt das in der performance Entbundene auf den bloßen Status von Privatbefindlichkeiten seitens der Akteure zurück, auf frühere traumatische Erlebnisse etwa bei feministischen Aktionen. Worin liegt aber bei den performances die Individualität, in die man sich verlieben könnte? Was mehr wäre als Langeweile? Wann würde die Trauer über das Verlustgeschehen zugelassen? Von den Cagejüngern ist gerade dies kaum zu erwarten, die Freiheit hier und jetzt erheischen, eine Illusion. Wahre performative Kunst wäre eine, die die Unzugänglichkeit des Ereignischarakters einbekennte und zum Thema machte, nicht eine, die vorgaukelt, man sei künstlerisch schon so weit, wie es bislang allen menschlichen Bemühungen verwehrt war.

Jenes Individuelle aber, das das Ereignis erotisch macht, also mit ›Inhalt‹ allererst versieht, ist ein zugleich in der Zeit Dauerndes und sich der Dauer Entziehendes – eine Frau taucht zwar auf, für den Sehenden, aber sie ist eine mit aller Vorgeschichte und allem Nach-Leben. Und dies erst verleiht ihr jene Würde der Attraktion, ohne die sie aus der Masse nicht heraustäte. Aber auf dieses Grau-in-Grau von (statistischen) Massenerscheinungen scheinen sich performances, sieht man von wenigen glückvollen Ausnahmen ab, zu vereinseitigen, wenn nicht Mark und ›Fleisch‹ hinzutreten. Und hier setzt die Verbindung zum angeblich traditionellen Werkbegriff an, dem es keineswegs um die eigene sakrosankte Kanonizität zu tun ist, sondern nur soviel um Konstanz, um Substanz und Verbindlichkeit, wie nötig ist, um ein Kunstgeschehen überhaupt zu ermöglichen. Und dieses ist immer ein Freisetzen des Nicht-Identischen im einmaligen Vollzug der Rezeption oder der künstlerischen Realisierung, zumal in der Musik, sofern sie leibhaft gespielt wird. Gerade im Zeitalter der technischen Reproduzierbarkeit ist jede musikalische Aufführung (von Werken!) bereits eine ›performance‹, Ereignis, jetzig, als gäbe es nur diese eine Zeit, als wären die Werke in diesem einen Augenblick komponiert. Die echten performances mögen zwar auf den Verlust der Aura antworten[18], bilden sie aber mehr als hilflose Reaktionsbildungen auf einen Verlust einer Größenordnung, die eine gewaltigere Antwort verlangte, als es die zaghaften Keimlinge des Augenblicks vermögen? Performativität ist kein Aufbegehren, geschweige Kritik oder Einspruch. Daher ist sie gesellschaftlich so leicht zu integrieren, ist sie harmlos, tendenziell Kunstgewerbe – im besseren Falle ein Fest.

Die überlieferten Aufnahmen der beiden zentralen Cagedebüts in Europa – 1954 in Donaueschingen und 1958 in Darmstadt[19] – zeigen ein lachfreudiges Publikum, ungehemmt, bar jeder Weihe, spontan und unbetulich, die Mordsgaudi genießend, heiter, die Vorführung als Spiel, als Cabaret nehmend, als ›Theater‹ ohne Inhalt, als Unterhaltungseinlage mit entwaffnender Unverblümtheit im Umgang mit dem Heiligtum Musik, als Spaß für den jetzthaften Augenblick, ohne jeden Tiefsinn und eben deswegen dem Aufatmen förderlich. Von dieser Lockerheit und Ausgelassenheit, von diesem Außer-sich-Sein ist heutzutage nichts mehr zu spüren, nachdem jedes ›Cage‹ genannte event zum Ritus metaphysischster Verstocktheit wurde, gleich dem heuchlerischen Minenspiel bei Beerdigungen derer, die keine Freunde waren. Zu jenem Festcharakter müßte alles um Cage herum wieder werden, zur Freiheit des Spielens, zum verwegenen Ausscheren aus der Ästhetik des sinnigen Nicht-Sinns. Es gilt, Cage seinen Verfechtern zu entreißen, ihn in eine veritable, rabelaishafte Lachkultur zu führen.

Performative Kunst mag man als neue ›Gattung‹ retten und zugleich limitieren, aber das radikale Zeitlichmachen (nicht zu verwechseln mit Verzeitlichung, einem Prozessualen) ist zuerst eine Frage der Musik, also eine an das Komponieren. Erklingende Musik ist immer schon augenblickshaft, auch wenn sie reproduziert ist; Interpretation ist ein Entstehendes, letztlich Unkontrollierbares, etwas, was sich selbst hinter dem Rücken der Musiker einstellt, ereignet. Davon zeugt die Rede, wenn Musiker nach einem Konzert davon sprechen, es sei ›viel Musik‹ entstanden. Es geht also beim Komponieren darum, Individuation so zu stärken, daß das Transzendierende des bloß material Gegebenen eben dieses Individuelle zu erfassen vermag, in Absetzung von irgendwelchen statistisch-stochastisch, aleatorisch oder technologisch algorithmisch erzeugten Texturen – im Übrigen keine neue Erkenntnis, sondern Ethos der gesamten abendländischen Musik. Dieses Individuelle, das Auskomponierte allein hat das Zeug zu jenem Erotischen, ohne dessen Affiziertsein ein *occuring* niemals die Größe eines Ereignisses erreicht.

Doch die Cage-Ideologen möchten mehr (und zugleich weniger) als das Ereignis als ein erotisches. Sie verzichten erklärtermaßen auf alles Inhaltliche am Ereignis, da sie Restbestände des Ichs wittern. Sie möchten das Ereignis als Offenbarung von Zeit, als zeitphilosophische Demonstration, fast als ein Didaktikum, sie möchten die Zeit selber, die nunmal nur als Gegenwart vorgestellt werden kann und deswegen von allen sachlichen Bezügen gereinigt sein müsse, die verdammt scheinen, stets auf Vergangenheit und Zukunft zu verweisen. Solch ein Anliegen ist aber ein Zu-den-Göttern-Greifen, und die Hybris liegt gefährlich daneben. Reine Zeit ist strengen Sinnes nicht zu erreichen, und wenn, dann noch am ehesten in den extremsten Erlebnissen des Lebens, wie Tod, Geburt, erster Liebe – daneben ist Kunst, trotz aller Fähigkeit zur Überhöhung, nach wie vor blaß.

IV. Eine musikalische Fragestellung

Daß *4'33"* eine Schlüsselkomposition des 20. Jahrhunderts sei, spricht viel dieses Jahrhundert, ähnlich Stalin und der Atombombe, ist geradezu das Symbol für das Scheitern der Neuen Musik, deren bekannteste Kultfigur Cage immer noch für den Großteil derer ist, die Neue Musik nicht kennen. Cages ›Ästhetik‹ fokussiert sich im Nichts, die ›Komposition‹ *0'00"* (»Solo, das von irgend jemandem auf irgendeine Weise aufzuführen ist«, übrigens identisch mit jedem je komponierten Solowerk), ist Cages musikalisches Vermächtnis, einmal den Prozeß der Ausdünnung ans Extrem geführt zu haben, immerhin eine abstrakte Option. Damit aber verschwindet der Gegenstandsbereich; so wie All-Sätze in der Logik keinen haben, ist auch die All-Musik keine. Das amerikanische ›just do it‹, das Cage wie kaum ein Künstler dem 20. Jahrhundert vormachte, ist sicherlich nicht geeignet, *konkrete* Kritik an europäischer, auf zweieinhalb Tausend Jahren an Geistesgeschichte beruhender Kunstauffassung zu üben. Konkrete Negation setzt die Kenntnis des zu Negierenden voraus. Der Stockhausen der 1960er Jahre rückte ähnlich vom notierten Werk ab (um später wieder mit aller lästigen Macht genau dahin zurückzukriechen), doch der Unterschied zu Cage ist klar. Die postserielle Überbietung des Serialismus durch dessen eigenen Hauptvertreter ist konsequent, wenn man die 1950er und 1960er Jahre als Einheit betrachtet: als Erkundung des post-traditionell überhaupt Möglichen, und dies heißt bei Stockhausen: musikalisch immanent Möglichen, während Cage sich genau hier im Davor befindet. Stockhausen ist nicht der schlechtere Cage, sondern, wenn schon, Cage der schlechtere Stockhausen, trotz des Altersunterschieds.

Cages kompositorische Hinterlassenschaft besteht genauso wenig aus Musik wie aus Lösungen. Sie besteht aus Fragen sehr allgemeiner Art, die fraglos einmal gestellt werden müssen und sicherlich auch eines Tages von einem anderen als Cage gestellt worden wären (einfach deswegen, weil die Reflexivität des musikalischen Modernisierungsprozesses den gesamten Möglichkeitshorizont von Musik, bis hin zur Nicht-Musik, auslotet), aber beschleunigt und vielleicht auch pointierter vorgebracht wurden von einem, der ganz von draußen kommt, der, gerade weil er nichts an Tradition, nichts an Semantik mitbringt, unbefangen und distanzgetragen den Finger auf Flecken legt, die so nicht gesehen werden – gleich kleinen Kindern, die auf Gesellschaften der Oberklasse stets die richtigen, also die peinlichen Fragen stellen. Cage hat diese Fragen – zentral: Zufall, Stille/Leere, Zeit, Klang-für-sich – aufgeworfen, ohne sie auf einer technischen Ebene zu verstehen (dazu hätte es eines fortgeschrtittenen Stands kompositorischen Denkens bedurft), gar lösen zu können. Sein eigener Umgang mit ihnen zeigt überdies, daß er hinter dem Horizont der eigenen Problembenennung deutlich zurückbleibt.

Zufall

Der Zufall wurde zum Fetisch der Cage-Rezeption, ohne daß der Begriff kompositionstechnisch geprüft worden wäre. Der simple Umstand, daß auch in der Kunst dialektische Logik nicht ohne weiteres suspendiert werden kann, demonstriert, daß der Zufall *an sich* nichtig ist, selbst unter pragmatischem Auge nichts ›bringt‹. Daß zu einem gegebenen Augenblick ein Pling auch ein Plang sein könne und doch für den Hörer dieses eine Pling ist, ohne daß er veranlaßt würde, auch nur die Potentialität eines solchen nichtexistierenden Plang zu erahnen, macht den Zufall, der dem Pling seine Existenz *genetisch* verleiht, noch zu keinem *künstlerischen*. Man greift sich an die Stirn angesichts der Tatsache, daß ungezählte Apostel Cages immer wieder betonen, daß es ausreiche, daß der Zufall methodisch im Generierungsvorgang lokalisiert sei – in der *Music of Changes* beim Erwürfeln, in variablen Formen durch das Arrangieren seitens der Interpreten –, wo man doch erwarten dürfte, daß ein Zufall auch als Zufall soll gehört, erlebt werden können. Das aber zählt zu den schwierigsten Fragen an das Komponieren. Denn alles ›Zufällige‹ ist im Augenblick seiner Realisierung genauso faktisch wie das Nicht-Zufällige. Hört man etwa Stockhausens elftes Klavierstück mehrmals, so gerinnt die Folge eher zu einem Variationszyklus als zum Aha-Erlebnis, daß Wirklichkeit und Möglichkeit divergieren.

Zufall ist immer schon ein Moment des Komponierens gewesen. Man mache niemandem weiß, daß nicht selbst Bach, in der Genauigkeit der kontrapunktischen Konstruktion kaum zu überbieten, nicht eine bestimmte Linie auch hätte anders führen können, sie aber aus Gründen (oder eben nicht aus Gründen), die wir nicht kennen und die wir nicht zu kennen brauchen, genau so und nicht anders notiert hat. Der Zufall spielt auch überall dort eine Rolle, wo musikalische Form mehr als Schablone ist, nämlich ein vom subjektiven kompositorischen Gestaltungswillen allererst mit Leben zu Füllendes; dort sind die Entscheidungen offen, und ihre künstlerische ›Richtigkeit‹ wird um so schwerer zu entscheiden sein, je mehr Skizzenvarianten durchgespielt werden, wie dies Bernstein und Gülke mit Beethovens Fünfter Symphonie unternahmen. Der Zufall in der tonalen Musik ist freilich ein Epiphänomen, da die Totalität des Systems, als welche Tonalität vorab eine geschlossene Welt zu garantieren scheint, Abweichendes, Sprüngiges sogleich mit aller Autorität integriert.

Erst der Atonalität wurde der Zufall zum Problem. Der Wegfall verbindlicher kompositorischer Apriori durch die zersetzend kontinuierliche Zerstörung alles ›Traditionellen‹, der vollendete Nominalismus der condition post-traditionelle setzt, und zwar auf allen parametrischen Ebenen, Risse für das Nicht-automatischerweise-Notwendige frei. Selbst der konsequenteste Konstruktivist der Gegenwart, Ferneyhough, muß mit irgendetwas ›Zufälligem‹ beginnen, was er freilich auch keineswegs ableugnet. Der Serialismus war der letzte (kindliche?) Versuch, Notwendigkeit zu erzwingen, dabei den Zufall verleugnend, den Schönberg bereits floh, als er glaubte, dem ›libertinären‹ Treiben der ›freien‹ Atonalität durch dodekaphone Zucht Einhalt bieten zu müssen. Kein Wunder also, daß den Serialismus die Kategorie des Zufalls rasch und mit aller beschämenden Wucht einholte. Cage war dabei nichts als ein Auslöser, um ein Unbewußtes zu aktivieren, ähnlich einer berühmten Süßigkeit bei Proust.

Sachlich jedoch hat die verdinglichte Form des Einzig-und-allein-Zufalls bei Cage wenig zur kompositorischen Bewältigung des Zufalls beigetragen. Und erst eine noch zu schreibende Theorie des Serialismus wird zeigen, welche technologische Topologie das Dreigespann aus Xenakis (statistisch-stochastischem Komponieren), Cage (»indeterminacy«) und Boulez/Stockhausen (parametrischem Denken) genau ausprägt. Im späteren historischen Verlauf wurde der Zufall zu einem geradezu selbstverständlichen Bestandteil des kompositorischen Denkens gerade dort, wo er nicht zur Schau gestellt wird: in der Faktur selber. Die Musik des späten Webern war der letzte geglückte Versuch, die musikalische Konstruktion derart verbindlich zu machen, daß durch alle materialen und zeitlichen Ableitungsverhältnisse hindurch das Moment des Zufälligen, des Auch-anders-sein-Könnenden getilgt wurde. Es kommt aber nicht von ungefähr, daß Webern miniaturhaft und licht komponierte (und überdies eine letztlich ›traditionelle‹ Morphologie in Anspruch nahm). Denn tut man das nicht, erhöht man also das (materiale) Komplexitätsniveau auch nur geringfügig, dann wächst die Zahl der generativen Folge-Manifestationen selbst bei strengster parametrischer Kontrolle ins Unkontrollierbare. Die dem Werk zu Anfang seiner Entstehung gesetzten Ausgangsbedingungen sind aufgrund der parametergesteuerten Mehrebenenkonstruktionen, aus denen alle polyphone Musik besteht, in ihren materialen und zeitlichen Konsequenzen gerade nicht völlig zu kalkulieren. Was etwa bei einem so strengen Verfahren wie dem Kanon an Koinzidenzen entstehen mag, das entzieht sich der restlosen ›rationalen‹ Planung. Das, was sich solcher Kontrolle, ja selbst dem Gutdünken, entzieht, ist, im besten Sinne des Wortes, zufällig. Es geht darum, daß sich das kompositorische Denken darauf einstellt.

Und genau dies geschieht im dekonstruktiven Werkbegriff, der die alten Oppositionen von geschlossen und offen, von (angeblich) determiniert und indeterminiert als hoffnungsos unterkomplex hinter sich läßt. Der musikalischen Dekonstruktion geht es auch um eine differenzbewußte Konfrontation von Notwendigkeit und ›Zufälligkeit‹, um ein Spiel mit beiden, das bald die eine, bald eine andere Richtung annehmen mag. So kann durchaus eine Komposition darauf angelegt sein, die Strenge eines ›streng‹ Komponierten soweit zu treiben, daß die Überkonstruiertheit in pflanzenhafte Nicht-Identität umschlägt (sofern serielle Stücke angeblich wie aleatorische klingen, mag solch ein Mechanismus wirksam gewesen sein, freilich unbewußt und alles andere als ›spielerisch‹); umgekehrt kann (und muß) ein zufällig aus der Konstruktion Emergierendes (und dies ist eine alltägliche Erfahrung konstruktiven Komponierens) durch geschickte Re-Kontextualisierung in Verbindlichkeit umgewandelt werden. Es wäre zu wünschen, daß einmal ein Stück mit genau dieser Kreuzungskonzeption komponiert würde (freilich nicht-didaktisch), aber nicht mit einer ›antiphonischen‹ Form, sondern verdichtet zu einem virtuell gleichzeitigen Geschehen.

Zufall ist das Zufallende, sich Ergebende, das Nichtgesteuerte. Wer ihn methodisch einsetzt, geht auch nicht auf Zufall, sondern auf Randomisierung. Cage, der anfangs sich der rituellen Mühe des Würfelns à la *I Ching* befleißigte, wurde derlei bald lästig, und er ersetzte die Generation von ›Zufälligem‹ später durch Computerleistungen, das krasse Gegenteil einer Zen-Praxis. Cages Hypostasierung des Ungeplanten schlägt um in die Planung des Planlosen, in Statistik, als welche man seine halbdeterminierten Werke auch hört. Die Nähe zu neumodischen Computerexzessen ist trotz des andersgelagerten Energieniveaus größer als zu den seriellen Klassikern, bei denen das expressive Moment als Unterdrücktes noch mitschwingt.

Damit der Zufall aber *als Zufall* spürbar werden kann, muß gehört werden können, daß das Zufällige auch anders sein könnte. Dazu bedarf der Zufall seines Widerparts, an dem er sich reibt. Schon deswegen ist total indeterminierte Musik das Ende des Zufalls. In Ferneyhoughs frühem Flötenstück *Cassandra's Dream Song* ist diese Erfahrung in die Formgebung eingesickert. Die Abschnitte befinden sich auf zwei getrennten Seiten, deren eine (das Material ist sehr faßlich, weil auf einen Zentralton bezogen) eine verbindliche Abfolge vorgibt, in die hinein die (morphologisch informellen) Sektionen der zweiten Seite nach Gutdünken des Spielers interpoliert werden. Der Interpret kann ›seine‹ Anordnung im langen Vorlauf einer Aufführung festlegen und der nun entstandenen Gesamtform eine in sich schlüssige Interpretation verleihen, er kann aber auch in der Aufführung selbst ›spontan‹ entscheiden und somit die Spannungen zwischen dem Notwendigen und Möglichen spürbar machen. Der Unterschied aber etwa zu Stockhausens *Klavierstück XI* ist, daß eine fixierte formale Matrix existiert, zu der der Interpret stets zurückkehrt, deren er sicher sein und weswegen er eben das Aleatorische an den Interpolationen allererst darstellen kann: ihr Anderssein.

Klang-für-sich

So wie ›Zufall‹ von zahllosen Mißverständnissen umstellt ist, weil dieser Begriff niemals spezifiziert wird und statt dessen ikonisch als Monstranz herumgetragen wird, ist auch die Kategorie des befreiten Klanges von ominöser Nebulosität. Häufig wird vom ›Klang an sich‹ gesprochen, ohne auch nur einmal die konstruktivistischen Gegenargumente seit Kant berücksichtigt zu haben: Was seine Verfechter im Sinne haben, müßte, in Hegelscher Terminologie, Klang-für-sich heißen, in Absetzung von funktional eingebundenem. Der Klang-für-sich ist aber seit Wagner, wenn nicht Schubert, bereits musikalische Fragestellung, nicht erst seit dem Impressionismus. Auf den zum Stehen kommenden Akkord bei Schubert, der einfach nicht weiß, wie das Leben soll weitergehen können, antwortet die Musik Feldmans, der einlöst, was Cage nur wollte, welcher durch sein Statement, er habe noch nie einen schlechten Ton gehört, bezeugt, daß er keine Ohren hatte.

Der Klang-selbst ist per se musikalisch nicht unmöglich; e contrario: Impressionismus, Varèse, der späte Nono, gewiß auch manches aus dem Spektralismus bekunden eine ganze Geschichte. Doch stets waren Komponisten am Werke, die ein Leben lang um den Klang gerungen haben. Ihn einfach herbeischnipsen zu wollen, verrät Unverstand. Cages *Ryoanji* klingt mehr schlecht als recht, so sehr es um die Freiheit der Beteiligten gehen möge. Denn wo jeder seinen Ton selber wählen kann, ist es eher unwahrscheinlich, daß sie zueinander passen. Der befreite Klang ist, paradox formuliert, nur der als solcher komponierte, konstruierte; ansonsten bliebe es ›Zufall‹, ob er befreit ist oder nicht doch nur ein Irgend-etwas.

Das neben den Pausenstücken bekannteste ›Werk‹ Cages heißt bewußt *Concert for Piano and Orchestra* und nicht *Concerto*, obwohl es auf ein Soloklavier angelegt ist. Die Partiturblätter beweisen – das sei unwidersprochen zugestanden –, daß Cage in Materialorganisationsgrößen denken konnte – von parametrischem Denken zu sprechen, wäre übereilt, zwar spielen Parameter eine gewisse Rolle (spatiale Proportionen, die in zeitliche zu übersetzen sind, Umgang mit Bestimmungsgrößen von Akkorden, Spezifikationen von Spieltechniken, gewiß auch die uhrwerkartige Koordination seitens des Dirigenten), doch zum parametrischen *Denken* gehört unabdingbar die musikimmanente Validierung des ansonsten bloß abstrakt Möglichen. Cages Umgang mit dem auf diesen Seiten üppig Angebotenen ist allerdings rein spielerisch, ohne jedwede Formungsabsicht, pures Material, gleichsam für Unterhaltungsspiele – es obliegt den Umsetzenden, etwas (oder auch nichts) daraus zu machen. Das Ergebnis ist – kategorial – ein Beliebiges; deshalb *Concert*, die ursprüngliche Bezeichnungen für das gemeinsame Musizieren, auch wenn davon nur das abstrakte Gemeinsamkeitsprinzip übrig bleibt. Ob das ›Stück‹ klingt, hängt weitgehend von den beteiligten Musikern ab; frei sind diese, à la Metzger, also gerade nicht, sondern zu Fleiß und Eigenarrangieren unausgesprochen, aber eindeutig angehalten.

Auch die Ästhetik des Klangs-an-sich ist auf kongeniale Musiker angewiesen, die es sein werden (wenn der ›Komponist‹ es schon nicht ist), die wissen, was zu tun ist, damit ein Klingendes auch ›wirklich‹ klingt.

Die Cage-Jünger sind sich uneins, ob der ›befreite Klang‹ nun das Lacansche Reale ist oder nicht via Konzeption völlig immaterialisiert werde, nur zu einer intellektualen Leistung verkümmerte. In dieser Unbestimmtheit spiegelt sich Cages historische Leistung, auf das Ausgeschlossene *bloß* aufmerksam gemacht zu haben, ohne darauf konkret, produktiv zu antworten. Gewiß ist das prepared piano eine Innovation (und Cage gebührt das Patent), aber für eine Ästhetik des Geräuschs bedurfte es erst eines Lachenmann. Und ist der Klang als Medium von Musik nicht bereits von Wagner vollends erkannt und sogleich im großen Stil künstlerisch bewältigt worden? (Es ist zu vermuten, daß die Fragen, die Cage angeblich zuerst stellte, sich nahezu gänzlich auf Schubert und Wagner zurückführen lassen.)

Es wäre interessant, einen Husserlianer sich kritisch zu Cage und der Rede vom Nicht-Intentionalen äußern zu hören. Wo derlei mehr ist als eine unbewußte Reaktionsbildung auf zuviel an Intentionalität in der kapitalistischen Welt, also eine konkrete musikalische und kompositorische Fragestellung, bedarf es eines äußerst subtilen Sensoriums dafür, den Klängen abzulauschen, was sich hinterrücks der Intentionalität annäherte, um dieses genau auszuschalten. Nicht-intentionales Komponieren, sofern es gelingt, ist ein negatorisches Verhalten, kein aktiv-methodisches Tun wie bei Cage. Feldman war Intuitionist: »I'm the concept« sagte er 1986 in Darmstadt, befragt nach seiner Methodik, womit er gewiß nicht eine genialistische Attitüde subjektiver Letztbegründung im Sinne hatte; vielmehr war die Erfahrung daraus zu hören, daß durch das vorsichtige Weitertasten im Komponieren man sich dem Anderen von Subjektivität durchaus anzunähern vermag. Feldmans Vermächtnis ist auch, daß es keines von Cage gibt.

Der Klang-für-sich – und vielleicht auch eine Musik-für-sich, sofern die Beziehungen zwischen diesen Klängen sich ›zwanglos‹ ergäben, was freilich bislang Utopie blieb – ist in letzter Instanz nicht einer, der befreit ist oder auch nur als ›Symbol‹ für Freiheit steht, sondern einer, der sich selbst hat, ein Sichselbstgleiches, Adornos Name für das Nichtidentische in der Musik. Solche Rettung indes ist, das vergessen die Propagandisten der Performativität, nur musikimmanent möglich. Zur Musik gibt es keine Alternative; das beweist derjenige, der als einziger Cages ›Schüler‹ genannt werden kann. Feldman besaß ein brauchbare und nichtbrauchbare Töne unterscheidendes Ohr. Der Klang-für-sich müßte nicht nur in sich – tonlich, harmonisch etc. – stimmen, sondern auch genau die Zeit ›einnehmen‹, die ihm zukommt, die er hat, ohne daß es eine Wache gäbe, die eine solche Länge diktierte. Es ist das »informelle« (Adorno) kompositorische Ohr, das, stets fallibel, diese Zeitlängen erspürt.

Stille/Leere

Es ist nicht Aufgabe der Kunst, Stille in die buchstäblich immer lautere Welt zu bringen – das nervtötend Gellende der Mediengesellschaft kann nur durch aktive Kulturkritik bekämpft werden, deren sich die Künstler wieder verstärkt befleißigen müßten. Stille in der Kunst geht unter im modern-postmodernen Wirrwarr der Reize und wird im besten Falle zum Sedativ, nicht unähnlich dem esoterischen Meditationsmarkt. Stille ist aber gleichwohl eine Option innerhalb einer multiperspektivistischen Ästhetik, der zufolge Musik ihren gesamten Ausdrucksradius zu durchmessen habe. Stille wird so zu einem Moment des innerkünstlerischen Lebens, ohne verdinglicht werden zu müssen. Stille bei Cage, seine Leere ist nichts als unmenschliches Abschneiden von den Freuden der Musik, ein antihedonistischer Angriff auf Sinnlichkeit, ähnlich der Rache des kleinen Intellektuellen, die den noch kleineren Spießern es mit Verweigerung heimzahlen, aber vergessen, daß etwa Saties *Vexations* wohl die Spieler quälen und kaum einen Zuhörer.

Wenn die Cagesche Kalligraphie zum eigentlichen Werk wird, als Selbstreferenz, nicht als Notation, wie von der Ideologie ab und an suggeriert, müßte dann Cage nicht als Maler firmieren und wäre es entsprechend nicht konsequent, man führte Cage nicht mehr auf, sondern läse ihn – still und stumm, als einsames Geschäft, die Graphik in ihrer ganzen Autonomie bewundernd? Ist das Nichts, das sich in *4'33"* und vielleicht auch in *0'00"* kundgibt, nicht eine Projektion eines Visuellen in die Zeit, die damit aber gänzlich leer bleibt und deswegen zum Symbol dessen wird, daß man Raum meint, wenn man von Zeit spricht? Die Etiketten Leere und Stille verweisen auf ein zweifelhaftes Konzept von Abwesenheit, das stets und vorgängig der Anwesenheit überlegen sein soll, die aber nicht einmal als Gegenprinzip geduldet wird. Selbst im Komplexismus, dessen Musik jedermann sogleich mit geballter Anwesenheit zu identifizieren verführt ist, ist die Abwesenheit ein programmatischer Kernbestandteil, ohne daß sie mit einem materialen Entzug, wie in der Cage-Ideologie üblich, verbunden wäre.

Stille ist der souveräne Rückzug dessen, der längst gesagt hat, was zu sagen war, weniger ein resignativer, einer, der über die Welt verzweifelt ist, und erst recht nicht der jenes Koketten, der wirklich nichts zu sagen hat und dies zu verbergen sucht – mit der Phraseologie einer höheren Leere. Und so entsteht

Stille aus Trauer und durch Lebenserfahrung, also durch Alterung, nicht als Automatismus. Das Schweigenmüssen angesichts tragischer Einsichten sucht sich musikalische Mittel, wenn dem betreffenden Komponisten das Sich-Aufbäumen nicht liegt. Der Komplexismus ist mitnichten die einzige Antwort auf die Niedertracht des Lebens. Feldmans Musik ist todtraurig, denn sie weiß von jenem kategorialen Entzugsgeschehen, dessen Baudelaire bei der *Passante* ansichtig wurde. Auf die Abwesenheit erotischer Objekte antwortet Feldmans ausgedürrtes Relief aus Klängen und deren Nachhall in das Nichts hinein.

Zeit

Musik ist die Zeitkunst par excellence. Zeitphilosophische Fragen kehren daher immer wieder zu ihr zurück, werden von ihr initiiert. Und obwohl Feldman die von der New Yorker Schule aufgeworfenen zeittheoretischen Fragen musikalisch und künstlerisch am genauesten erkannt und umgesetzt hat, ist es immer wieder Cage, der als Urvater der hehrsten Probleme beschworen wird. Dabei ist er nichts als ein Indikator, der Indikator eines Problems, das kein musikalisches, nicht einmal ein genuin künstlerisches, sondern ein existentialontologisches ist: Wie ist reine Präsenz möglich, ohne daß der Augenblick zum bloßen Durchgangspunkt zwischen Vergangenheit und Zukunft degradiert wird? Wie ist die Einzigartigkeit des Augenblicks zu denken, ohne ihn in die Überbietungsdynamik eines geschichtlichen (oder auch nur zielgerichteten) Prozesses zu fesseln? Wie ist das Jetzt als apparition seiner selbst, anstelle einer Konsequenz aus Früherem, zu fassen? Diese Fragen sind aber derart kompliziert, daß die Große Philosophie von Platon bis Heidegger sich die Zähne daran ausbiß und es den Musikintellektuellen schwerlich ansteht, den Vertreter zu mimen und bei Cage zu konstatieren, was noch nie sich traf und fügte.

Immerhin bekundet sich in einem solchen zeitphilosophischen Suchen ein berechtigtes Bedürfnis, das Innehalten inmitten der modernen Dynamik, eine lebendige Gegentendenz zum evolutionär aufgepeitschten Kapitalismus. So rekurriert der in Deutschland pathetischste Cage-Anhänger, Metzger, auf einen wundersamen Aphorismus aus Adornos *Minima Moralia*. Unter dem Titel *Moral und Zeitordnung* reflektiert Adorno den Zusammenhang zwischen dem Besetztsein erotisch begehrter Menschen und dem Zeitverlauf, der darüber bestimmt, »in welcher Reihenfolge man Menschen begegnet«. Erotische Konflikte entstünden nicht nur aus mangelnden Verträglichkeiten zwischen den Psychen, sondern auch aus dem Zuspätkommen oder Zufrühgekommensein. Doch während Adorno sich damit bescheidet einzubekennen, daß selbst einer befreiten Welt noch die Irreversibilität der Zeit zugehöre und deshalb nur das Problem

analysiert werden könne, dergestalt, daß das Erstere bereits ein Eigentumsrecht supponiere, gegen das – soweit wagt sich Adorno hinaus – ein kniffliges Prinzip besitzloser Emotionalität gestellt werden müßte, geht es Metzger um die Überwindung jener Irreversibilität selber, die jenen Grundkonflikt aller Erotik erzeugt, ohne dabei zu berücksichtigen, daß Erotik Erotik zu sein aufhört, wenn alle Menschen gleichermaßen besetzbar wie nicht-besetzbar sind, daß Erotik sich grundsätzlich erst am Entzug überhaupt entzündet, ja, daß bei einer nicht-irreversiblen Zeitordnung die Menschen zwar zugegebenermaßen nicht mehr besetzt sind, aber auch nicht mehr besetzt werden können. Der kindliche Traum von der Zeitmaschine ist der Tod aller Liebe.

Genau solch eine Zeitordnung ohne »Erstes« sei, so die Ideologie, der Zauber von Cage. Doch wishfull thinking ersetzt das Denken und das Leben. Denn so, wie allererst am Unglück der Liebe deren unendliche Gunst und erhebende Kraft erfahren werden kann, es die Zeitordnung selbst ist, die das Leben zu mehr macht als bloß infantilistischer Rückkehr, ist die konkrete Bewältigung der unhintergehbaren Vorgabe, daß die musikalische Zeit einem gerichteten Pfeil folgt, die Aufgabe eines ›erwachsenen‹ Komponierens. Und so wie im realen Leben die Liebe alles andere als ein ununterbrochener Fluß des Scheiterns ist, bietet die musikalische Zeitordnung, die auch Cages Okkurenzparameter nicht zu kratzen vermag und die zunächst aus nichts anderem als dieser *einen* Fließrichtung besteht und daher als emphatisch offen bezeichnet werden muß, genügend Möglichkeiten, um all die Musik hervorzubringen, von der wir wissen und der die Nicht-Musik von Cage alles andere als überlegen ist. Doch die Cageianer wollen das Ganze der Utopie, als sei es real, Regression im Angesicht der eigenen Verzweiflung. Zeit ist zu bewältigen, und die Pluralisierung der Neuen Musik – ein Grundzug der Modernisierung insgesamt und keineswegs eine postmoderne Tugend – macht gerade für die sehr unterschiedlichen Weisen, dies zu tun, sensibel. Sie eint, daß sie die erhabenen Zeitphilosopheme verfehlen und einmal mehr ›irdisch‹, lebensnah bleiben.

Cage ist nicht post-modern, auch wenn die Lyotardfraktion ihn vereinnahmen möchte. Auch ist er nicht anti-modern oder vor-modern – all das wäre zuviel der Ehre. Will man überhaupt historische Dimensionen bemühen, müßte man weit zurückgreifen, denn auch der Begriff des Archaischen ginge an Cage vorbei. Seine ›Musik‹ bezieht sich vielmehr auf einen Zustand von Bewußtsein, wie er den Menschen eigen war, als diese noch über keine Sprache verfügten und entsprechend brunzblöd waren. Die zersetzten Klänge bei Cage wirken auf uns wie die Tropfen in den Höhlen auf den Vorneandertaler. Cage, wahrlich ein antitraditionalistischer Subversiver, ist von der eigenen Rezeption eingeholt, die seinen geschichtlichen Sinn verändert: Was einst bestürzt machte, ist heute kaum anders als reaktionär.

Appendix

1992 – Darmstädter Ferienkurse. John Cage ist geladen, nach langer Zeit wieder dort, wo er 1958 die einstige Avantgarde avantgardistischer irritierte. Die sogenannte Fachwelt findet sich ein, die Aula erweitert, auf dem Podium die Manager, die Ideologen. Cages friedliche Passivität wehrt sich nicht gegen den Rummel um ihn herum. Es ist nicht erkennbar, wie er zu ihm steht. Er gleicht einem lange nicht gesehenen, älteren, entfernten Verwandten, dessen Anwesenheit man genießt, weil man weiß, daß sie von kurzer Dauer sein wird. Für manche ist das Ereignis allerdings todernst. Aber sie sind in der Minderheit. Die weltliche Säkularisation hat längst die Ersatzreligionen erfaßt. Cage wird gefragt, wie man seine Sachen spielen solle, die Notationsanweisungen seien häufig nicht eindeutig genug. In aller Liebenswürdigkeit repliziert der Angesprochene, ihm sei es gleichgültig, er möge aber darum bitten, die Töne nicht zu laut zu spielen, da sie in einem freundschaftlichen Verhältnis zueinander stünden. Man schmunzelt, freut sich, wird er-heitert, genießt den Augenblick, wenn so über Musikalisches gesprochen wird, gesprochen werden kann. Und zugleich weiß man, daß die Grazie dieses Bonmots nur diesen einen Augenblick währt, es besagt nichts über das, was uns fürderhin wichtig ist. Man lächelt, man liebt ihn, Cage, den Menschen, ist von einem Anflug von Anmut umschmeichelt, nimmt das Ganze aber nicht ernst, weiß, daß es eine Kindesäußerung – diesseits der Berührung mit der Sache selber – ist.

Etwas später steht Cage – etwas für sich – im Gang. Ich bemerke, daß er seitlich neben mir steht. Für einen kurzen Augenblick gedenke ich, ihn anzusprechen. Immerhin, er ist John Cage, und wir Komponisten in Darmstadt sind alle gleich, so wollte es die Hommel-Ära. Daß dabei einige gleicher sind, traf gewiß nicht auf Cage zu. Also – warum nicht? Immerhin wird von ihm gesagt, er sei der bedeutendste Komponist seit Perotinus, also seit es überhaupt Komponisten gibt. Er ist nicht mehr der Jüngste, und die Gelegenheit wahrlich günstig. Vielleicht ergibt sich ja ein Gespräch, über Pilze vielleicht, auch wenn mich derlei Faible nie recht überzeugen konnte. (Daß ich ihm die neuesten Errungenschaften des Komplexismus schwerlich würde schmackhaft machen können, war mir klar). Und doch – ich merke, daß alles, was gesagt werden könnte, bereits gesagt ist, daß es nichts Verbindendes gibt zwischen der Kontingenz der gleichen Zugehörigkeit zum ›Komponistenforum‹ und der Ungleichzeitigkeit der seinen und der meinen Welt. Ich lasse von dem spontanen Gedanken ab und gehe meiner Wege, so wie er der seinen gegangen sein dürfte – ein kurzer gezeigter Moment derjenigen Einsamkeit, die ihn – wie mich – wohl auch schon in der Massenveranstaltung davor heimgesucht hat.

John Cage ist eine musikalische Grenzerfahrung, eine sehr liebenswerte, die man am alleräußersten Rand dessen, was Musik ist, machen kann. Man kann, vielleicht muß man sie machen. Doch – hat man sie gemacht, dann fällt Cage aus diesem Feld des Musikalischen heraus, merkt man sicher, daß er plötzlich jenseits dieses Randes steht, ja, daß es scheint, als sei dies immer schon der Fall gewesen. Daß Cage nun draußen steht, läßt sich aber nicht wieder, hegelisch, über eine Innen-Außen-Dialektik einholen. Er ist wirklich außerhalb, wie eine Information, die in ein schwarzes Loch geraten ist. Deshalb ist ›Cage‹, von dem einen Augenblick jener Erfahrung abgesehen, musikalisch völlig unmaßgeblich. So wird er, mit fortschreitender ›Rezeption‹, entschwinden.

Anmerkungen

1   Hans Heinrich Eggebrecht, *Musik verstehen*, München 1995, S. 183.
2   Vgl. Hans Zender, *Happy New Ears*, Freiburg 1991.
3   Hans Zender, *Wir steigen niemals in denselben Fluß*, Freiburg 1996, vor allem das Kapitel *John Cage und das Zen*, hier S. 34; die folgenden Zitate finden sich in diesem Kapitel.
4   Heinz-Klaus Metzger, *John Cage oder Die freigelassene Musik*, in: *John Cage I*, München 1990, S. 5 ff. (= Musik-Konzepte, Sonderband).
5   Heinz-Klaus Metzger, *Das Ende der Musikgeschichte*, in: Josef Früchtl/Maria Calloni (Hg.), *Geist gegen den Zeitgeist. Erinnern an Adorno*, Frankfurt a. M. 1991, S. 172.
6   Peter Ruzicka (Hg.), *Musik »für die Insel«*, Mainz 1997, S. 82 ff.
7   Daniel Charles, *La paume (de) la dent*, in: *John Cage I* (Anm. 4), S. 41 ff.
8   Vgl. Claus-Steffen Mahnkopf, *Theorie der Polyphonie*, in: Musik & Ästhetik 15 (2000), vor allem zur Polyvektorialität.
9   Stefan Schädler, *Transformation des Zeitbegriffs in John Cages »Music of Changes«*, in: *John Cage II*, München 1990, S. 185 ff. (= Musik-Konzepte, Sonderband).
10   Was sich aber genau in einem Stück zuträgt, die konkrete Gestalt des Notierten, spielt entlarvenderweise keine Rolle.
11   Jean-François Lyotard, *Der Gehorsam*, in: ders., *Das Inhumane*, Wien 1989, S. 283.

12 A.a.O., S. 287.

13 Vgl. Analogien in: Jean-François Lyotard, *Essays zu einer affirmativen Ästhetik*, Berlin 1982, v. a. S. 95 ff.

14 Günter Seubold, *Der »Neuanfang« in der Ästhetik. Die Gründungs-Skizzen Jean-François Lyotards*, in: Philosophische Rundschau, Bd. 43, Heft 4 (1996).

15 Cages Würfelei war übrigens alles andere als neu: Duchamps hat 1913 zusammen mit seinen Schwestern Yvonne und Madeleine sein *Musical Erratum* durch blinde Zufälligkeit erzeugt. Cage ist somit keineswegs das originalste aller Originalgenies.

16 Vgl.: »Die Abschaffung der Kunst in einer halbbarbarischen und auf die ganze Barbarei sich hinbewegenden Gesellschaft macht sich zu deren Sozialpartner.« (Theodor W. Adorno, *Ästhetische Theorie*, Frankfurt a. M. 1973, S. 373)

17 Eine der künftigen Aufgaben eines nüchternen Nachdenkens über Cage wird auch vor seiner Person nicht Halt machen können, um die sich gleichfalls ein Mythos herumrankt. Es heißt, daß er die Güte selber war. Zwar gibt es gütige und gibt es böse Menschen, aber sie sind in Reinkultur selten. Cages Ästhetik, so heißt es, sei gestützt vor allem von dem, wie Cage sie persönlich vorgelebt habe. Aber kann ein Mensch soweit seine Triebstrukturen (solche des Narzißmus, nach Macht und Besitz) unterdrücken, wie es nötig wäre, wenn eine ›Philosophie‹ der Freiheit, des Zen, der Nicht-Rationalität etc. am Werke sein soll, zumal der ›Führer‹ keineswegs sich ermüßigt glaubte, die mühevollen Wege der Läuterung auch praktisch zu bestreiten. Solches Gutmenschentum hat etwas von »repressiver Toleranz«.

18 Vgl. Dieter Mersch, *Ereignis und Aura. Zur Dialektik von ästhetischem Augenblick und kulturellem Gedächtnis*, in: Musik & Ästhetik 3 (1997).

19 Vgl.: *75 Jahre Donaueschinger Musiktage 1921-1996*, col legno, WWE 12CD 31899, und: *50 Jahre Neue Musik in Darmstadt*, col legno, WWE 4CD 31893.

Verdinglichter Zufall, Verräumlichte Zeit, Weiße Stille
John Cage oder Wie man dem Gefängnis westlicher Musik durch östliche Anleihen entgegehen will und dabei doch nur den endgültigen Sieg der abendländischen Bild- und Präsenz-Ästhetik über die sich zu befreien suchende Musik erringt
Günter Seubold

> Tadashi Kôzuma in memoriam
>
> ... wo in der falschen, aus Übertönung gemachten Stille, stark, aus der Gußform des Leeren der Ausguß prahlt: der vergoldete Lärm ...
>
> (R. M. Rilke, *Duineser Elegien X*)

John Cage – für viele ist er weitaus mehr als ein Ton- bzw. Nichttonsetzer. Er ist der Begründer einer neuen Religion, einer, die nicht mehr metaphysisch-dogmatisch optiert, sondern die einfach alles sein läßt und die alles einfach sein läßt – und damit einzulösen scheint, was Nietzsche für alle zukünftige Kunst gefordert hatte: oberflächlich zu sein aus Tiefe, das »Jammertal« geschärften Sinnes zu übersehen und jasagend das Hiesige zu preisen, die Kunst das Leben und das Leben die Kunst sein zu lassen.

Ermöglicht wurde es Cage freilich weniger durch intensive Studien der abendländischen Ästhetik, ermöglicht wurde es ihm allein durch den Gang in den Osten. Das Zauberwort heißt weder Toyota noch Honda, sondern schlicht und einfach, weil einsilbig: Zen. Das muß die Zustimmung von jedermann einbringen, sofern er nur guten Willens ist: Denn einerseits hilft es die zur Zeit Cages im Serialismus manifest hervortretenden Antinomien gänzlich rationalisierter abendländisch-autonomer Musik zu lösen, andererseits aber endlich auch das kulturell-künstlerische Handelsbilanzdefizit zwischen dem Osten und dem Westen auszugleichen.

Die Sache ist nicht zu dramatisieren, wohl aber ernst zu nehmen – spätestens dann, wenn man in Cage *den* gültigen und in die Zukunft weisenden Künstler bzw. Nichtkünstler erblickt, dem gegenüber alle anderen Ansprüche sich als hoffnungslos antiquiert, weil eben alteuropäisch erweisen; allerspätestens dann, wenn man bemerkt, daß einer der führenden Ästhetiker der Gegenwart, Jean-François Lyotard, mit Cage seinen Künstler-Kronzeugen in musicis et aestheticis gefunden zu haben glaubt.[1]

Wollen wir also, ohne »Wut«[2], das Für und Wider von Cages Verlassen

der abendländischen Autonomie-Ästhetik und den damit einhergehenden Gang in den Osten erörtern.

I. *Was für Cages Verlassen der abendländisch-autonomen Musik spricht: die abendländische Musik – eingesperrt in einem Gefängnis, in dem die Materialität des Tones nicht wahrhaft zu erklingen vermag*

Cages Musikästhetik versteht sich als eine Ästhetik der Befreiung. Sie wird initiiert und getragen von der Einsicht, daß die Klang-›Materie‹ bislang immer nur als geformte – und d.h. für Cage vor allem: als reglementiert-relationale – erscheinen durfte. Genau dadurch aber hat die gesamte abendländische Tradition verhindert, daß das materielle Klangphänomen als solches zum Tönen und zu Gehör gekommen ist. Diese Tradition hat Klänge immer nur als domestizierte zugelassen, und das heißt für Cage: als gegängelte und eingekerkerte. Sie hat die Töne nicht sein lassen, sondern zugerichtet – wozu auch die Aufladung des Klangmaterials mit der subjektiven Intention des Komponisten gehört.

Man kann hierfür in der Tat mannigfache Zeugnisse aus der abendländischen Tradition anführen, schließend mit Adorno, beginnend mit Aristoteles. Dieser hatte in der Materie-Form-Relation ja sogar ein grundlegendes metaphysisches Prinzip gesehen: Materie wird hier nur als Potenz begriffen, als eine Potenz, die immer nur durch die Form aktualisiert werden kann. Solch eine Auffassung muß ja desaströse Folgen für die Kunst und Ästhetik haben. Denn mit dieser Grund-Entscheidung wird das spezifisch ästhetische Materie-Phänomen mißachtet oder doch zumindest so sehr gegängelt, daß es bis zur Unkenntlichkeit verstümmelt wird.

Die Musik, die abendländische Musik, ist aus Cages Perspektive ein unmöglicher, ein geradezu lächerlicher Vorgang. Nehmen wir doch nur einmal den Vorgang, wie in der abendländischen Kultur Musik betrieben wird: Allem vorweg ist ein disziplinierter Körper die Voraussetzung, denn weder der Produzent noch der Rezipient darf die Bewegung produzieren, nach der ihm gerade ist, sondern er muß von all dem, was nicht zur ›Sache‹ gehört, absehen; und was zur Sache gehört, steht in jedem Falle fest: Wenn die Sängerin niesen muß, dann muß sie dies unterdrücken, die Klarinette darf auf keinen Fall piepsen, und der Hornist muß den Ton immer genau treffen – obgleich doch auch das Niesen, Piepsen und ungenaue Intonieren des Hörens, des ungegängelten, d.h. für Cage freien Hörens, würdig wären.

Weiter: Welch skuriller, welch unmöglich-domestizierender Einfall, nur diskontinuierliche Töne im Halbtonabstand zuzulassen und bei der Bildung von

Akkorden die Terzabstände sowie die Stufen eins, vier und fünf zu privilegieren. Wie soll man dies aus einer dezidiert ›freiheitlichen‹ Perspektive legitimieren? Die abendländische Musikästhetik hat sich für ein strenges Reglement entschieden, und dieses Reglement ist verantwortlich dafür, daß man das ›Klang-Ereignis‹ nicht zuläßt, nicht im *eigentlichen* Sinne zuläßt.

Einmal mußte man dieses Gebaren ja lächerlich machen. Und Cage hat es lächerlich gemacht. Er hat den Alteuropäern einfach gezeigt – ohne Ideologie, versteht sich –, was *Eure Opern* im Grunde genommen sind, was die Opern *Europas*, Alt-Europas (und Europa ist, verglichen mit Amerika, immer alt) sind. Wie gut also, daß es einige Europäer aus der sich auf der Höhe der Zeit gebenden Stadt Frankfurt waren, die ihm die Möglichkeit gaben, das mit seiner ›Komposition‹ *EUROPERAS I* und *II* (komponiert 1985, aufgeführt 1987 in Frankfurt) zu zeigen.

Aber immerhin: Auch in der modernen abendländischen Musik zeichnen sich Bestrebungen ab, die diese Reglementierungen unterlaufen. Denn was anderes ist die berüchtigte »Atonalität« als ein Unterlaufen genau jener Privilegierung des Terzabstandes und der ersten, vierten und fünften Stufe? Wäre dieser Liberalisierung doch bloß nicht eine noch strengere Reglementierung gefolgt! Die Zwölftontechnik und in deren Gefolge das serielle Komponieren waren es, die ein enges Korsett über die sich befreiende Klang-Materie gelegt haben. Jeder freiheitliche Schüler muß bei dieser Art Scholastik rebellieren: raus aus dem Gefängnis, hinein in die so reiche klangliche Welt.

Cage als Schüler von Schönberg? Ja, so *war* es. Aber ein Schüler vergilt es seinem Lehrer schlecht, wenn er über ihn nicht hinausgeht! Daher mußte auch Cage Schönberg verlassen – über ihn hinausgehen, aber nicht, wie es die Seriellen getan haben, die für ihn doch nur Schönbergischer als Schönberg gehandelt haben und den Reglementierungsapparat vervollkommneten, indem sie nicht nur die Tonhöhe, sondern zugleich auch alle anderen Musik-Parameter, z. B. Dynamik und Lautstärke, dem Korsett eingepaßt haben. Nicht Schönberg zu vollenden, war Cage angetreten, sondern Schönberg und mit ihm die abendländische Musikästhetik zu verlassen.

Cages Darmstädter Vortrag *Zur Geschichte der experimentellen Musik in den Vereinigten Staaten* aus dem Jahre 1958 darf hier als bedeutende Wegmarke gelten: nicht Strukturen seien zu komponieren, sondern Prozesse anzuzetteln, deren Ergebnisse man nicht vorhersehen könne. Klänge sollten ›zu sich selbst kommen‹ und nicht mit der Ausdrucks- und Gefühls-›kultur‹ des Komponisten überfremdet werden. Überhaupt sei das historisch Gewordene eine ungeheure Last – Zeit also, sich davon zu verabschieden. Damit aber auch von den grundlegenden Kategorien abendländischer Musikästhetik wie Geschmack, Ausdruck, Konstruktion, Autonomie.

Drei fundamentalästhetische Entscheidungen waren es, von denen Cage hier geleitet wurde.³

1. Entghettoisierung der Musik

Musik ist doch kein Fall für den Konzertsaal, den man ein- oder zweimal im Monat besucht! Denn erstens bekommt man hier eben nur domestizierte Klang-Materie zu Gehör, und zweitens ist die Trennung Konzertsaal, in dem man Musik zu Gehör bekommt, und Nichtkonzertsaal, wo die Musik verstummen soll, völlig willkürlich: Erstens hören wir auch im Konzertsaal Töne, die da eigentlich – der Logik des abendländischen Musikrasters folgend – nicht hingehören (das Räuspern in den Pausen z. B.), und zweitens hören wir auch außerhalb des Konzertsaales Töne, ja wir sind ständig von Tönen umgeben. Haben wir noch nie der Klang-Materie gelauscht, die beim Autofahren entsteht? Wir machen doch die ganze Zeit Musik, denn »sobald wir aufhören, welche zu machen, fangen wir eine andere an, so wie man nach dem Geschirrspülen sich die Zähne putzt und schlafen geht: Geräusche, Geräusche, Geräusche. Und das Klügste, was wir tun können, ist, die Ohren gleich aufzusperren und einen Ton in seiner Unmittelbarkeit und Plötzlichkeit zu hören, noch bevor unser Denken irgendeine Chance hat, ihn in irgend etwas Logisches, Abstraktes oder Symbolisches zu verwandeln.«⁴

Cage ist ein Pythagoreer, dem der Sinn für Harmonie und Stille abhanden gekommen ist. Alles tönt, und es tönt hörbar. Keine Stille, nirgendwo. Du glaubst es nicht? Dann mach es, so ruft er dem Ungläubigen zu, wie ich: Geh in den abgeschottet-schalltoten Raum der Harvard University! Absolute Stille? So *denkt* man, wie eben schon die Pythagoreer die Tonrelationen *gedacht* haben. Man *hört* dann aber nicht. Wie hört sich die absolute Stille hier an? Du hörst, wie ich, zwei Töne, laß dich nur vom Toningenieur aufklären, so wie ich mich von ihm habe aufklären lassen: Der tiefere Ton stammt von deinem pulsierenden Blut, der höhere verdankt sich deinem Ohr, denn auch jetzt sind die Nervenzellen deines Innenohrs aktiv. Also: Töne, hörbar, sind immer und überall. Stille ist ein metaphysisches Vorurteil. Auch für Menschen ohne Tinitus gilt: Es gibt »keine Stille, die nicht mit Klang geladen ist«.⁵ »Es gibt nicht so etwas wie Stille.« (*Silence*, S. 155)

2. Musik um des Lebens willen

Cage ist Avantgardist. Und wie viele Avangardisten will auch er die Kunst ins Leben überführen. Daß das »Werk etwas vom übrigen Leben Getrenntes ist« (*Silence*, S. 50), ist ihm eines der Grundübel abendländischer Kunst. Kunst ist aber nichts Beschauliches, schon gar nicht ein Beschauliches für Paulchen am Feierabend, sondern Kunst steht im Leben, wirkt im Leben, steht im »Einklang mit dem Leben« (*Silence*, S. 44) – ist das Leben, wie das Leben die Kunst ist. Kunst soll sich nicht konstituieren durch ein »vom Leben Ab-geschnitten-sein« (*Silence*, S. 48). Denn ein Elfenbeinturm existiert nicht.

Der ›Komponist‹ – und ist nicht jeder ein Komponist? – wird getragen von den Energieströmen des Lebens, er fängt diese in der Produktion ein und leitet sie auf den Hörer über. Eine Regung im Äußeren oder Inneren setzt sich in einen Ton um, wird zum Ton; und dieser Ton spendet beim Hörer von neuem Energie, die er in irgendeine Handlung umzusetzen vermag.

Leben ist Tönen, und Tönen ist Leben. Cage ist auf seine Weise Nietzscheaner: Die ›Wirklichkeit‹ hat ›Kunst‹-Charakter, und alle Kunst ist im Gegenzug unter der ›Optik‹ des Lebens zu betrachten. Folgerichtig weigerte sich Nietzsche, und auch dem schließt sich Cage auf seine Weise an, Wagner unter autonom-ästhetischen Gesichtspunkten zu betrachten. Er verlangte vielmehr nach einer Musik, die seiner »Natur« nicht zuwider sei, die ihn zu »Gehn« und »Tanzen« ermuntere. Und haben wir schon jemanden im Konzertsaal tanzen sehen? Also: Wir müssen unsere Musik und damit unser Leben ändern! Wir dürfen die Klang- und Energieströme gerade nicht mittels fragwürdiger Ideologie zurichten, wozu auch das theoretisch-zergliedernde Fest-stellen gehört; wir müssen sie vielmehr in neue, nicht zu planende, d. h. in Zufalls-Produktionen überführen.

Daher will Cage auch kein »Meisterwerk«. Denn was hat ein »Meisterwerk mit dem Leben zu tun? Es hat dies mit dem Leben zu tun: daß es davon getrennt ist.« (*Silence*, S. 40) Und das sollte nach Cage nicht sein. Kunst sollte vielmehr sein »eine Art Labor, in dem man das Leben ausprobiert«. Und wenn man lebt, »hört man nicht auf, mit dem Machen von Kunst beschäftigt zu sein« (*Silence*, S. 54).

3. Weg mit der Künstler-Intention, dem Sinn, dem Werk, der Form, der Herrschaft des kompositorischen Subjekts; her mit der singulären, intentionslosen, sinn- und herrschaftslosen Zufallsproduktion, mit der Leere, dem Nichts!

Wie der Wissenschaftler und Techniker die Natur, so beherrscht der abendländisch-autonome Künstler sein Kompositionsmaterial. Die desaströsen

Folgen der Naturbeherrschung haben wir nun mittlerweile zu sehen gelernt. Aber warum weigern wir uns noch immer, die nicht weniger desaströsen Folgen dieser herrschaftlichen Einstellungen auf dem Felde der Musik zu kritisieren? Die Komponistenherrschaft setzt die Töne in Beziehung, zwingt ihnen diese Relationierung auf und gibt den Tönen damit vorgeblich einen ›Sinn‹ – aber dieser Komponist mit seiner ›Sinn‹-gebung verhindert damit gerade, daß man den Klang *als* Klang – in seinem materialen Erscheinen – zur Kenntnis nimmt, er verhindert, daß wir uns ganz auf den Klang einlassen, nur auf ihn! Wir suchen den ›Sinn‹ in oder hinter der Musik, den der Komponist ihr gegeben haben soll, statt auf den Klang zu hören.

Der ästhetische Name für diese zu verabschiedende Bezüglichkeiten ist ›Form‹, und alle abendländisch-autonome Komposition war Form-Komposition, alle Komposition von einer Subjekt-Intention geleitet, wollte einen Sinn an den Hörer weitergeben – und hat damit doch gerade das Klang-Material in seinem Selbstsein zerstört. Der ›*Künstler*‹ muß sich dem Material ausliefern, sich ihm anheimgeben, *er* ist für das Klangmaterial da – nicht umgekehrt das Material für den Künstler! »Ich [John Cage] habe nichts zu sagen ...« (*Silence*, S. 7).

Daher komponiert Cage nicht mehr im traditionellen Sinne, seine Kunst ist folgerichtig ohne alle Werkintention, d.h. ohne unterjochende, verknechtende Einheitskonzeption. Das Kompositionssubjekt hat er verabschiedet. Der Komponist realisiert eben nicht mehr seine Intention, sondern er läßt anonyme Energieströme in all ihrer Intensität durch sich hindurchströmen. Der Künstler ist nicht der herrscherliche Eigentümer dieser Ströme, sondern eher umgekehrt: Die Ströme nehmen den Künstler für sich ein; der Künstler ist in einer Art leidenschaftlicher Demut des Dienens ganz für diese Ströme da. Der Künstler ist der Arme im kompositorischen Geist (vgl. *Silence*, S. 44: »Armut im Geiste«): »We are getting rid of ownerschip ...«[6] Bitte nichts mehr, es sei denn das Nichts. »Unsere Poesie jetzt ist die Erkenntnis, daß wir nichts besitzen.« (*Silence*, S. 9)

Mit diesem »Nichts« hat Cage aber auch schon die abendländische Ideologie des Habens, Besitzens, der Präsenz, kurz: die Ideologie des Seins verabschiedet und den Gang in den Osten mit seiner zenbuddhistischen Nichts-Kultur angetreten. Heute verläuft die Entwicklungslinie nicht mehr vom Osten in den Westen, wie das etwa der abendländische Ethnozentrist Hegel – auch für die Kunst – proklamiert hatte, sondern vom Westen in den Osten: *Hier*, im Osten (und nicht mehr beim Rationalismus Descartes'), sind wir nun endlich zu Hause, *hier* können wir uns von der West-Ideologie befreien, und der Durchbruch zum besitzlosen Erklingen des Klang-Materials kann gelingen.

Damit zeigt Cage nicht nur, daß er ein großer Künstler ist, sondern er reiht sich ein in die Reihen derer, die die abendländische Ideologie durchschaut haben. Damit wird Cage weitaus ›mehr‹ als ein Komponist, er wird zum ...[7]

II. Einige Rückfragen zu Cages Verlassen der abendländisch-autonomen Musik-Ästhetik und seinem Gang in den Osten

Fassen wir uns! Rufen wir uns zur Ordnung – ein letztes Mal! Fragen wir uns, sofern wir noch können, was es mit diesen Neuerungen auf sich hat! Daß man mit ihnen etwas gewinnt, leuchtet auf den ersten Blick ein. Aber halten diese Gewinne einem zweiten und dritten Blick stand? Es mag für die Künstler-Ästhetik ausreichen, vor allem die Gewinne anzuführen. Für eine philosophische Ästhetik (sollte es diese noch geben) reicht das nicht aus. Sie muß bilanzieren: Gewinn gegen Verlust. Sie muß überhaupt das Vorgehen des Künstlers bedenken und problematisieren. Lassen wir die Punkte noch einmal Revue passieren.

1. Entghettoisierung der Kunst – und der Status von Cages *›Kompositionen (Performances)‹?*

Auch Cage hat *Kunst*-Stücke geschrieben – will fragen: Welcher Status kommt den Stücken zu, die Cage notiert hat und die er im Konzertsaal aufgeführt hat und hat aufführen lassen? Es geht um Entgrenzung der Kunst, gewiß. Aber hierbei scheint die Rolle, die die *vergleichsweise* noch immer autonom verfaßte *Kunst* Cages hier spielt, nicht recht klar. Cage hat ja nicht nur Manifeste verfaßt, in denen man lesen kann, daß die Musik nimmermehr höret auf und alles Musik sei; er hat nicht nur den Klängen seines, des technischen und des sozialen Körpers gelauscht, sondern er hat auch ›Stücke‹ (Werke?) aufgeführt, ja sogar aufführen lassen – und ordentlich Tantiemen kassiert (was ihm gegönnt sei). Sollten diese Stücke in mancher Hinsicht von traditioneller Musik auch stark differieren, so sind es doch immer noch Kunst-Stücke, will sagen: Sie heben sich durch eine ›Grenze‹ von der Alltäglichkeit ab – darin dem traditionell-künstlerischen Werk aufs genaueste verpflichtet. Man mag einwenden, diese Kunstwerke seien eben kein Selbstzweck, sondern sie wollten uns nur die Ohren öffnen für die ungegängelten Klänge unserer Welt. Gerade wenn das zutrifft, möchte man wissen, was denn Spezifisches an diesen ›Werken‹ Cages sei, damit ihnen dies gelingt; wir möchten wissen, warum man sie braucht, denn anscheinend reicht das bloße Manifest nicht aus, um uns für die Klänge der Welt zu ›öffnen‹.

Wittgenstein meinte, man könne, ja müsse seinen *Tractatus logico-philoso-*

phicus wegwerfen, wenn man ihn begriffen habe, wegstoßen wie eine Leiter, mit deren Hilfe man sein Ziel erreicht hat. Gilt dies auch für die ›Musik‹ Cages? Haben die Jünger Cages seine Musik *in diesem Sinne* begriffen? – Wohl kaum! Denn immer noch versammeln sie sich im Konzertsaal und lauschen mit derselben Rezeptionshaltung und *mindestens* so andächtig wie die Wagnerianer und alle anderen Rezipienten der alteuropäischen Musiktradition. Cage wird zweifellos musealisiert, d.h. aber auch: als ästhetisch-autonomer Künstler konserviert; man läßt ihn nicht den Revolutionär sein, der er sein wollte.

Also: Auch noch die ›Musik‹ Cages, für die Cage Tantiemen kassiert und mit deren Hilfe er das abendländische Musikverständnis verabschieden will, lebt von dieser abendländisch-autonomen Musiktradition, ohne die sie unverständlich bliebe. Cages Musik steht auf den Schultern eines Riesen. Und sollte er dadurch auch ›mehr‹ hören – ohne diese Schultern, d.h. ohne die Tradition, wäre Cages Ansinnen zum Scheitern verurteilt. Cage braucht die Tradition, und das nicht nur temporär-übergängig.

2. Musik um des Lebens willen – und was ist förderlich, was hinderlich dem Leben?

Daß die Kunst kein Selbstzweck, sondern um des Lebens willen da sei, ist gut und schön – das haben Künstler und Ästhetiker lange vor Cage gesagt. Für Rilke war »Du mußt dein Leben ändern!« ein der autonomen Kunst entwachsender Imperativ; und für Adorno war die Vorstellung, die Welt sei um eines schönen Verses willen da, geradezu lächerlich. In diesem Sinne ist das Anliegen Cages gar nicht strittig.

Strittig ist vielmehr, in welchem Sinne, auf welche Weise die Kunst dem Leben förderlich sein soll, wie man bestimmt, ob etwas förderlich ist oder nicht, wann etwas förderlich ist, ob es hier auch eine zeitliche Verzögerung geben darf, ja vielleicht sogar geben muß. Auch die autonome Kunst kann dem Leben förderlich sein. Adorno sieht in der avancierten Musik ein »Modell zukünftiger Praxis«, eine »Statthalterschaft« für ein befriedetes Verhältnis von Besonderheit und Allgemeinheit.[8]

Förderlich *überhaupt* ist doch sehr allgemein *gedacht*. Denn förderlich ist dem Leben zweifellos auch die ganze Schlager- und Kulturindustrie. Sie ist dem Leben förderlich auf eine zu direkte Weise, sie fördert nur das, was schon dem Leben längst bekannt ist. Ihr fehlt das irritative Moment, das wir doch wohl immer noch als konstitutiv für das halten wollen, was wir als »Kunst« bezeichnen.

Kunst muß also nicht direkt auf das Leben einwirken und es befördern.

Das zu fordern ist sogar gefährlich. Kennt man doch längst die animierende, und also lebensfördernde, Wirkung, die Musik in totalitären Systemen eingenommen hat und immer noch einnimmt. Deutsche Piloten animierten sich zu ihren Flügen gegen England mit dem Lied »Bomben auf Engeland«, koreanische sollen mit analogen Liedern gar auf ihre Landsleute gehetzt werden. Also: Kriterien müssen hier schon sein, sonst herrscht die reine, undomestizierte Barbarei. Diese Kriterien aber fehlen bei Cage völlig. Cage hat dies wohl selbst bemerkt, konnte hierauf aber nicht anders denn ironisch, ja zynisch reagieren: Sein frühes Radio-›Werk‹ *The City Wears a Slouch Hat* ist eine Geräuschmontage, u.a. auch aus Großstadtgeräuschen. Aber sind denn nun wirklich alle Geräusche hörenswert? Im Finale dieses Arrangements läßt Cage einen Zivilisationsflüchtigen jedenfalls sagen: Die Hauptsache ist doch wohl, dem Lärm der Großstadt zu entkommen.

Lärm macht krank! Was als Lärm empfunden wird und was nicht, ist immer auch kulturell bestimmt. Wo aber beginnt der Lärm, der krank macht? Was kann man noch rein ästhetisch genießen, und wo und wann setzen andere Maßstäbe ein, *müssen* andere Maßstäbe einsetzen, weil eben nicht alles Leben auch lebensförderliche Töne von sich gibt? Cage bleibt einmal mehr die Antwort schuldig, und auch seine Jünger verweigern die Auskunft.

3. Weg mit der Künstler-Intention, dem Werk, dem Sinn – aber sind Cages ›Werke‹ (Performances) wirklich intentionslos und ohne Einheit und Sinn? Welches Verständnis des Nichts, der Stille liegt bei Cage vor?

Auch wenn Cage sorgfältig darauf bedacht ist, seine ›Kompositionen‹ nicht mit seiner subjektiven Intention aufzuladen, und sie von Ausdruck und psychologischer Beladenheit freizuhalten sucht – die Rolle des Subjekts und der Intention kann nicht eliminiert werden. Auch das scheinbar nicht Gemachte ist gemacht, das Machen ist nur eine Stufe zurückverlegt, damit aber nicht weniger virulent. Diese Zurückverlegung kann sogar sehr gefährlich werden – dann nämlich, wenn man sich der Illusion hingibt, alle Subjektivität, Psychologie etc. wäre damit beseitigt.

Gewiß: Man kann à la Cage eine ›Musik‹ komponieren, die, verglichen mit romantischen und expressionistischen Stücken, ohne Ausdruck und ohne Psychologie auskommt. Aber so, wie mit der *Intention* der Intentionslosigkeit die Intention nicht absolut abgeschüttelt werden kann, sondern nur eine Ebene zurückverlegt wird, so drückt sich auch, da es einen ausdruckslosen Ton *nicht gibt*, in und durch die Komposition eine Expression aus – eine zufällige gewiß, aber eine zufällige derart, daß das Individuum Cage, der Komponist Cage, es war, der den Rahmen abgesteckt hat, innerhalb dessen der Zufall sich nun entfalten kann.⁹ Und da dieser expressive Gehalt zufällig ist, kann er somit auch nicht mehr durch das komponierende Individuum gesteuert werden. Rein zufällig kann sich also auch eine hyperexpressive Realisation ergeben – analog zum Verfahren des Serialismus, wo sich süßliche Konsonanzen ergeben können.

Das Individuum mit seiner Psychologie mag sich weit zurücknehmen, das ›Werk‹ bis zur Unkenntlichkeit auflösen – gänzlich wird dies nie gelingen, sondern man kann sich diesem ›idealen‹ Zustand immer nur approximativ nähern. Cage ist ein Utopist – und seine Utopie ist, hienieden wenigstens, nirgendwo zu realisieren. Kein »Dekonstruktivismus« und »Poststrukturalismus«, keine »Toddes-Autors-Philosophie« oder was auch immer kann dieser Antinomie theoretisch zu Hilfe eilen und sie aufheben.¹⁰

Und schließlich fundamental: Ist Cages Zen-Verständnis, damit aber zusammenhängend sein Nichts- und Stilleverständnis, ein genuines oder vielleicht doch nur ein westlich-technisch-entfremdetes? Cage kritisiert das abendländische Verständnis von Stille (= Geräuschlosigkeit) als Ideologie. *Wenn* diese Kritik abendländischer Stille berechtigt ist, *dann* muß auch *Cages* Verständnis von Stille kritisiert werden: »By SILENCE I mean a freedom from one's intentions.«¹¹ Intentionsloses Hören ist in einem absoluten Sinne sowenig möglich wie absolute Geräuschlosigkeit! Verstehen ist immer ›unrein‹, ist immer – wie Heidegger formuliert – durch »Vorhabe, Vorsicht und Vorgriff« bestimmt.

Cages Verständnis von Stille und Nichts und Zufall ist bedenklich: Es zeigt sich in nur allzu vielen Fällen seiner theoretischen Äußerungen wie praktisch-kompositorischen Realisierungen als ›absolut‹ im westlichen Sinne, d.h. als *verdinglicht*: als abgesetzt von den anderen Dingen. Warum nur, das wäre doch zuallererst zu fragen, hat die zenbuddhistisch beeinflußte Kunst des Ostens weder ein Stille-Werk wie *4'33"* noch eine weiße oder schwarze Leinwand hervorgebracht? Hier ist nicht nur etwas zu hören bzw. zu sehen, sondern hier gilt gerade nicht: »Akzeptieren, was auch kommen mag« (Cage), sondern hier gilt ›Ausschluß!‹, ›Ausschluß!‹ – Auschluß dessen, was *nicht* dazugehört. Nichtsgeprägte Kunst des Ostens, beispielsweise das Nô-Schauspiel (gei-nô) oder die Kalligraphie (sho-dô), fußt gerade nicht auf Aleatorik, sondern auf höchster Disziplin, auf zuhöchst künstlicher Stilisation. Jahre-, jahrzehntelange Übung – gelernt in der Meister-Schüler-Beziehung – ist die notwendige, freilich nicht zureichende Bedingung: Auf ihrem Gipfel soll die Kunstfertigkeit, die in jahrzehntelanger Übung wider die naiv-geistige Natur durchzusetzen war, in das ›Nicht-Tun‹ des reifen Künstlers umschlagen. Der ostasiatisch-zenbuddhistische Künstler – er ist es ja gerade, der auf dem besteht, was nach Cage nicht sein sollte, nämlich »Kunst zu kontrollieren« (*Silence*, S. 43).¹²

Auch wenn Cage einen *Vortrag über das Nichts* und einen *Vortrag über das Etwas* im selben Zusammenhang gehalten hat: der Bezug von Nichts und Etwas ist in Cages ›Kompositionen‹ ganz und gar nicht östlich-zenbuddhistisch gedacht: Das Nichts erweist sich hier vielmehr als ein Ding unter Dingen und *4'33"* als eine Komposition unter anderen Kompositionen.

III. Warum es schwerfällt, Cages Musikästhetik für die beste und vor allem ausbaufähigste aller derzeit möglichen Musikästhetiken zu halten

Cages Kritik abendländischer Musik und Ästhetik legt zu Recht die Hand in die Wunde musikästhetischer Antinomien. Diese erfuhren ihre Akme im Serialismus. Cage wurde durch Zwölftontechnik und Serialismus, die totale Rationalisierung der Musik, geradezu traumatisiert. Die »gegenwärtige Zeit« war für ihn »Zwölfton-Zeit« (*Silence*, S. 45). Daß jedes kompositorische Mittel in sich und seiner Funktion nach so bestimmt sein muß wie nur irgend möglich, war für dieses Individuum amerikanischer Mentalität eine von Europa, insbesondere Deutschland, ausgehende Schreckensvision. Es war die Schreckensvision ubiquitärer, alles umfassender Herrschaft – »gar nicht so unähnlich den politischen totalitären Systemen«. Doch nicht Cage hat das geschrieben, sondern geradezu sein Antipode, nämlich Adorno. Daraus ist zu entnehmen, daß man sehr wohl die Diagnose mit Cage teilen kann, ohne doch damit schon seine Therapie übernehmen zu müssen.

Zu lange hat man Cage als den Verkünder einer neuen Religion genommen, die ohne Inquisition auskam. Sich abzuwenden, war jedem unbenommen: Niemanden störten dann die Zeremonien, man blieb unter sich. »Wenn Sie's nicht mögen, haben Sie die Wahl, es zu vermeiden.« (*Silence*, S. 45, Cage über Feldmans Werk)

Aber es ist nun, d.h. spätestens seit Lyotards gänzlich unkritischer Übernahme von Grundentscheidungen der Ästhetik John Cages, an der Zeit, die Ästhetik John Cages in Frage zu stellen. Vorliegende Reflexionen verstehen sich daher nicht als Gegenentwurf zu Cage, schon gar nicht als ein Gegenentwurf, der es besser wüßte, sondern als Frage an allzu oft völlig naiv übernommene Grundentscheidungen.

*

Cages Versuchen, die eingekerkerte und sich an den Gitterstäben schwere Wunden zufügende abendländische Musikästhetik zu befreien, ist kein Erfolg beschieden. Sie fallen zu simpel aus. Er antwortet einem kritikwürdigen Zustand mit einem bloßen Anti – und das hat sich noch immer gerächt. Cage antwortet auf den sich durch das Prinzip der Notwendigkeit konstituierenden Serialismus, der alles kompositorische Material in zu verrechnende Quantitäten (»Parameter«) verwandelt, mit der »Aleatorik«, d. h. mit dem Verzicht auf das kompositorische Ich als kontrollierende und eingreifende Instanz.[13] Statt Berechnung will er das Sein-Lassen der Klänge. Mit dem Zufallsprinzip will er die Musik vom Gewaltsam-Mechanischen befreien, das in der seriellen Komposition seine Akme erfährt und rückwirkend ein grelles Licht auf die gesamte Tradition wirft.

Mit diesem Anti ist Cage aber vom Prinzip Serialismus abhängig – vergleichbar dem philosophischen A-Theismus, dessen Entwurf und Energie sich von der Negation des ehemals gültigen Prinzips herleiten. Die Aleatorik, der Gegen-Satz zum Serialismus, ist auf fundamentalerer Ebene ein nur scheinbarer Gegensatz zum Serialismus. Diese Art von Negation des Serialismus war zu allgemein, zu unspezifisch, diese Negation war, philosophisch formuliert, eine bloß »*abstrakte* Negation«, die die Grundentscheidungen des früheren Zustands weiter mit sich führt, auf ›verkehrte‹ Weise mit sich führt, ein ›umgedrehter Serialismus‹, und, um frei mit Nietzsche und Heidegger zu reden, »nichts« weiter.

Maler-Musiker

Damit aber hat es Cage versäumt, die Krise wirklich anzugehen. Statt Ursachen kurierte er Symptome. Revolutionär war dies gerade nicht, wie Heinz-Klaus Metzger, ein an Adorno geschulter Musikologe, 1958 noch meinen konnte.[14] Vielmehr hat Cage zahlreiche alte Dogmen der abendländischen Ästhetik mitgeschleppt, ohne sie auf ihre Stimmigkeit zu befragen. Und gerade diese Dogmen haben auf fundamentaler Ebene die Domestikation der abendländischen Musik bewirkt – allen voran jenes fundamentale Prinzip abendländischer Ästhetik, das die Musik von der bildenden Kunst her versteht: den Ton von der Proportion und der Farbe, die Zeit vom Raum, die Stille vom Weiß bzw. Schwarz und das Erklingen von den Formen und Farben.

Es ist an der Zeit, Cages ›Kompositionen‹ und ästhetische Manifeste auf diese ungeprüften Übernahmen hin zu befragen. Hier müssen einige Beispiele genügen, die zu vervollständigen und ausführlich zu thematisieren einer künftigen Publikation vorbehalten bleibt.

»Ich glaube, daß vieles von dem, was seit 1950 in der Musik passiert, eine Reaktion auf die Entwicklung der bildenden Kunst ist«.[15] »Im 20. Jahrhundert ist jeder experimentelle Musiker auf die Maler angewiesen.«[16] Und obgleich Cage das Konzept seines Stille-Stückes bereits 1948 vorgestellt hat[17], so betont er doch ausdrücklich, daß er zur Aufführung, und d. h. hier Ausführung, erst durch

Bilder von Robert Rauschenberg angeregt wurde: »The white paintings came first; my silent piece came later.«[18]

Damit weist Cage selbst darauf hin, daß er von den white paintings nicht nur inspiriert worden war, sondern daß er die Stille seines Stillestücks *4'33"* aus dem Jahre 1952 von der weißen Farbe her und analog zur weißen Farbe der ›Bilder‹ seines Freundes Robert Rauschenberg versteht.[19] »Gegenwärtig überwiegen Malerei und Plastik, und ebenso wie Künstler früher, als sie anfingen, abstrakt zu werden, sich auf musikalische Praktiken beriefen, um zu zeigen, daß das, was sie taten, gültig war, so sagen heute Musiker, um zu erklären, was sie tun: ›Seht, die Maler und Bildhauer tun es schon seit langem.‹« (*Silence*, S. 59) »Die zentrale Emotion, die Ruhe, ist ›farblos‹«.[20]

Form-Ballast

Cage schleppt aber noch anderen Form-Ballast der Raum- und Bild- und Symmetrie-Ästhetik mit: Nicht selten sind seine Stücke, obgleich sie auf jegliche thematische oder motivische Arbeit verzichten, streng symmetrisch arrangiert. So folgt etwa in der Klavierkomposition *Sonatas and Interludes* (1946-48) auf jede vierte »Sonate« ein »Interlude«. Sogar das Stille-Sück *3'44"* ist in drei Sätze gegliedert.

Und dieses Prinzip gilt selbst noch für die Vorträge. Cage selbst im Vorwort zu *Silence*: »*Dieser Vortrag über nichts ist mit der gleichen rhythmischen Struktur geschrieben, die ich damals in meinen musikalischen Kompositionen anwandte (Sonaten und Zwischenspiele, Drei Tänze usw.). Eines der Strukturmerkmale ist die etwa vierzehnmalige Wiederholung einer einzigen Seite, auf der als Refrain ›Wenn jemand schläfrig ist, soll er schlafen‹ wiederkehrt.*« (*Silence*, S. 158)

Raum-Zeit und Uhr-Zeit

Die ›neuen‹ graphischen Notationsformen, die Cage seit *4'33"* (»tacet« in drei Sätzen für beliebige Instrumente, 1952) verwendet, dokumentieren, daß er die musikalische Zeit vom Raum, von der räumlichen Ausdehnung, her versteht, daß es bei ihm also gerade nicht um eine genuin *zeitliche Zeit* geht, sondern um eine *Raum*-Zeit: Einem bestimmten Streckenmaß, also einer räumlichen Ausdehnung, entspricht die jeweils gleiche Zeitdauer. Cage ist hier nicht nur nicht revolutionär, er ist nicht – wie oft zu lesen – der Vertreter der »äußersten Avantgarde«, sondern er ist restaurativ. Denn die Zeit aus dem engen Korsett der traditionell-ästhetischen Auffassung zu befreien, hatte sich die Musik des 20. Jahrhunderts bereits aufgemacht. Sie verstand die Zeit nicht mehr als ablaufendes Kontinuum, nicht mehr ab-solut, nicht mehr als ›räumlichen Rahmen‹ – also nicht mehr von der Newtonschen Physik her –, sondern als gebunden an Materie und Bewegung – also gewissermaßen analog zum Paradigma der Relativitätstheorie.

Man muß nicht unbedingt Heidegger gelesen haben, für den die Uhr das Symbol der Verfallsform von Zeit (»Innerzeitigkeit« statt »Zeitlichkeit«) war, um das Restaurative an Cages Vorstellungen von Zeit auch bildlich zu bemerken: So etwa, wenn bei Cages *Concert for Piano and Orchestra* (1957/58) die Hände des Dirigenten die Funktion von Uhrzeigern erfüllen, an denen sich die Mitspieler zu orientieren haben.

Metzgers These, in Cages Musik finde eine »Suspension der Zeit«[21] statt, dokumentiert doch wohl nur ein Wunschdenken: Warum sollte gerade dadurch Zeit aufgehoben werden, daß der Interpret nicht mehr zwangsläufig B nach A spielen muß, sondern auch B vor A spielen kann, daß er also die Notation »auch rückwärts« lesen kann? Damit wird Zeit als Strecke, d.h. als an sich bestehende Raum-Zeit, doch nur bestätigt: Suspendiert wird hier gar nichts, sondern nur ›umgedreht‹.

Der große Ikonodule

Cage ist nicht nur bildender Künstler gewesen, sondern hat auch graphische ›Partituren‹ hergestellt und audiovisuelle Werke wie *Theatre piece* (1960) geschaffen. Zu fragen bleibt, ob er nicht auch als Komponist in einem fundamentalästhetischen Sinne Augen-Musiker, Präsenz-Ästhetiker geblieben ist. »Daß Cage von Mètier [sic] auch der Malerei nachgegangen ist, hallt bestimmend in seiner Schrift, die sein Komponieren ist, nach.«[22] Ist wirklich der Fall, was Metzger euphorisch hervorheben zu müssen glaubte, daß sich das Innovatorische von Cages Musik – die Suspension der Zeit – »aus der Konsequenz der sich – ohne Schielen auf akustische Ergebnisse ... – rein entfaltenden Schrift«[23] (d.h. der graphischen Notation) ergibt, dann muß man sich in der Tat fragen, ob Cage nicht *der große Ikonodule* der neueren Musikgeschichte ist und bleibt – von keinem einholbar.

Mit dem Zauberwort »Verfransung der Kunstgattungen« oder »indeterminierte Musik« allein ist es hier jedenfalls nicht getan. Die ›Musik‹ Cages bleibt der traditionellen abendländischen Ästhetik, die eine Ästhetik der Präsenz, der Herausarbeitung und Präsentation der Gestalt, ist, verpflichtet. Denn auch die ständig wechselnde Gestalt – von Aufführung zu Aufführung wechselnde Gestalt – bleibt Gestalt und schreibt sich als ein weiteres Kapitel in das Buch dieser Präsenz-Ästhetik ein. Cages Verlassen der abendländischen Noten-›*Schrift*‹ war nur eine scheinbare Überwindung der Tradition. Sein Noten-›*Bild*‹ ist zwar undeutlicher als die traditionelle Notationsform, steht im Effekt der Notenschrift aber in nichts nach: Der Hörer bekommt die Präsenz eines Klanges zu Gehör, nicht aber – dies wäre gefordert für die wirkliche Überwindung der präsenzästhetischen Voraussetzungen – das Wechselspiel von Präsenz und Absenz, Anwesen- und Abwesenheit, Gebung und Entzug, Ereignis und Enteignis.[24]

Ost-Tourismus

Cages Gang in den Osten in allen Ehren – aber es ist fraglich, ob dies die einzige und auch die beste aller möglichen Beziehungen eines westlichen Ästhetikers und Musikers zur östlichen Tadition ist. Es scheint nämlich, daß damit zwangsläufig ein allzu dingliches, gleichsam weltanschauliches Verständnis des Zenbuddhismus vorliegt: Wie Cage den Zufall zum Prinzip erklärt und damit verdinglicht, so verdinglicht er auch das Nichts. Das ›ungute Gefühl‹, das einen bei solcher Rezeption überkommt, rührt aber auch daher, daß Anleihen dieser Art immer etwas von Willkür eignet.

Weitaus besser wäre es, man stieße von der abendländischen Musik und Ästhetik selbst auf dieses sogenannte »Nichts« als ein grundlegendes ästhetisches Prinzip, gewissermaßen durch radikale Versenkung und durch ein Zu-Ende-Denken abendländischer (Musik-)Ästhetik. Man meint zwar zunächst, das sei unmöglich, da eben die abendländische Ästhetik fundamental auf Sein und Präsenz gründe. Es läßt sich jedoch zeigen, daß der Begriff des Nichts die Musikästhetik Adornos dominiert.

Das gilt schon für Adornos Beethoven-Interpretation[25], es gilt aber erst recht für Adornos Berg-Interpretation. Die hochkomplexe Musik Alban Bergs nötigt Adornos Analyse zwei wesentliche, zunächst entgegengesetzte Interpretationsaspekte ab: Adorno betont die »Auflösungstendenz« der Bergschen Musik, ja die »Auflösung ins Nichts«; dann aber betont er im Gegenzug das Komponieren aus dem Nichts, die Erzeugung der Gestalt. Und es versteht sich, daß diese zwei fundamentalen Aspekte der Musik Bergs korrelative Momente derselben Struktur sind. Die Auflösungstendenz der Musik Bergs greift alle distinkte Gestalt an, braucht diese aber doch, um die Auflösung zu vollziehen. Da die Musik diese distinkte Gestalt jedoch zu keiner Zeit als substantielle hypostasiert, kann sie die definite Gestalt wiederum nur als entstehende zeigen, nicht als an sich seiende behaupten. Daher betont Adorno, daß Bergs Musik, die Einzelgestalt wie die große Form, »im Nichts entspringt und ins Nichts versickert«, Bergs Komponieren sei »ein Komponieren aus dem Nichts ins Nichts hinein«.[26]

Dieses Analysevokabular ist nun bei Adorno nicht die Ausnahme, sondern durchaus die Regel. Immer wieder verwendet er eine Terminologie, die einem in der Kunst und Ästhetik des Ostens Bewanderten nur zu vertraut ist. Paradoxe Formulierungen wie »geformte Gestaltlosigkeit«, »Anarchie – Chiffre des Gesetzes«, »Leben als Inbegriff von Tod«; ästhetische Imperative der Art »Wirf weg, damit du gewinnst!«; Verweise auf das Unhörbare, auf ein unsichtbares/unhörbares Kraftzentrum, das die Gestalt speise; die Betonung der konstitutiven Funktion des Weggelassenen, des Schweigens und der Pause; die Abneigung gegen alles ästhetisch Selbstherrliche und die damit einhergehende Präferierung des Schwebenden, Verschwindenden, Übergängigen und eines Infinitesimalprinzips; ja schließlich die ständige Nennung des Nichts, in das alle ästhetische Setzung verschwinde und aus der sie wieder hervorgehe –: all dies darf man als genuine Momente einer zenbuddhistisch geprägten Ästhetik bezeichnen.

Im Gegensatz zu Cage ist dieses Vokabular bei Adorno aber nicht durch ein Abbrechen westlicher Tradition und einen Gang in den Osten initiiert, sondern durch ein konsequentes Zu-Ende-Denken. Die Konnotationen östlicher Ästhetik sind bei Adorno nicht intendiert. Das tut aber der Bedeutung dieser Affinität keinen Abbruch. Das Gegenteil ist der Fall. Man kann nämlich bei Adorno sicher sein, daß es nicht billige Anleihen sind, die er hier vom Zenbuddhismus aufnimmt. Es liegt hier keine zenbuddhistische Überhöhung eines an sich Vorliegenden vor. Adornos Nötigung zu einem Nichts-Analysevokabular, kulminierend in der Analyse Bergscher Musik, kommt aus der Mitte der modernen abendländischen Musik; sie kommt aus einem Modernebegriff, für den nicht mehr nur Materialinnovation und Materialbeherrschung, sondern mehr und mehr das Entzugsgeschehen wichtig wird. Dies macht Adornos »Nichts-Ästhetik« so interessant – gerade im Vergleich mit Cages Gang in den Osten. Auf der einen Seite die Nötigung zum Nichts aus der Analyse moderner *abendländischer* Musik, auf der anderen das Verlassen der musikästhetischen abendländischen Eigenlogik und die willkürlich-modische, noch dazu westlich überformte Rezeption des Zen.

Cage ist und bleibt daher der »Zen-Sprößling ... aus dem Hause Duchamp«[27], d.h., Cage bleibt einer, der seinen abendländischen Ausgangspunkt nicht wirklich überwindet. Im Vergleich zu ihm ist Adorno, er verzeih's, der wahre Zenschüler, da er, völlig korrekt, Zen nicht als lernbare Lehre verstand, sondern sich der radikalen Erfahrung einer Sache überließ.[28]

Das partielle Recht von Cages Musik und Musikästhetik und aller Komponisten, die sich auch heute noch diesem Prinzip verpflichtet fühlen, soll hier nicht bestritten werden. Es vermag noch immer, wenn auch von Mal zu Mal weniger, interessante Ergebnisse zu zeitigen. Doch aufgrund der soeben angeführten Aspekte scheinen Adornos Musikästhetik und die Komponisten, die sich seinem Autonomie-Ansatz auch heute noch verpflichtet fühlen, weitaus fortschrittlicher zu sein. Ihnen dürfte eher die Zukunft gehören als Cages – temporär interessanten – Versuchen.

Anmerkungen

1. Vgl. hierzu: Günter Seubold, *Der »Neuanfang« in der Ästhetik. Die Gründungs-Skizzen Jean-François Lyotards*, in: Philosophische Rundschau 43 (1996), S. 297-317.
2. Vgl. Heinz-Klaus Metzger, *John Cage oder die freigelassene Musik*, in: *John Cage*, München 1978, S. 5-17, hier: S. 6 (= Musik-Konzepte, Sonderband).
3. Ich beschränke mich hier auf die systematisch-ästhetische Betrachtung. Zur diachronen Betrachtung von Cages kompositorischen Prinzipien vgl. James Pritchett, *The Music of John Cage*, Cambridge 1993 sowie Martin Erdmann, *Untersuchungen zum Gesamtwerk von John Cage*, Phil. Diss. Bonn 1993.
4. John Cage, *A Year from Monday*, zit. in: Jean-François Lyotard, *Essays zu einer affirmativen Ästhetik*, Berlin 1982, S. 120.
5. John Cage, *Silence*, Frankfurt a. M. 1987, S. 48, alle ins Deutsche übersetzten Zitate aus *Silence* nach dieser (gegenüber dem Original stark gekürzten) Ausgabe.
6. Cage, *A Year from Monday*, Middletown, Conn. 1967, S. 3.
7. Verschweigen wir, was uns verwehrt ist, zitieren wir Richard Kostelanetz (*John Cage*, Köln 1973, S. 19): Cage ist »nicht nur ein Komponist, vielmehr einer der zukunftsbestimmenden Köpfe des Jahrhunderts«.
8. Vgl. hierzu: Günter Seubold, *Das Ende der Kunst und der Paradigmenwechsel in der Ästhetik. Philosophische Untersuchungen zu Adorno, Heidegger und Gehlen in systematischer Absicht*, Freiburg/München 1998², S. 105 f.
9. »Obwohl Cage keine Kontrolle in dem Sinne zu besitzen wünscht, wie etwa Beethoven genau kontrolliert, was und wann ein Musiker spielt, kontrolliert er dennoch die soziale Situation: daß nämlich eine große Zahl von Leuten gezwungen wird (auf Geheiß und gegen Bezahlung), eine Partitur, die durch ein Individuum (Cage) komponiert wurde (es tut nichts zu Sache, wie und weshalb), vor einer noch größeren Zahl zahlender Zuschauer (die Freiheit haben, wegzugehen, falls sie an dem, was da vorgeht, nicht interessiert sind) zu spielen.« (Michael Nyman, *Annotationen zu: John Cage. Rede an ein Orchester*, in: *John Cage* [Anm. 2], S. 59)
10. Es wäre zu fragen, ob nicht aus dieser Not eine Tugend zu machen wäre, d.h., ob nicht dann, wenn feststeht, daß man die subjektive Intention letztlich nicht eliminieren und das Werk nicht vollständig der Wirklichkeit gleichschalten kann, ob also nicht dann die Subjektivität des Komponisten so weit zu treiben wäre, daß durch ihre Übersteigerung ein ihr gänzlich konträres, weit über sie hinausreichendes Moment sich konstituiert.

11 *John Cage* (Anm. 2), S. 19.

12 Vgl. hierzu: Günter Seubold, *Inhalt und Umfang des japanischen Kunstbegriffs*, in: Philosophisches Jahrbuch 100 (1993), S. 380-398.

13 Der Begriff »Aleatorik«, der sich für Cages ›Laissez-faire-Haltung‹, die alle Klänge sein läßt und die alles einen Klang sein läßt, durchgesetzt hat, ist freilich insofern unglücklich, als auch die den Zufall integrierenden serialistischen Werke eines Boulez und Stockhausen als »aleatorisch« bezeichnet werden. In der Nähe dieser *seriellen* Aleatorik bewegt sich aber etwa auch Cages weitgehend traditionell notiertes Klavierwerk *Music of Changes* aus dem Jahre 1951. Cage hat sich in *Silence* davon freilich distanziert: »... gives the work the alarming aspect of a Frankenstein monster.« (*Silence*, Middletown, Conn. 1973, S. 36) Vgl. hierzu auch: Stefan Schädler, *Transformationen des Zeitbegriffs in John Cages »Music of Changes«*, in: *John Cage II*, München 1990 (= Musik-Konzepte Sonderband).

14 Vgl. hierzu: Heinz-Klaus Metzger, *John Cage oder Die freigelassene Musik* (Anm. 2).

15 Richard Kostelanetz (Hg.), *John Cage im Gespräch*, Köln 1989, S. 137.

16 A.a.O., S. 139.

17 Vgl. hierzu *A Composer's Confessions* (Vortrag 1948), jetzt in: MusikTexte 40/41 (1991), S. 55-68.

18 Cage, *Silence* (Anm. 13), S. 98.

19 Vgl. hierzu den Aufsatz von Peter Niklas Wilson, *Eine andere Art von Kunst-Armut. Reduktive Strategien in Musik und Bildender Kunst der USA*, in: Neue Zeitschrift für Musik 158 (1997), S. 5.

20 Kostelanetz (Hg.), *John Cage im Gespräch* (Anm. 15), S. 64.

21 Heinz-Klaus Metzger, *John Cage oder Die freigelassene Musik* (Anm. 2), S. 7.

22 A.a.O.

23 A.a.O., S. 8.

24 Vgl. hierzu: Günter Seubold, *Kunst als Enteignis. Heideggers Weg zu einer nicht mehr metaphysischen Kunst*, Bonn 1996.

25 Vgl. hierzu meine Rezension von *Theodor W. Adorno, Beethoven – Philosophie der Musik. Fragmente und Texte*, in: Philosophisches Jahrbuch 103 (1996), S. 448-451.

26 Theodor W. Adorno, *Berg. Der Meister des kleinsten Übergangs* (in: Gesammelte Schriften Bd. 13), Frankfurt a. M. 1971, S. 327 und ders., *Alban Berg: Oper und Moderne*, in: Gesammelte Schriften, Bd. 18, Frankfurt a. M. 1984, S. 668.

27 Jean-François Lyotard, *Philosophie und Malerei im Zeitalter ihres Experimentierens*, Berlin 1986, S. 120.

28 Ausführlicher habe ich dies dargestellt in: Günter Seubold, *Das Ende der Kunst und der Paradigmenwechsel in der Ästhetik* (Anm. 8).

John Cage gegen seine Aneigner verteidigt
Richard Toop

Für Jacques

Vorbemerkung: Dieser Text wurde 1992, kurz vor Cages Tod, geschrieben; um dem Rechnung zu tragen, wurde für die Publikation 1993 (John Cage Defended against his Appropriators, in: Literature and Aesthetics, Vol. 3, Sydney 1993, S. 96-107) eine Reihe von Sätzen geändert. Während Schriften über Cage als Komponisten weite Verbreitung finden (zusammen mit Diskographien, für die das späte Werk [vor allem die »number pieces«] eine prominente Rolle spielt), treten in der Zwischenzeit, so scheint es mir, solche Aufsätze in den Hintergrund, die im folgenden diskutiert und kritisiert werden. Jetzt, wo Cage, endlich, ›Geschichte‹ ist, verliert er seine Anziehungskraft als ein Emblem von post-histoire.

Ein Musiker, der sich in die sich mehr und mehr ausweitende Literatur zur Theorie der postmodernen Kunst vertieft, dürfte von der praktischen Abwesenheit jeglicher Bezugnahme auf zeitgenössische Musik – gerade als Kunstform – gleichermaßen deprimiert wie erleichtert sein. Deprimiert, weil Musiker innerhalb der gesamten Debatte um Ästhetik (oder Anti-Ästhetik) an den Rand gedrängt worden sind. Vielleicht aber auch erleichtert, wenn es um das eilfertige Erwähnen bestimmter altbekannter Namen geht, das nur zu oft die Stelle des informierten Diskurses über Musik einnimmt – dies alles immer unter der Voraussetzung, daß das Thema überhaupt angesprochen wird.

Vermutlich ist es dabei nicht zu vermeiden, daß der Name des verstorbenen John Cage am meisten strapaziert wird. Cage selbst, der sein ganzes Leben damit zubrachte, die eine oder andere Art der Fehleinschätzung geduldig über sich ergehen zu lassen, hätte dies vermutlich am wenigsten gestört – zumindest in letzter Zeit hat der Lobpreis vor dem Beschimpfen eindeutig das Übergewicht behalten. Aber Mißbrauch bleibt Mißbrauch, und genauso wie Adorno es einst für nötig hielt, einen Artikel zu schreiben, in dem er Bach gegen seine Anhänger verteidigte[1], möchte ich es, freilich auf viel bescheidenerem Niveau, unternehmen, den bedeutendsten unter den geschmähten Komponisten unserer Zeit gegen jene zu verteidigen, die dazu neigten, ihn für Zielsetzungen zu vereinnahmen, die manchmal vielleicht nicht weniger fanatisch proselytenhaft als die der Bachfanatiker der Nachkriegszeit sind.

Ich werde mich hier nicht mit Cages Reputation unter den Komponisten beschäftigen; fast alle Komponisten sind in gewissen Phasen ihrer Entwicklung Aneigner, und wenn sie das, was sie sich angeeignet haben, falsch verstehen oder falsch wiedergeben, so gilt für gewöhnlich: um so besser; nur so wird es ihr Eigenes. Ebensowenig werde ich mich den Musikhistorikern und Musikwissenschaftlern zuwenden, von denen viele im Rahmen ihres Forschungsgebietes ganz Passables geleistet haben. Vielmehr möchte ich mich an dieser Stelle auf die Beiträge von Philosophen, Ästhetikern und Kulturkritikern konzentrieren.

Was letztere angeht, so könnte man die Frage stellen, warum Cage nicht zumindest zeitweise dazu verurteilt wurde, der ultimative Einzeiler, der verweislose Eintrag, der obligatorische Vermerk etwa in *Der Schock des Neuen* oder *Anti-Oedipus*[2] zu sein – oder sonst eine notwendige Komponente in einer Aufstellung, von der angenommen werden muß, daß jedermann sie kenne, und deren andere Bestandteile vielleicht die »Lustigen Streiche von Warhol und Rauschenberg« (wie in Hilton Kramers Sammlung *Die Rache der Philister*) oder Lyotards Auflistung von »Minimalismus, arte povera, happening und performance« (die er zugegebenermaßen selbst als »nutzlos« bezeichnet) und Kristevas »La Monte Young, Kagel und Stockhausen« oder die einfach entwürdigende Anwesenheit der Bee Gees in Umberto Ecos *Report from the Global Village* sind.[3]

Es scheint, daß man Cages Musik und – bis zu einem gewissen Grad – sein Denken vorsätzlich an einem bestimmten Zeitpunkt der Geschichte fixiert hat – für immer eingefroren im Augenblick des ersten Happening am Black Mountain College 1952 oder bei der Premiere des berüchtigten ›stillen‹ Stücks 4'33". Dieses Stück wurde zum Teil durch Rauschenbergs blanke Leinwände, die einige Jahre zuvor entstanden waren, inspiriert, und in der Tat wurde der Begriff ›John Cage‹ in der Folge zu einer Leerfläche, auf die eine ganze Reihe von Interessengruppen ihre je eigenen Programme einschrieben. Ich möchte im folgenden daher für eine differenziertere Sicht plädieren, sowohl was die Musik Cages als auch sein ausgedehntes Schrifttum angeht.

Schaut man, um mit Cages Musik zu beginnen, sein Schaffen über die vierzig Jahre an, die seit den ersten Stücken, die mit Zufallsprozessen operieren, vergangen sind, so wird offensichtlich, daß ihre äußere Aufmachung sich häufig und vielfältig verändert hat. Cages Werk besteht nicht nur aus einem einzelnen Stück, einem stillen oder sonstwie einem: Es handelt sich um eine enorme Produktionsfülle, die sich über fast sechs Jahrzehnte hinweg erstreckt. Trotzdem braucht es nicht allzu großes Spezialwissen, um die meisten seiner Werke in Abständen von fünf Jahren zu ordnen – dazu muß man sich nur der Notation zuwenden. In den dreißiger Jahren – um noch weiter zurückzugehen – setzt ein

Prozeß ein, der die sehr frühen Stücke mit ihrer ziemlich seltsamen Anverwandlung der Schönbergschen Zwölftontechnik über die Schlagzeugstücke und die Werke für präpariertes Klavier mit den Werken der vierziger Jahre, die nur von sehr wenigen Noten Gebrauch machen, verbindet – Vorläufer des Minimalismus, wie wenig das auch immer beabsichtigt war. Darauf folgten die ersten Zufallsstücke, deren Notation im Laufe der fünfziger und frühen sechziger Jahre immer unorthodoxer wurde, eine kurze Periode (meistens live-)elektronischer Musik, und dann eine (teilweise) Rückkehr zu relativ exakter Notation (in den Instrumentalstücken), dazu ein zunehmendes Interesse an Klangdichtung, die des öfteren auf Texten von Joyce oder Thoreau basiert. In den achtziger Jahren tauchen dann alle möglichen Arten von theatralischer Extravaganz auf, besonders *Europeras*, und mehr und mehr Ausflüge in die visuellen Künste, genauso wie die konventionelleren ›Zeitklammern‹ in den sogeannten ›number pieces‹.

Schon diese umrißhafte Darstellung kann genügen, um zu zeigen, daß es gleichsam mehrere John Cages gab, und daß wir immer, wenn sich jemand kommentierend auf John Cage bezieht, fragen dürfen, welcher John Cage bzw. der John Cage welcher Zeit gemeint sei. Auf ähnliche Weise scheint die sich in den Vordergrund spielende Sensibilität, die ›Cage-Ästhetik‹, verschiedene Zyklen bzw. Schwankungen durchlaufen zu haben. Hört man sich Cages Antworten auf Fragen an, die am Ende seiner Vorlesungen in Harvard 1988-89 gestellt wurden, könnte man zu der Auffassung gelangen, daß die meisten zumindest prinzipiell schon damals in Darmstadt (1958) auf dieselbe Weise beantwortet worden wären, nicht jedoch an der Westküste in den späten dreißiger Jahren, und nicht im New York der späteren sechziger Jahre.

Cages Denken begann mit forschem, jugendlichem Optimismus: Es ist ›revolutionär‹, ohne einer besonderen politischen Ausrichtung verpflichtet zu sein. Dann führt der Schock durch Hiroshima und den Holocaust zu einer Abkehr von westlichem Denken, zunächst in die Spiritualität indischen Gedankenguts, von dort aus zu der Gelassenheit des Zen – vor diesem Hintergrund entstehen die ersten Zufallsstücke. Diese ›Zen‹-Periode dauert etwa fünfzehn Jahre lang. In den späten sechziger Jahren dann findet ein ›Umschwung‹ statt. Einige Jahre zuvor, in der Folge der ersten Aufführungen des *Concert for Piano and Orchestra*, hatte Cage über die Ausführenden gesagt: »Ich muß die Menschen freisetzen, ohne daß sie dumm werden. ... meine Probleme erweisen sich mehr als soziologische denn musikalische.« Zu diesem Zeitpunkt jedoch bedeutete »soziologisch« nicht notwendigerweise politisch; für Cage war der Zweck zweckfreier Musik zuvörderst ethisch.

In den späten sechziger und den frühen siebziger Jahren nun werden die

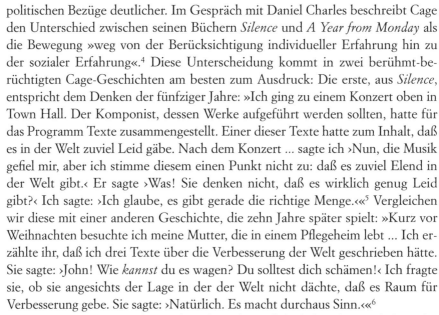

politischen Bezüge deutlicher. Im Gespräch mit Daniel Charles beschreibt Cage den Unterschied zwischen seinen Büchern *Silence* und *A Year from Monday* als die Bewegung »weg von der Berücksichtigung individueller Erfahrung hin zu der sozialer Erfahrung«.[4] Diese Unterscheidung kommt in zwei berühmt-berüchtigten Cage-Geschichten am besten zum Ausdruck: Die erste, aus *Silence*, entspricht dem Denken der fünfziger Jahre: »Ich ging zu einem Konzert oben in Town Hall. Der Komponist, dessen Werke aufgeführt werden sollten, hatte für das Programm Texte zusammengestellt. Einer dieser Texte hatte zum Inhalt, daß es in der Welt zuviel Leid gäbe. Nach dem Konzert ... sagte ich ›Nun, die Musik gefiel mir, aber ich stimme diesem einen Punkt nicht zu: daß es zuviel Elend in der Welt gibt.‹ Er sagte ›Was! Sie denken nicht, daß es wirklich genug Leid gibt?‹ Ich sagte: ›Ich glaube, es gibt gerade die richtige Menge.‹«[5] Vergleichen wir diese mit einer anderen Geschichte, die zehn Jahre später spielt: »Kurz vor Weihnachten besuchte ich meine Mutter, die in einem Pflegeheim lebt ... Ich erzählte ihr, daß ich drei Texte über die Verbesserung der Welt geschrieben hätte. Sie sagte: ›John! Wie *kannst* du es wagen? Du solltest dich schämen!‹ Ich fragte sie, ob sie angesichts der Lage in der der Welt nicht dächte, daß es Raum für Verbesserung gebe. Sie sagte: ›Natürlich. Es macht durchaus Sinn.‹«[6]

In einem Gespräch mit dem deutschen Klangdichter hans g helms, das 1972 stattfand[7], wendet sich Cage dem maoistischen China zu, obwohl er sich dann wieder jeglicher politischer Stellungnahme enthält, indem er sagt: »Maos Lösungen erscheinen vielen Menschen politisch, aber ich ziehe es vor, sie utilitaristisch zu nennen.« Und ein paar Minuten später bemerkt er: »Nicht nur ich – viele andere Menschen sagen, daß unsere wahre Aufgabe die Revolution ist ... [obwohl] ich zu alt bin, um dabei noch viel zu nützen« – das bedeutet in diesem Zusammenhang direktes Handeln, nicht so sehr Schreiben und Sprechen. Etwa um diese Zeit beschäftigt sich Cage eingehend mit Thoreau (etwa in den *Songbooks*): Besonders gern zitiert er sein »Die beste Form von Regierung ist keine Regierung.« Für ihn sind die *Songbooks* die bewußte Unterminierung künstlerischer Kategorien; er drückt das folgendermaßen aus: »Gegenwärtig ist es so gut wie ausgeschlossen, die *Songbooks* als Kunstwerk zu betrachten. Wer würde das wagen? Es ähnelt einem Bordell, nicht wahr?«[8] Und doch – es läßt sich darüber streiten, ob der Aufruf zur Niederwerfung des Regimes hier ebenso explizit ist, wie er es 1968 zur Zeit der Pariser Studentenunruhen war.

Cages offenes politisches Engagement scheint in den späten siebziger Jahren, als die weniger schönen Aspekte von Maos Kulturrevolution nur allzu deutlich zutage traten, versiegt zu sein; in einem Gespräch mit Geoffrey Barnard sagt Cage: »Ich glaube, daß die Ereignisse der darauf folgenden Jahre [d.h. der mittleren sechziger Jahre], wenn man so will, ›verblüffend‹ waren, so daß der Optimismus, der aus meiner Bemerkung spricht – der Optimismus also, der die Möglichkeit sieht, die Gesellschaft zu verändern – geringer geworden ist ... und eine gewisse Stille seinen Platz eingenommen hat.«[9] Und zu der zutiefst politisch engagierten Musik seines ehemaligen Schülers Christian Wolff sagt er: »Ich bewundere auch seine neuere Musik, nicht jedoch ihre Beschäftigung mit Macht, mit politischer Thematik.«[10]

Nach dieser kurzen Darstellung von Cages Schaffen und seiner Anschauung möchte ich nun einige ›Aneignungen‹ (*appropriations*) anführen, mit denen man seit den fünfziger Jahren auf Cages Schaffen Zugriff genommen hat, wobei die Übereinstimmung mit Cages eigenen Ansichten verschieden deutlich ist. Ich möchte dabei auf drei Bereiche näher eingehen: auf linke Aneigner wie Adorno und die Folgenden, auf französische Phänomenologen und postmoderne Theoretiker.

Was die frühen Aneigner miteinander verbindet, ist, daß sie sich nicht auf der Autorität von Cage *per se* ausruhen – ihnen liegt nicht an Gurus; in jedem Fall ist es fraglich, ob Cage in Europa als solcher angesehen worden wäre, zumindest in den späten fünfziger und den frühen sechziger Jahren. Vielmehr entlehnten sie den Werken selbst ihre Perspektiven; diese entsprechen im Grunde nicht denjenigen Cages, werden ihm aber andererseits auch für gewöhnlich nicht zugeschrieben.

Wenn ich mich nun zunächst Adorno zuwende, so ist das schon eine leichte chronologische Verfälschung, weil sein Schüler Heinz-Klaus Metzger sich bereits auf Cage gestürzt hatte: mit radikaleren Zielsetzungen, als Adorno es würde gutgeheißen haben. Möglicherweise war es Metzger, der die Aufmerksamkeit des Älteren auf Cage lenkte. Es bleibt dabei, daß Adornos Ansichten für eine ältere Denkergeneration stehen.

Adornos erste Reaktion auf Cage – etwa 1962 – ist vorsichtig, um nicht zu sagen argwöhnisch: In *Vers une musique informelle* schreibt er: »Cage etwa scheint, vielleicht im Zusammenhang mit dem Zenbuddhismus, dem von allem vermeintlichen Überbau befreiten Ton metaphysische Kraft zuzutrauen«, und fährt fort, indem er dies mit »Steiner-Séancen« gleichsetzt.[11] Später hingegen, in der *Ästhetischen Theorie*, in einer Passage, die sich auf »authentische Kunst« als Kunst, die »sich der Krise der Bedeutung verpflichtet«, bezieht, schreibt Adorno: »Schlüsselphänomene mögen auch gewisse musikalische Gebilde wie das Klavierkonzert von Cage sein, die als Gesetz unerbittliche Zufälligkeit sich auferlegen und dadurch etwas wie Sinn: den Ausdruck von Entsetzen empfangen.«[12] Es ist bezeichnend, daß der Verweis auf Cage im Zusammenhang mit

einer Diskussion Becketts erscheint, dessen Werk Adorno zusammen »mit der Katastrophe, die nun darin besteht, daß sie nicht eintritt«, sieht.[13]

Susan Sontags Haltung gegenüber Cage – weniger als Musiker/Komponist denn als Schriftsteller/Philosoph –, wie es sich in *Thinking Against Oneself – Reflections on Cioran* darstellt, wo sie Cages Denken als dem Ciorans radikal entgegengesetzt diskutiert, kann möglicherweise damit verglichen werden. Ähnlich wie Adorno, verortet sie Cage umgehend als »Denker der post- und anti-philosophischen Tradition des unterbrochenen Diskurses ... [mit] einem besonderen Interesse daran, Werte radikal umzuwerten«.[14]

Mir scheint, daß sich Sontag fast so wie Adorno scheut, Cage innerhalb der westlichen Existenzangst (*angst*) zu verorten, als Exponenten des tragischen Fragments, und wieder einmal scheint Beckett nicht fern. Das mag seltsam erscheinen, zumal es von einer Autorin kommt, die nur drei Jahre zuvor ihren Essay *Against Interpretation* mit den Worten »Statt einer Hermeneutik brauchen wir eine Erotik der Kunst« beendet hatte.[15] Zu gleicher Zeit – obwohl seltsamerweise ohne jeden Bezug auf den deutlichen Zen-Unterton, der *Silence* (dem Sontag sämtliche Zitate entnimmt) durchzieht – spürt sie, daß ein weiterer, fremdartiger Faktor im Spiel ist, als ob Cage eine relativ gutartige (*benign*) Version radikal externer (d.h.: psychologiefreier) Einflüsse feilböte, die Artaud in seinem *The Theatre and Its Double* vertritt (das Cage in den späten vierziger Jahren gelesen hat, möglicherweise auf Veranlassung Pierre Boulez'): »Es muß etwas anderem – einem seltsam Herzlosen und intellektuell Einfältigen – Einlaß gewährt werden.«[16] Etwas später schreibt sie: »Vielleicht muß man sich für eine geschlossene Umwertung Denkern wie Cage zuwenden, die – aus spiritueller Stärke oder Unempfindlichkeit – eine ungleich größere Menge der ererbten Qual und Komplexität unserer Zivilisation hinter sich lassen können.«[17]

Dies mag Cages auf dem Zen-Gedanken fundierende Gelassenheit der fünfziger Jahre annähernd beschreiben. Zu der Zeit, als Sontags Kommentar entsteht, 1967, hat sich Cages Einstellung aber bereits grundlegend verändert; in vielerlei Hinsicht ist sie der Sontags, wie sie in Essays wie *What's Happening in America* und *Trip to Hanoi* zum Ausdruck kommt, nähergekommen.

Die Gleichung Cage–Beckett ist seltsamerweise weit verbreitet und geht wesentlich von dem Entschluß aus, Cages ›Stille‹ mit metaphysischen Eigenschaften auszustatten, die ihr recht eigentlich fremd sind. Wieder finden wir dies in jüngster Zeit, nämlich in Frederic Jamesons *Post-Moderne*, wo er schreibt: »Denken wir etwa an die Erfahrung von John Cages Musik, in der auf einen Cluster materialer Klänge (etwa auf dem präparierten Klavier) eine Stille folgt, die so unerträglich ist, daß man sich nicht vorstellen kann, daß ein weiterer klangvoller Akkord erscheinen könnte und wo man sich zugleich des vorhergehenden nicht erinnern kann, so daß – sollte ein neuer Akkord erscheinen – man keine Verbindung zu ihm ziehen könnte«[18], und dann fortfährt, um all dies mit Becketts Schreiben zu vergleichen, »vor allem [mit] Watt, wo das chronologische Primat des gegenwärtigen Satzes schonungslos die narrative Textur zerfallen läßt, die versucht, sich von neuem darum zu weben.«[19]

Eine Post-Adorno-Interpretation von Cage, in der der Kunst große Bedeutung für die revolutionäre Praxis zugetragen wird, gibt es bereits 1958, in der unmittelbaren Folge der Kölner Aufführungen des *Concert for Piano and Orchestra*. In einem Artikel mit der Überschrift *John Cage oder die freigelassene Musik* schreibt Heinz-Klaus Metzger: »Cages Absage an Organisation ist jedoch keine Kapitulation der kompositorischen Vernunft, keine Abdikation des kompositorischen Subjekts; au contraire, dieses manifestiert sich allenthalben in einer Weise, welche geradezu die vergessene Kategorie der Originalität in ein neues Recht setzt. ... Handgreiflich, fast zu handgreiflich, sind Cages letzte Werke gesellschaftliche Entwürfe. ... Die Idee der Freiheit wird als Theaterstück vorgespielt – draußen gälte es unterdessen den Dirigenten umzubringen und die Partitur zu zerreißen, nach der die Welt sich aufführt«.[20] Dies, so scheint mir, trägt, wie verfrüht auch immer, bereits den Geist von 1968, und es ist eine Auffassung von Cage, der Metzger noch lange nach den sechziger Jahren anhing.

Cage lehnte es für gewöhnlich ab, die Ansichten anderer zu widerlegen, auch und sogar, wenn sie kritisch waren: »Ich habe auf derartige Kritik nie reagiert. Es schien mir nicht notwendig zu sein.«[21] Es gab dabei jedoch Ausnahmen, von denen der französische Philosoph und Musiker Daniel Charles, ein Pariser Phänomenologe mit beträchtlichem Einfluß durch Adorno, die auffälligste darstellt. Ab den späten sechziger Jahren schrieb Charles eine Reihe von Essays über Cage, die an sich bewundernswert sind, jedoch deutlich seine eigenen philosophischen Interessen verfolgen, wie Titel wie *Die Ästhetik des ›non finito‹* oder *Die Erfahrung des Nicht-Wollens* verdeutlichen.

Für Charles nimmt die Cagesche Stille nicht nur Aspekte von Mallarmés »Schwindel angesichts der leeren Seite« an, sondern löst zugleich eine Vielzahl ontologischer Spekulationen aus, von denen jedoch keine einzige der Auffassung und dem Anliegen Cages entspricht: Sie sind, um den Titel zu zitieren, den Charles einer veröffentlichen Sammlung seiner Essays gibt, *Glossen über John Cage*. In den späten sechziger Jahren führte Charles eine Reihe von Interviews mit Cage, die schließlich in einer englischen Version als *Für die Vögel* erschienen. Bald war es unvermeidlich, daß die Begriffe Sein und Nichts aufkamen, und im Nachwort zu Für die Vögel äußert Cage denn auch deutlich sein Unbehagen angesichts der Versuche, sein Werk auf bestimmte Art und Weise zu interpretieren: »Am dritten oder vierten Tag unserer Interviews ... gestand ich meine Unruhe. Ich erklärte Daniel Charles mein Unbehagen angesichts jeden Versuchs, einen Diskurs herzustellen, der von bestimmten Prämissen ausgeht, um aus ihnen Schlußfolgerungen zu ziehen.«[22] Ich werde später im Zusammenhang mit post-modernen Einstellungen zu Cage auf ein bestimmtes Beispiel eingehen.

Die Gründe dafür, Cage eher als Postmodernen denn als Modernen anzusehen, sind problematisch, jedoch nicht unhaltbar. Ich möchte dennoch behaupten, daß jene Versionen postmodernen Denkens, die sich ausdrücklich auf eine Post-Avantgarde berufen, Schwierigkeiten damit haben dürften, einen Cage zu integrieren, der noch 1982 schreibt: »Es ist meine fester Glaube, daß es immer eine Avantgarde geben wird, denn ohne sie, die, wie ich denke, in einer Flexibilität des Geistes und der Freiheit von Institutionen, Theorien und Gesetzen besteht, gibt es keine Invention, aber offensichtlich braucht die Gesellschaft aus ganz praktischen Gründen Invention. Ob sie diesen Grundsatz akzeptiert oder nicht – sie braucht sie.«[23]

Unter den einschlägigen Autoren der Postmoderne – abgesehen von denjenigen, die über Popularkultur schreiben – gebührt der Musik, wie ich oben bereits andeutete, nur wenig Aufmerksamkeit. Alles, was Frederic Jameson in seinem neuen Buch über das postmoderne Repertoire sagen kann, ist: »Die Musik hört sich nicht schlecht an.«[24] Trübe Aussichten! Man stelle sich also ein mürrisch-tolerantes Publikum postmoderner Zuhörer vor, das – ähnlich wie die Zuhörerschaft bei Maos Pekingopern – dazu gezwungen ist, den »ideologischen Klang« über sich ergehen zu lassen: meilenweit entfernt von Baudrillards »Ekstase der Kommunikation«.

Vielleicht ist es diese Gleichgültigkeit gegenüber dem akustischen Ergebnis, die nun unter den postmodernen Autoren, die über Cage schreiben, eine ähnliche Indifferenz gegenüber faktischer Genauigkeit auslöst. Hier dürfen wir uns an Jamesons eigene, im Zusammenhang mit Beckett wiedergegebene Bemerkung erinnern. Die Situation, die Jameson beschreibt, ist innerhalb des Cageschen Werkes nicht unmöglich, aber extrem untypisch. Die Werke, in denen lange Phasen der Stille auftreten, entstehen vor allem in den fünfziger Jahren; Cage verwendet nach 1952 das präparierte Klavier nicht mehr. Es gibt innerhalb des riesigen Cageschen Œuvres vermutlich nur zwei Werke – das *Concerto for Prepared Piano* und die *Two Pastorales* (beide 1951) – auf die sich Jamesons Bemerkung gerechtfertigt beziehen könnte. Wir müssen dabei betonen, daß nicht ausgeschlossen ist, daß er genau eines dieser zwei Werke oder beide im Sinn hatte. Viel wahrscheinlicher ist jedoch, daß Cages zwei Reizwörter

– ›Stille‹ und ›präpariertes Klavier‹ – hier auf bestimmte Art und Weise willkürlich zusammengefügt worden sind. Im Grunde ist das, was Jameson beschreibt, eher für die fünziger Jahre-Werke Christian Wolffs als für Cage selbst charakteristisch.

Nicht jeder postmoderne Kommentator ist den Fakten gegenüber, die Cage betreffen, ähnlich unbekümmert gewesen. Marjorie Perloff neigt zu sorgfältiger Genauigkeit, und in ihrem Essay über Cages *Roaratorio*[25] knöpft sie sich die Kritikerin Jill Johnston auf eine Weise vor, die auch andernorts vielfach denkbar wäre. Sie schreibt: »Johnston (und dies ist typisch für das Kommentieren des Cageschen Werkes) trifft eine ganze Reihe irreführender, wenn nicht falscher Aussagen«[26], und sie belegt dies genau. Leider entspricht dieses durchaus lobenswerte Beharren auf Genauigkeit nicht ihrer Behandlung der akademischen Kollegen. Gegen Ende desselben Essays diskutiert Perloff die Beziehung zwischen Cages Werk und Derridas Theorien und weist in einer Fußnote dankend auf Gregory Ulmers *The Object of Post-Criticism* hin, das zu Hal Fosters Aufsatzsammlung *The Anti-Aesthetics* gehört.[27] Dies ist zufälligerweise eines der bizarrsten Beispiele der ›Wer-schert-sich-schon-um-Fakten?‹-Spezies der Cage-Aneigner, und ich möchte hier darauf Bezug nehmen – nicht, um die Urteile des Autors zu diskutieren, so anfechtbar diese auch sein mögen, sondern vielmehr als auf ein weit verbreitetes Dokument, das beweist, was man in kurzer Zeit alles falsch machen kann. Ich möchte dabei darauf hinweisen, daß Perloff keinen von Ulmers Irrtümern wiederholt, sie jedoch auch nicht aufdeckt.

Der Gegenstand des Essays wird als »Repräsentation – spezifisch die Repräsentation eines Sachgegenstands in einem kritischen Text« (›kritisch‹ im Sinne der Kritischen Theorie) bezeichnet.[28] Der erste Abschnitt handelt von »Collage/Montage« und bezieht sich auf veschiedene Künste und Künstler (doch nicht auf Musik und auch nicht auf Cage). Der nächste Text ist mit »Grammatologie« überschrieben und handelt daher naturgemäß vor allem von Derrida. Der dritte Abschnitt heißt »Allegorie«, und hier wird nach einigen Seiten Cage als »großer Monteur elektronischer Musik« vorgestellt[29] – eine Formulierung, die vielleicht schon Anlaß zum milden Staunen gibt. Lassen wir die Überlegung, ob ein Adjektiv wie ›groß‹ innerhalb des postmodernen Kunst-Diskurses angemessen ist, beiseite – wir können feststellen:

a) daß Cage niemals viel mit elektronischer Musik zu tun hatte, außer wenn es sich um ›live elektronische Musik‹ handelte, die oft nur geringen Raum für Montage zuläßt;

b) daß musique concrète eher als elektronische Musik der Montage verpflichtet ist, und diese praktizierte Cage gelegentlich;

c) daß Montage, wie Ulmer sie definiert, von einer gewissen Intentionalität ausgeht, was genau das ist, wogegen sich Cage seit den frühen fünfziger Jahren gewandt hat; in der Tat bezweifle ich, daß Cage das Wort überhaupt verwendete.

Cage taucht ein paar Seiten weiter wieder auf, im Abschnitt »Parasit/Saprophyt«, wo erklärt wird, daß der Wert seiner späteren Texte als Post-Literatur zum Teil darin liegt, daß »Cage als postmoderner Musiker berühmt« ist.[30] (Wieder steht die Faszination durch Berühmtheit, durch Status, der unmittelbar Autorität verleiht, in seltsamem Gegensatz zu den dezentralisierenden Zielsetzungen der Postmoderne.) Ulmer führt sehr richtig aus, daß verschiedene Neuerungen Cages die Musik revolutionierten. Aber Ulmers Worte sind: »sie revolutionierten – ›post-modernisierten‹ – Musik«.[31] Dies wird möglicherweise die vielen Autoren, die »Revolution« als besonderes Merkmal der Moderne ansehen, überraschen!

Als nächstes heißt es: »Es ist von einiger Bedeutung, daß Cage wie Adorno bei Schönberg Musiktheorie studierte. Cage übernahm eine Meinung, ähnlich der von Adornos Strategie des ›konkret Besonderen‹, daß Musik eine Art Forschung sein sollte, eine Erforschung der Logik des Materials.«[32]

Hierzu drängen sich drei Anmerkungen auf:

1) daß Adorno nicht bei Schönberg, sondern bei Alban Berg studierte;
2) daß »Musiktheorie« bei Schönberg einfach die intensive Unterweisung in traditioneller Harmonielehre und Kontrapunkt bedeutete;
3) daß die Phrasen »eine Art Forschung« und »Logik des Materials«, die nicht durch Zitate untermauert werden, meines Wissens nach nicht zu Cages Vokabular nach 1950 gehören.

Diesen letzten Punkt möchte ich noch einmal aufgreifen. In den Gesprächen mit Daniel Charles, von denen bereits die Rede war, taucht das Wort »Logik« in der Tat mehrmals auf – wie jedoch? »In nicht determinierter Musik, so wie ich sie konzipiere, gibt es *a priori* eine solche Logik nicht ... Man ist frei dazu, sie mit soviel Logik, wie man möchte, aufzuladen, [aber] ich bin nicht derjenige, der die Partitur mit Logik ausstattet.«[33] Und später: »Zum Nachteil für die Logik stellt alles, was wir unter der ›Rubrik‹ Logik verstehen, eine solche Vereinfachung hinsichtlich des Ereignisses und dessen, was wirklich passiert, dar, daß wir lernen müssen, uns davon fernzuhalten. Die Aufgabe von Kunst zu diesem gegenwärtigen Zeitpunkt ist es, uns von all den logischen Minimierungen abzuhalten, die wir in jedem Augenblick auf den Fluß der Dinge übertragen wollen«.[34]

Um zu Ulmer zurückzukehren: Es ist unvermeidlich, daß über kurz oder lang an Cages Reputation als führender Amateur-Pilzkundler und nicht zuletzt an den Umstand, daß er in Zusammenarbeit mit Lois Long ein ausgesprochen unorthodoxes *Mushroom Book* geschrieben hat, erinnert wird. Für Ulmer sind dabei alle möglichen Sorten von allegorischem Symbolismus mit im Spiel. Cage jedoch bemerkt zu diesem Buch einfach: »Schon jahrelang wollte ich ein Pilzkompendium schreiben, und immer wenn ich den Pilzen besonders nahe war, entschwand das Interesse.«[35] Was aber mag dieses Interesse an Pilzen ausgelöst haben?: Zu Anfang einfach Hunger, später dann Feinschmecker-Ansprüche. Cage sagt: »Während der Depression in Kalifornien ... hatte ich kein Geld. Ich lebte in Carmel, und um meine Hütte herum wuchsen Pilze. Ich entschloß, daß sie genießbar waren und ernährte mich von ihnen. Nach einer Woche, die ich auf diese Weise zubrachte, wurde ich von Freunden, die ein Haus etwa eine Meile weiter weg besaßen, zum Lunch eingeladen. Ich merkte, daß ich nicht mehr genügend Energie hatte, dorthin zu gehen. Pilze sind chemisch so aufgebaut, daß wir ihre Proteine unmöglich aufnehmen können. Wir können nur die Mineralien, die Vitamine und das Wasser verwerten. Das aber ist nicht ausreichend. Sie schmecken aber so gut, daß sie unsere Fähigkeit, andere Dinge zu verdauen, verbessern; unsere Bäuche sind so zufrieden.«[36]

Ich denke, daß jeder, der versucht ist, Cages Interesse an Pilzen eine überladene oder apokalyptische Bedeutung zuzuweisen, an die letzte der neunzig Geschichten denken sollte, aus denen seine Vorlesung *Indeterminacy* aus den späten fünfziger Jahren besteht. »Dorothy Newman lud mich zum Dinner nach New York ein. Dort war auch eine Dame aus Philadelphia, die auf dem Gebiet der buddhistischen Kunst eine echte Autorität darstellte. Als sie herausfand, daß ich mich für Pilze interessierte, sagte sie: ›Haben Sie eine Erklärung für das Symbolhafte am Tod Buddhas, der ja durch das Essen eines Pilzes stirbt?‹ Ich erklärte ihr, daß ich mich nie für Symbolismus interessiert hätte, und daß ich es vorzöge, Dinge für nichts weiter als das, was sie sind, zu nehmen. Als ich aber ein paar Tage später im Walde herumstreifte, begann ich nachzudenken. Ich erinnerte mich an das indische Konzept vom Verhältnis zwischen dem Leben und den Jahreszeiten. Der Frühling, das ist die Schöpfung, der Sommer das Bewahren, der Herbst die Zerstörung, der Winter die Ruhe. Pilze wachsen im Herbst am besten, der Zeit der Zerstörung, und die Aufgabe vieler Pilze ist es, den endgültigen Verfall verrottender Substanz herbeizuführen. Die Welt wäre in der Tat, wie ich einmal gelesen habe, ein unpassierbarer Haufen alten Abfalls, wenn es die Pilze nicht gäbe und ihre Fähigkeit, ihn loszuwerden. Das schrieb ich der Dame in Philadelphia. Ich sagte: ›Die Funktion von Pilzen ist es, die Welt von altem Müll zu befreien. Der Buddha starb eines natürlichen Todes‹.«[37]

Die ultimative Geschichte jedoch ist vermutlich die von der unglücklichen jungen deutschen Musikwissenschaftlerin, die Mitte der siebziger Jahre ihre Doktorarbeit über Cages Musik verfaßte und Partituren von *Fontana Mix* und *Cartridge Music* beifügte, die zum Teil aus Linien und Punkten auf übereinandergelegten Plastikfolien bestehen. Nun – einige zynische Kollegen fügten ihrer Ausgabe von *Fontana Mix* zusätzliche Transparente bei: die Zeichnung eines Pilzes und – typisch deutsch – einer Wurst. Die unglückliche Studentin nahm all diese skurrilen Additionen ernst, hielt Lobesreden auf ihre mystischen und sinnlichen Eigenschaften als Teil des Cage-Ethos und – ich erröte, dies hinzuzufügen – erhielt fürs erste ihre Doktorwürde. Als der Betrug ruchbar wurde, mußte sie sie unter dem Hohngelächter einer ungnädigen Öffentlichkeit, vor allem von seiten des frech-banausigen SPIEGEL, prompt wieder hergeben. Wo es um Cage geht, gilt: *caveat emptor*, aber auch: *caveat scriptor*.

(Aus dem Englischen von Christiane Tewinkel)

Anmerkungen

1 Theodor W. Adorno, *Bach gegen seine Liebhaber verteidigt*, in: *Prismen* (Gesammelte Schriften, Bd. 10), Frankfurt a. M. 1977.
2 Deleuzes und Guattaris *Mille Plateaux* jedoch enthalten, ausnahmsweise, mehrere Passagen, die Cage und andere zeitgenössische Komponisten gänzlich plausibilisiert in den philosophischen Diskurs integrieren.
3 Hilton Kramer, *The Revenge of the Philistines*, London 1985, S. 159; Jean-François Lyotard, *The Inhuman*, Stanford 1991, S. 176; Julia Kristeva, *Desire in Language*, New York 1980, S. 168; Umberto Eco, *Travels in Hyperreality*, London 1987, S. 146.
4 Daniel Charles, *For the Birds*, London 1981, S. 229.
5 John Cage, *Silence*, Cambridge, Mass. 1967, S. 93.
6 John Cage, *A Year from Monday*, London 1975, S. 145.
7 hans g helms, *Conversation with John Cage* (Booklet im Album *Music Before Revolution*, Electrola 1 C 165-28 954/57 Y), Köln 1972.
8 Charles, *For the Birds* (Anm. 4), S. 59.
9 Geoffrey Barnard/John Cage, *Conversations without Feldman*, Sydney 1980, S. 7.
10 Charles, *For the Birds* (Anm. 4), S. 199.
11 Theodor W. Adorno, *Vers une musique informelle*, in: *Musikalische Schriften I-III* (= Gesammelte Schriften, Bd. 16), Frankfurt a. M. 1978, S. 509.

12 Theodor W. Adorno, *Ästhetische Theorie*, Frankfurt a. M. 1970, S. 231.
13 A.a.O.
14 Susan Sontag, *Styles of Radical Will*, New York 1987, S. 93.
15 Susan Sontag, *Against Interpretation*, New York 1986, S. 14.
16 Sontag, *Styles of Radical Will* (Anm. 14), S. 95.
17 A.a.O., S. 94.
18 Frederic Jameson, *Postmodernism: The Cultural Logic of Late Capitalism*, London 1992, S. 28.
19 A.a.O.
20 Heinz-Klaus Metzger, *John Cage oder Die freigelassene Musik*, in: ders./Rainer Riehn, *John Cage I*, München 1990, S. 11 (= Musik-Konzepte, Sonderband).
21 Geoffrey Barnard/John Cage, *Conversations without Feldman* (Anm. 9), S. 10.
22 Charles, *For the Birds* (Anm. 4), S. 239.
23 Peter Gena/Jonathan Brent (Hg.), *A John Cage Reader*, New York 1982, S. 171.
24 Frederic Jameson, *Postmodernism: The Cultural Logic of Late Capitalism* (Anm. 18), S. 298.
25 Marjorie Perloff, *Postmodern Genres*, Norman (Oklah.)/London 1988, S. 193-228.
26 A.a.O., S. 206.
27 Gregory Ulmer, *The Object of Post-Criticism*, in: *The Anti-Aesthetic*, hg. v. Hal Foster, Seattle 1983, S. 83-110.
28 A.a.O., S. 83.
29 A.a.O., S. 96.
30 A.a.O., S. 101.
31 A.a.O.
32 A.a.O.
33 Charles, *For the Birds* (Anm. 4), S. 79.
34 A.a.O., S. 80 f.
35 Richard Kostelanetz (Hg.), *Conversing with Cage*, New York 1988.
36 Richard Kostelanetz (Hg.), *John Cage*, London 1971, S. 154.
37 Cage, *Silence* (Anm. 5), S. 85.

Gedanken über das Hören anläßlich von Cageerlebnissen
Till A. Körber

Kommt man mit anderen Menschen über John Cage ins Gespräch, so stellt sich gewöhnlich sehr bald heraus, auf welche Weise der Andere Erfahrungen mit Cage gesammelt hat: sei es als Hörer von Aufführungen, oder als CD-Hörer, sei es als Interpret, oder durch Partiturstudium, sei es durch Sekundärliteratur über Cage (oder seine Schriften), sei es vom Hören-Sagen. Die Tragweite solcher Verschiedenheit scheint mir insbesondere im Falle Cages außerordentlich groß zu sein. Vermochte ich mir bei anderen Komponisten einen gewissen Überblick über deren Œuvre dadurch zu verschaffen, indem ich einige ihrer Stücke im Konzert, andere auf CD oder im Radio hörte, weitere aus Partituren studierte, so mußte ich beim Versuch, Cages Œuvre kennenzulernen, feststellen, daß die auf unterschiedliche Weise erfahrenen Werke keineswegs so aufeinander beziehbar gewesen wären, daß ich irgendeine Aussage hätte machen können, was einem Hörer diese Werke würden mitteilen können. Angesichts dieser Erfahrung frage ich mich, ob Hören bei Cage eine andere Bedeutung hat als bei anderen Komponisten. Um dieser Frage nachzugehen, versuche ich im folgenden zu untersuchen, was Musikhören sein kann – zunächst ohne Cage miteinzubeziehen. Mit diesem Hören vergleiche ich dann meine Hörerfahrungen mit Cagescher Musik.

*

Es scheint selbstverständlich zu sein, daß Musik sich an das Hören wendet. Was dieses Hören aber ausmacht, ist weit weniger eindeutig zu bestimmen. Da in unserem Kulturkreis das, was man gemeinhin als Komposition bezeichnet, in schriftlicher Form fixiert und weitergereicht wird, ergibt sich die Notwendigkeit, das Niedergeschriebene zum Klingen zu bringen – sofern es gedacht ist als etwas, was gehört werden soll. Hierfür ist der Interpret zuständig, und an seiner Tätigkeit kann beobachtet werden, was musikalisches Hören sein kann. Betrachten wir dazu zunächst die Aufgabe des Interpreten: Er soll ein Schriftbild solchermaßen in Hörbares verwandeln, daß der Hörer es mit seinen Ohren zur Gänze zu empfangen vermag. Dies aber gelingt seltener, als man annehmen möchte, da sich der Interpret oft nicht genug Rechenschaft darüber ablegt, ob das, was er beispielsweise als Stimmführung vor sich sieht, auch tatsächlich hörbar wird. Spielt ein Dilettant eine Phrase, so mag er sie durchaus verstehen,

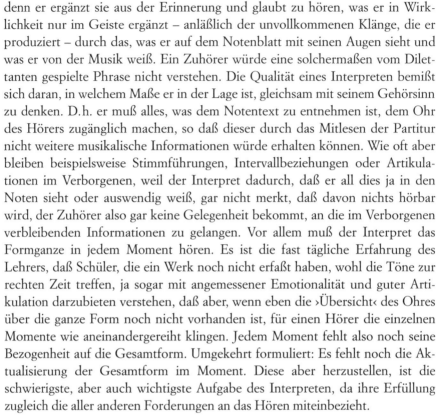

denn er ergänzt sie aus der Erinnerung und glaubt zu hören, was er in Wirklichkeit nur im Geiste ergänzt – anläßlich der unvollkommenen Klänge, die er produziert – durch das, was er auf dem Notenblatt mit seinen Augen sieht und was er von der Musik weiß. Ein Zuhörer würde eine solchermaßen vom Dilettanten gespielte Phrase nicht verstehen. Die Qualität eines Interpreten bemißt sich daran, in welchem Maße er in der Lage ist, gleichsam mit seinem Gehörsinn zu denken. D.h. er muß alles, was dem Notentext zu entnehmen ist, dem Ohr des Hörers zugänglich machen, so daß dieser durch das Mitlesen der Partitur nicht weitere musikalische Informationen würde erhalten können. Wie oft aber bleiben beispielsweise Stimmführungen, Intervallbeziehungen oder Artikulationen im Verborgenen, weil der Interpret dadurch, daß er all dies ja in den Noten sieht oder auswendig weiß, gar nicht merkt, daß davon nichts hörbar wird, der Zuhörer also gar keine Gelegenheit bekommt, an die im Verborgenen verbleibenden Informationen zu gelangen. Vor allem muß der Interpret das Formganze in jedem Moment hören. Es ist die fast tägliche Erfahrung des Lehrers, daß Schüler, die ein Werk noch nicht erfaßt haben, wohl die Töne zur rechten Zeit treffen, ja sogar mit angemessener Emotionalität und guter Artikulation darzubieten verstehen, daß aber, wenn eben die ›Übersicht‹ des Ohres über die ganze Form noch nicht vorhanden ist, für einen Hörer die einzelnen Momente wie aneinandergereiht klingen. Jedem Moment fehlt also noch seine Bezogenheit auf die Gesamtform. Umgekehrt formuliert: Es fehlt noch die Aktualisierung der Gesamtform im Moment. Diese aber herzustellen, ist die schwierigste, aber auch wichtigste Aufgabe des Interpreten, da ihre Erfüllung zugleich die aller anderen Forderungen an das Hören miteinbezieht.

Oft scheint bei Interpreten die Einstellung zur Sinnesempfindung irritiert oder reduziert zu sein. Im Extrem äußert sich das auf zwei entgegengesetzte Weisen: Im einen Fall tritt die Klangschönheit so sehr in den Vordergrund, daß Artikulation oder gar Phrasierung wie Nebensächlichkeiten erscheinen und undeutlich bleiben. Auch die Klarheit der Stimmführung ist der Einheitlichkeit und Perfektion des Gesamtklangs untergeordnet. Diese Interpretationsästhetik wurde und wird sicherlich gefördert durch den Kult der Abrufbarkeit, den die Schallplatte und nun noch mehr die CD provozieren. Die Möglichkeit der klanglichen Perfektionierung und die Beseitigung aller Mängel an der Oberfläche durch aufnahmetechnisches Raffinement und Schnittechniken, wie sie die CD bietet, avanciert zum Maßstab für Aufführungen im Konzert. Daß in der Musik aber Sinn vermittelt werden sollte, gerät darüber in Vergessenheit. In Prüfungen und Wettbewerben scheint klangliche Perfektion auch leichter abprüfbar und vergleichbar zu sein als die Intensität und Genauigkeit der Sinnvermittlung.

Diese Ästhetik möchte ich ›Trommelfell-Ästhetizismus‹ nennen. Wie das Trommelfell nur ein Teil des Ohrs ist, so verkörpert es auch nur einen Teil des Hörens, nämlich den des spontanen Erfassens eines Moments einer klanglichen Oberfläche.

Im entgegengesetzten Fall hört man einen brüchigen, gleichsam leiblosen Ton, die Bemühung, der schwingenden Materie ihr eventuelles Eigenleben, wie das Hervortreten einzelner Obertöne oder das plötzliche Aufblühen eines Akkords, zu verhindern. Wenn Entschlackung des Tons von Vibrato- oder Pedaleskapaden nicht mehr der erforderlichen Klarheit wegen, sondern als Selbstzweck vorgenommen wird, schlägt dieser Antiästhetizismus in einen Ästhetizismus der Sprödigkeit um. Die Klänge machen dann auf ihre Nichtigkeit aufmerksam. Diese Nichtigkeit soll ausdrücken, daß ›hinter‹ den Klängen das Eigentliche zu finden sei. Der Hörer ahnt allenfalls, daß so etwas wie Sinn verborgen ist. Doch ebenso wie die Klänge vor der Aufnahme ihres Sinnes in ihren Klangleib kapitulieren, indem sie ihre Nichtigkeit demonstrieren, muß es der Hörer auch, der ja nur erfassen kann, was durch den Klang zu ihm gelangt. Ein ›Dahinter‹ bleibt im Dunkel. Propagieren Musiker eine solche Interpretationsauffassung, argumentieren sie etwa in dem Sinn, daß der Klang eher als notwendiges Übel zu betrachten sei, der allein dazu benutzt würde, um rein geistige Inhalte zu vermitteln. Die entsprechende Lesefähigkeit vorausgesetzt, vermittle aber die Lektüre einer Partitur – so diese Auffassung – mehr als ein leibhaftiges Hören, da die Ebene der Leibhaftigkeit eine niedrigere sei und der Inhalt sich in sie hinein gleichsam verkleinern müsse. (Aus dieser Perspektive wird gewöhnlich auch Bachs *Kunst der Fuge* als ›rein geistige‹, nicht für das Erklingen bestimmte Musik betrachtet.)

Scheinen beide Extremformen der Interpretation auch einander entgegengesetzt zu sein, so haben sie doch gemeinsam, daß in ihnen Geist und Materie unverbunden bleiben. Im ersten Falle dadurch, daß Materie auf sich selbst allein aufmerksam macht, im zweiten Falle dadurch, daß Materie als von einem ›Eigentlichen‹ ablösbar angenommen wird. In beiden Fällen wird Form für den Hörer nicht erfahrbar, im ersten dadurch, daß der Interpret selber auf die Erfassung der Form keinen Wert legt, da er das Jetzt des Klangs absolut setzt, im zweiten dadurch, daß er der Materie nicht die Fähigkeit zutraut, Form erlebbar werden zu lassen. Beide Positionen beschreiben jeweils eine Reduktion dessen, wozu hörendes Aufnehmen in der Lage ist, durch Unterdrückung entweder der Mitteilung (des Ausdrucks im weitesten Sinne) oder der leibhaftigen Präsenz.

Was aber ist unreduziertes Hören? Ich möchte meine Betrachtungen konzentrieren auf Kunstmusik, die – von einem Komponisten in einem Code-System

(Notenschrift, Schaubild, Tabulatur, Programm) festgehalten, von Interpreten (Sänger, Instrumentalisten, Techniker, Informatiker) in Klang verwandelt – gehört wird; skizziert sei, was im Hören seitens dessen geschieht, der das Kunstwerk aufnimmt. Alles im Moment gleichzeitig Erklingende wird vom Hörer differenziert, zueinander in Relation gebracht und aufeinander bezogen. Ebenso bringt er alle auch nicht gleichzeitig erklungenen Momente zueinander in Bezug. Durch diese Bezüge kann der Hörer in jedem Moment das Ganze des Werkes wahrnehmen. Weitere Voraussetzungen für die Erfassung der Gänze sind, wie oben beschrieben, die Fähigkeit des Interpreten, die formale Funktion jedes Moments zu hören, also die Aktualisierung des Formganzen im Moment, sowie die Stimmigkeit der Komposition selbst. Ein Stück, dessen Töne beliebig oder nicht in irgendeiner Form aufeinander bezogen sind und dessen ganzes Gefüge gar nicht als Ganzes gebaut ist, kann auch nicht als Formganzes verstanden werden. Die eben beschriebenen Bezüge nenne ich die ›werkimmanenten‹. (Musik ohne Interpreten, Tonbandmusik zum Beispiel, entbehrt der Hilfe des Interpreten für die Formerfassung. Die Form eines interpretenlosen Stücks ›rundet‹ sich nach meiner Erfahrung nicht. Dieses Phänomen wird in *Tratto* von Bernd Alois Zimmermann auf eindrückliche Weise thematisiert, indem der Hörer gleichsam Zeitstrecken entlangwandert.)

Das Ganze sowohl als auch jedes Detail mag der Hörer in Verhältnis setzen zu dem, was er bereits kennt, d.h. seiner Bildung und kulturellen Prägung. Jedes Werk nimmt auf andere Bezug. Dieser aber kann nicht mehr werkimmanent, durch Partiturstudium etwa, entdeckt werden, bleibt im Werk aber als Erklingendem, durch die Existenz eines kulturellen Kontextes, wirksam – wenn sich auch der Bezug gemäß der Bildung des Hörers ändert.

Schließlich wird das Musikwerk in einem nicht mehr unmittelbar mit ihm selbst verbundenen, vielmehr variablen Verhältnis zu dem Ort seiner Präsentation gehört, etwa der Liturgie, dem Abonnementkonzert, dem Avantgardefestival, dem Hauskonzert oder dem Vortragsabend einer Kompositionsklasse – und auch in bezug auf die Befindlichkeit des Hörers. Das solchermaßen Verwobene wird erlebt im leibhaftigen Hören. In ihm erst stellen sich *alle* Bezüge her, die zu erfassen ein Musikwerk uns ermöglicht. Zu ihm zählt auch das körperliche Erleben, etwa von Vibrationen, Pulsationen und das Mitempfinden der körperlichen Vorgänge des Instrumentalspiels oder Singens. Der Klang ist also nicht Transportmittel eines komponierten, geistigen Inhalts, sondern er ist der Ort des Wirklich-Werdens. Erst im leibhaftigen Gehörtwerden gelangt das Musikwerk zu seiner umfassenden Wirklichkeit. Selbst ein Werk, welches durch Lektüre dem inneren Ohr leicht vorstellbar ist, erschließt sich, und sei es noch so gut imaginiert, in mehr Aspekten, also in einer umfassenderen Wirklichkeit, im leibhaftigen Hören, als wenn es nur gelesen und innerlich vorgestellt würde. Auch die Form wird erst wirklich, wenn sie, in jedem Moment aktualisiert, in allen wechselnden Massen, Rauheiten und Dichtigkeiten der Klänge in die Erlebniszeit gestellt wird. Zugleich geschieht das Erfassen des Werkes nicht allein im Gehörsinn durch die Sensibilität des Trommelfells, sondern, wie beschrieben, im Unterscheiden des Gleichzeitigen, im Vergleichen mit Erinnertem und Erlerntem, im körperlichen Erleben oder Mitempfinden, in Verbindung mit dem Ort der Darbietung und der kulturellen Funktion. Ändert sich einer der genannten Bezüge, so hat das auf das Erleben des ganzen Werkes Einfluß, ja verändert das Erleben des Werkes – auch wenn seine Identität erkennbar bleibt. Bei der Betrachtung eines Werkes mittels der Partitur oder bei der Einstudierung kommen solche Außenbezüge weniger zum Tragen als die Relationen innerhalb des Werkes, die sich im Notentext codiert finden lassen – also diejenigen Bezüge, welche ich die werkimmanenten genannt habe. Das Hören einer Musikdarbietung jedoch, welche das Werk erst wirklich sein läßt, ist ohne die genannten hinausweisenden Bezüge nicht denkbar, selbst nicht bei einer Tonkonserve, welche ja selbst eine äußere Hörbedingung schafft. Absolute Musik in einem strengen Sinne gäbe es nur dann, wenn es möglich wäre, daß beim leibhaftigen Hören allein die werkimmanenten Bezüge wirksam würden. Zeitweilig hat die Überbetonung der über das Werk hinausweisenden Bezüge derart die Oberhand bewonnen, etwa bei der Verwendung der Musik in Diktaturen zum Zweck der Indoktrination oder der Befriedigung und Ruhigstellung, daß die Stimmigkeit der anderen, insbesondere der werkimmanenten Bezüge (wie Intervallik, Tonalität, Rhythmik, Motivik, Proportionalität) vom Komponisten geopfert wurde. Qualität bemaß sich dann nurmehr an der Nützlichkeit und Brauchbarkeit. Auch dabei wurden dem Hören Möglichkeiten genommen, ein Werk umfassend wahrzunehmen. Daher ist die Forderung nach einer absoluten Musik im gängigen Sinn, also einer rein werkimmanenten, sich um Außenbezüge nicht kümmernden, verständlich. Der Komponist selbst hat beim Komponieren Kontrolle lediglich über diese werkimmanenten Bezüge. Deren Stimmigkeit, anders gesagt: der verantwortliche Umgang mit der autonomen Sphäre des Komponierens soll das Kunstwerk vor der Verzweckung bewahren. Die Stimmigkeit der werkimmanenten Bezüge ist sein So-Sein-Müssen. Dieses aber ist unbeeinflußbar, nicht einmal vom Komponisten, der diesem So-Sein-Müssen Folge leisten muß.[1] Das in allen Bezügen stimmige, vom Komponisten erhörte und vom Hörer gehörte Kunstwerk widersteht der Unterwerfung unter menschliche Zwecke. Ja, da es auf eine über der menschlichen Entscheidung stehende Wahrhaftigkeit verweist², leistet es der Verzweckung Widerstand. Für das Hören kann dieser Widerstand, wenn die äußeren Umstände ihn herausfordern, wiederum einen Bezug darstellen, der den Anspruch der Musik auf Absolutheit sprengt. Auch Gebrauchsmusik ist dieser Wahrhaftigkeit untergeordnet und vermag ihr Folge zu leisten trotz Erfüllung ihrer dienenden Funktion, wenn der Zusammenhang, in welchem sie dient, ebenfalls einer über menschlicher Entscheidung stehenden Wahrhaftigkeit gehorcht (z.B. innerhalb eines stimmigen Theaterstücks oder schließlich innerhalb der Liturgie).

Hören eines Kunstwerkes vermag also Leib und Sinn des Klangs in einem erleben zu lassen. Eben darin liegt, wie beschrieben, die Möglichkeit des Hörens, Wahrhaftigkeit und Unwahrhaftigkeit zu erfassen. Reduziertes Hören hingegen erfaßt Wahrhaftigkeit nicht in vollem Umfang.

*

In welcher Weise aber fordert die Musik von John Cage das Hören heraus? So verschieden meine Hörerlebnisse mit Cages Werken auch waren, stets bedeuteten sie eine Bereicherung insofern, als sie mich an Möglichkeiten des Hörens erinnerten, die sich auf die Materie des Klangs beziehen. Der Cageschen Musik ging mein Ohr mit haptischer Lust entgegen. Eine von Cage geforderte Wirkungsweise seiner Musik ging an mir in Erfüllung: Nach der Musik setzte sich diese haptische Lust fort und bezog sich nunmehr auf alles, was es um mich herum zu hören gab. Ich erfuhr, daß Hören mir leicht geworden war. Ebenso schien es auch jeweils dem Publikum zu gehen. Stets erlebte ich nach Cage-Konzerten das Publikum heiter. Solche Veränderungen im und durch das Hören bewirken zu können, ist ein Verdienst des Schaffens von Cage. Das Werk selber machte sich jeweils vergessen. So sehr verwies diese Musik bei meinen Hörerlebnissen auf das Material des Klangs, daß mir jeweils allein der klingende Moment, wie isoliert, Aufmerksamkeit abverlangte, der nicht mehr gegenwärtige dagegen schon vergessen war – in dem Sinne, daß er für den gegenwärtigen bedeutungslos wurde. Das Hören wurde so sehr auf das Jetzt und seine Isoliertheit abgerichtet, daß es sich im Anschluß an die Aufführung wiederum gleichsam gedächtnislos dem Jetzt verband.

Cages Musik schafft Vergessen. Vergessen aber erleichtert. Da diese Musik vergessen macht, verhindert sie jedoch auch Verstehen (es sei denn, das Verstehen des Vergessens), denn Verstehen bedarf der Erinnerung sowohl aller Teilinformationen, die sich zur Gesamtaussage fügen, als auch der Sprache.

Vergleichen wir nun die durch Cage verursachten Hörweisen mit den oben beschriebenen Arten reduzierten Hörens, so scheinen erstere die Methoden der Reduktion geradezu unmöglich zu machen: Vom ästhetizistischen Standpunkt unterscheidet sich der Cagesche dadurch, daß bei letzterem kein Klang geschönt wird, die Klänge unkontrolliert und ungeschliffen bleiben, weswegen diese Klänge auch nicht gestört werden können. Alles Störende wird in sie einverleibt. Ästhetizistische Klänge dagegen können gestört werden, schon allein durch einen knarrenden Klavierschemel oder eine tontechnische Unregelmäßigkeit. Beiden Arten von Klängen ist aber gemeinsam, daß sie auf sich selbst aufmerksam machen, somit die Aufmerksamkeit auf den Moment ihres Erklingens zusammenziehen, Vergangenheit und Zukunft innerhalb des Musikstücks abschneiden, dadurch schließlich Formerleben verhindern.

Auch dem entleiblichten Ansatz scheint das durch Cage hervorgerufene Hören entgegengesetzt zu sein, geht doch ersterer von der Existenz eines ›Eigentlichen‹ aus und betrachtet den Klang als wertlos, wogegen bei Cage ja gerade der Klang als solcher Gegenstand der Aufmerksamkeit wird. Gemeinsam ist beiden die Voraussetzung, daß im Klang selbst sich Sinn nicht mitteilt, der Klang somit als von einem Sinn abgetrennt erscheint. Sowohl bei Cage-Aufführungen als auch bei gleichsam entleiblichten Interpretationen, erlebte ich eine gewisse Koketterie mit der Ungeschöntheit. Diese schlug in kurzer Zeit um in eine neue Form von Ästhetizismus. So begegneten sich im Erleben die Gegensätze wieder.

Eine weitere Möglichkeit reduzierten Hörens ist auch das Nicht-richtig-Hinhören, sei es, daß man nur eine Klangkulisse an sich vorbeiziehen läßt, sei es – was unter professionellen Musikern eine ständige Gefahr darstellt –, daß man durch Erkennen und Wiedererkennen gleichsam Informationen abhakt, ohne sie in ihrer jeweils spezifischen Form zu erfassen. Solche Hörweise weiß, daß sich eine bestimmte Stelle beispielsweise gerade in der Subdominante abspielt, erlebt aber nicht zugleich deren spezifische Qualität bezogen auf die charakteristische Form des gerade erklingenden Werkes.

Auch in diesem Falle scheint Cages Musik den Hörfehler von vornherein zu verhindern, kann man doch im voraus bei einem Cageschen Werk vom Klang eigentlich nichts wissen, da Cages Partituren in den allermeisten Fällen nicht ein bestimmtes charakteristisches Klangereignis codieren, sondern eher Aktionspartituren darstellen, die so beschaffen sind, daß die Vorausahnbarkeit der Klänge gerade verhindert werden soll. Aus historischem Abstand erkennen wir heute, wie viele Kompositionen allein um ihrer graphischen Ähnlichkeit zu den durchgeformtesten und herausforderndsten Werken ihrer Zeit willen einen Verlag finden konnten, gefördert und gelobt wurden, obgleich sie in dem, was als Hörbares gemeint war und was tatsächlich auch hörbar werden konnte, weitaus blasser und beliebiger waren als jene großen Werke. War es einstmals das ›serielle Aussehen‹, dann das graphische Raffinement, das ein ernstes und beifälliges Kopfnicken mancher Verantwortlicher provozierte, so kann ein junger Komponist auch heute wissen, welches optische Erscheinungsbild seine Partitur haben muß, um hier oder dort ernstgenommen und aufgeführt zu werden. Oft sind dann die Interpreten, denen die Uraufführung anvertraut wird, die ersten, die entdecken müssen, daß sich hinter sehr ähnlichen Notenbildern enorme Qualitätsunterschiede verstecken. Diejenigen, die nicht das Stück haben erarbeiten müssen, lassen sich von dem Eindruck des Notenbilds oft wesentlich länger über den Höreindruck hinwegtäuschen. So können Schriftbilder, ja sogar schon das Wissen um ein Schriftbild, dazu beitragen, das Hören zu betrügen. Oft hörte ich Konzertbesucher nach Cage-Aufführungen reden von dem, was sie an Freiheit oder an soziologischer, psychologischer oder gesellschaftspolitischer Aussage vernommen hatten. Meist schien mir dabei das Wissen um Cage und seine Ansichten über das Hören dominiert zu haben. Vor ohrenverschließendem Wissen ist auch Cages Musik nicht gefeit.

Ich persönlich lernte Cage leider zunächst über Sekundärliteratur kennen. So war mir ein unvoreingenommenes Hörerlebnis nicht gegönnt. Doch traf ich einmal eine Konzertbesucherin, die gerade ihre tatsächlich erste Begegnung mit Cage – eben im Konzert – hinter sich hatte. Ihre Ohren seien wie durchgeblasen, sie nehme viel mehr – nun auf der Straße – hörend wahr und freue sich sehr auf das nächste Hören von Musik anderer Komponisten. Ihr galt das Cage-Hören als befreiende Vorbereitung auf das Hören anderer Musik. Sicher wird sie auch bei dieser – aufgrund der Cage-Erfahrung – Qualität wahrgenommen haben, nicht nur allgemeinen Kriterien gefolgt sein und alles im Moment erlauscht haben, was dieser nur beinhalten kann. Auch wird sie sich nicht an der Poliertheit einer Klangoberfläche aufgehalten haben.

Eingangs habe ich die Frage gestellt, ob und inwieweit bei Cage das Hören eine andere Bedeutung habe. Nach dem Gesagten möchte ich die Frage folgendermaßen beantworten: Ein durch Cages Musik angeregtes Hören erlebt Phänomene, wie die Leibhaftigkeit des Klangs oder die Toleranz gegenüber seiner Ungeschöntheit, gleichsam bloßgelegt. Solche Bloßlegung ruft diese Phänomene in Erinnerung oder weckt sie, nachdem sie beim Hören anderer Musik möglicherweise verfälschend in den Hintergrund geraten waren. Insofern wäre Cages Musik didaktisch oder propädeutisch. Als solche ist sie unverzichtbar. Indem sie ihre didaktische Funktion stimmig erfüllt, erweist sie sich auf ihre Weise als zwingend. Die Bloßlegung, die ihre Stärke ist, hat einen Verzicht zur Voraussetzung: den auf Verstehbarkeit. Diese Verstehbarkeit aber ist es, die den stimmigsten Werken eignet und welche, soll sie in ihrer Fülle hervortreten, Hören im umfassendsten Sinne erfordert und zugleich erst ermöglicht. Denn anders als Cages Musik, die das Hören und Verstehen von Form gar nicht erst möglich macht, verhindert die im herkömmlichen Sinne durchgeformte und auf Verstehen angelegte Musik – größte Qualität vorausgesetzt – das Hören der durch Cage bloßgelegten Phänomene keineswegs.

Es ist mir stets eine Bereicherung, Cages Musik zu hören, es vermag mich auch gegebenenfalls zu erfrischen. Auf umfassendere Weise wird aber mein Hören gefordert, verändert und bereichert von Musik, die sich auf traditionelle Weise als komponierte versteht wie z. B., um nur drei Generationsgenossen von Cage zu nennen, die von Olivier Messiaen, Bernd Alois Zimmermann oder Roman Haubenstock-Ramati.

Die Frage stellt sich, ob es überhaupt angemessen ist, Cage an Maßstäben zu messen, die an der Musik anderer Komponisten gebildet sind. Die Tatsache, daß Aufführungen Cagescher Musik eine durchaus charakteristische Hörweise fordern und zugleich erzeugen, die sich von anderen deutlich unterscheidet, legt die Vermutung nahe, daß Cage eine eigene Kunstform geschaffen hat, deren einziger Meister er war.

Anmerkungen

1 Wir erfahren ein Werk als gut, wenn wir es als zwingend erleben, wenn also keine anderen Entscheidungen für irgend einen sinntragenden Aspekt oder einen Teil des Werkes denkbar sind. Andernfalls erleben wir Beliebigkeit. Es mangelt nicht an Versuchen, dieses So-Sein-Müssen geschichtlich, physikalisch, psychologisch oder auf eine andere Weise zu deuten und zu begründen. Ob aber der Komponist solche Deutungen zu Hilfe nimmt, um Entscheidungen zu treffen, oder selbstgedachte Konzepte, auch er muß sich als Aufnehmender gleichsam seinem Werk gegenüberstellen, um die Stimmigkeit des gesamten Gefüges seiner musikalischen Komposition beurteilen zu können. Auch der Interpret, der nicht zugleich mit den Ohren eines Zuhörers seine eigene Interpretation vernimmt und kontrolliert, läuft allzusehr Gefahr, das Gefüge unwillentlich zu zerstören – auch bei scheinbar korrekter ›Realisierung‹ des Notentextes. Daraus ist zu ersehen, daß der Eindruck des Zwingenden sich einem reaktiven Vorgang in letzter Instanz verdankt – beim Komponisten wie beim Interpreten –, nicht einem aktiven.

2 Wenn ich ein Musikstück als unstimmig erlebe, so frage ich mich: »Was meint es denn eigentlich? Wurde es vielleicht schlecht gespielt? Hat der Komponist sich über die Gesamtwirkung zu wenig oder keine Rechenschaft gegeben?« Jedenfalls bleibt das Unbehagen, daß das Eigentliche des Werkes oder gar seiner Idee im Verborgenen geblieben ist. Umgekehrt erlebe ich Stimmigkeit als Unverborgenheit: ἀλήθεια – Wahrheit, Wahrhaftigkeit.

Zufall und Subjekt
Erwägungen zu Cage
Larson Powell

I.

Der Zufall wurde, innerhalb der Tradition des deutschen Idealismus, eher in das Subjekt hinein verlegt: in den arbiträren Ungrund (Böhme/Hegel) seiner je isolierten Handlungen. Das bloß Individuelle war nur ein Stück An-Sich, das dann durch Vermittlung, durch produktive und bildende Reibung oder Entäußerung zum reflektierteren Für-Sich werden sollte (damit würde sogar Freuds »Wo Es war ...« übereinstimmen, das insofern auch Erbe des Idealismus ist). Darin verbarg sich wohl ein Stück Erbschaft der christlichen Theodizee, die man durch Leibniz zurück auf Aquinas und Augustinus nachkonstruieren kann; denn bei aller dynamischen Kritik an der bestehenden Ordnung, implizierte schon Hegels Terminus »objektiver Geist« eine Rechtfertigung derselben. Adorno, der sicherlich nicht gut auf den Lauf der Welt zu sprechen war, hatte immerhin diesen Hang übernommen. Der musikalisch-thematische Einfall, Stifter einer sinnvollen Gestaltung der sonst leeren musikalischen Zeit, war zuletzt nur »das irreduzibel subjektive Element«, also ein Zufälliges, das nur durch thematische Arbeit, Entwicklung und Durchführung, objektiv werden konnte. Zwar hat Adorno der Hegelschen Dialektik ein viertes Moment beigesellt: nämlich die Öffnung des allzusehr monadologischen Subjekts zu seinem radikal Anderen, dem Nichtidentischen, worin die früher nur kontingenten somatischen Momente (die bloße Empfindung, die Kant so suspekt war, oder die nichtsublimierte und oft negative Lust) ein Moment des letztlich unaufhebbar Zufälligen hervorkehren. Aber die prinzipielle Kritik an der Übermacht des selbstherrlichen Subjekts, das immer von Zufälligkeit tingiert blieb, verharrte als zentrales Moment der philosophischen Tradition.

In der zweiten Hälfte des 19. Jahrhundertes entwickelte sich eine ganz andere Konzeption der Beziehung zwischen Subjekt und Zufall, deren exponiertester Vertreter wohl Mallarmé war. Hier wird der Zufall, *le hasard*, außerhalb des Subjektes angesiedelt: Denn die Welt, der Kosmos, die Natur (wie beim späten Nietzsche) haben ihre alte Verankerung in der göttlichen Vorsehung oder gar einer historischen, sinnstiftenden Teleologie drastisch verloren, und die menschliche Sprache ist von allen Fragen nach deren sakralem Ursprung (Herder) abgeschnitten. Überdies ist das poetische und bei Mallarmé auch metaphysische Subjekt seiner anthropologischen Begründung, seiner natürlichen »Anlage« (Kant) beraubt, die in allen Geschichtsphilosophien bis einschließlich Adorno der Motor der Dynamik zwischen Zufall und Ordnung bzw. Sinn war. Die zwei wichtigsten Texte zu dieser Frage waren *Igitur* und *Un coup de dés n'abolira jamais le hasard*; im ersten kann *Igitur* den Zufall nur durch den actus purus des (kaum ›eigenen‹) Selbstmords überwinden (*souffler la bougie de l'être*); in *Un coup de dés* wird der Zufall aber endlich akzeptiert und kann nur durch Konstellation dargestellt werden. Es muß hervorgehoben werden, daß diese Mallarmésche Konzeption des Zufalls und des Subjekts *sowohl* eine Durchstreichung des Subjekts – indem es seine traditionelle, nur halbsäkularisierte theologische Begründung verliert – *wie auch* dessen radikale Potenzierung – gerade durch dieselbe anarchische, fast proto-dezisionistische Entbindung (oder Autonomie) – bedeutet. Die eine Seite dieses Paradoxons zugunsten der anderen zu vernachlässigen (wie es leider nur zu oft geschehen ist, am flagrantesten bei Foucaults etwas primitiv-provokativem »mort de l'auteur« oder »de l'homme«, vom Autor selber später jedoch kritisiert) führt nur zu Vergröberungen und aporetischen Mißverständnissen.

Eine ähnliche Abkopplung der Sprache von dem metaphysischen Grund, der dem Idealismus zentral war, geschieht beim Strukturalismus, d.h. schon bei Saussure, für den es (ähnlich wie für den späten Nietzsche) keine notwendige Beziehung zwischen Signifikat und Signifikant geben kann und bei dem die historische Entwicklung der Sprache(n) nur diskontinuierlich sein kann. Zufall wird hier gleich ins Wesen der Sprache selber verlegt und nicht nur in die einzelnen Sprachhandlungen des Subjektes, das nur durch eine geregelte Kombinatorik Sinn produzieren bzw. ermöglichen kann.

Resümieren könnte man: Der deutschen Tradition war eine spezifische Dynamik (»Dialektik«) der Beziehungen Zufall/Subjekt oder Zufall/Sinn (Zufall/Ordnung) eigen; solche Dynamik war aber dem französischen Denken eher fremd, bei dem die Bezüge Zufall und Subjekt mehr zum unaufhebbar Aporetischen tendierten. Der Zufall konnte also nie in irgendeinem endgültigen Geschehen aufgehoben werden, sondern war jeweils von Handlung zu Handlung zu gestalten und zu kontrollieren. Es sind somit diese zwei großen Konzeptionen des Zufalls, die die Diskussion des Themas seitdem geprägt haben.

II.

Daß Cages Entfesselung des Zufalls nicht, wie bei Boulez, aus der internen Logik des seriellen Denkens entsprang, ist klar. Hier nach vermeintlichen

Prioritäten zu suchen, wäre sichtlich verfehlt. Ein solches Unternehmen präsumierte eine totalisierende, mechanisch kausale oder teleologisch fortschrittliche Konzeption der Musikgeschichte, die kaum mehr zu verteidigen wäre; eher sollte man die beiden Zufallskonzeptionen der zwei Komponisten koordinieren und aufeinander beziehen und nicht auseinander ableiten (wie es vor Jahren schon Klaus Scherpe über die Beziehungen zwischen Sozial- und Literaturgeschichte formulierte). Die Beziehung Cage-Boulez (die trotz einiger Versuche noch nicht ganz erörtert worden ist[1]) kann heuristisch dienen, Cages Konzeption zu verdeutlichen, ohne daß man sich in die Nacht einer schwachen Komparatistik verirrt, wo alle musikalischen Kühe grau werden. (Denn die Cagesche Zufallskonzeption ist eigentlich viel schwieriger zu beschreiben als die Boulezsche – was nicht nur durch die unvergleichlich größere schriftstellerische Begabung des Europäers verursacht wird.) Und zweifellos sind die interessantesten Werke Cages gerade diejenigen aus den späten 1940er und dem Anfang der 1950er Jahre, also gerade der Zeit der intensivsten Berührung mit Boulez. Denn das, was darauf folgte, war, mit einigen Ausnahmen wie dem *Klavierkonzert*, doch meistens nur eine Wiederholung, worin das, was man die Cagesche Ideologie genannt hat, allzusehr die musikalischen Ergebnisse dominierte. Die Irritation über Cage, die bei Boulez offen polemisch wird (und bei Elliott Carter hinter der Hülle des höflichen *old New England gentleman* verborgen wird, aber vermutlich kaum geringer als Boulez' Ärger sein mag), ist keine bloße Sache der künstlerischen Rivalität, sondern hat ihren Grund in der Sache selbst. Die Aporien des späteren Cage sind durchaus denen verwandt, die der sogenannten *conceptual art* anhafteten.[2] Darüber zu schreiben, müßte einen ganz anderen Argumentationszuschnitt ergeben (und wahrscheinlich einen anderen Titel: Man würde gleich an *Cage und die Folgen* denken). Sicherlich gibt es eine Cagesche Ideologie, einen Mythos Cage, die rezeptionsgeschichtlich manchmal sogar wirksamer als die eigentlich Musik war. Sie zu kritisieren, wäre aber, das Fruchtbare, das dauernd Interessante bei Cage aus der Sicht zu verlieren.[3] Über das, was Adorno mit Recht den »erstaunlich konsumfähigen Zen-Buddhismus« nannte, wird das Folgende nur wenig zu sagen haben; das gilt auch für den Neu-Dadaismus, der im amerikanischen Kontext – wo der Ernst der ›großen‹ Kunst nie so richtig eingebürgert war – alles andere als nonkonformistisch war. (Wie richtig bemerkt worden ist, war das Spezifikum von Cage kaum der Schockwert, sondern eher die Systematisierung des Dadaismus.[4])

Aber sogar bei den Werken dieser früheren Periode liegt das Schwergewicht immer noch einigermaßen außerhalb des eigentlichen Werks. Die Irritation ist wohl eine allgemein modernistische[5]; sie gewinnt bei Cage aber eine besondere Schärfe. Das gilt also auch für die *Music of Changes*, die häufig als Wasserscheide in Cages Gesamtwerk betrachtet worden ist. Wie bei Boulez' *Structures I* (vor allem *Ia*) ist das Werk phänomenaliter nur eine Art Beweisstück oder Beweisführung einer verborgenen, dem Ohr nicht unmittelbar aufgehenden Methodik.[6] (Darum mag es unbewanderten Ohren manchmal schwer fallen, zwischen den beiden Werken, oder zwischen ihnen und den frühen Klavierstücken Stockhausens, die trotz harmonischer Verwandschaften allesamt sehr verschieden komponiert sind, zu unterscheiden.) Wichtig ist aber, daß *Music of Changes* einen ganz anderen Stellenwert innerhalb von Cages Schaffen hat als *Structures I* bei Boulez. Wenn Boulez' totale Reihentechnik vom Komponisten selber als eine Sackgasse bezeichnet wurde – *à la limite du pays fertile*, hieß es in einem seiner wichtigen Aufsätze aus der Periode –, so hat Cage auch später die *Music of Changes* kritisiert.[7] Die Gründe der Unzufriedenheit beider Komponisten mit ihren früheren Werken scheinen auf den ersten Blick ähnlich zu sein: In beiden Fällen ging es um Steifheit einer allzusehr mechanischen Methode, die der Freiheit zu wenig Spielraum übrig ließ. Aber die Abkehr Cages von seiner totalisierenden Phase war in gewisser Hinsicht doch viel entschiedener als Boulez'. Obwohl Boulez nie wieder eine so dreist arithmetische Methode benutzt hat wie in *Structures I*, hat das Werk doch durch seine Zertrümmerung aller tonalen Reste der musikalischen Sprache und seine prinzipielle Freilegung der rationalen Kontrolle den Weg zum *Marteau sans maître* angebahnt. Das Aleatorische ist dann bekanntlich bei Boulez aus der Aporie der totalen Reihentechnik entstanden, als deren Erweiterung und Ergänzung – als eine Wiedereinsetzung des kompositorischen und aufführenden Subjektes und als ein Mittel zur Wiedergewinnung des spezifischen Werkcharakters (deswegen die damalige Kritik von André Hodéir, der ein restauratives Moment im *Marteau* witterte). Bei Cage dagegen führte der Weg scheinbar nur weiter weg vom Subjekt und vom Werkcharakter. Die aggressiv polemische Spitze der *Structures I* – ihre geschichtliche Pointe, gegen Berg, den späten Schönberg und Leibowitz, gegen alle traditionsgebundene ›Dodekaphonik‹ – fehlte bei Cage genauso wie das für Boulez so zentrale Eingedenken der Musikgeschichte als *grand recit* oder Monumentalgeschichte Nietzschescher Prägung. Allein aus diesem Grunde muß man mit der *Music of Changes* anders umgehen als mit *Structures I*: Der Charakter des Vorgängigen oder Wegbereitenden (der junge Bloch hätte gesagt: des Teppichhaften) fehlt hier.

III.

Es ist klar, daß man es beim Hören der *Music of Changes* nicht mit der musikalischen Subjektivität, die Adorno in der *Philosophie der neuen Musik* skizzierte, zu tun hat. Es gibt hier – wie Adorno schon beim späten Webern bemängelte – keine Gestalten, keine Einfälle im prägnanten Sinne: also kein Subjekt-Objekt in der vertrauten dialektischen Bedeutung. Muß das aber gleich bedeuten, daß es hier gar keine musikalische Subjektivität gibt? Ein solcher Schluß scheint doch etwas übereilt.⁸ Vielmehr sollte man meinen, das musikalische Subjekt erscheine nicht mehr auf der musikalischen Oberfläche der Klänge, sondern sei dahinter verborgen. Dieser Prozeß des Verschwindens des Subjektes ist bei Boulez leichter schrittweise nachzukonstruieren. Wenn man die frühe Klaviermusik von Boulez mit Cage vergleicht, erkennt man, daß der Charakter des Einfalls sich auflöst und zersetzt: Gerade die ersten Seiten der *2. Sonate* werden mit Hilfe von kleinen Messiaenschen Zellen konstruiert, die zu schnell, zu klein und zu flexibel sind, um sich dem Ohr so sehr einzuprägen, wie es noch die rhythmischen Motive Schönbergs verzweifelt versuchten. Freilich sind die rhythmischen Zellen hier gewissermaßen noch Schönbergsche Erbschaft: In dem Beharrlichen der einen rhythmischen Zelle (vier Sechzehntel mit Tonwiederholung) spürt man einen Nachklang des Schönbergschen Ostinatocharakters, hier aber von regelmäßiger, traditioneller Metrik teilweise abgelöst. Also weist die *2. Sonate* immer noch viel mehr Dynamik und Rhetorik auf als die Cagesche Statik; die *degré zéro de l'écriture* war erst *Structures Ia*.

Um die andere Lokalisierung der Subjektivität, die von diesen frühen Werken von Cage und Boulez suggeriert wird, zu verstehen, mag ein historischer Seitenblick hilfreich sein. Die frühen 1950er Jahre waren die Periode (Paradigma im Thomas Kuhnschen Sinne, *epistème* bei Foucault) des Strukturalismus Levi-Straußscher Prägung und auch eine der Faszinationen für das Mechanische. (Das Interesse für die Maschine trägt auch spezifisch französische Züge – erinnert worden ist damals an Holbach und La Mettrie – und wurde auch in den 1960er Jahren in der literarischen Gruppe Tel Quel, vor allem bei Sollers, weiterentwickelt.) Die Frage nach der Beziehung zwischen Subjekt und Maschine wurde dann bei Lacan aufgegriffen, vor allem in dem Zweiten Band der *Séminaire*, wo sein Interesse an Kybernetik, Spieltheorie, Turing Machines und Probabilitität einen Höhepunkt erreichte. Gerade hier – in Anlehnung auch an den *Entwurf einer wissenschaftlichen Psychoanalyse* (1895) des noch jungen und sehr positivistischen Freud – ging es Lacan darum, die alte Subjektkonzeption des philosophischen Idealismus auseinanderzunehmen. Angesichts aber der so häufig eilig vergröberten Rezeption Lacans mag es hier wichtig sein, nicht zu vergessen, daß ein solches Unternehmen niemals eine einfache Durchstreichung des Subjektes war, auch nicht zu der Zeit, als Lacan am stärksten am Funktionellen orientiert war. Ein Zitat aus dem *2. Seminar* macht dies schon klar:

»I am teaching you that Freud discovered in man the substance and the axis of a subjectivity surpassing the individual organization considered as the sum of individual experiences, and even considered as the line of individual development. I am giving you a possible definition of subjectivity, by formulating it as an organized system of symbols, aiming to cover the whole of an experience, to animate it, to give it its meaning. And what are we trying to realize here, if not a subjectivity?«[9]

Was wollen wir hier verwirklichen, wenn nicht eine Subjektivität? Nota bene: eine, nicht die Subjektivität schlechthin – eine Subjektivität gerade als experimentellen Entwurf. Lacan zielt klar gegen die Subjektivität Diltheys (Erlebnis/Verstehen), wie auch gegen Geschichte (hier heideggerisiert Lacan so gut wie nicht!) – und natürlich gegen Bildung! –, und gegen das ›gesetzgebende‹ Subjekt des bürgerlichen Individualismus (»self«, was die Amerikaner und ihre neufreudische Psychologie gern im Mund führen). Das Subjekt, um das es hier geht, ist synchron, systemisch und sprachlich. Aber wenn ein Subjekt ein »organisiertes System von Symbolen« ist, hat das Wort Subjekt dann überhaupt noch Bedeutung?[10]

Man erkennt, daß dies ein Subjektbegriff ist – Lacan betonte damals häufig die begriffliche Natur seines Denkens (was spätere Adepten manchmal aus dem Blick verloren) –, der bereits gewichtige Unterschiede zu jenem des Idealismus aufzeigt.[11] (Es scheint, als ob Lacan allein versucht habe, zwischen den beiden früher skizzierten Auffassungen von Subjekt und Zufall zu vermitteln.) Per analogiam möchte man nach entsprechender Erneuerung oder Entstellung – nicht sogleich Ausschaltung! – der musikalischen Subjektivität suchen.

Es ist gerade die symbolische Ordnung der Musik, die Boulez und Cage Anfang der 1950er Jahre ›entdeckt‹ hatten. (Daß es sich, dem damaligen wissenschaftlichen Selbstverständnis der Moderne entgegen, um keine positivistische Entdeckung einer neutral gegebenen Tatsache handelt, ist gleichfalls auffällig.) Nur haben die beiden Komponisten drastisch verschiedene Schlüsse aus dieser Entdeckung (oder eher: kompositorischen Erfahrung) gezogen. Die symbolische Ordnung erscheint, dem je einzelnen Subjekt gegenüber, immer ein Zufälliges zu sein. In der Sprache des Idealismus hieß es das Gewordene. (Nach der Einsicht der Philosophie ist das zum Teil eine Spiegelung der Zufälligkeit des je Einzelnen selber.) Ähnlich wie bei Boulez und Cage versteht Lacan diese Ordnung als reine Struktur, die sich vor aller Bedeutung artikuliert, und vergleicht sie mit der

Syntax.¹² (So versuchten Boulez und Cage das Ganze der musikalischen Zeit vor der einzelnen Individualgestalt zu entwerfen – wie Adorno es schon Wagner vorwarf.) Die Erscheinung eines Subjektes ist mit der der symbolischen Ordnung simultan: »The subject sets itself up as operating, as human, as I, from the moment the symbolic system appears. And this moment cannot be deduced from any model of the order of individual structuration.«¹³ Mit anderen Worten: Das Subjekt entsteht nicht (wie bei Adorno) mit der Individuierung eines Einfalls, sondern scheint schon, vor dem Individuellen, durch das System da zu sein. »There is a symbolic circuit external to the subject, tied to a certain group of supports, of human agents, in which the subject, the small circle which is called his destiny, is indeterminately included.«¹⁴

Lacan widmet einige lange, und auf den ersten Blick wohl etwas langwierige Kapitel der Darstellung von Maschinen, die das Spiel mit Gerade oder Ungerade gegen einen menschlichen Partner spielen (also das Spiel mit der Kopf- oder Kehrseite der Münze, die Cage zur Komposition der *Music of Changes* benutzt hat und das mit dem Hin und Her des Pendels, der Urform der Zeit, verglichen werden könnte). Er kommt aber zur Feststellung, daß dieses zufällige Spiel doch eine Sprache und eine Syntax, also ein Subjekt, konstituiert. Es geht um die Einführung des Symbolischen ins Reale. *Denn sogar der Zufall ist nur für ein Subjekt ›da‹:*

»The symbol's emergence into the real begins with a wager. The very notion of probability and chance presupposes the introduction of a symbol into the real. It's a symbol you're addressing, and your chances bear only on the symbol ... This only begins to have meaning when you write a sign, and as long as you're not there to write it, there is nothing that can be called a win. The pact of the game is essential to the reality of the experience sought after.«¹⁵

Mit anderen Worten: Es gibt keine absolute Ausschaltung oder Durchstreichung des Subjektes durch den Zufall. Denn sogar Hasardspiele setzen ein Subjekt voraus, ein sprachliches: Sogar Zahlen sind hier Zeichen, die in einer intersubjektiven Situation etwas bedeuten müssen; und der Gesprächspartner hier, die Maschine des Zufalls, sieht schon sehr nach Lacans berühmtem Anderen (*l'Autre grand A*) aus. »You can play heads or tails by yourself. [Wie Cage es in der *Music of Changes* versuchte.] But from the point of view of speech, you aren't playing by yourself.«¹⁶

Es gibt keinen Ausweg aus dem Subjekt, aus dem Diskurs, zu irgendeinem reinen, intentionslosen Anderen. So wenig gibt es (für uns! – das heißt: auf Dauer) eine reine, subjektlose – verräumlichte – Zeit. Das Subjekt kann nie auf das reine Hin und Her der metronomischen Pendelzeit reduziert werden: Etwas muß immer ausfallen. Nur die symbolische Ordnung, die Maschine, kennt keine Zeit.

»The world of signs [d. h. der asubjektiven Zeichen, nicht der Signifikanten, die immer ein Subjekt implizieren] functions, and it has no significance whatsoever. What gives it its signification is the moment when we stop the machine. These are the temporal breaks which we make in it. If they are faulty, we will see ambiguities emerge, which are sometimes difficult to resolve, but which we will always end up giving a signification to.«[17]

Bedeutung, Sinn sind für Lacan immer verzeitlicht: Sie sind »the way in which we introduce ourselves into the temporal succession.«[18] (Das anschauliche Paradigma dieser Zeitlichkeit wäre bei Lacan das Beispiel der temps logique und der drei Gefangenen.)

Man wäre versucht, zu sagen, daß Boulez' weitere Entwicklung seit *Structures I* sich gerade dieser Erkenntnis verdankt. Einen näheren Blick auf die Boulezsche Zeitkonzeption mag dies verdeutlichen: Denn sein musikalisches Subjekt ist ein spezifisch Zeitliches. Jenseits aller Versuche, die Zeit einfach statisch einzufrieren, durch Graphik zu verräumlichen (wie beim späteren Cage), oder durch hypnotische Wiederholung aufzuheben, hat Boulez eine subtilere Einsicht in die Wahrnehmung und Ausführung der Zeit. Gegen die normale »pulsierte Zeit«, die Zeit des sich wiederholenden Metrums (die dem Hegel der Ästhetik zufolge der Grund des musikalischen Subjektes war),

»there is also a kind of musical time that can do entirely without pulsations – a music that seems to float, and in which the writing itself makes it impossible for the performer to keep in time with a pulsed tempo: grace notes, ornaments, or a profusion of differences in dynamics will make the performer give so much attention to what is happening that temporal control recedes into the background. At such times the activity itself is more important than its control, so that at times mensural notation is no more than a visual aid. Such notation will not be respected because it cannot be.«[19]

Das hier skizzierte musikalische Subjekt erinnert an Artauds »athlétisme affectif«: Es ist zugleich ein absolutes Subjekt und ein gelöstes, kopfloses, undarstellbares Subjekt. Die Vervielfachung von lokalen Details – Ornament, Lautstärkezeichen, Attacke (Anschlag) – im Schreibstil führt zu einem Durchbruch der reinen Gestik. Das Subjekt der musikalischen Zeit ist bei Boulez, wie bei Lacan, relativ zum leeren, chronometrischen Zeitlauf immer verfrüht oder verspätet.

Gegen alle Fixierung auf den Text – auch auf den graphischen! – schafft sich die Schrift gleichsam ab in der Spontaneität eines actus purus. Hier könnte man meinen, das musikalische Subjekt öffne sich seinem Anderen (im Adornoschen, nicht Lacanschen Sinne), seiner Nichtidentität, durch die Auflösung der

Darstellung einer historisch kontinuierlichen Zeit. Das ist sehr verschieden von Strawinskys strenger rhythmischer Präzision der Tänzerin, und doch hat Boulez dies zum Teil durch Strawinskys Autonomie des Rhythmus von der Harmonik, z. T. auch, denkt man, durch Cage gefunden. In Boulez' Worten: »the concept of tempo is a concept of error«[20]: d.h., das Tempo, die immer fehlerhafte subjektive Zeit, kann nie ganz mechanisiert werden.

IV.

Man könnte meinen, Boulez' Vorstellung der unauslöschlichen Subjektivität sei nicht so fern der Lacanschen Konzeption des Einzelsubjektes als unvermeidlicher ›Ausfall‹ aus der totalen symbolischen Ordnung. *Denn das je individuelle Einzelsubjekt ist nie ganz auf seine symbolische Funktion reduzierbar.* Das ist, wenn man will, die Entdeckung Lacans nach seiner streng-strukturalistischen Phase, die zur Theorie des Phantasmas, eines neuen Imaginären, das für das Subjekt konstitutiv ist (und das mit einer anderen, offeneren, aufgelockerten Auffassung des Adornoschen Einfalls zu koordinieren wäre); und es ist auch die Entdeckung von Boulez selbst: daß das Subjektive innerhalb des totalen Gefüges der symbolischen Ordnung immer ein Fehlerhaftes sein muß. (Man erinnere sich an Schönbergs berühmte Aussage über die Notwendigkeit von Fehlern in der Reihenkalkulation.)

»Il y a en effet quelque chose de radicalement inassimilable au signifiant. C'est tout simplement l'existence singulier du sujet. Pourquoi est-il là? D'où sort-il? Que fait-il? Le signifiant le considère comme déjà mort, il l'immortalise par essence.«[21]

Also: Für das einzelne, individuelle Subjekt ist die symbolische Ordnung immer die Instanz des Todes. Relativ zum Symbolischen, »le sujet lui-même n'est qu'un exemplaire second de sa propre identité.«[22] Das wäre vielleicht gerade das, was Artaud mit dem Double des Theater gemeint hat (daher erklärt sich auch die Faszination des jungen Boulez für Artaud). Und diese tödliche Wirkung des Symbolischen ›erklärt‹ einigermaßen strukturell die Popularität des Heideggerschen Sein-zum-Tode gerade in dieser Periode des Strukturalismus (z.B. bei Lacan im *VII. Seminar*, wo Ödipus als Beispiel eines Sein-zum-Selbstmord-im-Symbolischen gedeutet wird). Es ist gerade diese Negativität des totalen Symbolischen, worin die beiden jungen Bilderstürmer Boulez und Cage sich trafen. Man lese nur einige Stellen aus dem Briefwechsel der beiden:

»Comme toi également, je peux faire ... la construction avec toutes les possibilitiés du matériau, c'est-à-dire une construction où les combinaisons créent la forme, et où la forme donc ne provient pas d'une choix esthétique.«[23]

Ästhetik wird hier verstanden als kulturelles Gedächtnis, das zugunsten einer *degré zéro de l'écriture* verneint werden muß. Der damalige Boulez ging viel weiter, als er später gutgeheißen hatte, und wollte sogar den Werkcharakter abschaffen: »Je voudrais surtout y abolir la notion d'œuvre musicale pour donner au concert, avec un nombre determiné de mouvements ...« (Es geht hier um den *Livre pour quatuor.*) Man erkennt schnell, warum dieser Boulez die Kritik Cages am geschlossenen Werk hatte interessant finden können (der spätere Boulez war, wie Adorno, solchen Experimenten eher abhold, und sah, wie Adorno, das Werk als unabdingbar an). Boulez zitiert, im selben Brief, eine Passage aus René Char: »Nous avons en nous, sur notre versant tempéré, une suite de chansons qui nous flanquent, ailes de communication entre notre souffle reposé et nos fièvres les plus fortes.« – »Une suite de chansons qui nous flanquent«: Gerade danach suchte Cage auch, die Lieder, die uns zur Seite stehen (*flanquer*). Interessanterweise hat Boulez (wie Nattiez in einer Fußnote bemerkt) die Schlüsselphrase »en nous«, »in uns«, selber hinzugefügt; in dieser einzigen Zugabe sieht man den ganzen Unterschied zwischen Boulez und Cage. *In uns*: das heißt, in uns als Subjekten. Der Expressionismus des jungen Boulez mußte diese Subjektivität dem Charschen Text einfügen; Cage wollte nur »les chansons qui nous flanquent« in der Außenwelt, nicht in uns. Deswegen schreibt Boulez später im selben Brief: »Ainsi, on peut organiser TOUS les materiaux sonores, de quelque nature qu'ils soient.« Die Zerstörung der Konvention führte zur Potenzierung der (jetzt konstruktiven) Subjektivität, nicht zu deren Ausmerzung. Und kaum ein Jahr später wandte er Cage gegenüber ein, daß das Einzige, was er an den *Music of Changes* bemängele, sei

»la méthode du hasard absolu (by tossing the coins). Je crois que, au contraire, le hasard doit être très controlé ... Car finalement dans les interpolations et les interférences des différentes [series] ... il y a déjà suffisament de l'inconnu.«[24]

D.h. dieses *inconnu*, das Unbekannte, das unauslöschbare X aller mathemathischen Formeln, sei die subjektive Wahl.

Cage teilte wohl die bestimmte Negation (Hegel) des Ästhetischen, die für Boulez so wichtig war. Der Zufall war damals für ihn, wie für Boulez, auch eine solche Negation. »All this brings me closer to a ›chance‹ or if you like to an un-aesthetic choice.«[25] »An un-aesthetic choice«: Boulez hatte dagegen nichts einzuwenden, solange es noch choice, Wahl, also Subjektivität, gab. Aber über sein *Concerto for prepared piano* schreibt Cage dann am 22. Mai 1951: »By making moves on the charts I freed myself from what I had thought to be freedom, and which actually was only the accretion of habits and tastes.«[26] Hier wird ein Unterschied bereits spürbar; Boulez hatte nichts gegen die Negation von *habits and tastes* gehabt, wohl aber gegen die Auslöschung der Freiheit. Noch später heißt es in einem Bericht Cages über sein eigenes Schaffen:

»It is thus possible [d.h. mit Hilfe von Zufallsoperationen] to make a musical composition the continuity of which is free of individual taste and memory (psychology) and also of the literature and ›traditions‹ of the art ... A ›mistake‹ is beside the point, for once anything happens it authentically is.«[27]

Der Schockwert des unerwartet Erscheinenden – das, was der spätere Boulez mit éclat oder *explosante-fixe* betiteln sollte, das Überraschende der phänomenalen Erscheinung des Neuen – ist hier noch zu spüren (»once anything happens, it authentically is«). Aber die Schlüsse, die Cage zieht, sind bereits anders als die von Boulez. Denn gerade wo Boulez auf die Unvermeidlichkeit des Subjektiven stieß – die Fehler, *mistakes*, beweisen gerade diese Unvermeidlichkeit –, blieb Cage beharrlich bei der einmal gefundenen Negation des Subjekts; man möchte fast sagen: blieb darauf fixiert und erweiterte dabei die bestimmte Negation der Tradition, die die totale und darum zufällige Ordnung ermöglicht hatte, zu einer totalen und darum (im Hegelschen Sinne) abstrakten Negation.

V.

Um diese Negation, die hinter den Scheinphänomenen von allem Neu-Dadaismus, Zen usw. sich verbirgt, zu verstehen, könnte man in der Analyse von Cage noch weiter gehen. Es muß hier betont werden, daß es hier keinesfalls um eine individuelle Tiefenpsychologie geht.[28] Es geht vielmehr um diagnostische Züge, die sowohl zeittypisch wie auch vielleicht sogar amerikanisch waren: also um Aspekte, die immer historisch und kulturell bedingt sind. Cage wäre nicht die Figur, die er geworden ist, wenn die Aporien seiner Anti-Kunst-Konzeption nicht dem, was ein Benn-Interpret der 1950er Jahre (Wellershoff) den »Phänotyp dieser Stunde« nannte, so sehr entgegengekommen wären.

Das eigentliche Phänomen des späteren Cage ist in der Tat – und mit aller Behutsamkeit! – als eine Art Fetischismus zu verstehen. Es ist kein Zufall, daß Boulez in seinen Polemiken gegen Cage immer vom Fetischismus schrieb. (Siehe dazu vor allem *Penser la musique d'aujourd'hui.*) Es ist der Fetischismus des Zufalls, des radikal Anderen zum Subjekt, der mit nicht wenig Wut und Aggressivität Subjekt, Werk und Kunst auf einmal ausgrenzen will. Mit Freudschen Termini formuliert: Cage hat die *Verneinung*, die ihm und Boulez gemeinsam war, in die *Verleugnung* im Sinne des Fetischismus verwandelt. Man nehme Lacans Analyse des Fetischismus als Modell, um die heuristische Vermutung eines Cageschen Fetischismus auf die Probe zu stellen:

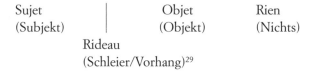

Sujet | Objet | Rien
(Subjekt) | (Objekt) | (Nichts)
Rideau
(Schleier/Vorhang)[29]

Das Nichts ist der Struktur des Fetischismus absolut wesentlich. Lacan verbindet es mit einer Verleugnung, einem refus, einer Frustration; wie am Beispiel der Anorexie: »l'anorexie mentale n'est pas un ne pas manger, mais un ne rien manger. J'insiste – cela veut dire manger rien.«[30] Man sieht hier die Nähe zu Cages buddhistischer Askese: *ne rien écrire, n'écrire pas de musique*, einer Art künstlerischer Anorexie. Die Frustration des Fetischismus liegt in einem *refus* (man denke an Adornos Erwägungen über Strawinskys *refus*!).

»La frustration ... n'est pensable que comme le refus du don, en tant que le don est symbole de l'amour.«[31] – Weiter: »nous voyons ici se distinguer la relation de l'objet d'amour et la relation de frustration à l'objet. Ce sont là deux relations différentes. C'est par une métaphore que l'amour se transfère au désir qui s'attache à l'objet comme illusoire, tandis que la constitution de l'objet n'est pas métaphorique, mais métonymique. Elle est un point dans la chaîne de l'histoire, là où l'histoire s'arrête. Elle est le signe que c'est là que commence l'au-delà constitué par le sujet. Pourquoi? Pourquoi est-ce là que le sujet doit constituer cet au-delà? Pourquoi le voile est-il plus precieux à l'homme que la realité?«[32]

Für Lacan ist ein Moment des Fetischistischen bei *allen* Subjekten wirksam: Es ist das Moment, wo das Subjekt sich als Subjekt konstitutiert, wo es die unendliche Austauschbarkeit der symbolischen Ordnung unterbricht und mit einem individuellen Phantasma aufhält (das, was in seiner späteren Theorie das *objet petit a* sein wird: also – so möchte man hier sehr verkürzt andeuten! – der Einfall im Adornoschen Sinne). Das Subjekt stößt gleichsam traumatisch auf dieses Moment. Die symbolische Ordnung muß von imaginären Phantasmen überlagert, überschrieben werden, damit das je einzelne Subjekt seinen Platz darin behaupten kann. Es ist der Eintritt in die symbolische Ordnung als Subjekt: das Moment, wo das Subjekt sich auf einen Signifikanten fixiert und sein Grundphantasma bestimmt. Vor dem Nichts, das in der Metonymie (der Austauschbarkeit aller Signifikanten, also auch aller Einzelsubjekte[33]) liegt, erfindet das Subjekt eine Metapher der Liebe, die es als Subjekt erst fixiert.[34] Und dieser Prozeß ist ein spezifisch Zeitliches: Der Fetisch ist ein Moment des Unterbrechens, die Metapher allein ermöglicht das Weitere, die Ausfüllung der sonst leeren Zeit mit Bedeutung.[35] Lacan verbindet sogar die Frustration des Fetischisten mit der Maschine des Symbolischen: Das Spiel von Kopf- und Kehrseite, Gerade/Ungerade ist unzertrennbar mit Frustrierung, mit imaginärer Aggressivität, verbunden. Es hat nämlich »un caractère absolument évanouissant, et littéralement impossible à satisfaire.«[36]

Hier liegt ein zentraler Aspekt der Cageschen Faszination: nicht die Sublimierung der Begierde *im* Kunstwerk, sondern gleichsam ohne Werk, durch die permanente Ausweichung vor dem Wunsch, ein Werk zu bekommen. Gerade hier hat Boulez den weiteren Schritt gemacht: d.h. den Schritt (vorwärts oder zurück? – so kann man kaum fragen) zum Subjekt – Subjekt eines Werkes, eines begehrten ästhetischen Gegenstands, einen Spielraum der Wahl innerhalb dieser Begierde (oder gar *amour*, nach Lacan) öffnend. Das, was Adorno als den Fetischcharakter der Werke bezeichnete, wird hier (klinisch) spezifiziert: ohne den Fetisch des *Werks* kein Subjekt.

Cage aber hat gerade hier Halt gemacht: vor der Subjektivität, vor dem Werk, vor der Sprache, also vor der Kunst. Den Zufall, der sich für Boulez – darin *zum Teil* der idealistischen Tradition, die anfangs erwähnt wurde, treu – innerhalb des Subjekts und seiner je einzelnen Handlungen und Entscheidungen ereignete (siehe das vorige Zitat aus dem Briefe: »il y a déjà suffisament de l'inconnu«), verortete Cage außerhalb des Subjekts, als Quasi-Gegenstand: als Fetisch.

Aber gerade hier muß man streng argumentieren: Wenn man auf Lacans Diagramme rekurriert, wo würde man das Werk, den Zufall, das Nichts situieren? Man wäre versucht, zu meinen, das Objekt bei Lacan sei, für Cage, nicht das Kunstwerk, das durch die Subjektivierung der Begierde metaphorisiert wird (also Sinn und einen Horizont bekommt, ein hermeneutischer und nicht nur materieller Gegenstand wird), sondern der Zufall selbst. Und die Schleier bei Lacan wären dann paradoxerweise die nie ganz auslöschbare Subjektivität. Denn durch die Projektion auf den Bildschirm des Schleiers wird das Subjekt erst zum Subjekt; und doch ist der Bildschirm immer Trugbild, fata morgana, Werk des Subjekts und auch sein Anderes. Das Paradoxale bei Cage ist, daß er sich, je verzweifelter, mit je gesteigerter und nur scheinbar sanfter Wut auf die Kunst er versucht hat, Subjektivität auszumerzen, desto mehr in genuin zufälligen Subjektivismen verfing: Phantasmen eines Kollektivsubjektes, wie der Natur selber, die häufig (nach Suzuki und anderen östlichen Weisen) Autoren der ›Werke‹ sein sollten (mit einer Naivität der Naturauffassung, die weit primitiver als alles aus dem naturbesessenen 18. Jahrhundert wirkt, eigentlich vor-kantianisch ist).

Stockhausen dagegen – um einen kurzen Seitenblick auf die dritte Figur der musikhistorischen Konstellation des Zufalls zu werfen – ließ, bei allem Östlichen, in einigen seiner besten Werke der 1960er Jahre eher das (Kollektiv-)Subjekt der Geschichte zu Worte kommen: in *Hymnen*, in den Rundfunksendungen von *Kurzwellen*. In der intuitiven Musik von *Aus den sieben Tagen* ging es eher um ein anthropologisches Subjekt oder ein somatisches, wobei das Nicht-Denken dabei nie so isoliert und absolutiert wurde wie bei Cage (ein Moment der ästhetischen Reflexion blieb immer noch in der Gegenwart des Komponisten, in den klanglichen Filtern, in der selektiven Klangregie; und nicht *alle* Rundfunksendungen waren ihm willkommen, sowie auch nicht *alle* möglichen Spielweisen der Ausführenden). Im Grunde hat Stockhausen Cages Zufall mit subjektiver Produktivität umrahmt – die Plus-Minus-Zeichen verweisen auf das ›wie‹ der improvisatorisch-intuitiven *Veränderung* des musikalischen ὕλη, ihre aktive, dynamische Projektion in die Zeit der subjektiven Tätigkeit. (Dagegen wirkt die Cagesche Partitur-Graphik absichtlich eher verblüffend auf den Spieler.)

Schließlich müßte die Stelle des Realen bei Cage erörtert werden; gerade hier liegt die primitivste Form des Mythos Cage, dessen philosophische Aufklärung längst an der Zeit wäre. Denn viele von Cages Bewunderern vergessen allzugern – weniger im »fröhlichen Positivismus« Foucaults als in vor-begrifflicher Naivität –, daß das Reale *nicht* das Wirkliche ist. Nichts liegt dem Lacanschen Realen ferner als Freuds positivistisches Wirklichkeitsprinzip. Für Lacan ist die vermeintliche ›Wirklichkeit‹ ein narzißtisches Phantasma (deswegen seine harte Kritik an allem Positivismus, worin er nicht weit von Adorno entfernt ist). Das Reale, *le réel*, ist ein Trauma. »Le réel, c'est l'impossible«[37] – ist also das, was nie völlig symbolisch dargestellt werden kann und dem Subjekt gegenüber immer traumatisch sein muß. Man sieht die Nähe zur unaufhebbaren Nicht-Identität zwischen symbolischer Ordnung und subjektiver Partikularität. Bei Lacan entsteht (»surgit«, entspringt) das Reale aus dieser traumatischen Erfahrung: nämlich in Form des *objet petit a*, des Ausfalls, der den fetischhaften Platzhalter des Realen (im Fantasma) darstellt. Das Reale ist also nur *für ein Subjekt da*: als Trauma. (Wie er es mit seinem Neologismus *extimité* – oder in den Figuren des *huit interieur*, des Möbius-Bands oder der Knoten – darstellte, ist dieses Stück Reale bei Lacan *sowohl* außerhalb *wie auch* innerhalb des Subjekts: Darin hat er versucht, die beiden oben erwähnten Zufallskonzeptionen paradoxal zu vereinen.)

Die falsche Naivität der meisten Cage-Liebhaber – seine musikwissenschaftlichen Ausleger sind hier am naivsten gewesen – nimmt Cages naturfreundliche, friedlich-›demokratische‹ und östlich-mystifizierende Mythologie beim Wort und meint, der Komponist könne einfach ›die‹ Wirklichkeit schlechthin in seine Werke hineinkleben oder großzügig hereinlassen. Nichts ist dem wahren Sachverhalt ferner. In ›Wirklichkeit‹ ist die Cagesche Naivität alles andere als naiv.

Wie früher erörtert, entsteht ein Kunstwerk meistens durch subjektive Metaphorisierungen eines Gegenstands, um (hermeneutische, ästhetische) Begierde entspringen zu lassen. Cage dagegen lehnt die – traditionell väterlich kodierte und sinnstiftend-metaphorische – Autorschaft ab, will weder schreiben noch begehren (vgl. Lacan über Anorexie oben), da er gleichgültig ›alles‹ gut findet, und läßt gleichsam die Natur selber, die deutlich mütterlich kodiert wird, Autorin der inexistenten ›Werke‹ sein.[38] Da dies im Grunde eine unmögliche Strategie ist (wie Lacan früher insistierte: Unmöglichkeit der Befriedigung, Unmöglichkeit des Realen selber!), *muß* Cage die Natur mit allerlei kitschigen und beliebigen pseudophilosophischen Phantasmen (Suzuki, Coomaraswamy – es hätten auch Swedenborgs Engel oder Jungs Okkultismus sein können) überlagern. In ›Wirklichkeit‹ ist Mutter Natur alles andere als die friedlich-liebevolle Partnerin, als welche sie in den Cageschen Abwehrphantasmen erscheint; sie ist nämlich erschreckend bedrohlich.[39] Also wird bei Cage die traumatische Wirklichkeit, die die Natur, das Reale, sein könnte, meistens gleich durch die obligato-Begleitmusik (oder Begleitkunst) der Mythologie in ein Imaginäres verwandelt. Die Kunst, die aus dem Kunstwerk herausgetrieben wurde, kehrt in diesen dilettantischen Ästhetisierungen des vermeintlich Wirklichen zurück. (Man wäre fast versucht, zu meinen, in diesen traurigen Urweisheiten stellte sich eine Wiederkehr des Verdrängten dar – nämlich der Kunst: Aber die Kunst wird bei Cage weniger verdrängt als verleugnet im Freudschen Sinne.) Anstelle eines Kunstwerkes bekommen wir, wie sonst beim Fetischisten, »exactement rien ... un vieil habit usé, une défroque.«[40] Oder: »l'objet ... n'est que la scorie d'un fantasme.«[41] Denn ein Kunstwerk ist metaphorischen Charakters wie das Symptom (deswegen Freuds berühmter Vergleich zwischen Kunst und Hysterie), die Perversion dagegen fast ohne Symptom.[42]

Damit könnte man auch einiges von der Faszination Cages erklären. In der Tat ist Cage viel weniger einem östlichen Weisen zu vergleichen als einem allzu europäischen: nämlich Sokrates. In Lacans Lektüre von Platons *Gastmahl* erscheint Sokrates als derjenige, der die Begierde des Anderen, Alkibiades, ständig am Leben hält, indem er ihr nichts Befriedigendes bietet. Alkibiades will den inneren ›Schatz‹, ἀγάλμα, des Sokrates, – dessen Kunstgriff aber darin besteht, daß es in ihm eigentlich nichts gibt. Alkibiades sehnt sich danach, daß Sokrates zeigen sollte, daß er *überhaupt etwas* will.[43] Gerade das aber tut Sokrates nicht; also lehnt er die Werbung Alkibiades' ab und will nicht geliebt werden: die geeignetste aller Strategien, begehrt zu sein. Die Leere ist der beste aller Bildschirme für fantasmatische Projektionen. Der Mythos Cage hat auf diese Weise funktioniert (denn von Philosophie darf hier, im Gegensatz zu Sokrates, schwerlich die Rede sein): Die Kenner und Liebhaber, darin geschmeichelt, daß auch sie Künstler sein könnten, erwarten ständig etwas von dem Meister, der buchstäblich nichts zu sagen haben wollte. (Und wie wuchern die Deutungen gerade dort, wo die Abwesenheit eines eigentlichen Gegenstandes alle Interpretationen ermöglicht! Der Mythos Cage ist auch vielfach von der Freude vieler Apologeten ermöglicht worden, die jede nur denkbare Utopie in dieses Nicht-Werk hineinlegen konnten. Paradoxalerweise ist dieser äußerlich so un-akademische Künstler zum Auslöser einer ungeheuren akademischen Diskurs-Wucherung geworden.[44])

    Cage hatte einmal über Schönbergs berühmte Bemerkung, er habe keinen Sinn für Harmonie, gesagt, daß er für den Rest seiner Karriere mit dem Kopf gegen die Wand dieser Unfähigkeit gerannt sei. Aber die eigentliche Wand, gegen die Cage eiferte, war Lacans Schleier: die Subjektivität, an deren Ausmerzung er großartig scheitern mußte. Solches Scheitern muß man – wenn man Benjamins Lob von Kafkas parabolischem Scheitern kennt, oder Adornos ähnliches Lob der Unmöglichkeit vieler modernistischer Projekte (»Sisyphusanstrengung«) – nicht unbedingt verwerfen. Kritik am geschlossenen Werk gehört zum Zentrum der Moderne. Cage ist – mit Mussorgsky, mit dem Douanier Rousseau – einer der großen abseitigen, originären Primitivisten der Kunstgeschichte. Gerade seine Aporien – die vielfach durch einen typisch amerikanischen Mangel an begrifflicher (oder dialektischer) Vermittlung nach-hegelscher Art bedingt wurden – sind es, die ihn zum Sprengstoff gemacht haben. Der Schock dieses Primitivismus bleibt noch heute gelegentlich hörbar – vermutlich weniger in den bieder-gefälligen Harmlosigkeiten späterer Werke als in den *Sonatas and Interludes for Prepared Piano*, schillernd zwischen Exotik, Kindlichem (Angst, Ernst, Spaß und Spiel) und Proto-Elektronik. Hier wird Zufall doch Klang – und Ding.[45] Wenn man einsehen muß, daß die von seinen späteren quasi inexistenten Werken abgezogene Lehre – der Mythos Cage, wenn man will – jetzt kaum länger fruchtbar sein kann, so muß man ihm doch auch seinen Platz innerhalb einer nicht-teleologischen, eben: diskontinuierlichen Musikgeschichte geben. Die Ismen haben (Adorno zufolge) auch ihre Wahrheit, abgesehen von allen ›gelungenen‹ Werken. Damit hätte man, statt eines verschwommenen Mythos Cage, einen historisch sehr spezifischen *Eingriff* Cage, der doch ins Herz einiger zentrale Probleme der musikalischen Moderne getroffen hat. Es ist dieser Eingriff, zusammen mit seinem unauslöschbaren Novum – Moment im prägnantesten Sinne –, der vielleicht sein eigentliches Werk sein wird.

Anmerkungen

1 Theo Hirsbrunner (*John Cage und Pierre Boulez*, in: *Die neue Musik in Amerika*, hg. v. Otto Kolleritsch, Wien/Graz: Universal-Edition 1992, S. 42-56) vereinfacht; Jean-Jacques Nattiez (in: Pierre Boulez/John Cage, *Correspondance et documents*, hg. v. dems., Winterthur 1990 [= Veröffentlichung der Paul-Sacher Stiftung, Bd. 1]) bietet in seiner Einleitung zum Briefwechsel einige Vorschläge; Stefan Schädler (*Transformation des Zeitbegriffs in John Cages »Music of Changes«*, in: *John Cage II*, München 1990, S. 185 ff. [= Musik-Konzepte, Sonderband]) kommt dem musikalischen Material am nächsten.

2 Vgl. dazu die scharfe Kritik des Kunsthistorikers Benjamin Buchlow (vieles davon wäre auf Cage anwendbar): *The Primary Colors for the Second Time: A Paradigm Repetition of the Neo-Avant Garde*, in: October, nr. 37 (Sommer 1986), S. 41-52; *Conceptual Art 1962-1969: From the Aesthetic of Administration to the Critique of Institutions*, in: October, nr. 55 (Winter 1990), S. 105-143. Buchlows Kritik betrifft vorwiegend die Beziehung der »Neo-Avant-Garde« zu den administrativen Institutionen der Kunst; die parallele – spezifisch musiksoziologische und rezeptionsästhetische – Frage zu Cage, die die vorliegende Arbeit leider nicht beantworten kann, wäre denn die nach Cages Beziehung zum Konzertwesen.

3 Ein gutes Beispiel davon wäre die etwas harte ideologiekritische Arbeit von Hans-Werner Heister *Intentionslosigkeit als Ideologie* (in: *Klischee und Wirklichkeit in der musikalischen Moderne*, hg. v. Otto Kolleritsch, Wien/Graz: Universal-Edition 1994, S. 35-61) – trotz sehr vieler triftiger Bemerkungen wird dabei unbeantwortet gelassen, was an Cage mehr als angreifbare Scharlatanerie war.

4 A.a.O., S. 42. Man vergleiche etwa die Fluxus-Gruppe; dazu vgl.: Andreas Huyssen, in: *Twilight Memories*, New York/London: Routledge 1996.

5 Vgl. Theodor W. Adorno, *Ästhetische Theorie*, Frankfurt a. M. 1970, S. 270.

6 In den literaturkritischen Termini von Julia Kristeva wäre das eine Präponderanz des *genotexte* über den *phenotexte* (vgl. *Semiotike*, Paris: Seuil 1968).

7 Vgl. John Cage, *Silence*, Middletown, Connecticut 1973, S. 36.

8 Gerade dies behauptet Schädler (*Transformation des Zeitbegriffs in John Cages »Music of Changes«* [Anm. 1]), der sonst den Mangel an konventioneller Dynamik bei Cage gut her-

ausarbeitet. Zu den Aporien eines jeden Versuchs, Subjektivität tutto quanto auszumerzen, vgl. die nuancierte Kritik bei Peter Dews, *Logics of Disintegration*, London: Verso 1988, S. 28 f. (Aporien der absoluten différance Derridas), S. 95 ff. (Karikatur des Subjektes als bloße Identität), und S. 160 f. (zu Foucault).

9 Jacques Lacan, *Séminaire II*, engl. Übers. v. S. Tomaselli, New York: Norton 1988, S. 40-41.

10 Die offenkundige Möglichkeit, Vergleiche mit der Systemtheorie zu machen, würde hier vom Thema abführen.

11 Es scheint doch historisch behutsamer, vom Idealismus statt wie so oft vom »nach-cartesianischen Denken« zu reden, was die Gefahr der Versimpelung der Philosophiegeschichte mit sich führt; der Begriff des Subjektes bei Kant, Hegel und Adorno ist nicht einfach ›genealogisch‹ dem cartesianischen gleichzusetzen, wenn es darum geht, schnelle Glanzerfolge bei der essentialisierenden ›Destruktion‹ der Geschichte zu verbuchen.

12 Lacan, *Séminaire II* (Anm. 9), S. 305; man könnte an Chomskys etwas spätere Entwicklung der »syntactic structures« (1957) denken.

13 A.a.O., S. 52.

14 A.a.O., S. 98.

15 A.a.O., S. 182.

16 A.a.O., S. 192.

17 A.a.O., S. 284.

18 A.a.O., S. 286.

19 Pierre Boulez, *Par volonté et par hasard: Entretiens avec Celestin Deliège*, engl. Übers.: *Conversations with Celestin Deliège*, London: Eulenberg 1976, S. 69.

20 A.a.O., S. 71.

21 Jacques Lacan, *Séminaire III*, Paris: Seuil 1981, S. 202.

22 A.a.O., S. 112.

23 Brief von Boulez an Cage vom 30. Dezember 1950, in: Pierre Boulez/John Cage, *Correspondance et documents* (Anm. 1), S. 134; die beiden nächsten Zitate finden sich im selben Brief.

24 Brief vom 27. November 1951, a.a.O., S. 182.

25 Brief vom Dezember 1950, a.a.O., S. 124.

26 A.a.O., S. 151.

27 A.a.O., S. 172.

28 Wie das leider in letzter Zeit bei einigen amerikanischen Musikwissenschaftlern zur Mode geworden ist (d.h. ›Schubert als Schwuler‹, ›Beethovens Kuß‹ usw. – wobei man unbekümmert und schnurstracks zur schlimmsten vorästhetischen Reduktion alt-freudscher Künstlerbiographien regrediert.)

29 Jacques Lacan, *Séminaire IV*, Paris: Seuil 1994, S. 156; es sei betont, daß diese Skizze Lacans nicht für bare Münze einer positivistischen Wissenschaft genommen werden sollte, sondern als experimenteller Versuch einer Deutung, wie Lacan selber seine Arbeit

immer verstand; also läge die ›Richtigkeit‹ eines solchen Versuches nur im Reichtum der Ergebnisse, nicht in einer »nomothetischen« (Dilthey) wissenschaftlichen Begründung.

30 A.a.O., S. 184.

31 A.a.O., S. 181. Ontogenetisch müßte man hier an Cages eigentümliche sexuelle Askese denken. Richard Kostelanetz zitiert in seinem etwas hagiographischen Werk zum Komponisten in dieser Hinsicht ein Gespräch zwischen Cage und Thomas Hines, worin Hines »has Cage saying ›Once I'm doing something serious, I do not think about sex.‹« Dazu Kostelanetz: »That's another way of saying that sex wasn't important in Cage's art and thought.« (Ders., *John Cage Explained*, New York: Schirmer 1996, S. 169) Gegen die früher erwähnte Mode der Individualpsychologie kann es hier nicht klar genug gesagt werden, daß solche Anekdoten im strengsten Sinne nicht Cages Geltung als Komponist ›erklären‹ können; höchstens mag das Biographische zu weiteren Spekulationen verführen (etwa die Beobachtung, daß Cage hier Boulez näher als Stockhausen stünde). Interessanter wäre es, zu suggerieren, die Ausschaltung der Subjektivität enthielte eine heimliche Askese, eine Wut auf sinnliche Erfüllung – allem scheinbar friedlichen Buddhismus zum Trotze. (Wie sich zeigen wird, bedeutet das nicht unbedingt eine schlichte Übertragung von Adornos bekannter Strawinskykritik auf Cage.)

32 Lacan, *Séminaire IV* (Anm. 29), S. 158.

33 »Le sujet lui-même n'est qu'un exemplaire second de sa propre identité«, d.h. innerhalb des Symbolischen, hieß es hier schon früher (Lacan, *Séminaire III* [Anm. 21], S. 112).

34 Lacans Terminologie ist hier manchmal schwankend: Das, was er in den 1950er Jahren konstitutive Metapher des Subjekts nannte, wurde dann in den 1960er Jahren vom Phantasma zum Teil zur Seite gedrängt; die Schwierigkeiten der Termini liegen in der diachronischen Änderung seines Denkens.

35 Lacan, *Séminaire IV* (Anm. 29), S. 157 f.

36 A.a.O., S. 131. Das ist das zweite Moment in der Parabel des temps logique, wo jeder der drei Gefangenen »grasps the fact that he is in a strictly equivalent position to the others« (*Séminaire II* [Anm. 9], S. 288).

37 Jacques Lacan, *Séminaire XVII*, Paris: Seuil 1991, S. 143.

38 Das könnte man, nochmals mit Bezug auf das Moment der Frustration relativ zur Mutter, schematisch darstellen (vgl. dazu Lacan, *Séminaire IV* [Anm. 29], S. 215, wo die Frustration auf die symbolische Mutter und auf ein »objet reel« bezogen wird).

39 Siehe Lacan, *Séminaire XVII* (Anm. 37), S. 129: »Un grand crocodile dans la bouche duquel vous êtes – c'est ça, la mere.« Melanie Klein hat nicht anders gedacht; auch heutige Feministinnen nicht.

40 Lacan, *Séminaire IV* (Anm. 29), S. 194.

41 Jacques Lacan, *Kant avec Sade*, in: *Écrits II*, Paris: Seuil, coll. Points 1971, S. 137.

42 Vgl. Lacan, *Séminaire IV* (Anm. 29), S. 155 (Fetisch metonymisch, Symptom metaphorisch).

43 Jacques Lacan, *Séminaire VIII*, Paris: Seuil 1991, S. 185-188 u. S. 209.

44 Gerade diese Willkürlichkeit der Auslegung wird von Cages Zeitgenossen im *conceptual art* betont, wie im Satz von Donald Judd: »if someone says it's art, then it's art« (zit. in:

Buchlow, *Conceptual Art* [Anm. 2], S. 126). Siehe auch zu Yves Klein: »the reading of these neo-avant-garde works consists exclusively in assigning meaning to them from traditional discourse would call the *outside*, that is, the process of their reception ... For the work of the neo-avant-garde, then, meaning becomes visibly a matter of projection, of aesthetic and ideological investment« (in: Buchlow, *Primary Colors* [Anm. 2], S. 48). Wie Buchlow bemerkt, tendiert die Subversion der Institution Kunst, die typisch für die »neo-avant-garde« ist, oft dazu, »the preestablished mechanisms of advertising and marketing campaigns« – die Adorno zufolge, gerade diese Reduktion des Kunstwerkes zur beliebigen Projektionsfläche bewirken – nur zu bestärken (*Conceptual Art*, a.a.O, S. 140). Und so schreibt Buchlow, daß die Neo-Avant-Garde – statt, wie die Moderne (engl.: »modernism«), das kontemplative oder auratische Moment der Kunst zu kritisieren – eine *Restauration des Mythischen* der Kunst beabsichtigt: bei Yves Klein gehe es um »the artificial reconstitution of the aura«, und »this reconstitution of the artist's traditional role is ... by necessity, mythical« (*Primary Colors*, a.a.O., S. 51). Hat nicht der mystifizierende Mythos des späteren Cage gerade zu solcher Auferstehung des Magischen beigetragen (wie Boulez in *Penser la musique aujourd'hui* meinte)?

45   Cages spätere Bemerkungen zur Aufführungspraxis dieses Werkes weisen auf einen spezifisch amerikanischen Kontext – den Pragmatismus, der hier sich durchaus auf eine Sache (το πράγμα) bezieht: »A set of preparations for the *Sonatas and Interludes*« (d.h. wie man das Klavier präpariert) »is not available ... You will often be able to tell whether your preparation is good by whether or not the cadences ›work‹.« (Zit. im Beiheft zu Maro Ajemians Uraufnahme von 1950, CRI Compact Disc Nr. 700)

The outcome is not foreseen – Le hasard sera notre dieu
Über John Cage und Antonin Artaud
Barbara Zuber

I. Cage und Artaud – ein undenkbarer Anachronismus?

John Cage, der Komponist einer *nicht*-intentionalen, freigelassenen Musik, und Antonin Artaud, der von der Neukonstruktion des Körpers nach seinem *eigenen* Willen, von einer neuen theatralen Poesie außerhalb der Grammatik träumte? Obwohl längst bekannt ist, daß die Dichterin Mary Caroline Richards auf Cages und David Tudors Anregung Artauds *Théâtre et son double* (Paris 1938) übersetzte[1], scheint es immer noch befremdlich, daß sich der Komponist ausgerechnet in die Schriften eines vom Surrealismus ausgehenden Theatermannes und Theoretikers vertiefte. Den Surrealismus hatte Cage stets abgelehnt. »I never liked it«, beliebte er zu sagen. Dennoch begann er, in einer entscheidenden Phase seiner Werkbiographie Artaud zu lesen; und er hat machte daraus kein Geheimnis:

»In the forties many of us become aware of the thinking and action of Antonin Artaud. This indicated a theater ... that would not use all of its means toward a literary end so that a form of theater other than the one he has spoken of would develop, and it has. We call it the Happening. Now, I really believe and practice that a mediocre Happening will be more meaningful, more useful to us as a theatrical occasion, than even attendance at a literary theatrical masterpiece.«[2]

Die Musikwissenschaft machte freilich, bis auf einige Streifzüge in dieses Gebiet[3], einen Bogen um Cages Artaud-Lektüre, die bis in die siebziger Jahre in seinen Schriften, Lectures, Briefen und Interviews gelegentlich durchscheint. Auch die Happening- und Performance-Forschung, soweit sie sich mit Artauds Rolle in den oppositionellen amerikanischen Theaterbewegungen seit den späten 1950er Jahren auseinandergesetzt hat, ist dem brisanten Thema ›Cage und Artaud‹ eher ausgewichen, wenngleich sie eine Reihe nützlicher Stichworte lieferte, mit welchen sie die wichtigsten Ansätze der Artaud-Rezeption in der Happening-Bewegung sowie in den nachfolgenden experimentellen Formen der Performance und des Environmental Theatre zu umreißen suchte. Grundlegend wurden Artauds Konzept eines nicht-mimetischen, nicht-repräsentativen Theaters und die Idee eines entliterarisierten, multimedialen Totaltheaters, das den nonverbalen Mitteln einen ästhetisch höheren Rang einräumen sollte. Und schließlich fällt noch das Stichwort einer Vermischung von Publikum und Akteuren im gleichen Raum.⁴

Aber diese Stichwortsammlung bliebe noch zu allgemein, um im folgenden zu genügen. Da sich Cages Komponieren endgültig in *Music of Changes* (UA 1951) mit Zufallsoperationen, seit 1958 auch mit *indeterminacy* (im Hinblick auf die Aufführung) verbunden hat, wäre sie ohne eine entsprechende Differenzierung auch nicht mehr angemessen. Cages Artaud-Lektüre ist im Inneren wie in ihren kompositionstechnischen und aufführungspraktischen Konsequenzen – trotz einiger Analogien zu bestimmten Tendenzen innerhalb der amerikanischen Theateravantgarde – völlig anders strukturiert. Auch sein Theaterbegriff und Konzept eines experimentellen Musiktheaters gehen trotz auffallender Gemeinsamkeiten mit Konzepten des Happening und der Performance von anderen Voraussetzungen aus.⁵

Unter diesen Umständen wäre es an der Zeit, eine kritische Durchleuchtung von Cages Artaud-Lektüre einzuleiten. Dies um so mehr, als der Komponist bestimmte Tendenzen in Happening und Performance mit einer leisen, gelegentlich auch deutlichen Kritik begleitet hat, selbst dann, wenn die Akteure seine einstigen Schüler an der New Yorker *New School of Social Research* waren: »Bei Kaprow oder [Richard] Higgins herrscht Intentionalität vor. Wenn etwa Unerwartetes geschieht, bedeutet das in ihren Augen eine Unterbrechung. Sie machen aus ihren Happenings wahre *Objekte*.«⁶ Noch deutlicher äußerte sich Cage in einem ausführlichen Gespräch, das er 1965 mit Vertretern der alternativen amerikanischen Theaterszene (Michael Kirby und Richard Schechner) führte:

»That strikes me as drawing relationships between things, in accord with an intention. If we do that, I think then we have to do it better than people in history did it. ... I think what we're doing is something else and not that. So when I go to a Happening that seems to me to have intention in it I go away saying that I'm not interested. I also did not like to be told, in the *18 Happenings in 6 Parts* [Allan Kaprow, 1959], to move from one room to another. Though I don't actively engage in politics, I do as an artist have some awareness of art's political content, and it doesn't include policemen.«⁷

Freilich betonte Cage auch jene Momente, die seine Arbeit mit den Aktionen seiner ehemaligen Studenten Richard Higgins, Al Hansen, George Brecht und Allan Kaprow verbanden. So ist in einem Artikel aus den frühen 1960er Jahren zu lesen: Jene neue theatralische Form, das Happening, »does not depend on plot connections for its taking place«. Ihre kompositorischen Mittel involvieren »chance operations and composition that is indeterminate of its performance.«⁸

Aus der Perspektive grundlegender Kriterien wie Nicht-Intentionalität und Unbestimmtheit gesehen, wäre es also sehr verwunderlich, wenn Cages Artauds Schriftensammlung *Le Théâtre et son double* ohne jegliche Brechungen oder in derselben Weise wie Allan Kaprow adaptiert hätte. So zeigen die Etappen des Weges, den Cage seit Ende der 1940er Jahre bis zur ersten Konzeption eines zufallsbestimmten Musik und eines experimentellen (Musik)-Theaters (inklusive Tanztheaters) zurücklegte, daß die Pfade der amerikanischen Artaud-Rezeption nicht so ohne weiteres mit jenen in Cages Œuvre übereinstimmen. Vielmehr konnte Artauds *Théâtre et son double* nur infolge einer radikalen Umdeutung zum Ausgangspunkt weiterer Überlegungen werden, die es Cage erlaubten, sich 1952 der experimentellen Theaterpraxis zuzuwenden und im Speisesaal des Black Mountain College einen ersten Happening-Versuch zu starten.

Man las in Black Mountain[9] und in New York Artaud oder, wie in Stony Point (1954), über Artaud und das neue Theater, so Mary Caroline Richards in einer Lecture, die während des *Package Festival in the Contemporary Arts* stattfand.[10] Die Lesung sollte nach Cage ein Theater vorstellen, »in which all languages – sound, gesture, music, lights, movement, words, cries – are brought together into equal functioning.«[11] Diskutierte man damals das Problem, wie das plurimediale Konstrukt theatraler Aktionen im Hinblick auf Material und Verfahren zu behandeln sei, wie bestimmte materiale sowie aufführungstechnische Dimensionen von Musik in einen theatralen Kontext zu integrieren seien, so erhielt die musikalische Aufführung schon 1952 mit *Water Music* eine szenische Funktion. Und Cage wurde nicht müde, zu erklären, daß seine Musik seitdem stets auch Theater gewesen sei: »Theater is the ›obligatory‹ art form because it resembles life more closely than the other arts, requiring for its appreciation the use of both eyes and ears, and space and time.«[12] Das mache Theater aus: »There are things to hear and things to see«, erklärte Cage in einem rückblickenden Gespräch auf jene Zeit. Alles Theater sei Leben wie umgekehrt alles Leben Theater sei, »if we change our minds.«[13] Sicherlich argumentierte Cage von einem neueren Stand der Künste, wenn er 1957 fragt: »Where do we go from here? Towards theatre. That art more than music resembles nature. We have eyes as well as ears, and it is our business while we are alive to use them.«[14] Doch bleibt zu fragen, inwieweit seine Aufwertung von Musik als Theater, das weitaus komplexer und daher dem Leben näher sei, tatsächlich mit Artauds Theatermodell vereinbar ist.

Bestand für Cage der Zweck des Theaters darin, das wahrnehmende Bewußtsein von der Welt zu intensivieren, so begann er seit den frühen 1950er

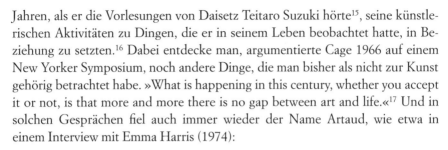

Jahren, als er die Vorlesungen von Daisetz Teitaro Suzuki hörte[15], seine künstlerischen Aktivitäten zu Dingen, die er in seinem Leben beobachtet hatte, in Beziehung zu setzten.[16] Dabei entdecke man, argumentierte Cage 1966 auf einem New Yorker Symposium, noch andere Dinge, die man bisher als nicht zur Kunst gehörig betrachtet habe. »What is happening in this century, whether you accept it or not, is that more and more there is no gap between art and life.«[17] Und in solchen Gesprächen fiel auch immer wieder der Name Artaud, wie etwa in einem Interview mit Emma Harris (1974):

»M. C. [Mary Caroline Richards] had translated *The Theater and Its Double* of Artaud, and we got the idea from Artaud that Theater could take place free of a text, that if a text were in it, that it needn't determine the other actions, that sounds, activities, and so forth, could all be free rather than tied together; so that rather than the dance expressing the music of the music expressing the dance, that the two could go together independently, neither one controlling the other.«[18]

Galt schon für Artaud, daß das Theater, eine selbständige autonome Aufführungskunst (»art de représentation«), sich auf das verlegen müsse, »qui le différence d'avec le texte, d'avec la parole pur, d'avec la littérature, et tous autres moyens écrits et fixés.«[19], so verwies Cage auch im Gespräch mit Daniel Charles (1970) auf *Le Théâtre et son double*, das er zu Beginn der 1950er Jahr gelesen habe, bevor er das Black Mountain-Experiment startete. »Dadurch bin ich auf ein Theater ohne Literatur gekommen. Wörter und Poesie mögen natürlich immer miteinbezogen werden. Aber der Rest, alles im gewöhnlichen Sinne *Nichtverbale*, kann ebenso miteinbezogen werden. Man sollte vermeiden, daß eine Sache die andere zu stark unterstützt: z. B. daß der Text die Handlung unterstützt.«[20] So wäre auf jeden Fall eine Theaterform zu entwickeln, »die nicht von einem Text abhängt.« Das »Hauptsächlichste«, so Cage, bestehe darin, daß man »nicht mit einem Text« beginne oder »seine ästhetischen Qualitäten auszudrücken« versuche.[21]

Daß eine solche im folgenden zu diskutierende Umfunktionierung von Artauds Theatermodell möglich wurde, hing freilich mit Cages Entwicklung seit den späten 40er Jahren zusammen. Cage sah vermutlich im Rückgriff auf Artauds Konzept eines antiliterarischen Theaters, in welchem der aufzuführende schriftliche Dramentext seines primären Status entkleidet wurde, eine weitere Möglichkeit, seine Idee einer grundlegenden konzeptionellen Trennung von Komposition, Aufführung und Rezeption zu vertiefen. Sollten Aufführung und Rezeption nicht mehr in die lähmenden Ambivalenzen einer vom subjektiven Ausdruckswillen bestimmten Komposition verwickelt werden, so galt es auch, ein Konzept zu finden, das es Cage erlaubt, seine Idee von Musik um die

›Komponente Leben‹ in Gestalt von Theater zu erweitern, mit dem allseits bekannten Ergebnis, daß Cages Kompositionen eine theatrale Dimension annahmen.

Um 1950/51 dachte der Komponist allerdings noch nicht unbedingt an die Kreation musiktheatraler Aktionen. In dieser Zeit, ca. ein Jahr vor dem Black Mountain-Experiment, kristallisierte sich vielmehr eine weitaus bemerkenswertere Neuerung aus Cages früher Artaud-Lektüre heraus. Es handelt sich um einen Terminus, der meines Wissens nur einmal in Cages Schriften, Lectures und Interviews auftaucht, nämlich in einem Brief an Pierre Boulez[22] (5. Mai 1951), doch kein einziges Mal in *Le théâtre et son double* verwendet wird. Freilich läßt sich der Kontext eruieren (später mehr darüber). Der Terminus »objective synthesis« wäre auf das zu beziehen, was Artaud eine objektive Poesie des Theaters nannte, die nach Eliminierung verbalsprachlicher, schriftlich fixierter Signifikanten eine vielfältige Zahl an Bedeutungseffekten nicht-verbaler theatraler Zeichen meinte, die sich während der Inszenierung in einer Bühnenkomposition zusammenfinden. Als Cage mit dem Hinweis auf Artaud von »objective synthesis« sprach, bezog er sich allerdings noch nicht auf ein experimentelles Theater musikalischer Aktionen, sondern ganz eindeutig auf seine Arbeit mit Zufallsoperationen, die er bei der Komposition von *Music of Changes* anwendete.

Cages kurz aufblitzende Idee einer »objective synthesis« bringt die orthodoxe Cage-Forschung aber in höchste Bedrängnis, denn sie wird nicht etwa auf irgendein interessantes Detail gestoßen. Vielmehr findet sie sich etwas erschrocken vor die Frage gestellt: Zufallsoperationen *und* Synthese? Es sei denn, sie entschlägt sich mit mehr oder weniger Raffinesse des Problems, indem sie die Diskussion sofort auf Cages Musikphilosophie, seine Anwendung des Zen auf die Musik umleitet und die Lösung des Problems in die Cagesche Zen-Formel des Zufalls, in »nonobstruction« und »interpenetration« überführt. Doch es geht es erst darum, zu begreifen, warum Cage, als er sich dem Zen-Studium und der Arbeit mit Zufallsoperationen widmete, in den Schriften eines Mannes las, dessen Horizont ein völlig anderer war.

II. Zwischen Paris und New York

1. Ein Anstoß mit Folgen

»Mais à l'inverse, Boulez a-t-il apporté quelque chose à Cage?«, fragte Jean-Jacques Nattiez in der Einleitung zum Briefwechsel von John Cage und Pierre Boulez.[23] Doch während sich bis heute das Handgemenge der Spezialisten über Fragen der Zufallskomposition à la Cage und Aleatorik à la Boulez ereiferte, blieb eines im Schatten des Disputs relativ unbeachtet: Cages Beschäftigung mit den Schriften des Schauspielers, Regisseurs und Theatertheoretikers Antonin Artaud. Und man kann davon ausgehen, daß Cage die Schriften dieses Theatermannes nicht erst auf Anregung von David Tudor, sondern von Boulez während seines Aufenthaltes in Paris (1949) kennenlernte.[24] Allerdings verlief Boulez' Artaud-Rezeption von Beginn an in völlig anderen Bahnen, was sich im übrigen, wenn auch nur im Verborgenen, auch in der Korrespondenz mit Cage spiegelt.

Es steht außer Frage, daß Artaud eine kaum zu überschätzende Wirkung auf das Musikdenken von Boulez hatte, der 1946 *Le Théâtre et son double* zum ersten Mal las, also zu jener Zeit, als er in Jean-Louis Barraults Théâtre Marigny die Leitung der Bühnenmusik übernahm.[25] Die unaufhebbare polare Spannung von diskursiver Vernunft (mit all ihren sozialpsychologischen und gesellschaftlich institutionalisierten rationalen Zwängen) und subversiver Triebregung (mit all ihren Phantasmen und Traumvisionen des Unbewußten und Verdrängten), ebenso die Spannung von einem unentfremdeten körperlichen ›Sein‹ des authentischen Ausdrucks und Verdinglichung, in welche sich nicht allein Artaud, sondern mit ihm eine ganze Nachkriegsgeneration versetzt fühlte, all dies zeigte beim jungen Boulez eine nicht zu übersehende Wirkung.

Welch tiefen Eindruck der Schauspieler Artaud bei dem jungen Komponisten hinterließ, nachdem er im Juli 1947 eine der letzten Lesungen von Antonin Artaud in der Pariser Galerie Pierre Loeb gehört hatte[26], spiegelte sich noch in einem elf Jahre später verfaßten Artikel (*Son et verbe*), den Boulez für das Sonderheft *Antonin Artaud et le théâtre de notre temps* der *Cahiers de la Compagnie Renaud-Barrault* (Mai 1958) schrieb. Dort heißt es am Schluß:

»Le nom d'Artaud vient promptement à l'esprit lorsqu'on évoque les questions d'émission vocale ou la dissociation des mots et leur éclatement [...]; l'avoir entendu lire ses propres textes, les accompagnant de cris, de bruits, de rythmes, nous a indiqué comment opérer une fusion du son et du mot, comment faire gicler le phonème, lorsque le mot n'en peut plus, en bref, comment organiser le délire. Quel non-sens et quelle absurde alliance de termes, dira-t-on! Eh quoi? Croiriez-vous aux seuls vertiges de l'improvisation? Aux seuls pouvoirs d'une sacralisation ›élémentaire‹? De plus en plus, j'imagine que pour le créer efficace, il faut considérer le délire et, oui, l'organiser.«[27]

Abgesehen von Problemen der Aufführung und der Sprachvertonung, den Fragen der stimmlichen bzw. gesanglichen Ausstrahlung, der Trennung der Worte und ihrer Zersplitterung, die Boulez zuvor diskutiert, ist das geheime Thema des Aufsatzes das Problem, wie jenseits einer dominierenden Verbalsprache, »wenn das Wort nichts mehr vermag«, also der Sinn von Sprache abhanden gekommen ist oder negiert wird – Boulez spricht von »non-sens« –, die akustischen Zeichenkonstituenten der Laute, Schreie, Geräusche und Rhythmen zu komponieren seien. Boulez hat seine Entscheidung getroffen. Die Rezeption soll der Intention des Komponisten entsprechen: »Man muß das Delirium, um es zur Wirkung zu bringen, aufmerksam studieren und es, jawohl, organisieren.«[28] Ein solche Wirkung leitet sich, und darin folgt Boulez explizit Artauds Ideen[29], nicht von einer konventionell gestalteten Sprachlogik ab, sondern von einer emotional überwältigenden kollektiven kommunikativen Kraft des Expressiven, die auf die Zuhörer regelrecht überspringen, sie packen soll. »Je pense que la musique«, schrieb er bereits 1948 in *Propositions*, »doit être hystérie et envoûtement collectif, violemment actuel – suivant la direction d'Antonin Artaud et non pas dans le sens d'une simple reconstitution ethnographique à l'image de civilisations plus ou moins éloignées de nous.«[30]

Boulez hat solche hervorbrechenden Impulse, die sein Frühwerk auszeichnen und gegen die Begriffsbauten der Verbalsprache revoltieren, in seiner Musik nie endgültig ersticken können, auch nicht in der seriellen Phase, die mit ihren eigenen Mitteln die Barrieren zu errichten suchte. Nach seiner zweiten Begegnung mit Cage in New York (1952) wird sich die Situation freilich ein wenig ändern. Offensichtlich bestürzt über die ganz eigenen Konsequenzen, die der Amerikaner unbefangen aus Artauds *Théâtre et son double* zog und mit den ersten Zufallsoperationen kontaminierte, wird er erst freundlich, dann energisch, polemisch auf einer Kontrolle des Unvorhergesehenen insistieren.

2. Cage liest Artaud, und Boulez versteht nichts

Im Herbst 1949 kehrte Cage aus Paris zurück in die Vereinigten Staaten zurück. Im Gepäck hatte er neben Saties *Vexations* und *Musique d'ameublement* eine Kopie der *Deuxième Sonate* von Pierre Boulez und u. a. auch dessen Artikel *Propositions*. Die Lektüre dieses Aufsatzes sollte unerwartete Folgen haben. Als nämlich der Pianist David Tudor im Frühjahr 1950 begann, für die amerikanische Erstaufführung die *Zweite Sonate* von Boulez zu studieren, stieß er völlig überraschend auf interpretatorische Schwierigkeiten.[31] Um mehr über das Musikdenken von Boulez zu erfahren, vertiefte er sich in den Aufsatz *Propositions*, den er von Cage erhalten hatte. Dort fand er auch einen Hinweis auf Antonin Artaud und dessen Theaterästhetik. Neugierig geworden, besorgte sich Tudor in einer New Yorker Buchhandlung eine Ausgabe von *Le Théâtre et son double* (Mary Caroline Richards erste amerikanische Übersetzung entstand erst um 1952 und wurde 1958 publiziert.) Cage erwähnte dies in einem Brief an Boulez

(Dezember 1950): »He [Tudor] studied French in order to read your articles in Contrepoint and Polyphonie ... and he has made a collection and study of Artaud«.[32]

Doch es war nicht allein Tudor, der Artaud studierte. Im April 1951 publizierte Cage im Zusammenhang mit der Kontroverse um Satie einen öffentlichen Brief an den Musikkritiker Abraham Skulsky, in welchem er »for Mr. Skulsky's information« erklärte,

»that art is not a business; *if* it is, it is ›swinishness‹ (I quote Antonin Artaud) and nothing more. *Art is a way of life*. It is for all the world like taking a bus, picking flowers, making love, sweeping the floor, getting bitten by a monkey, reading a book, etc. ... When life is lived, there is nothing in it but the present, the ›now-moment‹«.[33]

Der Artikel, streckenweise eine einzige ironische Kanonade mit Zitaten (von Meister Eckhart, Voltaire, Buddha, Xenia Cage, Willam Blake, W. H. Blythe, Sokrates, Satie, Joyce etc.), zeigt bereits eine der Richtungen an, in welche Cages Artaud-Lektüre verlaufen sollte. Evident sind die kulturkritischen Akzente und das Plädoyer, eine extreme Entfremdung zwischen Kunst und Leben aufzuheben. Cages Kritik war sicherlich kein Novum, auch nicht das Verlangen nach einer nicht entfremdeten Lebensgegenwart von Kunst. Doch teilt er mit Artaud die Ansicht, daß Kunst den Scheincharakter von Fiktionalität überwinden müsse, daß sie eine unmittelbar erfahrene, erlebte existentielle Wirklichkeit sei. So erklärte Artaud im dritten Brief über die Sprache: »Le théâtre doit s'égaler à la vie, non pas à la vie individuelle, à cet aspect individuel de la vie où triomphent les CARACTÈRES, mais à une sorte de vie libérée, qui balaye l'individualité humaine ... «.[34] Und im zweiten Manifest des *Théâtre de la Cruauté* heißt es, »qu'entre la vie et le théâtre, on ne trouvera plus de coupure nette, plus de solution de continuité.«[35]

Allerdings fällt auf, daß Cage in der Kunst – im Gegensatz zu Artaud – weder nach einer Produktion von Mythen fahndet, um durch sie das Leben zu erneuern, noch von der Absicht getragen wird, unmittelbar auf die psychische Existenz des Zuschauers überzugreifen, um ihn mit unbewußten Bildern, die in seinem Inneren verborgen sind, zu konfrontieren. Das was Artaud zutiefst verstörte, daß nämlich das Leben mit den Mitteln der Verbalsprache nicht mehr zu entziffern sei, hat Cage dabei keineswegs übersehen, auch später nicht: »Artaud said, a disease. No avoiding. And not having an idea about it.«[36] Doch richtet sich seine Interesse auf eine konkrete empirische und offene Verquickung von Lebens- und Kunstbereich. Er ist in dieser Hinsicht auch den Konzepten und Aktionen des Dadaismus weitaus näher.

Im Mai des darauffolgenden Jahres (1951) wurde Cage dann etwas deutlicher, als er gegenüber Boulez noch einmal seine und David Tudors Artaud-Lektüre erwähnte:

»And I have been reading a great deal of Artaud. (This because of you and through Tudor who reads Artaud because of you.) ... I have the feeling of just beginning to compose for the first time. I will soon send you a copy of the first part of the piano piece [*Music of Changes I*]. The essential underlying idea is that each thing is itself, that its relations with other things spring up naturally rather than being imposed by any abstraction on an ›artist‹s‹ part (see Artaud on an objective synthesis).«[37]

Offensichtlich suchte Cage in Artauds *Le théâtre et son double* nach einer Bestätigung, einer weiteren Basis seiner Entwicklung von Zufallsoperationen. Aber warum nur in den Schriften eines Theatertheoretikers? Und was verstanden er und Artaud unter einer »objective synthesis«? Außerdem bleibt unklar, auf welche Textstelle in *Le théâtre et son double* sich Cage beziehen könnte.

Jean-Jacques Nattiez, der sich im Vorwort seiner Ausgabe des Boulez-Cage-Briefwechsels ausführlich zu deren Diskussionen über Zufallsoperationen geäußert hat, ist der Frage elegant ausgewichen. Zunächst verlegte er sich auf eine irreführende Diskussion darüber, was »mobility« oder »mobilité« in der Kompositionstechnik der beiden bedeuten könnte, um sodann eine Formulierung »de manière merveilleusement poétique« zu preisen, mit welcher Boulez in *Éventuellement* (1952) seine erste Kritik (Ende 1951) an Cages Verfahren der Zufallsoperation noch einmal bekräftigt habe.[38] Dort schrieb Boulez, nachdem er ausführlich seine Methode der seriellen Komposition erläutert hatte:

»A partir des donnés que nous avons étudiées en détail, l'imprévisible surgit. Nous avons vu le libre jeu que laissent, à l'intérieur d'elles mêmes et entre elles, toutes ces organisations sérielles ... L'inattendu encore: Il n'y a de création que dans l'imprévisible devenant nécessité.«[39]

Noch im Sommer 1951 hatte Boulez Cages Verfahren der Zufallsoperationen freudig begrüßt[40], bevor er Ende des Jahres »la méthode du hasard absolu (by tossing coins)« mit dem Argument verwarf, man müsse den Zufall kontrollieren. Außerdem gäbe es am Ende in all den Interpolationen und Interferenzen zwischen den verschiedenen Reihen »suffisamment d'inconnu«, also bereits genug des Unbekannten im Unvorhergesehenen.[41] Die Anspielung auf Artaud ist unverkennbar.[42] Aber hatte er Cages diesbezüglichen Hinweis überhaupt verstanden? Sicherlich war die Situation von Boulez nicht gerade einfach. Von den *Music of Changes* hatte er bis Ende des Jahres 1951 nur Cages Erläuterungen und Tabellen zur Kenntnis nehmen können, aber immer noch keine einzige Note gesehen.[43] Fest steht vorerst nur eines: Offensichtlich wollte Cage an eine bereits in Paris geführte, vielleicht auch in Briefen, die verloren gingen, fortgesetzte Diskussion mit Boulez anknüpfen. Der knappe Hinweis in Klammern, also die Tatsache, daß es in Sachen Artaud keiner längeren Erläuterungen bedurfte, spricht eindeutig dafür.

Tatsächlich ergibt der Kontext des Briefes, daß sich Cage explizit auf seine Arbeit an der *Music of Changes* und die zugrundeliegende, Suzukis zenbuddhistischen Lehren verbundene Idee der Zufallskomposition bezog, die er gegen Ende des Briefes noch einmal zusammenfaßte: Jedes Ding steht für sich, hat sein eigenes Zentrum, so daß sich die Beziehungen zu anderen Dingen eher auf natürliche Weise ergeben als durch irgendwelche Abstraktionen, aufgezwungen von Seiten eines Künstlers. Und bei genauerer Betrachtung wird sich erweisen, daß Cages Hinweis keineswegs als eine periphere Andeutung gedacht war. Mit Artaud wollte er ins Zentrum seiner Arbeit und traf genau ins Herz einer Entzweiung mit Boulez, die sich bereits am Horizont abzeichnete.

Sicherlich wäre es falsch, zu behaupten, daß ausgerechnet Artaud der Streitapfel gewesen sei, an welchem sich die Weltbilder künftigen Komponierens (mit oder ohne Zufallsoperationen) schieden. Dennoch ist Cages beiläufiger Tip ein Indiz, das kurz aufblitzend eine tiefgehende Differenz in einem Klärungsprozeß beleuchtet. Es geht um entscheidende kompositionstechnische und ästhetische Fragen: (1) Inwieweit kann, darf oder soll sich der Komponist im Kompositionsakt mit oder ohne Zufallsoperationen, die ein Unvorhergesehenes (engl. »unpredictable«; franz.: »imprévisible«) produzieren sollen, einer subjektiven Entscheidung entziehen? (Das Problem ist bis zum Überdruß banalisiert worden, muß aber noch einmal hervorgeholt werden.) Daraus folgt (2): In welchen Relationen erscheinen die unvorhergesehenen Klangkonstellationen? In nicht-intendierten oder strukturierten, in Relationen, die sich automatisch von selbst ergeben oder in natürlichen? Und schließlich die Frage (3): Wie ist der Klangraum bestimmen, wenn sich das Unvorhergesehene im Moment der Aufführung ereignet: als Versammlungsraum von Einsiedeleien isolierter Klangereignisse ohne Übergang, als komplexer, multipler, disponierter Raum, in welchem sich konkrete Klanggegenstände ganz unvermutet und ohne eingepflanzte Absichten aufeinander beziehen können, oder als ein automatisierter Exerzierplatz des blinden Zufalls?

III. Horizonte

1. Was heißt »objective synthesis«?

In besagtem Brief an Boulez erhebt Cage, ohne dies direkt anzusprechen, die Frage, ob Abstraktionen, also Gedanken, die sich in Gestalt der Sprache artikulieren bzw. (im Kantschen Sinne) als organisierendes, interpretierendes Erkenntnisapriori fungieren, überhaupt funktionieren können, wenn es gilt, sich den Dingen der Welt und den Klängen, so wie sie sind, zu nähern und diese zu erfahren. Er spricht in diesem Zusammenhang, wenn es um die zu meidenden aufgezwungenen Beziehungen zwischen den Klangereignissen geht, zwar noch nicht von ›Intention‹, doch in einer Weise, die seinem Begriff von Intentionalität nahekommt (»being imposed by any abstraction on an ›artist's part«).[44] Da für ihn musikalische, besser gesagt: klangliche Ereignisse stets konkret sind, Wesenheiten in sich, ist jegliche Beziehung, die ihnen von außen auferlegt wird, eine aufgezwungene Abstraktion und damit uneigentlich, d.h. nicht natürlich (»naturally«).

Gerade wegen dieser Wortwahl ist die Vermutung angebracht, daß Cage nicht nur alle Vermittlungssysteme, die sich durch das logische Denken mitteilen, von sich wies – darauf hat er immer wieder bestanden. Die Formulierung (»spring up naturally«) signalisiert, daß er eben aus diesem Grund danach trachtete, überhaupt alle möglichen Signifikanten als Markierungen des Klangmaterials verschwinden zu lassen, um sicher zu gehen, daß nicht das Hören als unmittelbare Erfahrung arretiert werde. So heißt es in einem Artikel über *Music of Changes* und *Imaginary Landscape No. IV*[45], der wahrscheinlich nach dem Brief an Boulez und noch vor Vollendung der *Music of Changes* entstanden ist[46]: Der Verlauf der Komposition (*Music of Changes*) sei frei von »individual taste and memory (psychology) and also of the literature an ›traditions‹ of art.«[47] Frei von Literatur und Tradition, ohne Fixierung auf einen Begriff von Beziehung (»idea of relation«) unternehmen die Klänge im Moment der Aufführung eine Reise, deren Gang durch den Zeitraum (»speed of travel through this space«), deren Begegnungen im Klangraum, deren endloses Spiel gegenseitiger Durchdringung unvorhersehbar sind. »The sounds enter the time-space centered within themselves, unimpeded by service to any abstraction, their 360 degrees of circumference free for an infinite play of interpenetration.«[48]

Ist Cage im Brief an Boulez mit einem ganz speziellen Problem der Organisation befaßt, mit der Frage der »relations« zwischen den Klangereignissen (er spricht in anderen Zusammenhängen auch von »relationship«), so spricht er nicht von einer absoluten Beziehungslosigkeit oder gar Isoliertheit, sondern davon – dies wäre genau zu beachten –, daß Beziehungen zwischen Klangereignissen eher auf eine natürliche Weise aufkommen (»spring up naturally«), was bedeuten kann, daß sie sich in irgendeiner Form von selbst ergeben können. Welcher Art diese Beziehungen sind, läßt er vorerst völlig offen. Nur das eine sagt er: Sie sind nicht »imposed by any abstraction on an ›artist's‹ part.«[49] Und genau in diesem Moment verweist er auf Artauds Begriff von ›objektiver Synthese‹. Was aber ist darunter zu verstehen?

Synthesis (engl.) oder *synthèse* (franz.) kann zunächst einmal Zusammensetzung, Zusammenfassung, Zusammenfügung, Verknüpfung und Aufbau bedeuten, also ein Verfahren, das entweder in der gedanklichen oder praktischen Verbindung einzelner Elemente besteht. Doch sollte man sich gleich von einem dialektischen Begriff der Synthese freimachen. Man wäre dann garantiert dort angekommen, wo Cages Denken nicht anzusiedeln ist. Cages ästhetische Realität übersteigt die Differenz und Autonomie des Einzigartigen nicht mittels einer dialektischen Synthese, in welcher die verschiedenen Klangereignisse sich in einer wiedergefundenen, beziehungsreichen Totalität artikulieren, sondern im Zustand der Absichtslosigkeit, die ohne Gedächtnis ist.

Ebenso fraglich ist zunächst, wie das Adjektiv »objective« zu dechiffrieren sei, obwohl »objectif« in Artauds Schriften weitaus häufiger auftaucht und mit einer Reihe ähnlicher Bedeutungen eingesetzt wird. Denkbar wäre, unter »objektiv« eine Eigenschaft zu verstehen, die real, also außerhalb des Bewußtseins tatsächlich ist, eine Eigenschaft des Gegenständlichen und etwas, das einem Objekt angehört. Dann könnte »objective synthesis« bedeuten, daß eine Zusammenfügung oder Verknüpfung außerhalb und unabhängig vom subjektiven Bewußtsein erfolgt. Also von selbst, auf natürliche Weise? Oder ist damit gemeint, daß es sich nur um eine Zusammenfügung von Gegenständlichem handelt? Man muß aber auch beachten, daß Cage zuvor von »relations« zwischen den Dingen sprach, die eher auf natürliche Weise aufkommen. Dann könnte das Adverb »naturally« die Eigenschaft von »objective synthesis« näher bestimmen. Gleichzeitig wäre möglich, das »objective« die Konnotation eines Gegenständlichen behält. Die vielen Fragen zeigen, daß eine Antwort ohne einen Rekurs auf Artaud vorerst unmöglich scheint.

2. Artauds Antwort

2.1 Metaphysische Rückversicherung

Obwohl »Synthese« in *Théâtre et son double* nur ein einziges Mal auftaucht[50], umschreibt der Begriff recht genau einen Kontext, den Artaud mehrmals erläutert. Zum ersten koppelt Artaud das Verfahren der Synthese an den Begriff des Metaphysischen bzw. eines metaphysischen Theaters, der im Vortrag *La Mise en scène et la Métaphysique* (1931) am Beispiel eines Gemäldes von Lucas van Leyden (Louvre-Museum) erläutert wird.[51] Dabei bezieht Artaud die Reihe metaphysischer Ideen, die er in dem Gemälde entdeckt, nicht allein auf die im Bild ikonisch vermittelten Bedeutungen[52], sondern auch auf akustische Ausdrucksmittel, wenn er sagt: »Faire la métaphysique du langage articulé, c'est faire servir le langage à exprimer ce qu'il n'exprime pas d'habitude«. Also müsse man der artikulierten Sprache die Möglichkeit einer körperlichen Erregung (»ébranlement physique«) wiedergeben, sie zerteilen und aktiv im Raum verteilen (»le diviser et le répartir activement dans l'espace«). Diese Intonationen der Sprache seien unbedingt konkret aufzufassen. Man solle ihnen wieder die Kraft geben, »qu'elles auraient de déchirer et de manifester réellement quelque chose«. Kurzum: Die Sprache sei nicht nach ihrem schnöden Gebrauchswert zu taxieren, sondern in Gestalt einer Beschwörung zu verwenden (»sous la forme de l'*Incantation*«).[53] (Diese Passage über die körperlichen Erregungen zerlegter, zerrissener Intonationen kommt übrigens den Vorstellungen von Sprachvertonung, die Boulez vorschwebten, sehr nahe.[54])

Der Begriff der Metaphysik, verstanden als kosmisches Prinzip, als »une sorte de Physique première, d'ou l'esprit ne s'est jamais détachée«[55], Sprache als Beschwörung und dazu noch eine Natursprache der Gebärde, deren expressiven Möglichkeiten der Verbalsprache ebenbürtig sein werden, »mais dont la source sera prise à un point encore plus enfoui et plus reculé de la pensée«[56] – all dies besagt, das Theater nicht mehr der Mimesis einer »réalité quotidienne et directe« zu unterwerfen. Es soll sich im Grausamen, in Triebkräften verlieren, die im Dämonischen wie im Inneren, in den Tiefenschichten des Menschen zu suchen sind.[57]

Theater, ein semiotischer Kommunikationsprozeß, der sich symbolistischer Verfahren bedient, wird so zum Superzeichen eines schwer zu definierenden Metaphysischen, das in verborgenen Wahrheiten (»vérités secrètes«) liegt, das »sous les formes dans leurs rencontres avec le Devenir« versteckt und durch lebhafte Gebärden (»gestes actifs«) ans Tageslicht zu bringen ist.[58] Soll das Theater wieder seiner ursprünglichen Bestimmung (»destination primitive«) folgen, dann wird es alle seine Mittel, Gebärden und Geräusche, Farben und Bewegungen, alles Bildsame aufwenden müssen; mit dem einen Ziel: »c'est le replacer dans son aspect religieux et métaphysique, c'est le réconcilier avec l'univers.«[59] All dies körperlich darstellen und sinnlich in einer Fülle »de gestes, de signes, d'attitudes, de sonorités« entfalten, diese »langage de la réalisation et de la scène« allein kann den Geist mitreißen, sich in die Dinge tief zu versenken. Es ist mit einem Wort »la *métaphysique en activité*.«[60]

Wenn Artaud davon spricht, die artikulierte Sprache wie alle nichtsprachlichen Signifikanten sollten den Bereich jenes Metaphysischen nicht nur herbeischwören, sondern auch sinnlich vermitteln, dann konzipiert er die Inszenierung als ein symbolistisches Verfahren, das sich der »synthèse« wie der »analogie« bedienen wird. In einer knappen Polemik gegen eventuelle Mißverständnisse dessen, was die Worte »*religiös*« und »*mystisch*« für ihn bedeuten, betont er ausdrücklich, daß die religiöse und mystische Sinngebung (»l'acception religieuse et mystique«), die er dem Theater abverlange, vom Geist der Synthese und der Analogie durchdrungen sei.[61] Allerdings wäre zu fragen, ob Synthese und Analogie die einzigen Grundlagen in der Konstruktion seines Theatermodells darstellen und als Verfahren den sinnlich-körperlichen, den akustischen und bildlichen Gestaltungsmitteln zur Verfügung stehen. Die Frage nach Verfahrensweisen, nach Methoden der Komposition ist deshalb so dringlich, da Artaud ein Theater verlangt, das nicht mehr den Prinzipien konventioneller mimetischer Repräsentation verfällt, sondern der Trennung von Signifikaten und Signifikanten, also den als unzulässig erklärten verbalsprachlichen Abstraktionen zu entkommen sucht. Ich werde gleich darauf eingehen.

Vorerst ist zu vermerken, daß Artauds eigenartige metaphysische Rückversicherung der Inszenierung konzeptionell von Cages kompositorischer Arbeit mit Zufallsoperationen, die nach dem Gebot absichtsvoller Absichtslosigkeit erfolgt, so himmelweit entfernt ist, daß man sich erneut fragen muß, was den Komponisten dazu führte, ausgerechnet in *Le Théâtre et son double* fündig zu werden. Und so wird die ganze Angelegenheit bei jeder weiteren Vertiefung der nachprüfenden Artaud-Lektüre immer sonderbarer, falls man sich nicht dazu entschließen möchte, den Einschlag eines metaphysischen Funkens als zufälliges, unvermutetes Zusammentreffen zu werten. Um so dringlicher die Frage, welche möglichen Bedeutungen Artaud im Begriff des Objektiven versammelte.

2.2 Eine objektive Poesie des Theaters

»Le mot n'est fait que pour arrêter la pensée, il la cerne mais la termine, il n'est en somme qu'un aboutissement.«[62] Ein Ausgangsbefund bei Artaud ist der Befund einer Sprachkrise. Diese Sprachkrise, eine Krise der Dichtung überhaupt, von welcher das Theater seit 1890 erfaßt ist[63], manifestiert sich für ihn speziell in einer völligen Entfremdung zwischen dem Lebenszusammenhang und dem Erfahrungsgegenstand Theater, und zwar ganz allgemein, so Hans-Peter Bayerdörfer, »in Zusammenhängen, die zugleich alle anderen Grundfaktoren bisherigen Theaterverständnisses in Frage stellen: Ich- und Identitätskontur der Rolle, Wahrnehmung und Wahrnehmungswiedergabe in allen grundsätzlichen Strukturen, ... Theater bestimmt sich nicht mehr auf der Basis eines literarischen oder gar dialogischen Substrats«.[64]

Die Verschiebungen – weg vom Dialog, der seit der endgültigen Literarisierung des europäischen Theaters seine Bühnenkultur beherrscht hat und nun eine Abwertung erfährt – haben für Artaud ein enormes Gewicht. Man müsse zugeben, so Artaud, daß das Wort völlig verknöchert sei, »que la parole s'est ossifiée, que les mots, que tous les mots sont gelés, sont engoncés dans leur signification, dans une terminologie schématique et restreinte.«[65] Sobald ein Wort ausgesprochen ist, sei es tot: »une forme employée ne sert plus et n'invite qu'à en rechercher une autre.«[66] Und mit der Ächtung der Verbalsprache geht der Anspruch einher, ein für allemal den verbindlichen dramatischen Text aus dem Aktionsraum des Theaters zu verbannen. »On doit en finir avec cette superstition des textes et de la poésie *écrite*«, verlangt Artaud.[67] Und so erklärt er kurzerhand: »Briser le langage pour toucher la vie, c'est faire ou refaire le théâtre«.[68] Denn das Theater sei »le seul endroit au monde où un geste fait ne se recommence pas deux fois.«[69] Ein Satz, den Cage, als er seine Kompositionen um eine theatrale Dimension erweiterte, nicht überlesen haben dürfte.

Im Vortrag *La Mise en scène et la Métaphysique* erklärt Artaud, der den Dialog – »chose écrite et parlée« – ins Buch verweist, da er nicht auf die Bühne gehört[70]: »Je dis que la scène est un lieu physique et concret qui demande qu'on remplisse, et qu'on lui fasse parler son langage concret.«[71] Diese körperliche, konkrete Sprache (»langage physique et concret«) sei eine Poesie für die Sinne (»poésie pour les sens«[72]), eine Poesie im Raum (»poésie dans l'espace«[73]). Stofflich, handfest, körperlich ist diese »nouveau langage physique à base de signes et non plus de mots«[74], eine konkrete Sprache der Gesten (»expression objective des gestes«[75]), der Bewegung, des Lichts und der Farben, der Mimik und Schreie sowie aller sonstigen sonoren Ereignisse. Unabhängig von der Verbalsprache verwendet diese objektive und konkrete Sprache des Theaters (»langage objectif et concret du théâtre«) auch Bewegungen, Harmonien und Rhythmen, doch nur in dem Augenblick, wo sie zu einem zentralen Ausdruck beitragen können.[76] Sie kann erst dann ihre volle Wirkung entfalten, »que si elle est concrète, c'est-à-dire si elle produit objectivement quelque chose, du fait de sa présence *active* sur la scène«.[77] Und sie verdankt die Wirksamkeit einer »création spontanée sur la scène«, wobei Artaud hinzufügt: »Et pourquoi n'imaginerait-on-pas une pièce composée directement sur la scène, réalisée sur la scène«.[78] Theater, wieder an eine Sprache in Bewegung und eine Sprache im Raum zurückgebunden, die am Ort ihrer Produktion, der »mise en scène«, zusammengeführt werden⁷⁹, entsteht als »composition« und »création« nicht im Kopf des Autors, sondern in der Natur selbst, »dans l'espace réel«.⁸⁰ Solche Versuche auf der Bühne sind objektiver Natur. Sie vollziehen sich unmittelbar im Material, heißt es im zweiten Brief über die Sprache, wobei nun auch die Verbalsprache bzw. der Dialog wiederauftauchen kann, nicht unabhängig oder beliebig installiert, sondern »comme le résultat d'une série de compressions, de heurts, de frottements scéniques, d'évolutions de toutes sortes«.⁸¹

»*Objectif*« hat insgesamt die Konnotationen eines Nicht-Sprachlichen, Stofflichen, Konkreten und Gegenständlichen, also nicht Abstrakten. Die Bedeutung von »*objectif*« greift aber über den Verweis auf Gegenständliches, Zeichenhaftes hinaus, sie impliziert auch Modalitäten der Präsenz und Referenz. Damit erhält das Wort »objektiv« eine weitere, umfassendere Bedeutung. Es meint nicht nur Gegenständliches, sinnlich Wahrnehmbares, sondern impliziert auch den Modus, wie sich die zu inszenierende Aufführung vollziehen, wie Theater sich ereignen soll. Wie eine solche Komposition auf dem Versuchsfeld der Bühne zu konstruieren sei, zeigt Artaud an mehreren Beispielen, die meist starken gestischen Charakter haben und das Bewußtsein für das Unvorhergesehene (»l'imprévu«), das Angespannte und Schockartige schärfen wollen. Es geht dabei weniger um schnelle dramatische Situationsveränderungen als vielmehr um die Konstellation von Dissonanzen und ihre ästhetischen Reize des Grauens, die – wie etwa im folgenden Beispiel – den Effekt plötzlicher Gefahr auslösen können, wenn die Lästerungen eines Mannes unversehens vor seinen Augen eine konkrete Gestalt annehmen oder ein lebloses Objekt auftaucht, mit welchem ein kleiner Hauch mysteriöser Angst über die Bühne weht. »Cette idée de danger est l'imprévu objectif, l'imprévu non dans les situations, mais dans les choses, le passage intempestif, brusque, d'une image pensée à une image vraie«.⁸² »L'imprévu«, das Unvorhergesehene, verdankt seine Wirkung der Dissonanz bzw. Artauds Absicht, Dissonanzen (»dissonances«) im Raum zu erzielen, doch nicht etwa nur mit einem der theatralen Mittel wie etwa mit verschiedenen Intensitäten der Farben oder des Lichts oder der Klänge (»intensités de couleurs, de lumières ou de sons«). »Nous les ferons chevaucher d'un sens à l'autre, d'une couleur à un son, d'une parole à un éclairage, d'une trépidation de gestes à une tonalité plane de sons, etc., etc.«⁸³

So ergibt sich bei einer vergleichenden Lektüre entsprechender Textstellen eine Vorstellung von theatraler Komposition, in welcher nicht nur das Unvorhergesehene eine Rolle spielt, sondern auch Verfahrensweisen, die man als anarchisch oder – je nach dem, wie man sie interpretieren will – als destruktiv oder dekonstruktiv, zumindest als diskontinuierlich und nicht organisch umschreiben könnte. Es ist ein Theater, das nicht allein die Struktur der geläufigen Verbalsprache »pour leur forme, leurs émanations sensible« destruieren soll (eine alte Idee aus futuristischen und dadaistischen Tagen), sondern ein explosives Eingreifen der Poesie im Raum verlangt. Es handelt sich stets um eines: »de désorganiser et de pulvériser les apparences, selon le principe anarchique, analogique de toute véritable poésie«.[84] Das wahre Theater entspringe, »comme la poésie d'ailleurs, mais par d'autres voies, d'une anarchie qui s'organise, après des luttes philosophiques qui sont le côté passionnant de ces primitives unifications.«[85] Man kann diese etwas dunkle Textstelle dahingehend interpretieren, daß es darauf ankommt, keine Erstarrung irgendwelcher Strukturen aufkommen zu lassen und statt dessen einen Prozeß auf der Bühne einzuleiten, der nicht kontinuierlich, nicht zusammenhängend organisiert ist, der sich vielmehr strukturell und semantisch dissoziieren, sich in unabhängige Ereignisse oder Einheiten aufsprengen soll. Diese Vermutung wird bestätigt, wenn es an anderer Stelle heißt, »... que la poésie est anarchique dans la mesure où elle remet en cause toutes les relations d'objet à objet et des formes avec leurs significations. Elle est anarchique aussi dans la mesure où son apparition est la conséquence d'un désordre qui nous rapproche du chaos.«[86]

Warum das »objektiv Unvorhergesehene«, mit welchem Artaud die Bedeutung akuter Gefahr chiffriert, sich nicht in »Situationen« auf dem Theater ereignen soll, verschweigt er an dieser Stelle. Aber man darf den Gedanken unterstellen, daß eine (dramatische) Situation, die gleichwohl mit Überraschungsmomenten jenseits kausaler Beziehungen (coup de théâtre) aufwarten kann, eine jener konventionellen Konstellation darstellt, die Artaud nicht mehr zulassen will. Statt dessen wartet die Inszenierung mit plötzlichen Konfrontationen nichtverbaler Zeichen auf, die sich einem geschlossenen System- und Konstruktionszusammenhang entziehen oder ihn zersplittern und eine Bresche durch erstarrte Ordnungen schlagen sollen:

»Ni l'Humour, ni la Poésie, ni l'Imagination, ne veulent rien dire, si par une destruction anarchique, productrice d'une prodigieuse volée de formes qui seront tout le spectacle, ils ne parviennent à remettre en cause organiquement l'homme, ses idées sur la réalité et sa place poétique dans la réalité.«[87]

Schneller Umschlag, plötzliche Umsprünge, der Einbruch des Unverständlichen, das sich mit »l'imprévu« verschwistert, gewohnte Bedeutungen auflöst und Formen invertiert[88], könnte man auf eine Ästhetik der »Plötzlichkeit« beziehen, die sich nach Karl Heinz Bohrer in Phänomenen der Avantgarde manifestiert.⁸⁹ Und in dieser Wendung des Blicks auf »l'imprévu« treffen sich die völlig verschiedenen Aktionskreise von Artaud und Cage. Allerdings ist auch hier Vorsicht geboten. Schwerlich wird man Artauds Konstellationen des »imprévu« Cages Zufallsoperationen ohne Differenzierung zur Seite stellen können. Zwar verbindet sich Artauds Idee des »imprévu« mit dem Aspekt der Dekonstruktion von Kontinuität, geregelter Ordnung und Folgerichtigkeit, doch gehören Cages Zufallsprinzip und Artauds Entwurf einer anarchischen semantischen Konstellation völlig verschiedenen Zuständen des Bewußtseins an. (Ich werde erst später darauf näher eingehen.) Außerdem ergeben sich aus einem anderen Kontext noch zusätzliche Dimensionen theatraler Komposition, die man nicht ignorieren sollte.

Anläßlich eines Besuchs des balinesischen Theaters (1931) machte Artaud die Beobachtung: »D'un geste à un cri ou à un son, il n'y a pas de passage: tout correspond comme à travers de bizarres canaux creusés à même l'esprit.«⁹⁰ Gleichwohl sei hier »avec la plus extrême rigueur« die Idee eines reinen Theaters verwirklicht, »où tout, conception comme réalisation, ne vaut, n'a d'existence que par son degré d'objectivation *sur la scène*.«⁹¹ Ganz eindeutig plädiert Artaud hier für eine durchdachte, wenn auch sehr komplexe und divergierende Kräftefelder einschließende Theaterkomposition, mit welcher er, so Karl Alfred Blüher, frühere Konzepte eines surrealistischen Spontantheaters, das die Ereignisse auf der Bühne weitgehend dem Zufall überließ, zu revidieren gedachte: »Der Aufführungstext wird zu einer exakt durchkomponierten Partitur räumlicher Konfigurationen und körperlicher Aktionen, die eine vom Zuschauer zu dekodierende verborgene symbolische Bedeutung erhält.«⁹² Blühers Feststellung einer durchkomponierten szenischen Partitur kann man dahingehend ergänzen, daß Artaud zwar keinerlei Präzisierung bestimmter Kompositionsprinzipien vorgenommen hat (sieht man einmal ab von seinen szenischen Entwürfen und einigen Bühnentexten), doch sind auch in *Le théâtre et son double* einige Hinweise zu finden. So heißt es etwa im ersten Manifest des *Théâtre de la Cruauté*: »De l'un à l'autre moyen d'expression, des correspondances et des étages se créent«.⁹³ Das ist bereits deutlich genug. Korrespondenz und Schichtung oder Überlagerung sind Mittel der Kontextualisierung und Montage innerhalb einer zu bauenden Struktur im Raum (»l'espace utilisé«), der – wie Artaud im zweiten Manifest darlegt – »sur tous les plans possibles et à tous les degrés de la perspective en profondeur et en hauteur« in die szenische Komposition miteinbezogen werden soll.⁹⁴ Ja, Artaud denkt auch an eine Verzeitlichung des Raums (wie auch umgekehrt an eine Verräumlichung von Zeit), also an eine Isomorphie von Raum und Zeit, die schon im Kreis der Futuristen und Kubisten diskutiert wurde und während der 1920er Jahre in diversen Theorien und Experimenten eines avantgardistischen Totaltheaters reflektiert wurde: »... et à cette notion viendra s'adjoindre une idée particulière du temps ajoutée à celle du mouvement.«[95]

Korrespondenz und Schichtung im augenblicklich sinnlich Wahrnehmbaren der Ausdrucksmittel, die Ungleichzeitiges im Gleichzeitigen verknüpfen wollen, wären also weitere kompositionstechnische Lösungen, die ihrerseits eine vielgestaltige Simultaneität und disparate Komplexität erzeugen können. Freilich sind Komplexität und Simultaneität (auch als Verräumlichung des Zeitlichen) noch kein besonderen Merkmale von Artauds Theatermodell. Sie gehören zu vielen Arten von Theater. Die Verwandlung von kontinuierlicher in gebrochene Zeit und ihre Projektion in verschiedene Räumlichkeiten, unter dem Schlagwort des Rhythmus gefaßt (als simultanes Wechselspiel von nicht aufeinanderbezogenen Elementen oder Ereignissen) durchzieht die Moderne in Malerei, Theater und Musik. Außerdem können sich simultane Ereignisse auch völlig analog, einheitlich fokussiert und in komplementärer Form sowie vor dem fiktiven Hintergrund einer kontinuierlichen, ungebrochenen Zeitfolge abspielen, also ohne Projektionen, ohne Risse und Sprünge, ohne unvorhergesehene Interferenzen des Disparaten und ohne Fragmentierungen.

Artaud hat indessen auch dafür bestimmte Vorgaben (der Simultandarstellung) gemacht. So heißt es in *La Mise en scène et la Métaphysique*: »Cette poésie très difficile et complexe« könne nicht nur in multiplen Erscheinungen Gestalt annehmen (»revêt de multiples aspects«). Jedem Mittel, also Musik, Tanz, Plastik, Pantomime, Mimik, Gestik, Intonationen der Sprache, Architektur, Beleuchtung und Ausstattung eigne eine ganz spezielle Poesie, doch gleichzeitig auch »une sorte de poésie ironique«, die sich aus dem Kontext ergibt, d.h. daraus resultiert, wie es mit jeweils anderen Ausdrucksmitteln kombiniert wird. Was sich daraus ergibt, ist eine heterogenes Spektrum von Reaktionen und gegenseitiger Destruktionen, die leicht zu erkennen seien.[96] Solche Korrespondenzen und Simultaneitäten innerhalb dieser Poesie im Raum, ihre übergreifenden Bezüge und eventuellen spektakulären Überraschungen des »imprévu« sind weit davon entfernt, sich in komplementäre oder homologe Strukturen einzupassen. Dieser differentielle Raum als Projektionsfeld einer Poesie des Theaters widersetzt sich den Prinzipien der Einfachheit und der Ordnung. »Il semble bien«, so Artaud, »que là où règnent la simplicité et l'ordre, il ne puisse a avoir de théâtre ni de drame«.[97] Das Theater erwächst, wie alle Poesie, doch auf andere Weise, der Anarchie.

Aus allem bisher Diskutierten ergibt sich, daß »Analogie« und »Synthese«, die das Grundverhältnis von Metaphysik und den zu produzierenden konkreten Artefakten auf dem Theater bestimmen sollen, nicht etwa von einer völlig konträren innertheatralen Kompositionstechnik überschattet, sondern näher definiert werden. Die abrupten Verwandlungs- Brechungs- und Störungsakte, die Artaud auch als ›sonderbare Handlungen‹ bezeichnet, sind als exzentrische theatralisierte Indikationen eines Chaos und in ihrer ungepanzerten, dekonstruierten Struktur nichts anderes als Analogien und Synthesen dessen, was an Verdrängungen unter der Oberfläche starrer Formen das Leben (außerhalb des Theaters), durchzieht: »Si le théâtre est fait pour permettre à nos refoulements de prendre vie, un sort d'atroce poésie s'exprime par des actes bizarres où les altérations du fait de vivre démontrent que l'intensité de la vie est intacte, et qu'il suffirait de la mieux diriger.«[98]

In einem solchen Theater, das vom anarchischen Geist einer körperlichen Revolte erleuchtet wird, kommt alles zu Fall, was kompositionstechnisch strukturelle Kohärenz, Balance und Kontinuität verbürgen soll. Synthese, so paradox es auch sein mag, bedeutet für Artaud, überträgt man dieses Grundverhältnis von Metaphysik und Inszenierung auf die Organisierung dessen, was auf der Bühne gestaltet werden soll, ein unvermutetes Zusammentreffen innerhalb einer anarchischen semantischen Konstellation. Artaud konnte da nicht nur auf surrealistische und dadaistische Vorbilder, sondern auch auf bestimmte Simultantechniken der Theateravantgarde seit Meyerhold und Piscator zurückgreifen.[99] Er hat solche Konzepte auch in seinen Bühnentexten weiterentwickelt, vor allem in einem multimedialen Projekt, das er um 1932/33, als er die Autoren Robert Desnos, Georges Ribemont-Dessaignes und Alejo Carpentier ablöste, gemeinsam mit dem Komponisten Edgar Varèse plante und das den Titel *Il n'y a plus de firmament* tragen sollte.[100] (Es ist übrigens davon auszugehen, daß Artauds Vorstellungen eines theatralen ›espace sonore‹ und einer akustischen Sprache der Geräusche auch weitgehend von Varèse beeinflußt wurden.[101] Dies nur am Rande.)

Ich fasse kurz zusammen: (1.) Um die Entfremdung, den Abgrund zwischen Kunst und Leben zu überspringen, versperrt Artaud dem Dialog und den Abstraktionen der Verbalsprache den Zutritt zum Theater, in dem er sie an ihre Schriftlichkeit erinnert und ins Buch verweist. (2.) An ihre Stelle tritt eine objektive Poesie des Theaters, eine körperliche, akustische und visuelle Poesie im Raum. Als Signifikanten eines ehedem Kontingenten treten sie heraus ins Rampenlicht und lenken die Wahrnehmung auf die physischen, sinnlich wahrnehmbaren Elemente der Theatersprache. (3.) Korrespondenz, Simultaneität und Komplexität zeigen insgesamt Struktureigenschaften theatraler Komposition an, die Artaud mit symbolischen Verfahren, also mit Mitteln der Annäherung verbindet und nicht nur mit Interferenzen zerbricht. Sollen diese Eigenschaften, die sich nach Artauds Vorstellungen auch überlagern und eine theatrale Poesie anarchisch pulverisieren können, bewußt erlebt werden, dann wäre tatsächlich jeder Augenblick unvorhersehbar und quasi autonom zentriert bzw. im Hinblick auf das Ganze dezentriert. (4.) Speziell in dieser objektiven Poesie und ihrer für die Bühne bestimmten Komposition – dezentriert, heterogen und in ihrer anarchischen Struktur jenseits einer verbalsprachlichen Logizität – ist die Intervention des Unvorhergesehenen vorgesehen.

3. Gegen den Strich gebürstet

Der Funke Poesie, der zwischen Disparatem und einander wesensfremden Realitäten hin- und herspringt: Das Zufallsprinzip scheint zum Greifen nahe. Und dennoch: Sind hier entscheidende Momente in Artauds Theaterästhetik aufzuspüren, an welchen sich Cages Interesse entzünden konnte, so macht die metaphysische Rückversicherung der Inszenierung darauf aufmerksam, daß sich Artauds Symbolik und Semiotik kaum in Cages Musikdenken, in sein Konzept von Musik und Theater einbetten lassen. Nicht zu übersehen ist, daß der Theatermann, der in *Le théâtre et son double* für das Prinzip einer stringenten Bühnenkomposition plädiert und frühere Ideen eines surrealistischen Spontantheaters weitgehend eliminiert hat, in listiger surrealistischer Kombination Wirkung erzielen will: »Je propose d'en revenir au théâtre à cette idée élémentaire magique, reprise pas psychanalyse modèrent, qui consiste pour obtenir la guérison d'un malade à lui faire prendre l'attitude extérieure de l'état auquel on voudrait le ramener.«[102] Und so mischt sich inmitten aktivster, anarchischer Dekonstruktion der psychoanalytische Blick ein, der unverwandt das Unbewußte, die Eigenlogik der Träume und Tagträume, die unverarbeiteten Triebwünsche, Fehlleistungen und Ablenkungsmechanismen fixiert. Kein Zweifel, in diesem unverwandten Blick trifft sich der Surrealismus mit einem Theaterkonzept, das eine Therapie des Publikums nicht völlig ausschließen will.[103] Artaud hat, wie Karl Alfred Blüher nachweisen konnte, »die ›kathartische Methode‹ der Psychoanalyse, die eine Auflösung psychischer Konflikte durch Abreaktion der offengelegten Triebkräfte bewirkt«, zum Vorbild für seine »Konzeption einer dramatischen Katharsis« aufgegriffen, deren therapeutische Funktion er später für sein Modell eines *Théâtre de la Cruauté* in Anspruch nehmen wird.«[104]

Die Lektüre ist an einem Punkt angelangt, der weiter denn je von Cages Anschauungen entfernt ist. Man kann es drehen und wenden, wie man will oder sich daran erinnern, wie fremde Ideen in Cages Denken auf merkwürdige Weise ineinander verschwimmen.[105] Den Surrealismus samt seiner Tiefenpsychologie und Symbolik, wie bereits gesagt, hat er strikt, sogar heftig abgelehnt. In einem seiner Interviews Mitte der sechziger Jahre, in welchen er sich auch ausführlich zu Fragen des Theater äußerte und dabei gelegentlich Artaud erwähnte, erklärte er: »My heart didn't go out to Surrealism at all.« Ebenso lehnte er die surrealistische Idee einer *écriture automatique* ab: »Automatic art, in fact, has never interested me, because it is a way of falling back, resting on one's memories and feelings subconsciously ... And I have done my utmost to free people from that.«[106]

Cages Ablehnung der Psychoanalyse und des Surrealismus entsprang auch seinem Verständnis darüber, wie die Kunst des 20. Jahrhunderts ihre Funktion zu erfüllen habe: »To open our eyes; not to do as the Surrealists wish, that is to say, to make us less guilty perhaps, or something like that.«[107] Augen und Ohren benützen, um das wahrzunehmen, was einen umgab, wie er in einem Interview mit Irving Sandler weiter ausführte: Sein Begriff von »experience of art«, d.h. von »subjective experience« meint experimentelle Erfahrung des sehenden, entdeckenden, lauschenden Individuums, das die Sensibilität, Genauigkeit und Freiheit der Wahrnehmung mit stets neuen Erfahrungen erweitern und damit seine Welt verändern kann. Wenn sich die Welt ändere, erklärte Cage, so verdanke sich dies nicht einer »Surrealist emphasis on the unconscious«, d.h. der Entdeckung einer »unknown area of the collective unconscious in dreams and all of that, and automatism«, sondern einem ganz anderen Umstand: »It had been changed by things that are more daytime accessible, that is to say, by what we experience through our senses.«[108] Und das könnte man auch als Antwort auf Artaud lesen.

Die tiefenpsychologischen Komponenten des Surrealismus, die sich in Artauds Werk hielten, nachdem er zu Beginn der 1930er Jahre sein Konzept eines traumartigen surrealistischen Spontantheaters revidiert hatte, sind von Cage rigoros ausgeblendet worden. Ganz eindeutig versuchte Cage solchen Implikationen wie überhaupt der Repräsentation von Gewalt zu entkommen. Und vielleicht ist damit Artauds Theatertheorie um ihre entscheidenden Tiefendimensionen verkürzt worden, während eine Reihe von Happening- und Performance-Akteuren sowie die amerikanische Theateravantgarde sich diesen Dimensionen nicht verschlossen, sondern geöffnet haben, als man Artauds Theatermodell zu realisieren suchte und darüber diskutierte, wie moderne Mythen der Grausamkeit, wie die Thematisierung des Unterbewußten in eine schockartig provozierende Theatersprache zu transformieren seien. »Some Happenings are the best examples of Artaud's Theatre of Cruelty that have yet been produced«, diagnostizierte Michael Kirby schon 1965.[109]

Ganz eindeutig von Artauds Konzept eines *Théâtre de la Cruauté* inspiriert ist zum Beispiel Allan Kaprows *A Spring Happening* (New York, Reuben Gallery, 22.3.1961), in welchem das Publikum, eingepfercht in einer Art Lastwagen, nicht allein dem ohrenbetäubenden Lärm donnernder Fässer ausgesetzt wurde, sondern nach seiner Befreiung in die akute Gefahr geriet, von einem großen Motorrasenmäher überfahren zu werden. Der buchstäbliche Abriß der Wände zwischen Kunst und Leben, die Aggressivität der Inszenierung, zunächst der Zwang, dann der Schock, die praktizierte Gewalt und die Strategie der Überrumpelung waren genau kalkuliert, um das Publikum aus einer passiven Konsumentenhaltung zu reißen.[110] Die Eliminierung von ›audiences‹, die Kaprow im Namen einer Partizipation einforderte, könnte man hier fast wörtlich nehmen. Und in einem Aufsatz über »Impurity« (1963) erklärte er: »According to the myth, modern artists are archetypal victims who are ›suicided by society‹ (Artaud).«[111]

Da der psychoanalytische und surrealistische Kontext von Artauds Theatermodell aus Cages Rezeption völlig verschwindet, ebenso die Intention einer Botschaft des verlorenen Wahren, die Artaud in alten Mythen wiederfindet, ganz zu schweigen vom Konzept des Grausamen in Artauds Theatertheorie, hat dies Konsequenzen für Cages Auffassung dessen, was er bei Artaud an Ideen über Theater zu finden glaubte. So zeichnen sich bei aller Berührung fundamentale Gegensätzlichkeiten ab, die es genau zu beachten gilt.

3.1 Objektive Synthese? Ein permanenter Schwebezustand

Als Cage zu Beginn der 1950er Jahre begann, mit Zufallsoperationen zu arbeiten, machte er sich auch den paradoxen Tatbestand in Artauds Theatermodell zunutze, daß die latente disparate Komplexität und Distanz in der medialen Grenzüberschreitung das eigentliche Interpretandum ist, und nicht etwa der Zeichencharakter einer gegenständlichen theatralen Poesie oder gar eventuelle semantische Ähnlichkeiten. Er suchte und glaubte, auch in Artauds *Théâtre et son double* eine Bestätigung seines neuen kompositionstechnischen Verfahrens gefunden zu haben, und zwar ungeachtet der Varianz künftig angewandter Methoden. Von dieser Ausgangsbasis ausgehend wird Cage etwa ein Jahr später erste Theaterexperimente durchführen (Black Mountain) und musiktheatrale Kompositionen (seit *Water Music*) entwerfen, wobei er mehrmals auf Artaud rekurrieren wird.

Eine Bemerkung, die Cage 1951 im Zusammenhang mit Fragen von Musik und Film machte, läßt vermuten, daß Cage das Verfahren einer »objective synthesis«, das er in Artauds Schriften zu finden glaubte, nicht allein adaptierte, sondern auch zen-buddhistisch zu entgrenzen suchte. Damals erklärte er, daß er wie auch jüngere Komponisten (Pierre Boulez, Morton Feldman und Christian Wolff) mehr und mehr auf Klänge hören würden, die der Film und der Rundfunk verwendeten. Und er fügte hinzu:

»Our imaginations run swiftly towards the *necessarily* ›synthetic‹. We are in a real-life situation (not an academy, acoustically speaking) and it is impossible to say which is cause and which is effect (our ears or our sounds), which technique and which vision. Technique is vision and vice-versa, the Sudden School.«[112]

Die Differenz zu Artauds Auffassung von Synthese könnte nicht größer sein. Nicht die Demontage eines Kontinuums oder strukturell zusammenhängender Beziehungsmuster ermöglicht die räumliche und mediale Dezentrierung, die sich in Gestalt einer Synthese, eines symbolistischen Verfahrens mit metaphysischer Rückversicherung vollzieht[113], sie erfolgt in einer völlig freien koexistentiellen Überlagerung und Simultaneität. Mitten in der plötzlichen Erleuchtung (»Sudden School«) als ein plötzliches, nicht-analytisches, nicht-unterscheidendes und umfassendes Erkennen eines Ereignisses (zen-buddhistisch: *dharma*)[114], vollzieht sich »necessarily synthetic« quasi mit einem Sprung in eine höhere Ebene, indem Kausalität und Zergliederung, also jegliche Art von Beziehungsdenken überwunden werden. »Necessarily synthetic« als Sprung auf eine höhere Ebene vermittelt einen Zustand von Komplexität, die sich nicht zergliedern läßt, weil er nach Cage das Leben auszeichnet (»real-life situation«). Es scheint, als sei »necessarily synthetic« ebenso wie der Moment der Erleuchtung durch einen Augenblickscharakter geprägt, ohne daß dabei bereits existierende Zusammenhänge unterschiedener Materialien zerschnitten werden sollen. In »necessarily synthetic« wird jedes klangliche oder sonstige Detail einer anderen Materie – und scheint die Struktur noch so paradox, noch so zersplittert – zu einem Zentrum, das die Verbindung zu jedem anderen Detail aufnehmen kann. Wird aber »necessarily synthetic« im Augenblick der Erleuchtung, der plötzlichen Erkenntnis erfaßt, dann erfolgt die Synthese (wiederum zen-buddhistisch betrachtet) als Eindruck eines Gleichzeitigen. Als Gleichzeitiges befindet sich die Synthese eines Koexistenten in einem permanenten Schwebezustand, indem sie in der unmittelbaren, individuellen ästhetischen Erfahrung im Augenblick ereignet.

Doch nicht das Objekt verändert sich, sondern das Bewußtsein des Rezipienten. Steht Artauds Sprachkritik an der Vorgabe eines dramatischen Textes vor allem im Zeichen der Wieder- bzw. Neugewinnung von Körpersprache für das Theater als autonome Kunst, so reklamiert Cage noch grundsätzlicher den

Hiatus zwischen Sprache und Realität, zwischen den Dingen und den Vorstellungen. Jenseits unmittelbarer Erfahrung, für die Cage plädiert, befinde sich »the power of discrimination which, among others confused actions, weakly pulls apart (abstraction), ineffectually establishes as not to suffer alteration (the ›work‹)«.[115] Überhaupt bezweifelt er die selbstverständliche Benennbarkeit der Dinge, ihre durch die Konventionen der Sprache (und der Musik) vorgeprägte Form und Rezeption und damit auch die sprachphilosophische Sicht, daß nämlich das Leben, die Welt der Dinge und Klänge immer schon sprachlich strukturiert und vermittelt seien. Dinge beim Namen nennen, Definitionen, Terminologie sind nach Cage durch einen Mangel gekennzeichnet. Sie gelten als aufgezwungene Beschränkungen, an ihnen haftet das Zeichen der Distanzierung und Entfremdung. Spontane Erfahrungen, so Cage in einem Artikel über den Tanz, die sich einem Lebensprozeß verdanken, seien darin ausgeschlossen.

»What has happened is that we have used our minds, our thoughts about necessity, to narrow our awareness and limit our actions. This is how we have treated our arts, and even our language. ... Why should we use our language, the word *music*, for instance, to keep us from being able to hear a particularly sonorous situation? The reason then for doing something that didn't need to be done was to leap mentally imposed limitations. Out of the leap one grings about an art that resembles life when we open our eyes and our ears to experience it.«[116]

Wie nun Cages Idee eines ›notwendigerweise Synthetischen‹, abseits jeglicher kausaler Beziehungen oder anderer Beziehungsmuster kompositionstechnisch realisiert werden könnte, ist einem weiteren Text über Musik und Film aus dem gleichen Jahr zu entnehmen. Wenn Musik begleite, verliere sie ihre Kraft (»virtue«). Weder das Leben noch die Kunst benötigten aber eine Begleitung, »because each has its own center (which is no center).« Wolle man nun eine Begleitung, also Unterordnung vermeiden, dann unterlege man jedem der eingesetzten Mittel, seien es Worte, Bilder oder etwa anderes, eine eigene rhythmische Struktur. So entstehe in seinem Fall ein Mikro-Makrokosmos, also ein Gesamtes mit vielen selbständigen Einheiten. »Given this structure, both film and music may proceed free of one another and everything works out beautifully.«[117]

Will man nun davon ausgehen, daß Cage dabei nicht nur von zen-buddhistischen Anschauungen ausging, sondern auch Artauds Verfahren einer räumlichen und medialen Dezentrierung im Auge hatte, so gilt es, einige Differenzen zu beachten, die sich auch ohne einen Rekurs auf zen-buddhistische Formen der Erkenntnis diskutieren lassen. Sicherlich verfolgte bereits Artaud die Idee einer gleichberechtigten Koexistenz im Raum, in welchem ein hierarchisches Beziehungssystem durchbrochen werden soll. Doch im Gegensatz zu Cage, der die Synthese eines Koexistenten als permanenten komplexen Schwebezustand begreift, unterzieht Artauds Theaterkonzept die Inszenierung, wie oben dargelegt, einer weitreichenden strukturellen Dekonstruktion, auch einer Dekonstruktion der Verbalsprache. Auch in seinen Bühnentexten, in welchen die Szenenanweisungen den Haupttext zu überwuchern scheinen und lineare Handlungsstrukturen völlig auflösen, sollen die Kollisionen der Bilder und Symbole, das Unvorhergesehene, Widersinnige als etwas bewußt Anstößiges, in neue, intendierte semantische Zusammenhänge, in eine Botschaft überführt werden.[118] Selbst wenn Grenzen und Bezugsebenen mittels des unvermuteten, nicht auf einen logischen Zusammenhang bedachten Wechsels ständig überschritten werden (Artaud sagt »Übergang«), folgt er nicht dem Prinzip einer konsequenten Desorganisation im Cageschen Sinn. Das Kontingente, das Unvorhergesehene macht sich als anarchische Störung bemerkbar, als Riß in einem zu verletzenden und zerstörten Kontext, doch nur darum, um etwas in einem theatersprachlichen Meta-Dialog auszusagen. Daher gehorcht das Unvorhergesehene in Artauds Theatermodell dem Prinzip gesteuerter expressiver Störung, nicht der absichtsvollen Absichtslosigkeit.

Cage hingegen überblendet die kompositionstechnischen Vorstellungen einer multiplen Fokussierung und Dezentrierung, die er bei Artaud finden konnte, mit dem Muster einer dezentrierten Zentrierung. Anders formuliert: Jedes Ding, alles, was sich bewegt oder sonst ereignet, bleibt autonom, ist räumlich wie zeitlich für sich zentriert, so daß jeder seine individuelle Erfahrung machen kann: »Sound sources are at a multiplicity of points in space with respect to the audience so that each listener's experience is his own.«[119] Diese gegenseitige Unabhängigkeit, in Gestalt einer »multiplicity of events in time and space«, gilt selbstverständlich auch für den Tanz und seine Koexistenz neben der Musik.[120]

3.2 Black Mountain und die Transformation von Artauds Theatermodell

Dies bedeutet, daß Zeit und Raum, die grundlegenden Kategorien für Cages Musik und Theaterkompositionen, gerade nicht kontinuierlich und nicht einheitlich, sondern als koexistierende Feldstrukturen zu begreifen sind. Dachte sich Artaud einen neuen Begriff von angewandtem Raum aus, der sich auf allen möglichen Ebenen und Stufen der Perspektive vervielfältigt[121] und verschiedene Wahrnehmungkanäle vorsieht, so dürfte dies Cage im Hinblick auf das Black Mountain-Experiment nicht übersehen haben.[122] Zu diesem multiplen Raum gesellt sich eine Zeitauffassung, die wie ein Rahmen fungiert: »Dans un temps donné, au plus grand nombre de mouvements possible, nous joindrons le plus grand nombre d'images physiques et de significations possible attachées à ces mouvements.«[123] Blendet man nun in Artauds Vorschlag, in einer gegebenen

Zeit eine Zahl von Bewegungen, körperlicher Bilder und damit verbundenen Bedeutungen zu verbinden, die Theatersemiotik aus, was Cage ohne zu zögern auch tat, dann hat man bereits, ungeachtet divergierender Standpunkte, das Konzept des Black Mountain-Happenings in Händen. Dazu Cage:

> »Now this Happening at Black Mountain was such an occasion, and all of these people were given the possibility of performing, I admit, within compartments that I arrived at through chance operations. By compartments I mean periods of time during the total period when they were free to do whatever they wished, or to do nothing. Those mostly chose to do something. I had no knowledge of what they were going to do. I had a vague notion of where they were going to do it. I knew M. C. Richards and Charles Olson would climb a ladder which was at a particular point. I had less knowledge of what Merce and the dancers would do because they would move around. On fact, that very day before lunch it was planned, and it was performed before dinner. And we all simply got together and did these things at once.«[124]

Doch Vorsicht. Wenn Artaud seine körperliche Bewegungspoesie im Raum erläutert, dann ist sein Zeitbegriff, trotz aller räumlichen Dezentrierung, immer noch durch die Vorstellung eines Gesamtrhythmus (»de tout un rythme scénique«)[125] geprägt. »Car il faut entendre que, dans cette quantité de mouvements et d'images prises dans un temps donné, nous faisons intervenir aussi bien le silence et le rythme, qu'une certaine vibration et une certaine agitation matérielle, composée d'objets et de gestes réellement faits et réellement utilisée.«[126] Zeit ist also stets intentional mit einer speziellen Realität, mit einer Expression angefüllt, mit dieser oder jener Bewegung, mit diesem oder einem anderen Ereignis. Sie ist nie leer. Cage hingegen trennt in der musikalischen wie auch theatralen Komposition rigoros Zeitstruktur und Material bzw. Ereignis, etwa durch die Vorgabe von »time-brackets«, die er bereits im Black Mountain-Happening vorsah, oder durch andere zufallsbestimmte Techniken der Zeitorganisation. Er löst das Material komplett vom Verfahren der Zeitorganisation ab. Die Zeitstruktur, nicht-kontinuierlich und kein homogen verlaufendes Kontinuum, konstituiert sich in ontologischen Feldern. Von jedem dieser Felder kann sie sich nach allen Richtungen ausbreiten und mit anderen Zeitfeldern interagieren (»interpenetration«), wobei nur das Gegenwärtige, die Präsenz real und aktuell ist. Cages Zeitbegriff folgt seit der Zeit, als er Zufallsoperationen einsetzte, nicht mehr der traditionelle Einteilung von Vergangenheit, Gegenwart und Zukunft.

Bleibt hinzuzufügen, daß die Ereignisse, die sich im Speisesaal des Black Mountain College abspielten, gerade nicht die subversive Rolle eines räumlich oder zeitlich Demontierten übernehmen sollten. Für Cage sind keine Grenzen zu durchbrechen. Und in dem Maße, wie diese zeitlichen und räumlichen Grenzen zwischen den Medien Klang, Bild, artikulierte Sprache in einer gegenseitigen Durchdringung und Nichtbehinderung regelrecht verschwinden, tritt um so stärker die pure, durch das Zufallsverfahren zeitlich bestimmte (*time-brackets*) und gewählte Materialität der Aufführung in den Vordergrund, ebenso die für das freie Spiel notwendigen autonomen Handlungsweisen, die in der Aufführung (*performance*) an einem Ort zusammengeführt werden. Nimmt man Aktionen und Material der Aufführung buchstäblich als das, was sie nach Cages Ansicht sein sollen, dann liegt das zu entziffernde Geheimnis im Zentrum eines jeden Ereignisses, in jedem Ding und nicht im räumlichen, zeitlichen oder semantischen Kontext.

Anders als Artaud, der den Autor durch den Regisseur als sinnstiftenden Demiurgen ersetzte[127], entmachtet Cage nicht allein das kompositorische Subjekt, sondern auch den Regisseur als Instanz, die zusammenhängenden Sinn, Struktur und Bedeutung stiften will. Wenn es Strukturen im Black Mountain-Happening gegeben hätte, dann waren es solche, die man nicht geplant oder beabsichtigte habe. »We simply wished to permit them to exist.«[128] Seine zen-buddhistische Anteilnahme am Material der Klänge wie des Theaters überhaupt sperrt sich gegen den Prozeß der intentionalen Sinnstiftung. »The doctrine which he [Suzuki] was expressing«, fährt Cage in seinen Erläuterungen zum Black Mountain-Experiment fort, »was that every thing and every body, that is to say every nonsentient being and every sentient being, is the Buddha.«[129] Und dies heißt: Die Risse im bewußt verletzten Kontext, die Artauds Theatermodell durchziehen, existieren für Cage gar nicht, nur eine koexistierende Heterogenität des Universums, indem alle subjektiv gewollte strukturelle und bedeutsame Bezugnahme innerhalb der Aufführung, die nicht das Produkt einer Inszenierung sein will, aufgegeben wird: »I have spent my life denying the importance of relationships, and introducing, in order to make it evident what I mean and what I believe, situations where I could not have foreseen a relationship.«[130] Das unterscheidet Artaud von Cage, wenn beide objektive Synthese meinen und auf dem Theater nach dem Unvorhergesehenen fahnden.

Verweist Cage 1956 in einem Vortrag über den Film ausdrücklich auf Artaud, dann geht er wiederum über ihn hinaus. Cage begreift jede Kunst »as a going-out one to interpenetrate with all other things, even if they are arts too. All of these things, each one of them see as of first importance; no one of them as more important than another. In theater, as Artaud points out, it is death to place literature in the only central position.«[131] Doch während Artauds Theater der Literatur den Abschied gibt, gilt dies nun für jede isolierte Kunstform. Cage teilt daher auch nicht die Ansicht, der Film sei nur eine visuelle Form. Weder interessieren ihn Bilder noch der Ton, auch nicht deren Arrangement mittels einer Montage. »From a natural, rather than anthropomorphic, view« sei eine Situation im Leben komplexer als die Kunst »or putting arts together tastefully.[132] Das hierarchische Schema, das schon Artaud auflöste, indem er dem Dialog keine Priorität mehr zuerkannte und die ästhetische Funktion theatraler Zeichen von diesem unabhängig machte, wird von Cage endgültig liquidiert, wenn er wiederholt erklärt, Theater involviere Sehen und Hören, dies mache allein seine Komplexität aus. Theater als ästhetisches Subsystem wird nun vollständig aufgehoben. Heißt es im Lecture *45' for a Speaker* (1954), daß Musik die Lebenssituation, in welcher man sich tatsächlich befinde, unzulässig vereinfache (»An ear alone is not a being.«[133]), so wird Musik nicht nur ein Teil des Theaters, indem sie neben andere Konkreta tritt und sich diesen nicht mehr vermittelt. (»One should take music very naturally.«[134]) Theater weise sich grundsätzlich dadurch aus, daß verschiedene Dinge gleichzeitig vor sich gehen. Also keine Technik, keine Maßnahmen absichtsvoller Komposition. Dazu Cage im Interview mit den Theaterleuten Michael Kirby und Richard Schechner:

> »We know, or think we know, what the aspects of sounds are, what we can hear and how to produce sounds. But when you're involved with sight the situation becomes more complex. It involves color, light, shapes that are not moving, shapes that are moving«.[135]

Dies bedeutet aber nicht, daß die Unterscheidung zwischen den verschiedenen eingesetzten theatralen Mitteln ganz aufgegeben wird. Ganz im Gegenteil: Je komplexer es wird, desto mehr scheint Cage eine Position einzunehmen, die auf den ersten Blick nach purer multimedialer Materialsuche aussieht. Und wieder sucht er eine Orientierung bei Artaud, nämlich im ersten Manifest zum *Théâtre de la Cruauté*, in welchem eine Reihe von Maßnahmen, Techniken und Themen zu Fragen der *mise en scène* vorgestellt wird.[136] Ich zitiere weiter aus dem Gespräch mit Schechner und Kirby:

> »I would refer back to Artaud's thinking about theatre. He made lists that could give ideas about what goes into theatre. And one should search constantly to see if something that could take place in theatre has escaped one's notice.«[137]

Der entscheidende Punkt ist jedoch, daß Cages Suche nach Möglichkeiten all dessen, was sich auf dem Theater ereignen kann, wieder von anderen Voraussetzungen ausgeht. Um das Theater als ästhetisches Subsystem aufzuheben, sucht er bewußt außerhalb des Feldes von Theater und seinen Inszenierungstraditionen, ohne die Verbindlichkeit einer Symbolik vorauszusetzen. Das können Nichtigkeiten aus dem Alltag sein, beliebige Ereignisse, die einem in der

Stadt, auf dem Land oder auf dem technischen Sektor widerfahren, »ordinary occurrences in a city, or ordinary occurrences in the country, or technological occurrences«. Wie auch immer: »They could be things that don't connect with art as we conventionally understand it.«[138] Und es ergibt sich tatsächlich aus dem Gesprächskontext, daß er damit nicht allein das Theater verändern will (»altering your theatre«), sondern das unerwartete Nebeneinander von Ereignissen und Gegenständen als eine Synthese betrachtet, die auf der Basis einer Analyse des Materials erfolgen soll: »I would have to analyze theatre to see what are the things that make it up in order, when we later make a synthesis, to let those things come in.«[139]

Was aber soll nun »Synthese« heißen? Wüßte man nicht, daß bereits die ersten Happenings, auch Cages Black Mountain-Event, nach dem Collage-Prinzip organisiert wurden, um die Isolation der bildenden, tönenden und darstellenden Künsten zu durchbrechen (Allan Kaprow), wobei auch die Aktionen der Futuristen, Dadaisten und speziell Kurt Schwitters Pate standen – man denke auch an die damals virulenten Collage-Schneidetechniken audiovisueller Medien –, gäbe es da nicht Cages nicht-intentionale, zufallsbestimmte Arbeitsmethode, wäre man versucht, »Synthese« völlig falsch zu interpretieren. Cage nimmt dem Theater nicht nur (wie Artaud) das angestammte Privileg mimetischer Repräsentation. Die Quintessenz seines Verfahrens, das er »Synthese« nennt, raubt dem Regisseur als Demiurgen des Theaters (Artaud) jegliche Möglichkeit gezielter Strukturierung und Wirkungsabsichten.[140] Mochte Artauds Vision einer Theaterkomposition noch so sehr als anarchische Dekonstruktion erscheinen, für Cage ist die Differenz zwischen Aufführung und Rezeption unüberbrückbar:

»The structure we should think about is that of each person in the audience. In other words, his consciousness is structuring the experience differently from anybody else's in the audience. So the less we structure the theatrical occasion and the more it is like unstructured daily life the greater will be the stimulus to the structuring faculty of each person in the audience. If we have done nothing, he then will have everything to do.«[141]

Mit anderen Worten: Im Gespräch mit Michael Kirby und Richard Schechner stellte Cage einen Teil von Artauds Theatermodell regelrecht auf den Kopf, würde er diesen Part nicht vollständig ausblenden: nämlich die Therapie der Seele in Artauds *Théâtre de la Cruauté*, die Absicht einer hypnotischen Wirkung, welche die bewußt wahrnehmende Aktivität des Zuschauers einschränken soll[142], die Absicht einer kollektiven Erschütterung des Unbewußten (und dabei mit den Zuschauern wie mit Schlangen verfahren).[143] Diese Bestimmung von

Theater widersetzt sich allem, was Cage an aktiven Funktionen individueller ästhetischer Erfahrung, unter Umgehung sämtlicher symbolischer Konnotationen, mobilisieren wollte. Zwischen den offensiven Strategien, mit denen sich Artaud und Cage an die Rezipienten wenden, liegen Welten.

3.3 WHATEVER COMES ...

Während Artaud für sein Theatermodell medienübergreifend nach einer Programmatik der Aussage suchte und die Idee einer Semiose in den provozierenden Rissen einer objektiven Poesie des Theaters einnisten wollte, richtet Cage seine Aufmerksamkeit nur auf die Komplexität nicht-diskontinuierlicher, nicht-mimetischer Handlungen und heterogenen Materials, nicht auf semantische Implikationen, und zwar auch hier im bewußten Verzicht, das physische Substrat des Materials außerhalb seiner Existenz etwas bedeuten zu lassen: »The relationship of things happening at the same time is spontaneous and irrepressible. It is yourself in the form you have that instant taken.«[144] Nichts wird ausgesagt. Nichts ist beabsichtigt: »Theatre is continually becoming that it is becoming.«[145] D. h. die Verfahrensweisen werden entworfen, um sich immer wieder veränderlichen Verfahren anzupassen, die erneut der Veränderung unterworfen werden, wie einmal William Brooks die selbstreferentielle Logik in Cages Arbeitsweise treffend beschrieben hat.[146]

Es besteht also eine weitere grundlegende Differenz, auf die schon hingewiesen wurde: Auch der Zeichenstatus in Cages Musik und Theaterkompositionen ist selbstreferentiell und ohne jegliche intentionale, also ohne beabsichtigte Bedeutung. Dies gilt auch für den Tanz:

»We are not, in these dances and music, saying something. We are simpleminded enough to think that if we were saying something we would use words. We are rather doing something. The meaning of what we do is determined by each one who sees and hears.«[147]

Ihre Entzifferung verlangt zwar, wie dies Artaud vorsah, eine flexible Orientierung der Wahrnehmung in Raum und Zeit, die nicht mehr einheitlich im Sinne einer zentralen Fokussierung konzipiert sind – darin folgt Cage Artauds Intentionen. Entzifferung heißt für Cage aber nicht, einen metaphysischen Sinn jenseits der sinnlich wahrnehmbaren Erscheinungswelt erschließen oder sich einem semantisch-kulturell verankerten Bezugssystem anvertrauen. Cages Semiotik, wenn es sie denn tatsächlich gäbe, ist selbstbezüglich, antimetaphysisch und allein der subjektiven Erfahrung preisgegeben. Nüchtern erklärt er den Sachverhalt seiner Musik oder anderer künstlerischer Tätigkeiten: Seine nicht-intentionale Musik soll dem Hörer mit diesen oder jenen Mitteln, »which can be theatrical or architectural or whatnot«, klarmachen, »that the hearing of the piece is his own action«, daß als die Musik mehr die seine sei, weniger die des Komponisten.[148] Die Entzifferung erfolgt kraft einer subjektiven Begründung des Erfahrungsgegenstandes, die in Cages Musikdenken unverkennbar ist und sich auch dem Empirismus John Deweys[149], nicht Artaud verdankt: »When other music and dance generally attempt so ›say‹ something, this theatre is one that ›presents‹ activity. This can be said to affirm life, to introduce an audience, not to a specialized world of art, but to the open, unpredictably changing, world of everyday living.«[150] Cages oft trivialisierte Erkenntnis, daß für ihn der Klang erst dann existiere, wenn er zu hören sei, dieses Bedingungsverhältnis von Sein und subjektiver Erfahrung, setzt »ein Wachsein gegenüber der Realität«[151] voraus. Und nur aus dieser sensiblen, hellwachen Unvoreingenommenheit, zen-buddhistisch: aus der Leere des individuellen Bewußtseins, die Cage erwartet, kann die subjektive Erfahrung, die Aktivität des Rezipienten einen Sinn, nicht *den* Sinn, sondern jeden möglichen, sich wandelnden Sinn eines Unvorhersehbaren und all dessen, was bisher noch ungedacht und noch nicht gegeben ist, entdecken.

So zog Cage aus dem Diktum einer zu überwindenden Trennung von Kunst und Leben, von Signifikat und Signifikant, die Artaud dem Theater abverlangte – und zwar zu Gunsten einer neuen, nicht durch Abstraktionen verdeckte, sondern den Sinnen zugänglichen Bedeutungshaftigkeit –, die sonderbare zen-buddhistische Konsequenz einer völlig anderen Ästhetik, die sich von ihren surrealistischen, psychoanalytischen Implikationen befreit hat. Es ist eine radikale und konsequent entleerte Ästhetik des konkreten, objektiv gegebenen, reinen selbstreferentiellen Kompositionsmaterials, und zwar jenseits traditioneller fixierter Kodifikationen und jeglicher Obstruktionen. »Therefore, the use of chance operations, indeterminacy, etc. the nonerection of patterns, of either ideas or feelings on my part, in order to leave those other centers free to be the centers.«[152]

Vielleicht vermutete Cage in Artauds Favorisierung einer reinen Poesie des Theaters sogar ein potentielles Korrelat seiner nicht-obstruktiven objektiven Poesie des puren Klangs. Dann wäre auch zu verstehen, warum er im Brief an Boulez im Hinblick auf die Zufallsoperationen, die er in der Komposition der *Music of Changes* einsetzte, auf Artaud verwies und von einer »objective synthesis« sprechen wollte. Freilich kann man dies nur mit einer Einschränkung gelten lassen: Artauds Anspruch, jene Divergenz von Signifikat und Signifikant in einer neuen sinnlichen, räumlichen Sprache der Physis metaphysisch aufzuheben, ebenso die in seiner Theaterästhetik und Regiepraxis weiterbestehende Differenz von Zeichen und Bedeutung, all dies spielt für Cage keine Rolle mehr.

Ich komme zum Schluß. Cages Verfahren einer objektiven Synthese, die er in Artauds *Le théâtre et son double* zu finden glaubte, kann nur funktionieren, wenn Intentionalität und Gedächtnis ausgeschaltet sind. Damit wird Artauds Theatermodell um seine mythischen, surrealistischen und psychoanalytischen Implikationen verkürzt bzw. auf die Aspekte seiner Materialität und Kompositionsweise reduziert. Artaud versucht das, was jenseits der Sprache liegt, bedeutungsvoll in die körperliche Theatergeste zu bannen, in den Mythos, in die Grausamkeit, in den Trieb des Unterbewußten. Für Cage existiert überhaupt kein Jenseits der Klänge. Sie sind permanent gegenwärtig. So wie für ihn die Stille keine Abwesenheit der Klänge anzeigt, so sind die Klänge wie alles andere verwendete Material und alle Handlungen in seinen Theaterkompositionen nicht mehr als intendierte Korrelate zu einem nicht anwesenden Bezeichneten zu denken. Würde man seine Ästhetik und Kompositionstechnik aus Artauds Sicht betrachten, dann eignete Cages Begriff der objektiven Synthese ein antimetaphysischer Charakter.

Das einst Kontingente nicht-verbalen Materials, das Artaud in den Vordergrund einer noch rudimentären Semiotik des Theaters stellte, wird auch von Cage gleichberechtigt und völlig eigenwertig in den multimedialen Bezirk sinnlicher Wahrnehmung eingemeindet, ohne daß allerdings dabei feststeht, was es bedeuten soll. Es ist nur, wie Novalis über die Sprache sagte, ein offenes, wunderbares, widerstreitendes Verhältnispiel der Dinge: »Nur durch ihre Freiheit sind sie Glieder der Natur, und nur in ihren freien Bewegungen äußert sich die Weltseele und macht sie zu einem zarten Maßstab und Grundriß der Dinge.«[153] Objektive Synthese heißt für Cage: unter Verwendung von Zufallsoperationen Bedingungen schaffen, die einen unendlichen Spielraum für gegenseitige Interferenzen ohne Behinderungen eröffnen, einen Spielraum, in welchem sich Klänge und Nicht-Klänge einfinden, ohne daß dabei auch nur im geringsten Sinn und Form fixiert oder voraussehbar seien. Noch einmal Cage, diesmal in einem seiner letzten Gespräche, die er im Juli 1992 kurz vor seinem Tod mit Joan Retallack führte:

»I gave up form because I have no control over it, other than chance operations. Because the form – in other words, what happens – comes about through chance, and is, so to speak, not connected as a concern. Because I use them all – whatever comes ... Well, it can go in many places ...«[154]

Anmerkungen

1. Antonin Artaud, *The Theater and Its Double*, transl. by Mary Caroline Richards, New York 1958. Zu M. C. Richards' Übersetzung vgl. Mary Emma Harris, *The Arts at Black Mountain College*, Cambridge/Mass. 1987, S. 228 u. 238.

2. Vgl. das Gespräch mit Stanley Kauffmann (Moderator), *The Changing Audience for the Changing Arts/Panel*, in: *The Arts. Planning for Change*, New York: Associated Councils of Arts, 1966; abgedr. in: Richard Kostelanetz, *Conversing with Cage*, New York 1988, S. 105.

3. Vgl. dazu Deborah Ann Campana, *Form and Structure in the Music of John Cage*, Phil. Diss. Northwestern University Evanston/Illinois 1985, Ann Arbor/Mich. 1985, S. 94 f. u. S. 102; John Holzaepfel, *David Tudor and the Performance of American Experimental Music, 1950-1959*, Phil. Diss. City University of New York 1991, Ann Arbor/Mich. 1996, S. 30 ff. – Vgl. auch Jonathan Scott Lee, *Par delà la mimêsis: Mallarmé, Boulez et Cage*, in: Revue d'esthétique Nr. 13-15, 1987-88, S. 296 u. S. 305, Anm. 5.

4. Zusammenfassung und Verweise auf weitere Literatur findet man im Schlußkapitel von Karl Alfred Blüher, *Antonin Artaud und das Nouveau Théâtre in Frankreich*, Tübingen 1991, S. 250 ff. (= Acta Romanica. Kieler Publikationen zur Romanischen Philologie 3).

5. Vgl. dazu Barbara Zuber, *Grenzbeschreitung und Kontextwechsel. Zur Theorie von John Cages experimentellem Musiktheater*, in: Musik & Ästhetik 8 (1998).

6. Vgl. *Für die Vögel. John Cage im Gespräch mit Daniel Charles*, dt. v. Birger Ollrogge, Berlin 1984, S. 209.; frz. Originalausg: *Pour les oiseaux. Entretiens avec Daniel Charles*, Paris 1976.

7. Michael Kirby/Richard Schechner, *An Interview with John Cage*, in: Tulane Drama Review 10/2 (1965); abgedr. in: *Happenings and Other Acts*, ed. by Mariellen R. Sandford, London/New York 1995, S. 68 f.

8. [*The New School*], abgedr. in: *John Cage. An Anthology*, ed. by Richard Kostelanetz, New York 1970, Neuauflage 1991, S. 119.

9. Zu den Aktivitäten am Black Mountain College vgl. Mary Emma Harris, *The Arts at Black Mountain College* (Anm. 1) 1987.

10. Das Festival wurde von Cage, Merce Cunningham, David Tudor und Mary Caroline Richards veranstaltet.

11. Vgl. dazu den Brief Cages an Mr. Rhodes (nicht datiert), ehemals im Besitz des Komponisten; zit. nach: Campana, *Form and Structure in the Music of John Cage* (Anm. 3), S. 105 u. S. 152, Anm. 39.

12. John Cage, *Happy New Ears* [1963], in: ders., *A Year from Monday*, Middletown/Conn. 1967, S. 32.

13. Richard Kostelanetz, *Conversation with John Cage*, in: *John Cage. An Anthology* (Anm. 8), S. 22.

14. *Experimental Music* [1957], in: John Cage, *Silence, Lectures and Writings*, Cambridge/Mass., London, 3. Aufl. 1967, S. 12.

15 Suzuki lehrte vermutlich erst seit 1951 an der Columbia University, New York.
16 *John Cage. An Anthology* (Anm. 8), S. 23.
17 Kauffmann (Moderator), *The Changing Audience for the Changing Arts/Panel* (Anm. 2), S. 211.
18 Mary Emma Harris, [Interview mit John Cage, Ms. 1974]; abgedr. in: Richard Kostelanetz, *Conversing with Cage*, New York 1988, S. 104.
19 Antonin Artaud, *Lettres sur le langage*, in: *Œuvres complètes*, Bd. 4, ed. Paule Thévenin, Paris 1964; nouvelle édition revue et augmentée, Paris 1978, S. 102. Ders., *Das Theater und sein Double*, dt. Übs. v. Gerd Henniger, Frankfurt a. M. 1969, S. 114.
20 Cage/Charles, *Für die Vögel* (Anm. 6), S. 52 f.
21 A.a.O., S. 209.
22 Pierre Boulez/John Cage, *Correspondance et documents*, réunis, présentés et annotés par Jean-Jacques Nattiez, Winterthur 1990, S. 154 (= Veröffentlichungen der Paul Sacher Stiftung. 1).
23 A.a.O., S. 27.
24 Vgl. dagegen Holzaepffel, *David Tudor and the Performance of American Experimental Music, 1950-1959* (Anm. 39), S. 35. Anm. 29, der behauptet, Cage habe die Artaud-Lektüre erst auf Anregung von David Tudor begonnen.
25 Zu Boulez und Artaud vgl. Thomas Bösche, *A propos du »Livre pour quattuor«*, in: *Pierre Boulez*, hg. von Heinz-Klaus Metzger u. Rainer Riehn, München 1995, S. 95, Anm. 10, und S. 106 f. sowie Anm. 28, 29 u. 30 (= Musik-Konzepte 89/90).
26 Artaud rezitierte dort »Le visage humain«. Außerdem lasen Colette Thomas (»Le Théâtre et la science?«) und Roger Blin (»La culture indienne«). Vgl. Elena Kapralik, *Antonin Artaud. Leben und Werk des Schauspielers, Dichters und Regisseurs*, München 1977, S. 302.
27 Abgedr. in: *Relevés d'apprenti*, textes réunis et présentés par Paule Thévenin, Paris 1966, S. 62. Zu Fragen der Sprachbehandlung, auf die sich Boulez bezieht, vgl.: Artaud, *Œuvres complètes*, Bd. IV (Anm. 19), S. 36, 44 f., S. 70, S. 76 u. S. 101-116 (dt. Übers. [Anm. 19]: S. 40, S. 49, S. 77, S. 83 u. S. 113-130).
28 Vgl. Anm. 27.
29 Vgl. die Hinweise in Anm. 27.
30 Ebda., S. 74. – Die Textstelle, auf die sich Boulez bezieht, in: Artaud, *En finir avec les chefs-d'œuvre*, in: *Œuvres complètes*, Bd. IV (Anm. 19), S. 80 (dt. Übers. [Anm. 19]: S. 88); vgl. dazu Holzaepffel, *David Tudor and the Performance of American Experimental Music, 1950-1959* (Anm. 3), S. 32.
31 Amerikanische Erstaufführung in der Carnegie Hall, New York, am 17. Dezember 1950; vgl. dazu Holzaepffel, *David Tudor and the Performance of American Experimental Music, 1950-1959* (Anm. 3), S. 30 ff. u. S. 329, der das Quellenmaterial (späterer Nachlaß des Pianisten) auswertete und auch den Pianisten befragte.
32 Boulez/Cage, *Correspondance et documents* (Anm. 22), S. 122. – Obwohl der Brief nicht datiert wurde, darf man aus Äußerungen Cages schließen, daß er vermutlich ein Tag nach

der amerikanischen Erstaufführung von Boulez' *Zweiter Sonate* für Klavier (am 17. Dezember 1950) verfaßt wurde.

33 Cage, *More Satie*, in: *Musical America* 72 (1. April 1951), S. 12; abgedr. in: *John Cage. An Anthology* (Anm. 8), S. 93.

34 Artaud, *Lettres sur le langage*, in: *Œuvres complètes*, Bd. IV (Anm. 19), S. 112 (dt. Übers. [Anm. 19]: S. 125).

35 A.a.O., S. 122 (dt. Übers. [Anm. 19]: S. 135).

36 Cage, *45' for a Speaker*, in: ders., *Silence* (Anm. 14), S. 187.

37 Boulez/Cage, *Correspondance et documents* (Anm. 22), S. 154.

38 A.a.O., S. 29.

39 Boulez, *Relevés d'apprenti*, textes réunis et présentés par Paule Thévenin, Paris 1966, S. 174.

40 »Nous en sommes au même stade de recherches.« (Boulez/Cage, *Correspondance et documents* [Anm. 22], S. 156; vgl. auch S. 158 [Brief von Boulez, August 1951])

41 A.a.O., S. 182.

42 Vgl. Anm. 37 u. Anm. 82.

43 Boulez/Cage, *Correspondance et documents* (Anm. 22), S. 182, Anm. 3. – Bleibt hinzuzufügen, daß der erste Teil von *Music of Changes* bereits am 1. Juli 1951 aufgeführt wurde; vgl. dazu die Liste der Aufführungen und Konzerte David Tudors bei Holzaepffel, *David Tudor and the Performance of American Experimental Music, 1950-1959* (Anm. 3), S. 336.

44 Vgl. Anm. 37.

45 Der Artikel erschien zusammen mit anderen von Morton Feldman, Pierre Boulez und Christian Wolff unter dem Gesamttitel *4 Musicians at Work* in: *trans/formation: Arts, Communication, Environment*, I/3 (1952), S. 168 ff.; abgedr. in: Boulez/Cage, *Correspondance et documents* (Anm. 22), S. 168 ff., auch unter dem Titel *To Describe the Process of Composition Used in »Music of Changes« and »Imaginary Landscape No. 4«*, in: Cage, *Silence* (Anm. 14), S. 57 ff.

46 Die Uraufführung der *Music of Changes* war am 1. Januar 1952, New York, Cherry Lane Theatre.

47 Boulez/Cage, *Correspondance et documents* (Anm. 22), S. 172.

48 A.a.O.

49 Vgl. Anm 37.

50 Artaud, *La Mise en scène et la Métaphysique*, in: *Œuvres complètes*, Bd. IV (Anm. 19), S. 45 (dt. Übers. [Anm. 19]: S. 49).

51 Artaud, *Œuvres complètes*, Bd. IV (Anm. 19), S. 32 ff. (dt. Übers. [Anm. 19]: S. 35 ff.); vgl. auch ders., *Le théâtre de la Cruauté*, a.a.O., S. 87 f. (dt. Übers. [Anm. 19]: S. 96).

52 Wie z.B. Ideen des Werdens, des Verhängnisses, des Wunderbaren, des Chaos, der Ohnmacht usw., a.a.O., S. 35 (dt. Übers. [Anm. 19]: S. 38 f.); vgl. dazu Blüher, *Antonin Artaud und das Nouveau Théâtre in Frankreich* (Anm. 4), S. 78 f.

53 Artaud, *La Mise en Scène et la Métaphysique*, in: *Œuvres complètes*, Bd. IV (Anm. 19),

S. 44 f. (dt. Übers. [Anm. 19]: S. 49). Vgl. dazu auch S. 88: »Abandonnant les utilisations occidentales de la parole, il fait des mots des incantations. Il pousse la voix. Il utilise des vibrations et des qualités de voix. Il fait piétiner éperdument des rythmes. Il pilonne des sons.« (Dt. Übers. [Anm. 19]: S. 97)

54 Vgl. Anm. 27 und Anm. 30.

55 Artaud, *Œuvres complètes*, Bd. IV (Anm. 19), S. 72 (dt. Übers. [Anm. 19]: S. 98).

56 Artaud, *Lettres sur le langage*, in: *Œuvres complètes*, Bd. IV (Anm. 19), S. 106 (dt. Übers. [Anm. 19]: S. 118).

57 Artaud, *Le théâtre alchimique*, in: *Œuvres complètes*, Bd. IV (Anm. 19), S. 46 (dt. Übers. [Anm. 19]: S. 51. – Zu Artauds Metaphysik des Theaters vgl. H. Gouhier, *Antonin Artaud et l'essence du théâtre*, Paris 1974, S. 19 ff.; Blüher, *Antonin Artaud und das Nouveau Théâtre in Frankreich* (Anm. 4), S. 68 ff.

58 Artaud, *Théâtre oriental et théâtre occidental*, in: *Œuvres complètes*, Bd. IV (Anm. 19), S. 68 (dt. Übers. [Anm. 19]: S. 75).

59 A.a.O.

60 *La Mise en scène et la Métaphysique*, in: *Œuvres complètes*, Bd. IV (Anm. 19), S. 43 (dt. Übers. [Anm. 19]: S. 47).

61 A.a.O., S. 45 (dt. Übers. [Anm. 19]: S. 49).

62 Artaud, *Lettres sur le langage*, in: *Œuvres complètes*, Bd. IV (Anm. 19), S. 114 (dt. Übers. [Anm. 19]: S. 127).

63 Vgl. dazu Hans-Peter Bayerdörfer, *Der totgesagte Dialog und das monodramatische Experiment. Symptome der »Umsetzung im modernen Schauspieltheater«*, in: *TheaterAvantgarde. Wahrnehmung – Körper – Sprache*, hg. v. Erika Fischer-Lichte, Tübingen/Basel 1995, S. 242 ff.

64 A.a.O., S. 249.

65 Artaud, *Lettres sur le langage*, in: *Œuvres complètes*, Bd. IV (Anm. 19), S. 114 (dt. Übers. [Anm. 19]: S. 127).

66 Artaud, *En finir avec les chefs-d'œuvre*, in: *Œuvres complètes*, Bd. IV (Anm. 19), S. 73 (dt. Übers. [Anm. 19]: S. 80).

67 A. a. O., S. 76 (dt. Übers. [Anm. 19]: S. 83).

68 Artaud, *Le théâtre et la culture*, in: *Œuvres complètes*, Bd. IV (Anm. 19), S. 14 (dt. Übers. [Anm. 19]: S. 15).

69 Artaud, *En finir avec les chefs-d'œuvre*, in: *Œuvres complètes*, Bd. IV (Anm. 19), S. 73 (dt. Übers. [Anm. 19]: S. 80).

70 Artaud, *La Mise en scène et la Métaphysique*, in: *Œuvres complètes*, Bd. IV (Anm. 19), S. 36 (dt. Übers. [Anm. 19]: S. 39).

71 A.a.O., S. 36 (dt. Übers. [Anm. 19]: S. 39). Vgl. auch *Lettres sur le langage*, in: *Œuvres complètes*, Bd. IV (Anm. 19), S. 103: »... le langage des mots doive céder la place au langage par signes dont l'aspect objectif est ce qui nous frappe immédiatement le mieux.« (Dt. Übers. [Anm. 19]: S. 115)

72 A.a.O.

73 A.a.O., S. 37 (dt. Übers. [Anm. 19]: S. 40).
74 Artaud, *Sur le théâtre balinais*, in: *Œuvres complètes*, Bd. IV (Anm. 19), S. 52 (dt. Übers. [Anm. 19]: S. 58).
75 Artaud, *Théâtre oriental et théâtre occidental*, in: *Œuvres complètes*, Bd. IV (Anm. 19), S. 68 (dt. Übers. [Anm. 19]: S. 75).
76 Artaud, *Le théâtre de la Cruauté (Premier manifeste)*, in: *Œuvres complètes*, Bd. IV (Anm. 19), S. 87 (Hennigers Übersetzung [Anm. 19, S. 97] weicht hier von der meinigen ab).
77 A.a.O., S. 38 (dt. Übers. [Anm. 19]: S. 41). Vgl. dazu auch Artaud über das balinesische Theater und seine Sujets: »Ils sont tels, ils en sont à ce point de matérialisation objective, qu'on ne peut les imaginer, si loin que l'on creuse, hors de cette perspective dense, de ce globe fermé et limité du plateau.« (Artaud, *Sur le théâtre balinais*, in: *Œuvres complètes*, Bd. IV [Anm. 19], S. 58; dt. Übers. [Anm. 19]: S. 65)
78 Artaud, *La Mise en scène et la Métaphysique*, in: *Œuvres complètes*, Bd. IV (Anm. 19), S. 39 (dt. Übers. [Anm. 19]: S. 43).
79 A.a.O., S. 44 (dt. Übers. [Anm. 19]: S. 48).
80 Artaud, *Lettres sur le langage*, in: *Œuvres complètes*, Bd. IV (Anm. 19), S. 108 (dt. Übers. [Anm. 19]: S. 120).
81 A.a.O.
82 Artaud, *La Mise en scène et la Métaphysique*, in: *Œuvres complètes*, Bd. IV (Anm. 19), S. 42 (dt. Übers. [Anm. 19]: S. 46).
83 Artaud, *Le théâtre de la Cruauté (Second manifeste)*, in: *Œuvres complètes*, Bd. IV (Anm. 19), S. 121 (dt. Übers. [Anm. 19]: S. 134). Vgl. dazu auch ders., *Lettres sur le langage*, in: *Œuvres complètes*, Bd. IV (Anm. 19), S. 109: »Le secret du théâtre dans l'espace c'est la dissonance, le décalage des timbres, et le déchaînement dialectique de l'expression.« (Dt. Übers. [Anm. 19]: S. 121)
84 Artaud, *Le théâtre et la Cruauté (Second manifeste)*, in: *Œuvres complètes*, Bd. IV (Anm. 19), S. 121 (dt. Übers. [Anm. 19]: S. 134).
85 Artaud, *Le théâtre alchimique*, in: *Œuvres complètes*, Bd. IV (Anm. 19), S. 49 (dt. Übers. [Anm. 19]: S. 54).
86 Artaud, *La Mise en scène et la Métaphysique*, in: *Œuvres complètes*, Bd. IV (Anm. 19), S. 41 (dt. Übers. [Anm. 19]: S. 45).
87 Artaud, *Le théâtre et la Cruauté (Premier manifeste)*, in: *Œuvres complètes*, Bd. IV (Anm. 19), S. 89 (dt. Übers. [Anm. 19]: S. 98).
88 A.a.O.: »Théâtralement ces inversions de formes, ces déplacement de significations pourraient devenir l'élément essentiel de cette poésie humoristique et dans l'espace qui est le fait de la mise en scène exclusivement.« – Zu Artauds humoristischen Techniken vgl. Leonard R. Koose, *Comic cruelty: Artaud and Jarry*, in: *Antonin Artaud and the Modern Theater*, ed. by Gene A. Plunka, London, Toronto 1994, S. 38: »Artaud saw in the plague, the Marx Brothers' humour exhibits a primordial potential for disrupting the ordering systems of conventional albeit arbitrary relations in society and language. ... Humour bubbles up from the shadows and destroys any possible relevance of the systems of thought that cerebrally construct notions of reality.«

89 Karl Heinz Bohrer, *Die Furcht vor dem Unbekannten. Zur Vermittlungsstruktur von Tradition und Moderne*, in: der., *Plötzlichkeit. Zum Augenblick des ästhetischen Scheins*, Frankfurt a. Main 1981, S. 68 ff.
90 Artaud, *Sur le théâtre balinais*, in: *Œuvres complètes*, Bd. IV (Anm. 19), S. 55 (dt. Übers. [Anm. 19]: S. 61).
91 A.a.O., S. 51 (dt. Übers. [Anm. 19]: S. 57).
92 Blüher, *Antonin Artaud und das Nouveau Théâtre in Frankreich* (Anm. 4), S. 67.
93 Artaud, *Œuvres complètes*, Bd. IV (Anm. 19), S. 92 (dt. Übers. [Anm. 19]: S. 101).
94 A.a.O., S. 120 (dt. Übers. [Anm. 19]: S. 133).
95 A.a.O.
96 »Les conséquences de ces combinaisons, de leurs réactions et de leurs destructions réciproques, sont facile à apercevoir.« (A.a.O., S. 37; dt. Übers. [Anm. 19]: S. 41)
97 Artaud, *Le théâtre alchimique*, in: *Œuvres complètes*, Bd. IV (Anm. 19), S. 49 (dt. Übers. [Anm. 19]: S. 54).
98 Artaud, *Le théâtre et la culture*, in: *Œuvres complètes*, Bd. IV (Anm. 19), S. II (dt. Übers. [Anm. 19]: S. 11).
99 Vgl. dazu Blüher, *Antonin Artaud und das Nouveau Théâtre in Frankreich* (Anm. 4), S. 60 ff.; vgl. auch das Kapitel *Die theatrologischen Diskurse der historischen Avantgarde* bei Ulrich Hoßner: *Erschaffen und Sichtbarmachen. Das theaterästhetische Wissen der historischen Avantgarde von Jarry bis Artaud*, Bern u.a. 1983, S. 51 ff. (= Europäische Hochschulschriften, Reihe I. Deutsche Sprache und Literatur, Serie I. 699).
100 Das unvollendete Projekt, an welchem Varèse seit 1927 arbeitete, trug verschiedene Titel, als letzten *L'astronome*. In der Fassung von Artaud mit dem Titel *Il n'y a plus de firmament* (*Œuvres complètes*, Bd. 2, S. 107 ff.) blieb der Text jedoch ein Fragment. Paul Pörtner bearbeitete das Stück (Titel: *Es gibt kein Firmament mehr*) für den Hessischen Rundfunk, Sendung am 30. 9. 1976. – Zur Zusammenarbeit von Artaud und Varèse: Elena Kapralik, *Antonin Artaud. Leben und Werk des Schauspielers, Dichters und Regisseurs*, München 1977, S. 138 ff.; Fernand Ouellette, *Edgar Varèse*, Paris 1989[2], S. 122 f.; Helga de la Motte-Haber, *Die Musik von Edgard Varèse*, Hofheim/Taunus 1993, S. 73, S. 88; vgl. auch die Beschreibung des Projekts von Carpentier, der allerdings Artauds Mitarbeit (seit 1932) verschweigt: *Varèse Vivant*, in: *Edgar Varèse. Rückblick auf die Zukunft*, hg. v. Heinz-Klaus Metzger u. Rainer Riehn, München 1983, S. 90 f. (= Musik-Konzepte 6).
101 So etwa Artauds Vorstellungen einer räumlichen Projektion von Sprachklängen, sein Vorschlag, akustisches Material um ihrer Schwingungsqualität auszuwählen, neue Ideen der Klangerzeugung und die Vorstellung eines von der Dissonanz bestimmten Raums, in welchem sich Klangfarben staffeln (*Œuvres complètes*, Bd. IV [Anm. 19], S. 36, S. 79, S. 92, S. 109).
102 Artaud, *En finir avec les chefs-d'œuvre*s, in: *Œuvres complètes*, Bd. IV (Anm. 19), S. 78 (dt. Übers. [Anm. 19]: S. 85 f.).
103 »Une vraie pièce de théâtre bouscule le repos des sens, libère l'inconscient comprimé, pousse une sorte de révolte virtuelle et qui d'ailleurs ne peut avoir tout son prix que si elle demeure virtuelle, impose aux collectivités rassemblées une attitude héroïque et difficile.«

Vgl. Artaud, *Le théâtre et la peste*, in: *Œuvres complètes*, Bd. IV (Anm. 19), S. 27 (dt. Übers. [Anm. 19]: S. 30).

104 Ich verweise auf das Kapitel *Artaud und das Paradigma der Tiefenpsychologie* in Blühers Arbeit (*Antonin Artaud und das Nouveau Théâtre in Frankreich* [Anm. 4], S. 27 ff., hier S. 31); des weiteren auf seinen Aufsatz *La théorie de la »catharsis« dans le théâtre d'Antonin Artaud*, in: Romanistische Zeitschrift für Literaturgeschichte (1980), S. 275 ff.

105 Vgl. dazu im Kapitel *Cage und Asien* bei Martin Erdmann, *Untersuchungen zum Gesamtwerk von John Cage*, Phil. Diss. Universität Bonn 1993, S. 45: »Für Cage ist es typisch, daß Ideen, die ihn irgendwann einmal faszinieren, nie mehr überprüft werden; sie führen sozusagen ihr Eigenleben unabhängig von ihrem Ursprung und ihrem historischen oder philosophischen Wahrheitsgehalt.«

106 Irving Sandler, [Interview mit John Cage, Ms. 5. 5. 1966], abgedr. in: Richard Kostelanetz, *Conversing with Cage*, New York 1988, S. 173. – In seiner frühen New Yorker Zeit (seit 1942) hatte Cage André Breton kennengelernt.

107 A.a.O., S. 174.

108 A.a.O., S. 175.

109 Michael Kirby, *Happenings*, New York 1965; zit. nach: *Happenings and Other Acts*, ed. by Mariellen R. Sandford, London/New York 1995, S. 22.

110 Vgl. dazu Allan Kaprow, *Assemblages, Environments & Happenings*, New York 1966; zu den Happenings von Kaprow, Higgins u. a.: Johannes Lothar Schröder, *Identität, Überschreitung, Verwandlung. Happening, Aktionen und Performances von bildenden Künstlern*, Münster 1990, S. 24-54.

111 Allan Kaprow., *Essays on the Blurring of Art and Life*, ed. by Jeff Kelley, Berkeley/Los Angeles/London 1993, S. 48.

112 Cage, *A Few Idea About Music and Film* [1951], in: *John Cage. Writer*, previously uncollected pieces, selected and introduced by Richard Kostelanetz, New York 1993, S. 65.

113 Vgl. den Abschnitt 2.1.

114 Cage zu *Sudden School*: »It's a form of Buddhism that has the quality of Zen, of being sudden rather than gradual in the coming of enlightenment.« (*Musicage. John Cage in Conversation with Joan Retallack*, ed. by. Joan Retallack, Hanover/London 1996, S. 163 u. 189) Vgl. dazu: Rüdger Ganslandt, *Zen-Buddhismus und Zen-Kunst*, in: *Augenblick und Zeitpunkt. Studien zur Zeitstruktur und Zeitmetaphorik in Kunst und Wissenschaften*, hg. v. Christian W. Thomsen u. Hans Holländer, Darmstadt 1984, S. 121 ff.

115 Cage, *Experimental Music: Doctrine* [1955], in: ders., *Silence* (Anm. 14), S. 14.

116 Cage, *Three Asides on the Dance* [1959], in: Kostelanetz (Hg.), *John Cage. Writer* (Anm. 112), S. 84.

117 Cage, *A Few Idea About Music and Film* [1951], in: Kostelanetz (Hg.), *John Cage. Writer* (Anm. 112), S. 63

118 Vgl. dazu den Bühnentext *Il n'y a plus de firmament*, an welchem Artaud 1932/33 für ein Musiktheaterprojekt von Edgar Varèse arbeitete. Siehe Anm. 100.

119 Cage, *Happy New Ears* [1963], in: ders., *A Year from Monday*, Middletown/Conn. 1967, S. 32.

120 Cage, *Four Statements on the Dance*, in: Cage, *Silence* (Anm. 14), S. 94. Vgl. dazu auch: Jacqueline C. Bobak, *Radical Evolution: The Influence of Futurism and Dada on the Non-Linear Operas of Philip Glass and John Cage*, Phil. Diss. Univ. of Illinois 1992, Ann Arbor 1992, S. 35.

121 Vgl. Anm. 94 und Anm. 95.

122 Vgl. Cages Beschreibungen des Black Mountain-Happenings bei Kirby/Schechner, *An Interview with John Cage* (Anm. 7), S. 52 ff.

123 Artaud, *Lettres sur le langage*, Œuvres complètes, Bd. IV (Anm. 19), S. 120 (dt. Übers. [Anm. 19]: S. 133).

124 Sandler, [Interview mit John Cage] (Anm. 106), S. 210 f.

125 Artaud, *Lettres sur le langage*, in: Œuvres complètes, Bd. IV (Am. 19), S. 104 (dt. Übers. [Anm. 19]: S. 116).

126 Artaud, *Le théâtre et la Cruauté (Second manifest)*, in: Œuvres complètes, Bd. IV (Am. 19), S. 120 (dt. Übers. [Anm. 19]: S. 133 f.).

127 Artaud, *Lettres sur le langage*, in: Œuvres complètes, Bd. IV (Am. 19), S. 111 (dt. Übers. [Anm. 19]: S. 123).

128 Sandler, [Interview mit John Cage] (Anm. 106), S. 211.

129 A.a.O.

130 A.a.O., S. 210.

131 Cage, *On Film* [1956], abgedr. in: *John Cage. An Anthology* (Anm. 8), S. 115; vgl. auch Kauffmann (Moderator), *The Changing Audience for the Changing Arts/Panel* (Anm. 2), S. 94.

132 A.a.O.

133 Cage, *45' for a Speaker* [1954], in: ders., *Silence* (Anm. 14), S. 149.

134 A.a.O.

135 Kirby/Schechner, *An Interview with John Cage* (Anm. 7), S. 54.

136 Vgl. dazu Artaud, *Le théâtre de la Cruauté (Premier manifeste)*, in: Œuvres complètes, Bd. IV (Anm. 19), S. 90 ff. (dt. Übers. [Anm. 19]: S. 99 ff.).

137 Kirby/Schechner, *An Interview with John Cage* (Anm. 7), S. 54.

138 A.a.O.

139 A.a.O.

140 Cage zu Kirby und Schechner: »The only way you're going to get a good performance of an intentional piece, that furthermore involves symbols and other relationships which the artist has drawn in his mind, is to have a lot of rehearsals. ... You're involved in a whole thing that we have been familiar with since the Renaissance and before. I think what we're doing is something else and not that. ... When I say that anything can happen I don't mean anything that I want to have happen.« (A.a.O., S. 68 f.)

141 A.a.O., S. 54.

142 Artaud, *En finir avec les chefs-d'œuvre*, in: Œuvres complètes, Bd. IV (Anm. 19), S. 80 (dt. Übers. [Anm. 19]: S. 88).

143 A.a.O., S. 79 (dt. Übers. [Anm. 19]: S. 86 f.).

144 Cage, *45' for a Speaker*, in: ders., *Silence* (Anm. 14), S. 155.

145 Cage, *Experimental Music*: Doctrine [1955], in: ders., *Silence* (Anm. 14), S. 14.

146 William Brooks, *Choice and Chance in Cage's Recent Music*, in: *A John Cage Reader*, ed. by Peter Gena and Jonathan Brent, New York 1982, S. 98.

147 Cage, *Four Statements on the Dance*, in: ders., *Silence* (Anm. 14), S. 94.

148 Kostelanetz, *Conversation with John Cage*, in: *John Cage. An Anthology* (Anm. 8), S. 11.

149 John, Dewey, *Aesthetic Experience as a Primary Phase and as an Artistic Development*, in: Journal of Aesthetic and Art Criticism 9 (1990), S. 56-58.

150 Cage, *A Movement, a Sound, a Change of Light* [1964], abgedr. in: Kostelanetz, *John Cage: Writer*, (1993), S. 91.

151 Daniel Charles, *Über den Transzendentalismus bei John Cage*, in: ders., *Musketaquid. John Cage, Charles Ives und der Transzendentalismus*, übers. aus dem Franz. v. Richard E. Schneider, Heidelind Salzmann, Peter Gable u. Bettina Erhardt, Berlin 1994, S. 119.

152 Sandler, [Interview mit John Cage] (Anm. 106), S. 210-211.

153 Novalis, *Werke und Briefe*, hg. v. Alfred Kelletat, München 1962, S. 323.

154 *Musicage. John Cage in Conversation with Joan Retallack*, ed. by. Joan Retallack, Hanover, London 1996, S. 209.

Die Autoren

JOHANNES BAUER, geb. 1950, Promotion am Fachbereich Philosophie der Universität Frankfurt a. M., lebt als freier Autor in Berlin; Veröffentlichungen u.a.: *Souverän und Untertan. Kants Ethik und einige Folgen* (1990), *Rhetorik der Überschreitung. Annotationen zu Beethovens Neunter Symphonie* (1992), *Im Angesicht der Sphinx. Subjekt und System in Adornos Musikästhetik* (1995); *Seismogramme einer nichtsubjektiven Sprache. Ècriture und Ethos in Adornos Theorie der musikalischen Avantgarde* (1995), *Telesupervision. Marginalien zur medialen Welt* (1996).

FRANK COX, geb. 1961 in den USA, Komponist und Cellist; 1987 M. A., 1993 Promotion; Kranichsteiner Musikpreis in Komposition und Interpretation 1992, Stipendium der Akademie Schloß Solitude 1995/96; 1994 Dozent der Darmstädter Ferienkurse; umfangreiches kompositorisches Werk; Veröffentlichung: *Elliott Carter zum 90. Geburtstag.* »Figment« *for solo cello* (1999).

TILL A. KÖRBER, geb 1967, Pianist und Komponist, internationaler Preisträger, Lehrbeauftragter der Musikhochschule Graz, Mitarbeiter von *Musik & Ästhetik.*

CLAUS-STEFFEN MAHNKOPF, geb. 1962, Komponist und Musiktheoretiker (Musikhochschule Freiburg), Dr. phil. (Frankfurt/Main); internationaler Preisträger (z.B. Gaudeamus Prize 1990), Lehrstuhlvertretung (1992-96) und Dozent der Darmstädter Ferienkurse (1988-94); Mitherausgeber von *Musik & Ästhetik.* 1994 erschien *Gestalt und Stil. Arnold Schönbergs Erste Kammersymphonie* und *Die Spieltechnik der Oboe,* 1998 *Kritik der neuen Musik. Entwurf einer Musik des 21. Jahrhunderts* und (Mithg.) *Mit den Ohren denken. Adornos Philosophie der Musik,* 1999 (Hg.) *Richard Wagner. Konstrukteur der Moderne.* Hauptwerke: Rhizom, Medusa, Medeia-Zyklus, Kammerkonzert; in Arbeit: Angelus-Novus-Zyklus.

IAN PEPPER, geb. 1959 in den USA, Studium der klassischen Flöte (1989 Bachelor of Arts) und Kunstgeschichte (M. A. 1992 und M. Phil. 1994); 1993-1995 Lehrtätigkeiten an der Columbia University, am New York University Department of Continuing Education und am Kunsthistorischen Institut der School of Visual Arts, Manhatten, 1995-1999 Studienaufenthalt in Berlin.

LARSON POWELL, geb. 1960 in New York; Studium der Musikwissenschaft und Romanistik, dann an der Harvard University Sinologie und Japanologie (B. A. 1982); Promotion in Germanistik an der Columbia University (Dissertation: *Die Natur der Geschichte. Subjekt und Gesellschaft in der modernen deutschen Naturlyrik*); Mitarbeiter von *Musik & Ästhetik*; Vorträge und Aufsätze zu Lacan, Adorno, Boulez, Oskar Loerke.

GÜNTER SEUBOLD, geb. 1955; Privatdozent für Philosophie an der Universität Bonn, Mitarbeiter der Martin-Heidegger-Gesamtausgabe und der »Heidegger Studies«; Mitarbeiter von *Musik & Ästhetik*. Publikationen: *Heideggers Analyse der neuzeitlichen Technik* (1986, chin. 1993); *Kunst als Enteignis. Heideggers Weg zu einer nicht mehr metaphysischen Kunst* (1996); *Das Ende der Kunst und der Paradigmenwechsel in der Ästhetik. Philosophische Untersuchungen zu Adorno, Heidegger und Gehlen in systematischer Absicht* (1997).

RICHARD TOOP, geb. 1945, Studium der Musikwissenschaft in England; 1973/74 Assistent von Karlheinz Stockhausen an der Musikhochschule in Köln; lebt seit 1975 in Australien, wo er einen Lehrstuhl für Musikwissenschaft am Sidney Conservatory hat; Mitarbeiter von *Musik & Ästhetik*.

BERTHOLD TUERCKE, geb. 1957, Studium von Komposition, Analyse und Interpretation in den USA bei den Schönbergschülern Rudolf Kolisch, Felix Greissle, Leonard Stein etc.; 1985-94 Lehrtätigkeiten in Berlin (FU, HdK), 1994-97 Gastprofessor in Curitiba, Brasilien; umfangreiches kompositorisches Werk, 1994 Förderpreis der Ernst-von-Siemens-Stiftung; Veröffentlichung: Rudolf Kolisch, *Zur Theorie der Aufführung* (= Musik-Konzepte, Bd. 29/30).

BARBARA ZUBER, geb. 1945, Studium von Klavier und Gesang, Musik- und Erziehungswissenschaft, Promotion über das Spätwerk Weberns, bis 1991 Musikkritikerin der *Süddeutschen Zeitung* und Dramaturgin der Münchener Biennale, seit 1992 Dozentin für Musiktheater an der LMU München, seit 1995 Lehrbeauftragte an der Musikhochschule München, Publikationen u. a. zur Musik- und Operngeschichte.

Personenregister

Adorno, Theodor W. 8, 15, 18, 47, 65, 69f., 72f., 82, 91, 94, 103, 105, 110, 112, 116, 119, 134, 136f., 140, 153-156, 162, 168, 171f., 175-177, 179, 183-185, 188, 203-207, 209-212, 214-216, 218-222
Apel, Karl-Otto 122
Apollinaire, Guillaume 104
Arendt, Hannah 34
Aristoteles 162
Arp, Hans 14
Artaud, Antonin 97, 107, 184, 210f., 223-232, 234-237, 239-255, 260-262
Aquin, Thomas von 203
Augustinus 140, 203

Babbitt, Milton 69
Bach, Johann Sebastian 138, 149, 179, 195
Barnard, Geoffrey 182
Barnes, Cary 13
Barrault, Jean-Louis 228
Barthes, Roland 82
Bartók, Béla 7, 61
Baudelaire, Charles 103f., 145, 155
Baudrillard, Jean 26, 128, 186
Bayerdörfer, Hans-Peter 236
Beckett, Samuel 88, 184-186
Beethoven, Ludwig van 9, 65, 67, 69, 75-77, 86, 100, 106, 113, 128, 149, 175
Benjamin, Walter 14, 87, 218
Benn, Gottfried 213
Berg, Alban 7, 91, 175f., 206
Berio, Luciano 92, 108
Bernstein, Leonard 149
Bettelheim, Bruno 34
Beuys, Josef 144
Blake, William 230
Bloch, Ernst 65, 206
Blüher, Karl Alfred 240, 243
Blythe, W.H. 230
Böhme, Jakob 203
Bohrer, Karl-Heinz 239
Börne, Ludwig 112

Boulez, Pierre 28, 69, 80-83, 111-113, 132, 141, 150, 178, 184, 204-215, 221f., 227-229, 231-233, 246, 254, 258
Bourdieu, Pierre 23, 33
Brecht, George 224
Breton, André 14
Brimberg, Jack 66
Brooks, William 253
Brown, Earl 128
Bruno, Giordano 96
Buchlow, Benjamin 219, 222
Büchner, Georg 96, 110, 112
Busoni, Ferruccio 62

Cage, Xenia 230
Carpentier, Alejo 242
Carter, Elliot 205
Cavell, Stanley 52
Char, René 212
Charles, Daniel 33, 138f., 142, 182, 185f., 188, 226
Chomsky, Noam 220
Christo 89
Cioran, Emile 184
Comte, Auguste 95
Coomaraswamy 13, 217
Cowell, Henry 9
Cunningham, Merce 44, 56, 249
Cusanus, Nicolaus 96f.

Dal Co 33
Danton, Georges 112
Debussy, Claude 117
Deleuze, Gilles 84, 139, 190
Derrida, Jacques 88, 187
Desnos, Robert 242
Descartes, René 65, 166
Dewey, John 254
Dews, Peter 220
Dilthey, Wilhelm 208
Dogen 11
Dostojewski, Fjodor M. 76, 108-110

PERSONENREGISTER

Duchamp, Marcel 14f., 26, 118, 159, 176
Dutt, Hank 60

Eckhart, Johann Georg von 96, 230
Eco, Umberto 180
Eggebrecht, Hans Heinrich 133, 142
Eichendorff, Joseph von 105
Einstein, Albert 117
Eliot, T.S. 55
Emerson, Ralph Waldo 100
Ernst, Max 69
Evangelisti, Franco 108

Feldman, Morton 89, 94, 113, 129, 152f., 155, 171, 246, 258
Ferneyhough, Brian 108, 113, 133, 149, 151
Ferrari, Luc 117
Flaubert, Gustave 93
Foster, Hal 187
Foucault, Michel 95f., 116, 122, 204, 207, 216
Freud, Sigmund 108, 203, 207f., 214, 216f.
Fulda, Adam von 92
Fuller, Buckminster 91

Garner, Errol 73
Ghandi, Mahatma 12
Glass, Phil 114
Goethe, Johann Wolfgang von 104, 119
Guardini, Romano 33
Guattari, Felix 84, 139, 190
Gülke, Peter 149

Habermas, Jürgen 117
Hamel, Peter Michael 138
Hansen, Al 224
Harootunian 33
Harrington, David 61
Harris, Emma 226
Haubenstock-Ramati, Roman 201
Haydn, Franz Joseph 76
Hegel, Georg Wilhelm Friedrich 18, 39, 46, 75, 79, 93f., 106, 108, 112f., 140, 152, 166, 203, 210, 212f., 220
Heidegger, Martin 17, 20-22, 32f., 155, 170, 172, 174, 211
Heine, Heinrich 99, 112
Heister, Hans-Werner 219

helms, hans g 182
Henry, Pierre 90
Herder, Johann Gottfried 203
Higgins, Richard 224
Hines, Thomas 221
Hitler, Adolf 130
Hodéir, André 206
Hölderlin, Friedrich 106
Hofmannsthal, Hugo von 107f.
Holbach, Paul Heinrich Dietrich von 207
Hommel 157
Humboldt, Wilhelm von 108
Hume, David 104
Husserl, Edmund 18, 117, 128, 153

Ishikawa, Takuboku 33
Ives, Charles 76, 97

Jameson, Frederic 184, 186f.
Jean Paul 103
Jeanrenaud, Joan 60
Johnston, Jill 187
Josquin, Prez 75
Joyce, James 56, 181, 230
Judd, Donald 221
Jung, C.G. 12-14, 217

Kafka, Franz 72, 94, 97, 218
Kagel, Mauricio 90, 108, 138, 180
Kant, Immanuel 76, 79, 104, 112f., 119, 152, 204, 220
Kaprow, Allan 224f., 245, 252
Karatani 32
Kierkegaard, Sören 103
Kirby, Michael 224, 244, 251f., 263
Kiyoshi 32
Klein, Yves 222
Kleist, Heinrich von 76
Koellreutter, Hans Joachim 69, 71
Kostelanetz, Richard 221
Kramer, Hilton 180
Kristeva, Julia 180
Kropotkin, Pjotr A. von 12
Kuhn, Thomas 207
Kuki, Shuzo 32

Lacan, Jacques 153, 207-211, 214-217, 220f.

Lachenmann, Helmut 66, 87-89, 91, 133, 153
Lafargue, Paul 111
La Mettrie 207
Leibniz, Gottfried Wilhelm 203
Leibowitz, René 206
Lejeune, Claude 90
Levi-Strauss, Claude 207
Ligeti, György 83, 87, 89f., 108, 110
Löwenthal, Leo 28f., 34
Long, Lois 189
Lutoslawski, Witold 82
Lyotard, Jean-François 139, 141f., 156, 161, 171, 180

Mallarmé, Stéphane 88, 99, 118, 185, 203f.
Mao Tse Tung 182, 186
Marx, Karl 127
Matsuoka, Yosuke 23
McPhee, Colin 9
McLuhan, Herbert Marshall 91
Meiji (Kaiser) 34
Melville, Herman 36
Messiaen, Olivier 68, 201, 207
Metzger, Heinz-Klaus 70, 135,-137, 142, 152, 155f., 172, 174, 183, 185
Meyerhold, Wsewolod 242
Mingus, Charles 73
Mishima, Yukio 23f.
Mozart, Wolfgang Amadeus 76
Mushakoji, Saneatsu 23
Mussorgsky, Modest 218

Nancarrow, Conlon 9
Natsume, Soseki 34
Nattiez, Jean-Jacques 212, 227, 231
Neuhoff, Hans 26
Newman, Dorothy 189
Newton, Isaac 174
Nietzsche, Friedrich 32, 79f., 82, 92, 94, 100, 103-105, 107-112, 116-118, 165, 172, 203f., 206
Nishida, Kitari 16-18, 20f., 23
Nishitani, Keiji 20f., 23f., 33
Nono, Luigi 112, 152
Novalis 255

Oehlschlägel, Reinhard 138, 142
Ohashi, Ryôsuke 33
Okakura, Kakuzo 17f., 20, 32

Oliveros, Pauline 9
Olson, Charles 249
Ott, Hugo 22

Pärt, Arvo 133
Partch, Harry 9
Pauli 70
Perloff, Marjorie 187
Perotin(us), 75, 157
Piscator, Oscar 242
Platon 155, 217
Pritchett, James 30
Proust, Marcel 117, 150

Ramakrishna, Sri 13, 29
Rauschenberg, Robert 31, 95, 173, 180
Retallack, Joan 255
Revill, David 11f.
Ribemont-Dessaignes, Georges 242
Richards, Mary Caroline 223, 225f., 229, 249
Rihm, Wolfgang 65, 118, 133
Riley, Terry 9, 133
Rilke, Rainer Maria 168
Rimbaud, Arthur 104
Robespierre, Maximilien 112
Rousseau, Jean-Jacques 104
Rousseau, Henri 218
Ruzicka, Peter 87, 91

Sade, D.A.F. de 110
Sandler, Irving 244
Sarabahi, Gita 13
Sartre, Jean-Paul 32
Satie, Erik 9, 76, 154, 229f.
Saussure, Ferdinand 89
Scelsi, Giacinto 91
Schädler, Stefan 139f., 142, 219
Schechner, Richard 224, 251f., 263
Schelling, Friedrich Wilhelm Joseph 79
Scherpe, Klaus 205
Schiller, Friedrich 104
Schlegel, Friedrich 96, 103, 113
Schnebel, Dieter 30, 70, 90, 108
Schnittke, Alfred 133
Schönberg, Arnold 7, 9, 28, 46, 55, 62, 66, 113, 131, 133, 149, 163, 181, 188, 206f.

Schopenhauer, Arthur 79, 93, 103
Schubert, Franz 94, 152f.
Schwitters, Kurt 252
Shakespeare, William 75, 105
Sherba, John 60, 62
Skulsky, Abraham 230
Sloterdijk, Peter 116, 129
Snyder, Gary 12
Soller 207
Sontag, Susan 184
Spahlinger, Mathias 85, 90
Spinoza, Baruch de 79
Stockhausen, Karlheinz 68, 83, 90, 115, 132, 138, 148-150f., 178, 180, 206, 216, 221
Strawinsky, Igor 7, 140, 211, 214, 221
Suzuki, Beatrice Lane 16
Suzuki, Daisetz Taitaro 9-13, 16-18, 20f., 23, 25, 30f., 33, 217, 226, 232
Swedenborg, Emanuel von 217

Tallis, Thomas 87
Tanner, Toby 36
Tenney, James 9
Thoreau, Henry David 12, 56, 66, 103, 111, 181f.
Tinguely, Jean 85
Tudor, David 66, 223, 228-231

Turgot, Anne Robert 76
Türcke, Christoph 68

Ulmer, Gregory 187-189

Van der Rohe, Mies 33
Varèse, Edgard 90f., 152, 242, 261f.
Voltaire 230

Wagner, Richard 7, 76, 127f., 139, 152f., 165, 209
Warhol, Andy 26, 180
Webern, Anton 7, 9, 15, 68, 91, 150, 207
Wellershoff, Dieter 213
Wiernik 29
Wilhelm, Richard 13f.
Wittgenstein, Ludwig 78, 92, 105f., 167
Wolff, Christian 13, 183, 187, 246, 258
Wolff, Kurt 13

Xenakis, Iannis 83f., 89f., 150

Yasuoka, Masaatsu 23, 33
Young, La Monte 180

Zender, Hans 134, 142
Zimmermann, Bernd Alois 196, 201

Register der zitierten Musikwerke Cages

A House full of Music 88, 97
Aria 108
Atlas Eclipticalis 91, 114f.

Cartridge Music 190
Concert for Piano and Orchestra 91, 106, 115, 152, 174, 181, 185
Concerto for Prepared Piano 186, 213
Credo in US 118

Daughters of the Lonesome Isle 142

Empty words 108
Etudes Australes 83, 115
Etudes Boreales 59
Europeras 115, 163, 181

Fifty-eight 89
Fontana Mix 190
Freeman-Etudes 83, 102, 113, 115

Hymns and Variations 87
HPSCHD 44, 88, 97

Imaginary Landscape No. IV 233
Irish Circus on Finnegans Wake 97

Klavierkonzert (1957/58) 63, 115f., 205

Lecture on Nothing 119

Mesostics 108
MUREAU 66
Musicircus 104
Music of Changes 13, 15, 18f., 44, 57, 69, 81, 139, 149, 206f., 209, 212, 224, 227, 231-233, 254

One for Piano Solo 114

Quartets I-VIII 87f.

Roaratorio 97, 187
Ryoanji 91, 152

SEVEN2 71
SILENCE I 170
Sixteen Dances 104
Sixty-eight 89, 114
Solo for Piano 91
Sonatas and Interludes for Prepared Piano 13, 173, 218
Song Books 108, 182
String Quartet in Four Parts 91

Theatre piece 174
Thirty Pieces for String Quartet 60, 62
Twenty-eight 89
Twenty-nine 89
Twenty-six 89
Two Pastorales 186

Variations 71, 136
Variations I 71f., 88, 112, 116
Variations IV 117

Water Music 225, 245
Williams Mix 44, 81
Winter Music 44, 70, 74, 114
Writings through... 118

0'00" 147, 154
4'33" 14, 15, 78, 88, 147, 154, 170, 173
30 Pieces for String Quartet 66
101 89, 102

Lesen Sie weiter in Wolke-Büchern zur Musik:

Zwischentöne. Fragen an Musiker zum Musikgeschehen der Gegenwart
  hg. von I. und H. Haffner, 319 Seiten, geb., ISBN 3-923997-65-5, DM 48.–

Artur Schnabel, *Aus dir wird nie ein Pianist*
  295 Seiten, Abb., geb., ISBN 3-923997-39-6, DM 48.–

Erik Satie, *Schriften*   hg. von Ornella Volta
  512 Seiten, Abb., Pb., ISBN 3-923997-26-4, DM 59.–
  geb., ISBN 3-923997-27-2, DM 78.–

Wolfgang Gratzer (hg.), *Nähe und Distanz.*
  Nachgedachte Musik der Gegenwart. 2 Bde.
  Bd. 1: 276 Seiten, geb., ISBN 3-923997-64-7, DM 58.–
  Bd. 2: 297 Seiten, geb., ISBN 3-923997-67-1, DM 58.–

Gösta Neuwirth   hg. von Werner Grünzweig
  87 Seiten, Notenbeisp., Pb., ISBN 3-923997-81-7, DM 30.–

Hören – eine vernachlässigte Kunst?
  hg. v. Karl-Heinz Blomann und Frank Sielecki
  254 Seiten, m. Hörspiel-CD, Pb., ISBN 3-923997-73-6, DM 39.–

Martin Supper, *Elektroakustische Musik und Computermusik*
  208 Seiten, Pb., ISBN 3-923997-77-9, DM 39.–

Bernd Alois Zimmermann   hg. von Heribert Henrich
  151 Seiten, Pb., ISBN 3-923997-84-1, DM 39.–

Peter Ruzicka, *Erfundene und gefundene Musik*   hg. v. Thomas Schäfer
  238 Seiten, Notenbeisp., Pb., ISBN 3-923997-86-8, DM 48.–

's müßt dem Himmel Höllenangst werden. Hanns Eisler (1898-1962)
  hg. v. Maren Köster, 302 Seiten, Notenbeisp., Pb., ISBN 3-923997-83-3, DM 48.–

Die Anfänge der seriellen Musik
  hg. v. Orm Finnendahl, 150 Seiten, Notenbeisp., Pb., ISBN 3-923997-76-0, DM 34.–

Peter Niklas Wilson, *Hear and Now. Gedanken zur improvisierten Musik*
  240 Seiten, geb., ISBN 3-923997-88-4, DM 48.–

Sebastian Claren, *Neither. Die Musik Morton Feldmans*
  600 Seiten, Notenbeisp., geb., ISBN 3-923997-90-6, DM 148.–

Fordern Sie bitte unseren Gesamtprospekt an:
Wolke Verlag · Alte Bleiche 9 · D - 65719 Hofheim/Ts
Tel. +49.6192.7243 · Fax +49.6192.952 939